グルジ

弟子たちが語るアシュタンガヨガの師、パッタビ・ジョイス

シュリ・K・パッタビ・ジョイス師（一九一五〜二〇〇九）の美しき思い出に

ヨガは魂を探すべき場所を示しています。それがすべてです。肉体を授かっているというのはとても稀少な機会です。無駄にしないでください。与えられた百年の人生で、いつか神を見ることができるかもしれません。そのように考えれば、心身共に健康で、善き人間になれるでしょう。

シュリ・K・パッタビ・ジョイス、二〇〇一年

グルジ（1940年代、南インドのトリチー）

グルジ（1940年代、南インドのトリチー）

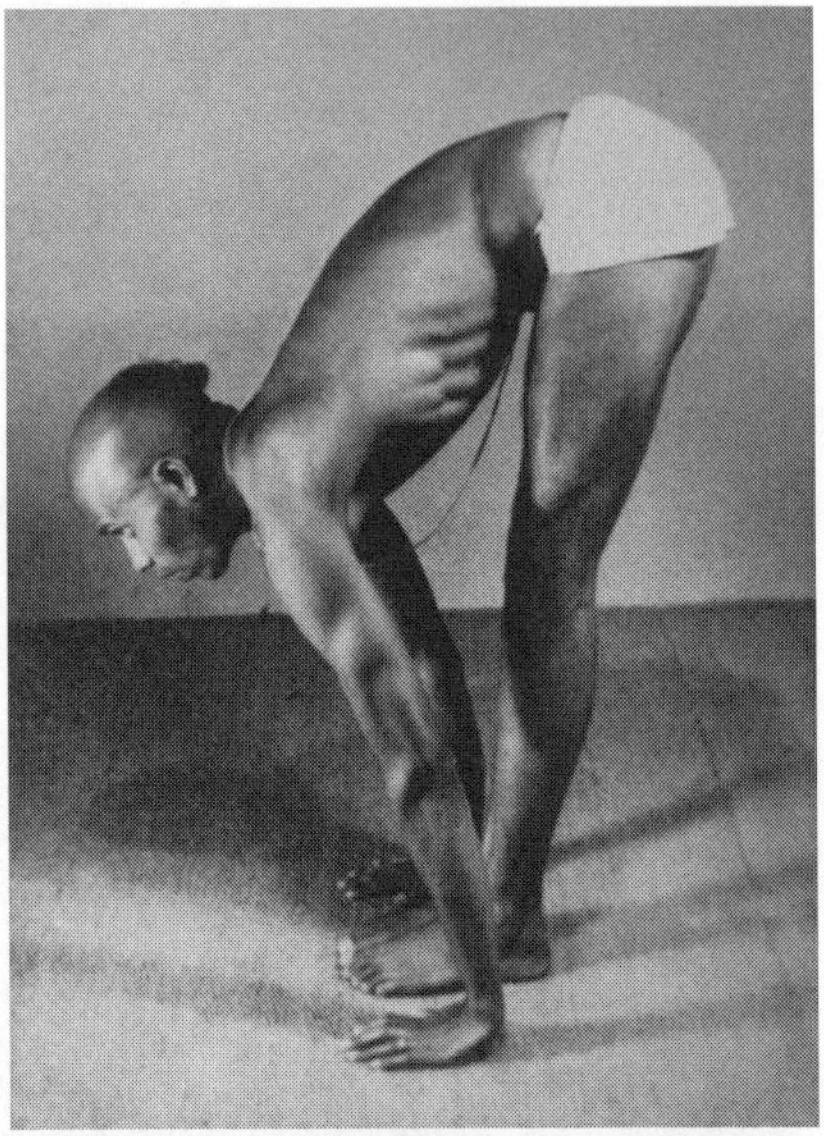

アシュタヴァクラーサナをするグルジ
（1943年、カーンチプラム）

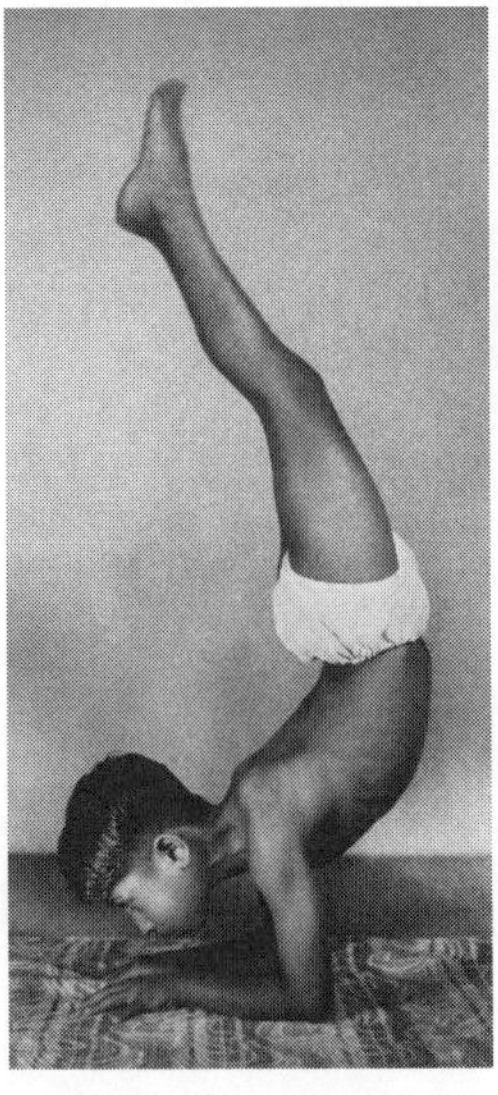

ピンチャマユーラーサナをするマンジュ
（1950年代）

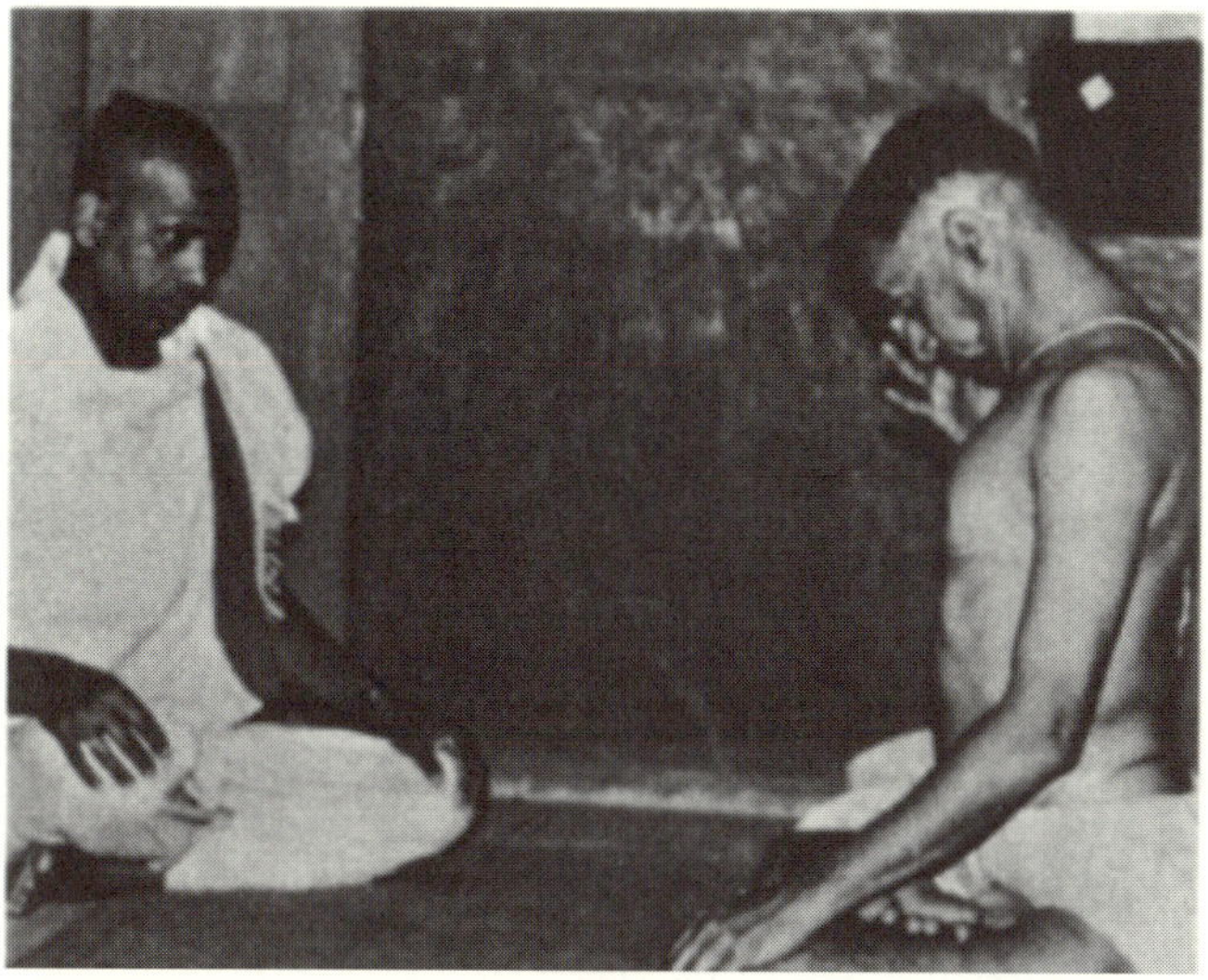

グルジとシャンカラナラヤーナ・ジョイス（1960 年代初頭、マイソール）
[Photograph by André van Lysebeth]

UNESCO のデモでガンダ・ベールンダーサナをするサラスワティ（1960 年頃）

デヴィッド・ウィリアムス、ナンシー・ギルゴフ、シャミーラ、シャラート（1973 年、マイソール）

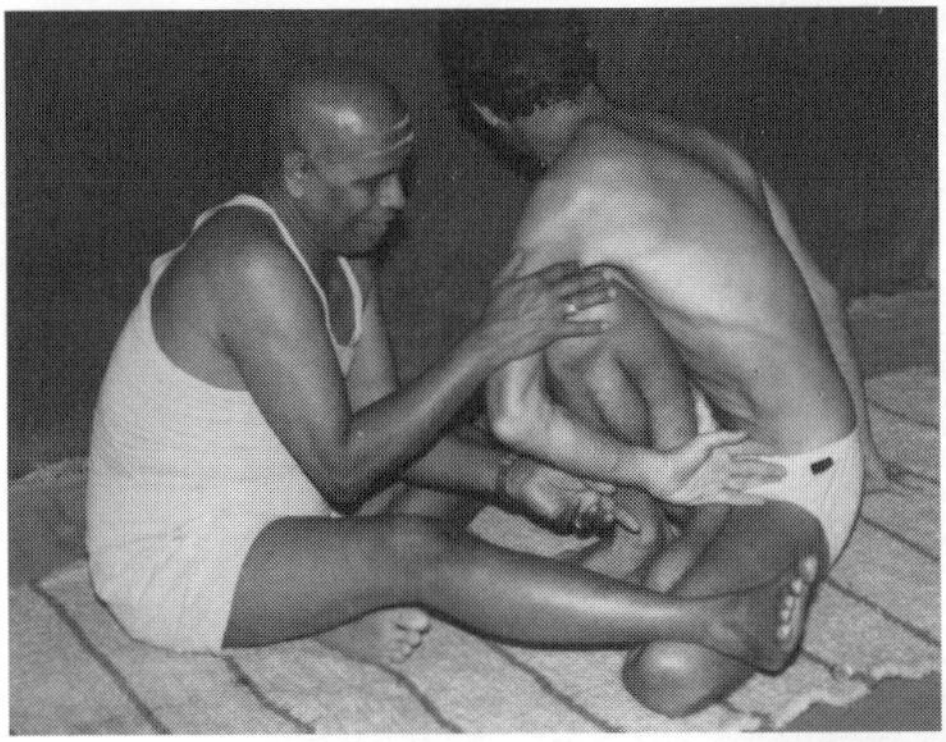

リッキー・ハイメンをアジャストするグルジ（1970 年代、マイソール）

アンマ、グルジ、サラスワティ（1978 年、ラクシュミプラム）

上：マンジュとグルジ（1975 年、カリフォルニア）
中：マンジュの名刺（1972 年）下：円になってプラーナヤーマ（1970 年代）

上右：グルジとアンマ、グルジの 80 歳の誕生日に（1995 年、マイソール）
上左：コーヒーを振る舞うアンマ（1990 年代）
下：ウトゥプルティヒをするグルジとシャラート（1993 年、マイソール）

上:家族と共に。左からプリスヴィ(シャミーラの息子)、サラスワティ、グルジ、シャミーラ、プラクルティ(シャミーラの娘)、シャラートと妻シュルティヒ、その娘シュラッダー(2002年、ニューヨーク)
[Tom Rosenthal]

下:パック・ビルで教えるグルジ(2002年、ニューヨーク)
[Tom Rosenthal]

グルジ（2002 年、ニューヨーク）
[Tom Rosenthal]

目次

マイソールの住人たち

練習、練習――アシュタンガヨガの広がり

世界的なコミュニティ

グルジの家系図

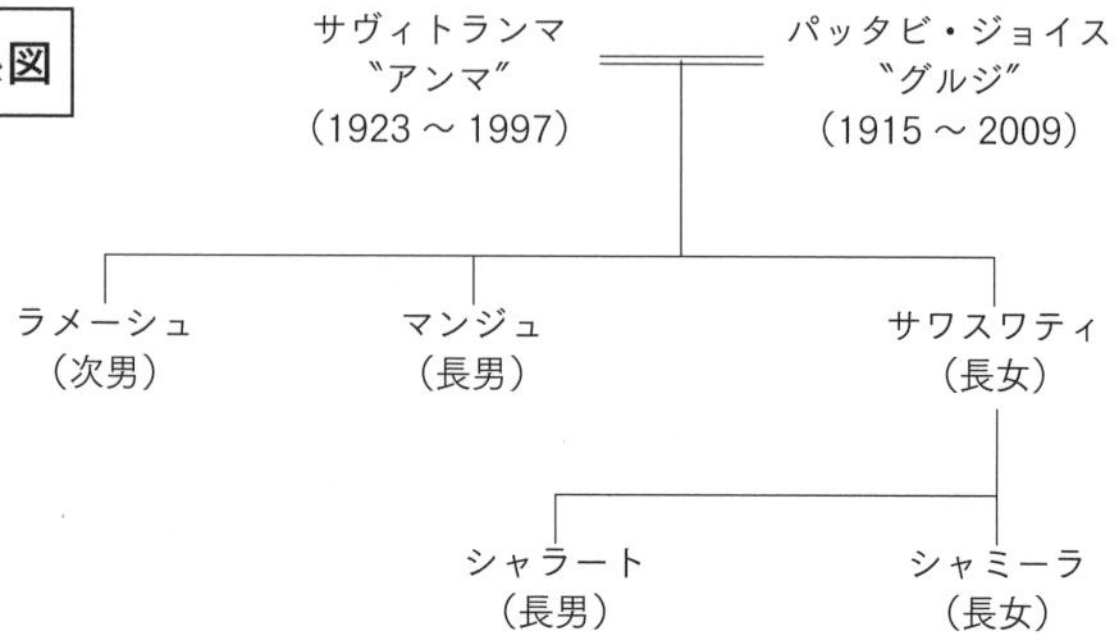

グルジの師匠

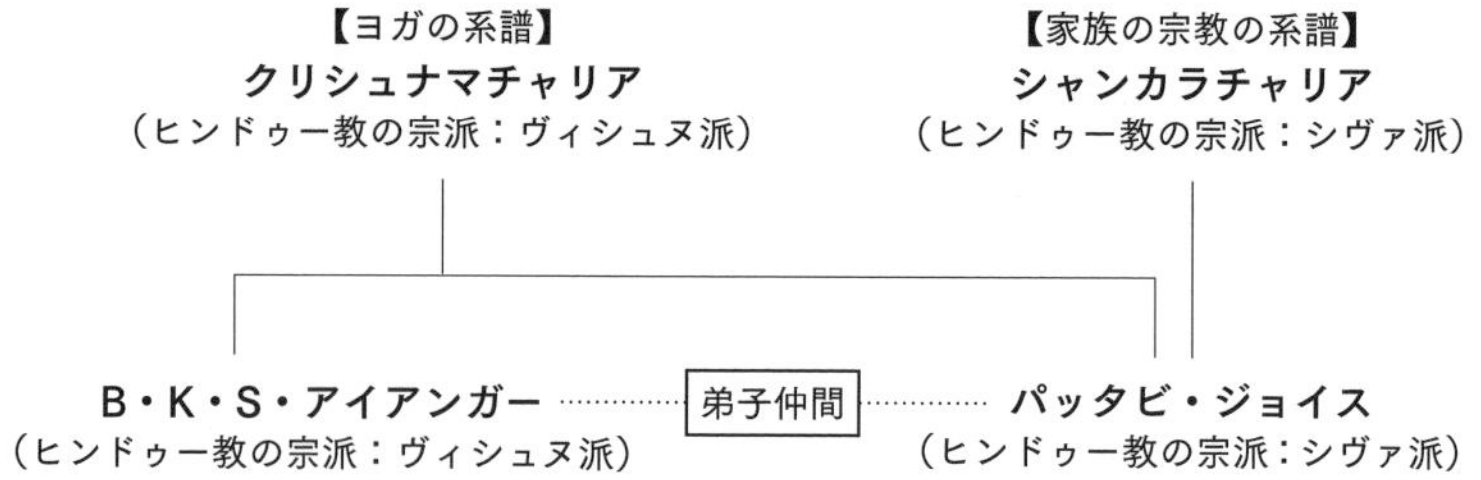

※この図は 44 頁のマンジュ・ジョイスの章で言及された関係を簡単に図式化したものです。

エディ・スターン

Eddie Stern

　私の友人で、インドのマイソール在住のインド人女性ハリニが、ある話を教えてくれました。一九三〇年代にマイソールのマハラジャの相談役をしていたドルスワミ・アイアンガーという人が、近所に住んでいたハリニに話したものです。ある日、ドルスワミは息子たちと一緒に来ました。ハリニは、それまで太っていた息子たちがかなり痩せたことに気づきました。「すごく健康的になったね！」と言うと、二人は「そうなんだよ、ヨガをやっているんだ」と返しました。

　ドルスワミはこう続けました。一九四〇年代から五〇年代、ラム・ナブミ（ラーマ王子の誕生日を祝う九日間の祭り）の期間中にマイソール中で舞台が組まれ、ミュージシャンや歌手、詩人、俳優などがパフォーマンスをしていたんです。私と同じ通りに住んでいたパッタビ・ジョイスは、ラム・ナブミの時に舞台に上がって、ヨガのありとあらゆるアーサナをやり始めました。逆立ちで歩いたり、あちこちにジャンプしたり、体を捻《ひね》ったり、転がったり、くるくる回ったりしました。友だちと私は「パッタビ・ジョイスは何をしようとしているんだろう？　猿みたいに飛び回って何の役に立つのだろう？」と言っていました。その時は、パッタビ・ジョイスのやっていることを真剣に受け取っていませんでした。しかし、今やパッタビ・ジョイスを見ると「なんと素晴らしい人だったのだろう、彼の知識や名声、これまでやってきたことが世界中に広まっている」と思います。ヨガは私たちインドの文化の一部として昔からありましたが、今までその素晴らしさを知りませんでした。しかし、パッタビ・ジョイスはその素晴らしさをずっと大切にしてきたのです。

このような感動的な話を聞くと、パッタビ・ジョイスが一九二七年にアシュタンガヨガを始めた時から続けてきた、無条件の献身を思い出します。ここ西洋では、ヨガはインドで常に敬意を払われてきたものではなかった、ということを忘れることがあります。実際、一般市民は、ヨガは僧侶や世捨て人、魔術師など怪しい人がやるものだと思っていました。ヨガを学ぶために初めてインドに行った一九八八年、私はインドの文化や地理、インド哲学を生んだ基本的な考え方についてまったく知りませんでした。ヨガに関する知識も乏しかったです。私はインド人はみんなヨガのことを知っていると思い込んでいたので、ほとんどのインド人がヨガのことを知らないのに驚きました。穏やかさを体現したような、深い叡智と献身を兼ね備えた人もたくさんいましたが、ヨガを実践している人はあまりいませんでした。ガイ・ドナヘイと私が、マイソールでパッタビ・ジョイスの元で練習を始める一九九一年まで、ヨガは現在インドや西洋で獲得しているような文化的評価をされていませんでした。インド人になぜインドにいるのかと聞かれて、ヨガを学びに来たと答えると、ほとんどの人は「ああ、ヨガね、とても健康にいいよね」と言いました。ある種のスピリチュアルな理解を求めている人にとって不可欠ではないとしても、健康に良いというのは当然価値のあることです。しかし、多くの西洋人にとって、ヨガは大抵健康というよりスピリチュアルな探求であり、それがインドに向かわせる衝動となっていました。

一九九一年のインドは西洋の輸入品を受け入れ始めたばかりで、田舎はまだコーラやペプシなどのブランドやファストフードに汚染されていませんでした。ボトル入りの水は簡単に手に入るとは限らず、郵便局に行ったり、長距離電話の予約をしたり、銀行に換金しに行ったりするのは一日仕事で、すべてに時間と忍耐が必要な割に、残念ながらクオリティは十分ではありませんでした。一九七〇年代に来た人ほどの苦労はしていなかったと思いますが、それでも適応しなければならないことはたくさんあり、お湯のお風呂は完全に贅沢で、eメールは存在しておらず、ニューヨークの自宅からマイソールにたどり着くまで数日かかりました。しかし、毎日起こる大変な出来事も、インドの人々の優しさで帳消しになりました。毎日のように、まったく知らない人が、お茶や食事や三日間にわたる結婚式にまで招待してくれたのです。

質素な生活や、幸せになるために必要な物がどれほど少ないかを認識したのと同じように、日常生活の困難が、インドにいることやヨガを学ぶことを、なお一層価値ある体験にしていきました。そこでの時間を味わっていた頃は、グルジがゴクラムに新しい学校を開いた二〇〇二年以降、マイソールに生徒が大挙して訪れることになるとは思ってもいませんでした。それ以前は、マイソールには生徒は少ししかいませんでした。二十〜二十四人になると耐えられないと思い、それが四〜八人くらいまで減ると、日常が戻ってきたと感じていました。

他のヨガコミュニティと違って、西洋人がパッタビ・ジョイスの教えを探求するのがさらに大変だったのは、文献がなかったからでした。B・K・S・アイアンガーには『ハタヨガの真髄』、パラマハンサ・ヨガナンダには『あるヨギの自叙伝』、スワミ・ヴィシュヌデヴァナンダには『ヨーガ大全

――身体と精神の開眼』がありました。私たちには、パッタビ・ジョイスが直接発するほんの少しの英単語か、アーサナの形に押し込む恐怖の手しかありませんでした。グルジの英語が限られていたので、すべてが一番シンプルな方程式に分解されていました。しかし、おそらくそれこそが頭でっかちな私たち西洋人に必要なものでした。ムーラ・バンダは「肛門を締めろ!」、呼吸の説明は「自由に呼吸して!」、どんな質問に対しても答えはほとんど「練習すれば、すべてはやって来る!」でした。母国語のカンナダ語であれば、パッタビ・ジョイスはヨガの文献や哲学、神話、聖人の話などを、涙ながらに語るくらい熱弁することもできましたが、英語では言葉の壁が大きかったのです。

したがって、パッタビ・ジョイスの説明は宝探しのようでした。パッタビ・ジョイスが話したことを一生懸命調べれば、伝えようとしていたことがわかりました。特定の本から引用していれば、それを手がかりにその本を探し出して読みました。もちろん、詩を探すのは別問題です。しかし、努力をすれば常に何かしらの形で得るものがありました。実際、インドの伝統から言っても、生徒は先生のことを理解するために努力をしなければなりません。与えられることからではなく、自分で努力することで知識は明らかになります。ヨガの文献では、先生は生徒がやるべきこと、どのようにそれをするべきかを示すとありますが、生徒は一貫してひたむきに練習をすることで、自分自身の経験を満たさなければなりません。

書物が出現する前は、インドを含む古来の文化はすべて口頭伝承で歴史を伝えてきました。今でもインドでは知識を伝えるのに口伝に頼ることがあります。アシュタンガヨガのような繊細な練習は、本だけで学ぶことはできません。実践の経験があり、口伝による価値あるつながりとなっている先生が必要です。一九六〇年代末からインドに住んでいる西洋人ナガ・ババ・ランプリは、何年間もアジアを放浪していれば、それぞれ異なる口頭伝承を持っている多くの聖人やサドゥ（ヒンドゥーの修行者）に出会うと言っていました。少しずつ、様々な知識や物語が集まって全体像を形作っていきます。知識はたった一人だけに託されるものではなく、広められるものなので、私たちそれぞれがその一端を担うのです。調べたり、経験豊かな探求仲間の話を聞いたりして、自分の知識の限界を広げることができます。

パッタビ・ジョイスの生徒という意味では、私たちも口頭伝承の一部です。グルジの指導や説明を通して、グルジ自身もその一部となっているつながりを、私たちも形成しているのです。一九九〇年代、パッタビ・ジョイスのアシュタンガヨガの本『ヨーガ・マーラ』の翻訳をしている時、ヨガを勉強するためにインドに来ている生徒と何年間も話をしているのに、グルジは決して飽きたりしないことに気づきました。時には数日間連続になったこともあります。後になって、グルジはこの話を自分自身の中で、そしてこの世の中で生かし続けるために、何度も何度も話してきたのだと気づきました。

『ヨーガ・マーラ』の出版以降、パッタビ・ジョイスの教えを保存し、まとめることの重要性がすぐに明白になりました。他の誰もが知らないと思われる知識を持っているので、パッタビ・ジョイスの話や指導には非常に価値があり、記録しなければすぐに失われてしまいます。ガイ・ドナヘイがドキュメンタリー映画のために集めていたインタビューのことを知った時、生徒の声を通してパッタビ・ジョイスの知恵が伝えられていると思いました。そして、このユニークで楽しいインタビューは、増え続ける多くのアシュタンガヨガの生徒にも手に取れるようにするべきだと思いました。そのインタビューは、最初は本として出版するために行われたものではありませんでしたが、グルジの熱意もあり（生前の二〇〇九年五月に）本という形になりました。インタビューにも答えてくれたグルジの娘サラスワティ、息子マンジュ、孫シャラート、孫シャミーラの愛と協力のお陰でもあります。

この本にはインタビューが載っていませんが、グルジには著名な生徒が二人います。一人は、故アンドレ・ヴァン・リズベスです。初めてグルジの元で学んだ西洋人として、その名が刻まれています。一九六四年、インドを旅行中だったアンドレは、グルジと二カ月を共に過ごし、後にヨガに関する数冊の本を書きました。アンドレの著書『Pranayama（プラーナヤーマ）』には、グルジの写真が二枚載っています。その一つには、グルジはマイソールのラクシュミプラムに住んでいるというキャプションが付いています。この情報を手がかりに、多くの意欲的な生徒がグルジを探してやってきました。もう一人の生徒は、ブラジルで「Yogocen」というヨガ組織を運営するマリア・エレナ・バスティドスです。マリア・エレナは一九七三年にグルジと出会い、自身がサンパウロで主催する多くのヨガ・カンファレンスのうちのひとつで教えてもらうために、グルジを初めて外国に招聘した人物です。マリア・エレナはブラジルやインドでカンファレンスを開催し続け、インド思想やヨガの実践を熱心に調べていました。この本にマリア・エレナのインタビューが載っていないのは、単純に距離的な問題です。

インドを放浪するサドゥの言葉のように、私はここに集められたインタビューは、パッタビ・ジョイスの話やアシュタンガヨガの教えを広めることに貢献していると思います。それぞれのインタビューに珠玉の知恵や、ヨガの練習に対する新しい見方や、パッタビ・ジョイスの知られざる視点などが詰まっており、パッタビ・ジョイスの類《たぐい》まれなる才能への感謝が増すばかりです。
　最近、マンジュ・ジョイスと話をしていたら、私たちヨガ練習生のために扉を開いてくれた人たちの貢献に対して、感謝の気持ちを持つことがいかに大事かと言っていました。私たちがここまで達成したり学んだりできているのは、扉を開いてくれた練習生たちの努力のお陰です。この本はそのような〝扉を開いてくれた人〟のことを知る機会になります。実際、マンジュは私たちが見落としていた初期の練習生のことを確認してくれたり、グルジの一番古いインド人の生徒とのインタビューを取り付けてくれたりしました。しかし、何よりもまず、パッタビ・ジョイスの比類なき貢献に感謝を伝えましょう。パッタビ・ジョイスの不屈の忍耐と献身的な指導がなければ、アシュタンガヨガはまったく学べなかったはずです。

エディ・スターン
二〇〇九年十一月　ニューヨーク

ガイ・ドナヘイ

Guy Donahaye

生徒たちから親しみを込めて「グルジ」と呼ばれていたシュリ・K・パッタビ・ジョイスは、一九一五年七月二十六日に南インドのカウシカという村で生まれました。マイソールの約一六〇キロ北にある、ブラマンの農民たちの集落です。グルジは九人兄弟の五番目で、占星術師であり僧侶でもあった父から、昔ながらのスマータ・ブラマン*としてサンスクリット語やヴェーダのお経を唱える教育を受けました。グルジは毎日約八キロの道のりを歩いて、近くのハッサンという街の学校に通っていました。サッカーで遊んだり、演じたり、歌ったりするのが好きなエネルギー溢れる活発な少年で、いたずら好きな一面もありました。

*スマータ・ブラマンは、ブラマン（聖職者階級）の一派。ヴェーダ文学や儀式の習慣の保存に特に熱心で、八世紀の聖人シュリ・シャンカラチャリアが提唱した、アドヴァイタ・ヴェーダーンタ哲学（不二一元論）の教義を中心に据える。

一九二七年十一月、グルジは地元のジュブリー・ホールで、クリシュナマチャリアがやっていたヨガのデモンストレーションに遭遇しました。そこで見たデモンストレーションに感激したグルジは、翌日クリシュナマチャリアの家に行き、弟子にしてくださいと頼み、弟子として受け入れてもらったグルジは、その翌日からヨガの練習を始めます。しかし、当時ヨガはそこまで評価されておらず、一般的には、社会から離脱した人がやるものだと思われていました。そのため、グルジは家族には内緒で、毎日学校に行く前に密かにヨガの練習をしたのでした。グルジの練習は順調に進み、クリシュナマチャリアはその進歩を喜びました。一九二九年、十四歳の時に、サンスクリット語の勉強をさらに進めるために、グルジはマイソールに一人で移住することを決めます。ポケットの中の二ルピーだけを握りしめ、故郷から飛び出し、マイソールのマハラジャ・サンスクリット大学に行きました。一九三一年にクリシュナマチャリアがマイソールに引越してきたので、グルジはとても喜び、以降、クリシュナマチャリアがチェンナイ（当時はマドラスと呼ばれていた）に引越す一九五三年まで、グルジはクリシュナマチャリアの元でヨガを学び続けることができました。

宮殿の都市マイソールは、サンダルウッドやシルク、象牙などの特産物、マイソール大学やその他高等教育機関などで有名でした。古くからの大きな王国マイソールの首都であり、富と見識のあるマハラジャ、クリシュナ・ラージャ四世が、国民の生活向上のために多大なる努力をしてきました。当時、クリシュナ・ラージャ四世は医者に治せない多くの病気の他に、糖尿病と不妊症に悩まされており、ヒーラーとして評判の高かったクリシュナマチャリアのことを聞きつけ、クリシュナマチャリアがマイソールに引越してくると、診てくれるよう頼みました。クリシュナマチャリアは、ヨガと食事療法と植物療法を組み合わせた治療をし、クリシュナマチャリアの献身的な努力に、マハラジャは最高の敬意と感謝を示し、熱心にヨガを推奨するようになりました。マハラジャは、クリシュナマチャリアに宮殿の一角を与えてヨガシャラを運営させ、また、州全体の公会堂や学校、病院、軍事施設で講義とデモンストレーションをして回れるよう資金を提供し、学校でヨガを教える法律も制定しました。

マハラジャは、折りに触れクリシュナマチャリアの学校の生徒を呼び、宮殿の客人のためにヨガのデモンストレーションをさせました。クリシュナマチャリアの愛弟子であり、マハラジャのお気に入りの一人であったグルジも、賞やお金を授与されたり、マハラジャにヨガを教えるために時々呼び出されていました。一九三七年、マハラジャはサンスクリット大学にヨガの学科を設立し、まだクリシュナマチャリアの元での勉強が終わっていなかったにも関わらず、グルジをその主任として任命しました。マハラジャは、グルジに奨学金や食堂での無料の食事の他、給与を与えました。一九七三年に引退するまで、グルジはサンスクリット大学でヨガを教え続けました。

グルジは、ヨガの練習の文献や、インド全土でヨガがどのように教えられてきたかという研究に熱心で、博識な学者として知られていました。一九四八年、ヨガの治癒的な効果について研究するために、マイソール郊外にあるラクシュミプラムの自宅に「K. Pattabhi Jois Ashtanga Yoga Research Institute（アシュタンガ・ヨガ・リサーチ・インスティテュート）」を設立しました。グルジは常日頃から聖典を広範囲に参照し、教えを入念に練り上げていました。グルジは、練習の正しいメソッドを理解していたのはクリシュナマチャリアだけだとわかったと主張し、微笑みながら「私の師匠は一人だけだ」とよく言っていました。

グルジは自分の先生に非常に献身的でした。クリシュナマチャリアは頭脳明晰で幅広い知識を有し、また、とても厳しい先生で、生徒がクラスに一分遅れたら、照りつける陽射しの中、外で一時間立たされました。王国内を旅してまわる講義の最中、クリシュナマチャリアは若い一人の生徒を演壇としてよく使っていました。クリシュナマチャリアが選んだポーズを生徒にさせ、生徒の上に乗って、三十分かそれ以上は話をしたのです。これは聴衆にヨガの力を見せるデモンストレーションであり、そのような極限状態に対する生徒への試験でもありました。クリシュナマチャリアは、身長約一五〇センチ強と小柄でありながら強烈な性格で、彼が通りを歩いて来ると人々は恐れをなして散っていきました。

クリシュナマチャリアは、自身の師匠ラマ・モハン・ブラフマチャリの元で、ヒマラヤで七年間ヨガを学びました。ラマ・モハン・ブラフマチャリは、背が高く、髭を生やした聖人で、妻と八人の子供と一緒にカイラス山の麓の洞窟に住んでいました。クリシュナマチャリアと師匠の研究の一部が、古代の文献『ヨーガ・コルンタ』だと考えられており、これがグルジが教えるメソッドの元となったのです。特にアーサナとプラーナヤーマのやり方の詳細な説明と共に、哲学と実践を融合させることなど、アシュタンガヨガのシステムの独特な機能がいくつか『ヨーガ・コルンタ』に記されています。

グルジは、特定のアーサナのシークエンスを世界的に最初に教えたことで有名になりましたが、これはおそらくグルジの元で学ぼうと（マイソールに）来た大勢の生徒にヨガを教えた結果でしょう。最初の頃は、グルジはそれぞれの生徒の必要に応じて、ヨガの教え方をもっと変えていました。マイソールのアーユルヴェーダの病院で教えていたこともあったので、糖尿病、象皮病、ハンセン病など、個々のあらゆる症状や条件に合わせて治癒的にヨガを教えていました（実際、クリシュナマチャリアは指導試験でグルジに病気の人を治癒させたこともあります）。ハンセン病の人の治療をしていたせいでヨガシャラから生徒がいなくなった時も、グルジは気にしませんでした。ヨガを必要としている人を助けることの方が、グルジには大事だったのです。

グルジの指導に対するエネルギーや熱意は尽きることがありませんでした。いつも午前二時、三時に起き、四時半頃にはクラスを開始し、昼まで教えることもしょっちゅうで、それから夕方にまた数時間教えることもありました。家族がもっと一緒に過ごす時間が欲しいと頼んでからは、満月と新月の日が休みになりましたが、それ以外は毎日教えていました。その後、土曜日も休みになりました。教えることが大好きなので、歯を抜いてひどい痛みがある時も、白内障の手術をした直後も、バイクで事故に遭った後も、すぐにクラスで教えていました。ハンドスタンドでバランスが取れない生徒に手を貸す時は、よく生徒の足で顔を蹴られていました。そのせいで歯が無くなったこともありますが、グルジは気にしませんでした。

一九三七年、グルジはサンスクリットの学者として知られるナラヤナ・シャストリの娘、サヴィトランマ（通称アンマ）と結婚しました。サヴィトランマが十四歳、グルジは二十二歳の時です。二人には、マンジュ、ラメーシュ、サラスワティという三人の子供が生まれました。残念ながら一九七三年にラメーシュが、一九九七年にアンマが亡くなりました。マンジュとサラスワティは、どちらもグルジと同じく素晴らしいヨガの先生になりました。サラスワティにはシャミーラとシャラートという二人の子供がおり、どちらもヨガの先生になっています。シャラートは、一九九〇年から二〇〇七年までＫＰＪＡＹＩの実質的なディレクターとなり、グルジを助けてきました。家族全員がグルジからヨガを学び、グルジ亡き後も教えを受け継ぎ、教え続けています。

一九七三年、五十八歳の時にグルジは初めて海外に行きました。ナンシー・ギルゴフ、デヴィッド・ウィリアムス、ノーマン・アレンが初めてマイソールに行った年でもあります。この時から、グルジの西洋とのつながりは着実に広がっていきます。最初の数年間は、マイソールにはほんの少しか西洋人の生徒はいませんでした。エディ・スターンと私がマイソールに行った一九九一年まで、クリスマス前後の一〜二カ月は二十五人ほど西洋人の生徒がいましたが、それ以外はかなり静かなものでした。ラクシュミプラムのオールド・シャラは、一度に八人が練習できる程度の広さでした。九〇年代の終わりまで、その部屋に十二人の生徒が押し込められ、午前四時からクラスが始まり、クラスが終わるのは昼過ぎでした。グルジは八十代でしたが、それでも一日八〜九時間は集中して働いていました。シャラははちきれんばかりで、クラスを受けるのを待っている生徒の列が、屋根の上まで伸びていました。増え続ける生徒に対処するため、二〇〇二年グルジはマイソール郊外のゴクラムに新しいヨガシャラを建てたのです。

新しいシャラでは、一度にそれまでの五倍の生徒が練習できました。新しいシャラへの移行と時を同じくして、マイソールに来る多くの生徒はすでにアシュタンガヨガの練習をしているという、新しい現象も起きていました。今では、グルジは様々なところを旅して回っており、アシュタンガヨガを世界中に広めている経験ある先生も増えました。

シュリ・K・パッタビ・ジョイスは、九十一歳になるまで七十年間途切れることなくヨガを教えてきました。エネルギー溢れるヨガの達人で、夫であり、父であり、学者でもあります。ユーモアのセンスがあり、頭脳明晰、九十代でも丈夫で健康でした。二〇〇七年に深刻な感染症になった時だけ、教えるのをやめましたが、ストイックで、最後まで辛抱強く、称賛にも困難にも冷静なところは変わりませんでした。二〇〇九年五月十八日に亡くなった時には、グルジの教えは世界的な現象になっていました。

＊＊＊

一九九一年、私はイギリスのサセックスの田舎で、スピリチュアルな探求者たちのコミュニティの中で暮らしていました。十代の頃から、私はあらゆる難解な哲学に囲まれてスピリチュアルな探求をし、瞑想をしようとして何年間も努力してきました。瞑想の練習に手こずり、自分の意思で集中力を保てるようになりたいと悩み、もっと集中しやすくなり、体が楽になる、究極の現実を垣間見せてくれるような、新しい何かを探していたのです。

幸運なのかカルマなのか、私が最初に受けたヨガクラスはシュリ・K・パッタビ・ジョイスの教えを受けた人によるクラスでした。農場の近くに住んでいたラファエル・デボラが、地元のモンテッソーリ・スクールでヨガを教えていたのです。私はヨガのクラスは受けたことがありませんでしたが、十年前にロシアの神秘思想家ピョートル・ウスペンスキーの『宇宙の新しいモデル』の中で、パタンジャリのヨガ（アシュタンガヨガ）について読んだことがあり、ヨガには様々な〝不思議な力〟があると言われていることに魅了されていました。しかし、クラスでは何をするのかまったくわかっていませんでした。サンスクリット語のマントラでクラスが始まると、太陽礼拝が始まりました。ヴィンヤサという呼吸と動きのシステムによって、アシュタンガヨガのポーズが一続きのシークエンスになっていました。

意識的な呼吸とストレッチを組み合わせたものが、私の体の中で幸せな感覚を呼び起こしているのが、最初からわかりました。私の心も、興味深い意識の軌道に導かれていき、ひとつの経験や思考から別のものにランダムに飛び回るのではなく、その時はより狭い流れに向かっていました。すぐに、これが私が探し求めていた、心や思考を制御するものだとわかりました。

呼吸と動きをシンクロさせると、汗をたくさんかき、体が軽く感じられ、すぐに飛んでいるような気分になりました。クラスの終わりに、ヨガマットの上に横になって休んでいると、私の心と体はエネルギーで振動していました。まるで心も体もすべて開いて透明になったかのように、すっかり浄化されたような感じがしたのです。

ラファエルは私が興味を持っていることに気づいて、アシュタンガヨガのプライマリー・シリーズの〝カンペ（アーサナのチャート図）〟をくれて、B・K・S・アイアンガーの『ハタヨガの真髄』と『ヨーガ・スートラ』と『バガヴァッド・ギーター』を読むように勧めてくれました。自宅に招いて、ヨガ的な食事の作り方も教えてくれました。

数日後、私はアメリカ西海岸のベイエリアに行きました。三カ月間アパートで一人で練習に奮闘し、無知のせいでひどい怪我を何度もした後、インドに行くべきだ、ラファエルの師匠、グルジことシュリ・K・パッタビ・ジョイスに会うべきだと確信しました。

一九九一年九月、私はマイソールに着くと、毎朝暗いうちから徒歩、もしくは自転車でヨガシャラに行きました。早朝クラスは生徒数によって四〜四時半に始まりました。チャンティング（マントラの詠唱）の声とベルが鳴る音を聴き、お湯を沸かすために燃やすココナッツの殻やお香の匂いを嗅ぎ、家庭の主婦たちが玄関の階段に水を撒き、掃いて、チョークで複雑なランゴーリー（またはコーラムと呼ばれる、玄関先に描くカラフルな模様）を描いているのを見ました。シャラに着くと、グルジがドアの鍵を開けるために階段を降りながら、一人でチャンティングをしているのが聞こえたものです。少し遅く着いた時は、すでに練習を始めている生徒たちのウジャイー呼吸の音が窓から響いていました。

シャラートは最前列でちょうど練習を終えるところでした。エディと私は最後列で並んで練習をしていました。五時になると横のドアが開き、グルジが部屋に入ってきます。すると、突然空気が変わり、グルジの「サマスティティヒ！」の号令で全員が直立不動になり、オープニングのマントラが始まりました。私はうなじの毛が逆立つような感覚や、その瞬間の張りつめた空気に泣きそうになったのを今でも覚えています。

オープニングのマントラが終わると、グルジは時々「はい、やりなさい！」と言う以外はほとんど話しません。スツールに座り、生徒を注意深く見ていて（こちらが見られていると思っていない時でも）、深いアジャストで手助けをしてくれたり、時々新しいポーズをくれたりします。その部屋では何も隠すことはできません。グルジの目が常に光っていました。

パッタビ・ジョイスのヨガは根本的で激しいです。その体験を言葉で説明するのは難しいですが、その人の根底にある恐怖に直面するとか、精神的にも肉体的にも耐えられる限界まで追い込まれる、と言われていることで十分伝わると思います。グルジは、師匠のクリシュナマチャリアからこの教えの厳しさを受け継ぎました。グルジはいつも笑いながら「(クリシュナマチャリアは)とても危険な男だった」と言っていました。

このような厳しさのせいで去っていく人もたくさんいます。クリシュナマチャリアのマイソール時代の最後には、残った生徒は三人だけでした。当時のやり方は、ほとんどの人には厳しすぎたのです。しかし、急激な変化を求める激しい気質のある人たちには、求めているものがここで見つかります。辛くなってやめてしまったら、進化することはできません。何十年もの指導経験とグルジの個人的な経験から、グルジは癒やしと変化の過程を理解していました。グルジはずっとそばにいて、私の癒やしと変化を助けてくれました。

なかなかできないアーサナでグルジがアジャストしてくれる時、断崖絶壁から死や痛みの淵を覗き込んでいるようでありながら、目の前に何かしらの救済があるような気がしました。ですから、死が目の前に迫っていると何ものにも気を取られないので、今という瞬間と向き合うことになりました。グルジは微笑んで「なんで怖いの?」と言いました。「何に囚われているの?」「何にこだわっているの?」と。

「信用して、力を抜きなさい!」

(そんなこと言われても、死にそうなんですけど!)

「ただ呼吸をしなさい!」

すると突然、生徒が意識する前にグルジはポーズを取らせます。意識が高まった状態は、アジャストされている間中続くこともあり、その間は心を乱すものは何もありません。その後で、信用、至福、高揚感、心が開く瞬間があります。

こんなことが起こるなんて思ってもみませんでした。悩みは少し脇に置いて、自分の能力はここまでなんて思い込みは忘れましょう。

一瞬でもそれができたなら、その人は悩みを消す能力を後で身につけることになります。悩みを見て、そして手放すことができます。手放した人は、長年練習を続けている人によく見られるような、穏やかで自信に満ちた状態になるのです。

アシュタンガヨガの練習には、健康、エネルギー、強さなどたくさんの素晴らしい恩恵があり、それで練習に興味を持ち続けることができますが、究極的なスピリチュアルな恩恵はとらえどころがないように思えますが、有り難いことに、練習、練習、練習を通して、最終的にヨガの内なる性質は明らかになります。私にとって、グルジから得た一番大事な教えは、練習のために心の奥深くにサムスカーラ（潜在意識に組み込まれた過去の印象による心のあり方・行動）を刻むことです。練習すればすべてがやってきます。これは無意味なマントラではなく現実です。先生は、生徒が正しい道にいるという安心感を与えるためにいますが、本当の内面的な先生は自分の練習です。

より深く理解するには、心が変容しなければなりませんが、ヨガとは何かという感覚がわかるようになるには、まずは練習をしなければなりません。ハチミツの甘さを味わったことがない人に、どうすればハチミツの風味を伝えることができるでしょうか？　ヨガも同じです。理解するためには経験しなければなりません。最初は、この経験は言葉で表現することは不可能です。風味のように味わうものです。しかし、ヨガの練習を通して心が変容するにつれて、自分という存在の根底にある現実をより感じることができるようになり、その結果として、ヨガの哲学的な基礎やこの現実の体験を広く深くするために、どの方向に行けばよいか理解できます。

最初は私も理解できませんでしたが、何年もかかって理解できるようになりました。ヨガの練習は心も体も変化させ、浄化し、強化し、癒やします。悩んでいる心の理解力は低く、病んでいる体は常に心を悩ませ動揺させます。アーサナの練習を通して、体は癒やされ、心は着実に浄化され研ぎ澄まされ、繊細な真実を捉えることがよりできるようになります。さらに、時が経つにつれて自分の経験からヨガの効果がわかり、本質を理解できます。

＊＊＊

グルジはいつも、自分が教えているのは『ヨーガ・スートラ』に書かれている、〝本物の〟もしくは〝原型の〟パタンジャリのアシュタンガヨガだと言っていました。グルジは、『ヨーガ・スートラ』は最も大事な読むべき文献だと言っていましたが、理解するには難しく、かなり解釈が必要です。『ヨーガ・スートラ』には、アシュタンガヨガに関する最も完璧な説明と背景の解説が書かれていますが、他の多くの古代の文献でも、同じヨガのシステムについて記述・言及がされていました。これが、グルジがデモンストレーションをするのを好んだ理由でしょう。

アシュタンガヨガでは、ヨガの目標を達成するには八つの支則があると説明されています。最初の四つは〝外的なもの〟で、残りの四つは〝内的なもの〟*です。最初の二つの支則である「ヤマ（禁戒）」と「ニヤマ（勧戒）」は、「非暴力」「正直である」「盗まない」「摂生する」「貪欲にならない」と「清潔にする」「足るを知る」「（鍛錬して）浄化する」「日々学ぶこと」「神への祈り」です。この最初の二つの支則はとても難しく、極めるにはとても時間がかかり、不安定な心や病弱な体は、極めるのに妨げになります。

＊パタンジャリは外的な五つの支則と、内的な三つの支則に分けて話している。しかし、グルジは『YogayajnavalKya Samhita』（サンスクリット語で書かれたヨガ文献でグルジがよく引用していた）に記述されているように、外的な四つと内的な四つだと話していた。

そこで、三つ目の支則のアーサナ（ポーズ）をグルジは出発点にしているのです。アーサナは心身を浄化し健康にして、ヤマとニヤマの実践を容易にします。プラーナヤーマ（呼吸法）は浄化をさらに進めます。プラティヤハーラ（感覚の制御）はプラーナヤーマが完璧にできた結果であり、感覚を自分の内面に向け、本当の自分を探し求めます。ダーラナは安定した集中であり、ディヤーナ（瞑想）は心がひとつの方向にだけ向いていることで、サマディは神と一体になることで、このような順番で進みます。

『ヨーガ・スートラ』によれば、ヨガとは心を制御することです。心が制御できたら、自分が自分という人間の主人だと感じられます。行動していても、心ここにあらずであれば、心を制御できていない状態であり、集中できず、心が自分の主人になっています。一度心を完全に制御することができたら、心を自分自身と重ね合わせることをやめ、邪魔するものなく明らかに、内面にある自分自身が現れます。アシュタンガヨガは、最初にアーサナの練習で浄化し、それからヤマ、ニヤマ、プラーナヤーマの組み合わせを通して心の制御を獲得するための、実用的なメソッドだと言われています。

グルジは激しいアーサナの練習に力を入れました。ヴィンヤサ（呼吸と動きを連動させるシステム）とアーサナのシークエンスを組み合わせることで、体内の血液を沸騰させ、汗をかくことで毒素を取り除きます。日々練習に力を入れながら、特定の日は休むことで、長年にわたって練習を続けることができます。「十年、二十年、生涯練習を続けなさい」とグルジは言っていました。ヨガの部屋には常に、人工的なものではなく生徒の体から発せられる汗と熱気がありました。硬い体でもアーサナの形に曲げることができるという意味で、「熱を以ってすれば、鉄でも曲がる」と言っていました。

クリシュナマチャリアの指導の元、グルジはプライマリー、インターミディエイト、アドバンスト（この中でさらに四つに分かれる）の三つのアーサナのシークエンスを組みました。プライマリー・シリーズである「ヨーガ・チキッツァ」は、筋肉と体内の臓器を浄化するために、インターミディエイト・シリーズである「ナディ・ショーダナ」は心と神経システムを浄化するために設計されています。この最初の二つのシリーズがある程度できるようになると、グルジはより深い浄化のプロセスを起こす、激しいプラーナヤーマの練習を教えてくれました。* 多くのエネルギーに溢れ柔軟性がある生徒は、アドバンスト・シリーズの練習にも進みました。

＊後に、グルジがプラーナヤーマを教えることは次第に減っていった。

グルジによると、アーサナのグループ分けとヴィンヤサは、クリシュナマチャリアとその先生であるラマ・モハン・ブラフマチャリの二人がヒマラヤで研究した『ヨーガ・コルンタ』という古代の文献に記してあったと言っています。アーサナとヴィンヤサのやり方だけでなく、パタンジャリの『ヨーガ・スートラ』に書かれていたプラーナヤーマやバンダ（コアの筋肉とエネルギーのロック）、ドリシティ（視線を向けるべき場所）についてのやり方や解説も含む、システム（バンダやドリシティなどの要素）全体を統合した練習についても書かれていました。クリシュナマチャリアはコルカタの図書館で『ヨーガ・コルンタ』の本を見つけたのですが、蟻に食われて損傷がひどく不完全だったらしいとグルジは言っていました。知られている限り、他に現存する『ヨーガ・コルンタ』はありません。

『ヨーガ・コルンタ』やクリシュナマチャリアの初期の教えには、スーリヤナマスカーラ（太陽礼拝）が入っていませんでした。アーサナの練習の始めにやる太陽礼拝は、古代の文献などを参考にグルジによって考案されたものでした。グルジの研究の結果、今では世界中のほぼすべてのヨガクラスで見られるようになりました。

グルジはよく、新しい理解が得られるまで毎日の練習を最低十年続ける必要があると言っていました。この理解とは、心と体を浄化した結果です。アシュタンガヨガは少しずつ進むものです。グルジがアシュタンガヨガの三番目の支則（アーサナ）を出発点として力を入れたのは、ヤマやニヤマのような道徳的規範を完璧にやるには、ある程度精神的なコントロールが求められ、それにはアーサナの練習を最初にやるのが一番効果的だと考えたからです。プラーナヤーマとプラティヤハーラを始める頃に、ヤマとニヤマが完璧になるというのは、古代のヨガに関する文献（シャーストラ）などでも言及されており、目新しい考えではありません。グルジがやったことはこうした文献を元にしています。一度、あるスタイルのヨガについて質問した時、グルジは「シャーストラにはそんなことは書いてない！」と答えました。グルジが言ったのはそれだけで、言いたいこともそれだけでした。

グルジは生徒に結婚と家族を持つことを勧めていました。生徒がより落ち着いて、ヤマとニヤマに実践的に取り組めるようになる方法だと考えていました。「家族との生活は七番目のシリーズだ」、つまり本当に難しいものだと冗談でよく言っていました。

ヨガの外的な四つの支則はとても難しいものですが、やりがいがあります。生徒がグルジに、内的な支則である瞑想《メディテーション》について聞くと、グルジは「何？ 狂った意識《マッド・アテンション》？」（メディテーションを皮肉った駄洒落）と聞き返していました。一瞬でさえ心を落ち着かせることができないうちは、深く没入したり、休んだりすることができるようになるとは思えません。グルジは、外的な四つの支則が完璧になったら内的な支則は簡単だと言っていました。しかし、外的な支則を完璧にするには、かなりの時間と努力、そして忍耐と信念と献身、他にもたくさんのものが必要です。クリシュナマチャリアの「呼吸ができる人なら誰でもヨガができる」という言葉をもじって、グルジは「怠け者以外は誰でもヨガができる」と言っていました。

祈りは、グルジの教えにおけるもうひとつの柱です。神や家族、グルへの献身によって、目標にさらに近づけます。外的な支則は、現実世界での経験や自分の心と体に関係があります。内的な支則は魂への入口です。グルジは、シュリ・シャンカラチャリアとアドヴァイタ・ヴェーダーンタ哲学を守る家族の伝統に浸かってきました。シャンカラは、我々がバラバラの別個の存在だというのは幻想だと教えていました。実際、人間はみな連続したつながりの一部です。マーヤー（幻想）によって別個の存在だと思わされているだけで、現実的に、すべてはブラーマンと呼ばれる大きな存在の一部に過ぎません。アドヴァイタ・ヴェーダーンタは非二元論の哲学であり、ひとつの存在しかありません。逆に、パタンジャリの哲学では、一般的にプルシャと呼ばれる魂と、プラクリティと呼ばれる心や体の存在を認める、二元的なシステムです。シャンカラチャリアの哲学（アドヴァイタ・ヴェーダーンタ）は、宇宙全体を守っている普遍的な存在であるブラーマンだけを認めています。この宇宙全体を支えている存在は、現実に（つまり不変のものとして）見えていても、実際には常に流動的で、それゆえに儚《はかな》く、不変の形態ではありません。したがってアドヴァイタ哲学では、不変の形式がなければ、その形式に対する現実的な資質の根拠がないことになります。

＊シャンカラチャリアは熱心なヨガの提唱者でもあり、バンダとプラーナヤーマの重要性について多く語っている。

『ヨーガ・スートラ』で明言されているような二元的な哲学は、どのようにアドヴァイタのような非二元的な思考と融合しているのでしょうか？　どちらもグルジのヨガの練習のやり方をかたち作る上で、明らかに大きな影響を与えています。外的な支則（ヤマ、ニヤマ、アーサナ、プラーナヤーマ）は、外的な世界やそのような世界との関係に対処するもので、だからこそ自分と世界の関係が含まれている、二元的な性質が必要だとグルジは説明しています。内的な支則（プラティヤハーラ、ダーラナ、ディヤーナ、サマディ）は、アドヴァイタ（非二元的）な状態を考えるためのもので、自分自身の経験は神の経験でもあるというものです。

＊＊＊

一九八八年、私はロリ・ブランガードと共に、グルジの人生や教えに関するドキュメンタリーを撮り始めました。生徒の目から見たパッタビ・ジョイスという人物像を描くと同時に、生徒自身がグルジの教えの本質をどう考えているのか、ヨガを通じた自身の内面的な探求の結果がどのようなものかを明らかにすることが目的で、グルジと親しい生徒や家族、二十五人ほどのインタビューを撮りました。

二〇〇七年、撮影したインタビューの一部を起こした文章をインターネット上に掲載すると、たくさんの熱いメールが来ました。そのうちのひとつが親友のエディ・スターンからで、エディはこのインタビュー集を完璧にするためにもっとインタビューを集めて、本にした方がいいと勧めてくれたのです。エディは、いくつかのインタビュー原稿を寄稿し、資金調達もしてくれ、彼が発行している雑誌『Namarupa（ナーマルーパ）』に掲載していた、ニック・エヴァンスがサラスワティにインタビューした原稿も提供してくれました。

この本を編纂するのは素晴らしい体験でした。この本のお陰で、世界中の遠く離れた人たちのところに行ったり、素晴らしい人たちに出会えたり、懐かしい古い友人と再会したりすることができました。それぞれの人の物語を集めたこの本は、ある意味現在のアシュタンガヨガの実践における体験を要約したものになっていると思います。この本の中で、最も古くからのいわゆるシニア・ティーチャーと呼ばれる多くの人の言葉や感じ方を知ることができます。この本でインタビューしている先生たちの練習年数を合計すると、六百年の練習の結果を手にすることになります。

元々、多くのインタビューはビデオに録画したものでした。インタビュー相手にリラックスしてもらうために、最初に自身の思い出などを話してもらい、それから話をより深く細部へと進めていきました。特に、ある特定の繊細な話題について話して欲しかったので、少し回りくどくなることや、場合によってはわかっていない質問をしていると思われることがあるかもしれません。また、読者のみなさんにインタビューしたそのままを読んでもらいたかったので、議論の問題点がわかりやすくなればと思い、私のコメントを残しているところもあります。

アドヴァイタ・ヴェーダーンタの伝統では、ヴィチャラと呼ばれる質問のテクニックがあります。インドの聖者ラマナ・マハルシが自分の弟子に教えた、真の自分自身を体験するまで、より深く内面の経験に入り込んでいく方法です。質問者が尋ねるすべての質問に、回答者は「誰が質問をしているのですか？」と答えます。最初はこの誰かを探し求めますが、質問者は何者でもないと感じることになります。しかし、質問を繰り返すことで、魂に付随している空虚なものが積み重なった層が剥がれ落ち、真の自己はその光を感じ始めます。これと同じように、質問を続けることで、他の質問がより深い内省を促したり、はっきりとわからなかった答えがわかったりするかもしれません。その過程を目撃し、記録する機会が与えられたことを光栄に思います。インタビューを集め、編集し、思いを巡らせたことで、私のヨガに対する理解は大いに広がり、深まりました。この価値ある叡智の集積が、この本を手に取ったあなたのヨガに対する理解も、同じように広げ深めてくれることを祈ります。

ガイ・ドナヘイ

二〇〇九年十一月　ニューヨーク

マンジュ・ジョイス

Manju Jois

マンジュ・ジョイスはグルジの長男で、七歳でグルジと共にヨガの練習を始め、十三歳でアシスタントを始めた。一九七二年にインドのポンディチェリーにあるアーナンダ・アシュラムでやったマンジュのデモンストレーションを、デヴィッド・ウィリアムスとノーマン・アレンが目撃し、グルジに会ってヨガの勉強をしたいと熱望するようになった。それがアシュタンガヨガが世界的に広まることにつながっていく。マンジュは世界中を旅しながらアシュタンガヨガを教え、最終的に南カリフォルニアに定住している。

――アシュタンガヨガの練習を始めたのは何歳の時ですか？

そうですね、確か七歳でした。私にとってはゲームみたいなもので、他の人がやっているのを見て、面白そうだったのでやってみました。そんなに真面目にやっていたわけではありません。グルジにやらされていたわけでもありません。自発的に出かけて行って、ポーズを取る遊びを始めたというだけです。

——グルジが正式にあなたに教え始めたのはいつですか？

正式には十二歳の時です。それからは、毎日朝晩練習をしなければなりませんでした。グルジは私と姉に個別に教え始め、プライベートレッスンをしてくれました。

——プライベートレッスンから始めたんですね？

そうです。

——その後、通常のクラスに参加したのですか？

いや、ずっとプライベートレッスンでした。グルジは私たちを良い先生にしたかったので、他の生徒と一緒に練習はしたことがありません。確実に正しい練習を学んで欲しかったのです。

——グルジはあなたを先生としてトレーニングしていたのでしょうか？

はい、間違いなく。

――先生になるための勉強はいつ始めたのですか？

十二〜十三歳の頃に、生徒の背中を押したりするようになり、先生として学び始めました。グルジは私がアジャストするのを止めたりせず、何をするべきか、いつ、どこを押すべきかなどを常に教えてくれました。私はとても若い時に、グルジから先生としてのトレーニングを受けました。とても自然に教わったので、それが本当に良かったです。

――サンスクリット大学でもグルジは教えていましたよね？

はい、マハラジャ・サンスクリット大学で教えていました。サンスクリット大学の学生と、それ以外のクラスを取っている人に教えていました。そこで私はヨガをやったり、クラスを受けている人の手助けをしたりしていたんです。

――マイソールのジャガンモハン・パレスの学校は、その時はもう閉校していましたか？

はい。

――当時、グルジの師、クリシュナマチャリアは存命でしたか？

私が七歳か八歳の時にクリシュナマチャリアに会いました。クリシュナマチャリアは、息子と一緒にデモンストレーションをするためにマイソールに来ていました。その時に会ったのが初めてです。

――グルジのヨガの練習を見たことはありますか？

もちろん。

――グルジの練習はどんな感じだったのか教えてもらえますか？

父が色んなポーズを取りながらヨガの練習をするのを見るのは楽しかったです。練習は本当にすごかったです。時々、あるポーズを長時間ずっと取ったままでいることもありました。そのような練習のやり方で、私たちにヨガを教え始めました。大量のポーズをするのではなく、一度にひとつずつポーズを習得させようとしました。習得したら次のポーズに移ることができます。私は、父が練習するのを見るのが好きでした。時々、私、姉、父のみんなで一緒に練習することもありました。

——面白いですね。グルジは生徒にはたくさんのポーズを教えますが、あなたには自分が練習していたのと同じやりかたで教えていた。

そうですね。グルジは物事を極めるのが好きでした。だから、私たちにもいつも「それを極めなさい、極めなさい」と言っていました。極めたら次に移ることができます。でも、人間は子供みたいなもので、もっと学びたい、先に進みたいと思ってしまいます。わかりますよね？「もしこれができたら、これを飛ばしてもいい？　それか、あれをやってもいい？」グルジはそうさせてくれることもありましたが、同時に、戻って前のものを終わらせるようにして、常に私たちに目を光らせていました。

——では、基本的に十二～十三歳の頃にグルジと一緒に教え始めたということですね。インドを離れるまで、どれくらいそれを続けていましたか？

私は一九七五年にインドを離れましたが、その前にも色々なところに旅をしました。友だちを連れていくこともあれば、インドの様々な地方の大学に行き、ヨガのデモンストレーションと話をしたこともあります。実際、とても楽しかったです。

——グルジがラクシュミプラムにヨガの学校をオープンしたのはいつですか？

えー……かなり昔ですね、多分一九六一年か一九六二年だったと思いますが、ちょっとはっきりしません。

——当時は二箇所で教えていたんですよね？

そうです。その時はサンスクリット大学でも教えていました。それから、大学でヨガを教えるのをやめる時に、自分の拠点を持ちたいと思ったようで、ラクシュミプラムに小さなヨガスタジオをつくり始めました。

——そのスタジオにはどれくらい生徒がいましたか？

生徒は五十人くらいいました。

——生徒の間では、グルジはどんな先生だと言われていたのでしょうか？

生徒はグルジをとても尊敬していました。喘息や糖尿病などあらゆるタイプの病気を抱えた生徒がいました。医者はそのような患者にあらゆることを試して、最後にヨガをやらせるために父のところによこしていたのです。そのような経緯でヨガをするために来ていた人たちなので、当時の生徒には病気を抱えている人がいました。

――医者は治療できなかった患者をグルジのところに送り込んでいたのですか？

その頃のインドには近代医療が浸透していなかったのです。医者は「あなたの治療にはヨガをするのが最適です」と言っていました。当時は医者がたくさんいて、医者は医学では病気が治らないと信じたくないけれど、ヨガで病気が治ると信じたいという態度でした。

いずれにしても、そのような患者がどんどん健康になっていくのを見て、医者は「パッタビ・ジョイスのところに行ってヨガをするのが一番です。彼が治療してくれます」と患者を父のところに送り込んできました。ヨガをやって良くなった例がたくさんありました。

――それでグルジの評判が上がったんですね。

はい、そこに来ていたインド人の生徒はほとんどが病気を抱えており、あらゆる病気の生徒がいました。病気のためにヨガの練習を始めたのです。私たちは体を使ったヨガの練習をしてもらいたいと思っていましたが、生徒は治療を受けるつもりで来ていました。

――グルジはそれぞれ違う病気を抱えた生徒の治療のために、練習を完全に合わせていたという

ことですか？

はい、合わせていました。ほとんどが糖尿病の生徒に対してです。糖尿病の生徒には、座らせて長時間ジャーヌシルシアーサナA、B、Cをやらせました。バッダコナーサナとウパビシュタコナーサナは大体（腹部を指差して）ここに効きますから。

——グルジはどうしてそれがわかったのでしょう？

『ハタ・ヨーガ・プラディーピカー』を読めば、どのポーズがどのような病気に効果があるかが説明してあります。だから、ヨガのアーサナの練習だけでなく、本を読んで勉強もしなければならないのです。医学書のようなものです。

——例をあげて、具体的な治療について説明をしてもらえますか？　昔グルジが象皮病を治療したことがあると言っていましたが。

それにハンセン病もです。耳にハンセン病の症状が出始めていた生徒がいました。当時はハンセン病の薬がありませんでした。その生徒は、父親に連れられてタミル・ナードゥから来ていました。一人息子だったのです。それで、グルジはそのハンセン病の生徒にヨガを教え始めました。すると、

「信じられない！」と言って、ヨガスタジオから出ていく生徒もいました。同じ場所にいたくなかったんです。

その生徒たちが「ハンセン病患者がここでヨガをするなら、私たちはここには来ません」とグルジに言うと、「それでもいいですよ。これは私にとって重要なことなのでね」と言って、グルジはハンセン病の生徒にヨガを教え始めました。すると、徐々にハンセン病が癒え、耳の症状が回復していきました。その後、その生徒は自分の地元に帰って、毎日練習をすることにしました。ハンセン病を治すことができれば、どんなものでも治せます。それで、ヨガを通して治療をすることに興味を持つ人が増えていったのです。

――ヨガを教えることに関して、グルジが一番興味があったのは何だと思いますか？

グルジは治療することにほぼ専念していたと思います。グルジにとって治療はとても大事なことでした。人は自分で自分を治癒し始めると、ヨガをすることで自ずと瞑想的な状態になる、というのがグルジの哲学です。

精神が健康でなければ何もできません。瞑想も、何もかもです。自分の内面を健康にすると、スピリチュアルな道に近づきます。

だから、グルジはヨガのアーサナの練習が大事だと言っていたのです。とにかくやれ、哲学の話はするな、「九十九％プラクティス、一％セオリー」だと教えていました。ただ、アーサナをやって、

やって、やり続けることで、徐々に自分の内面が開き始め、わかるようになります。だから、グルジはそのような側面である、治療のプロセスに集中したかったのです。

――治療のプロセスには生徒自身が責任を持つのですか？　それとも、グルジが何らかの診断のようなものをするのでしょうか？

「グルジはすべての答えを知っている！」と言う人も多いですが、グルジはヨガをすれば治癒することがわかっていたので「いいから、やりなさい！　やればわかる！」と言っていたのだと思います。グルジは診断や分析をしますが、「あなたの抱える問題は……」というようなことは言いません。それを治療する方法がわかっているのです。

――グルジは生徒によって違う対応をしていましたが、それがグルジのテクニックでもあったと思いますか？

そうだと思います。グルジは生徒を観察しています。短気な生徒は好きではありません。たくさんの人がグルジのところに来て「わかりました、ここに二カ月間います」と言います。二カ月間でたくさんのことが学べると思っているのです。すると、グルジは「いや、もっとここにいなきゃだめだ。もっと頻繁にここに来て、それを続けなさい」と言います。グルジはせっかちな生徒には耐えられないんです。だから、そういう生徒には意地悪になってしまうのでしょう。

グルジはこの練習を学ぶのに膨大なエネルギーと時間を注ぎ、先生から叱咤されてきました。グルジの先生の教え方は生やさしくありませんでした。どれくらい我慢強くこのヨガを学ぶことができるかを見ようとしていました。

例えば先生は「十二時にヨガをするのに私の家に来なさい」というようなことを言います。生徒は十二時きっかりに先生の家に行かなければなりません。遅れたら、外の太陽の下で一時間待たされ、どうするかを見られます。グルジはそのようなことを経験してきました。だから、せっかちで短気な生徒を見ると「こら！」と言うんです（笑）。

——アシュタンガヨガのアーサナはどこから来ていると思いますか？ クリシュナマチャリアがつくったのでしょうか？ それとも、彼の師、ラマ・モハン・ブラフマチャリがクリシュナマチャリアに教えたのでしょうか？

アーサナのことですよね？

——アシュタンガヨガ特有のアーサナのシークエンスです。

そうですね、実際にはすべて本からだと思います。『ハタ・ヨーガ・プラディーピカー』を読めば、いくつかのアーサナが載っています。それから『ヨーガ・コルンタ』と『シヴァ・サムヒタ』にも載っています。これらの本すべてにアーサナのことが載っています。したがって、〝彼ら〟はすべてのアーサナを取り上げ、それからどのようにシークエンスに落とし込むかを研究しました。そうやってすべてのシークエンスをつくり上げました。

――今の「彼ら」は誰のことを指していますか？

『ヨーガ・マカランダ』でクリシュナマチャリアがそうしています。これがグルジの教え方です。B・K・S・アイアンガーは、あちこちから選びました。これはもっとセラピー的なものです。しかし、誰にでも、何をするべきかという独自の考えがあります。厳格なアシュタンガヨガは、グルジが教えるヴィンヤサ、つまり呼吸があるものです。それが本当のアシュタンガヨガです。

――しかし、これはクリシュナマチャリアがつくったとお考えなのですよね？　クリシュナマチャリアがアーサナをまとめてシークエンスにしたのでしょうか？

そうです。私はそう思います。

――このアシュタンガヨガの系譜が、家族を持っている先生たちから生まれているのが興味深いです。ヨギーといえば、洞窟の中に座っている世捨て人というようなイメージが普通はありますから。少なくとも西洋人にとってはそんな印象です。

それはとても良い質問ですね。インドではヨガは、音楽や他のことを学ぶのと同じようなものです。音楽に詳しい家族は、音楽の先生一家になります。私たち家族もただそうだということです。グル（師匠）のようなものになったり、洞窟で隠遁したりしなければならないわけではありません。習得する仕事のひとつに過ぎません。

僧侶は自分の子供にお経の唱え方を教えます。すると、その子供が次の代の僧侶になります。そして、毎日家でお経を唱えるので、家族全員がそれを聞いてお経を覚えます。奥さんもお経が唱えられるようになります。毎日同じお経を耳にするので、座って本を読んで勉強する必要はありません。子供も同じようにして自然とお経を覚えます。そうやって家族は教え方、やり方も覚えます。

――グルジは、自分の師匠は一人だけだと言っています。しかし、家族を持つグルと言えば、シャンカラチャリアの系譜もあります。

そうですね。

――（宗教では）シャンカラチャリアの家系に属していることと、（ヨガでは）クリシュナマチャリアが師匠であることの違いについて、少し説明してもらえますか？

シャンカラチャリアとクリシュナマチャリアの間にはまったく関係はありません。シャンカラチャリアはスマータ・ブラマン（ケーララ州にいるブラマン階級のグループ）のグルです。クリシュナマチャリアのグルはラマーヌジャチャリアでした。この二者はいわゆる（宗教的な）派閥が違います。シャンカラチャリアはスマータ・ブラマンのグルなので、私たちは哲学についてはシャンカラチャリアに従っています。

――では、グルジのアーサナなどのヨガの師匠はクリシュナマチャリアだけれど、哲学的にはそうではないということですか？

クリシュナマチャリアも哲学については、シャンカラチャリアに従っていると思います。ラマーヌジャチャリアは宗教指導者です。三人のグル、ラマーヌジャチャリア、シャンカラチャリア、マドゥヴァチャリアは系統が異なります。

シャンカラチャリアはアドヴァイタ（不二一元論）を提唱しており、それを私たちは学んでいます。ラマーヌジャチャリアはヴァイシュナヴァ（ヴィシュヌ派）で、それは（シヴァ派とは違う）別の体系です。また、マドゥヴァチャリアはマドゥヴァ・サンプラダヤと呼ばれる教えを説いています。これらは別々の体系で、教え方も違います。ラマーヌジャチャリアとマドゥヴァチャリアはヨガなどについては語らず、もっとスピリチュアルで、シャンカラチャリアだけがヨガに深く関わっているというように。このようにしてヨガが始まりました。ですから、アシュタンガヨガはケーララ州から来たと言えるでしょう。

――グルジは練習のスピリチュアルな側面について、西洋人とどのようにコミュニケーションしていたのでしょう？

西洋人の生徒に教える時は、スピリチュアルな面について説明していないと思います。このような考え方は西洋人にはほとんど馴染みがないものだとわかっていたからです。哲学はあまりにもわかりにくいので、グルジは西洋人の生徒に時間をかけてヨガの練習をして欲しいと思っていました。ゆっくりと……わかりますよね、ヒンドゥー教は（西洋人には）理解するのがとてもとても難しいものです。深く、深く、深く知らなければなりません。古い宗教で、ヨガと哲学とあらゆるスピリチュアルなもので成り立っています。私は、母が亡くなるまで知らなかったことがたくさんありました。母が亡くなって、あらゆる儀式をやらなければならなくなり「知らなければいけないことがこんなにたくさんあるなんて、信じられない」とぼやいたほどです。きりがありません。

ですから、西洋人の生徒にはとてもシンプルに伝えなければなりませんでした。グルジはそうしています。ただヨガをして、話をしない。スピリチュアルなことをについて質問をしない。「違う、今この瞬間にいなさい。今やっているのはカルマヨガなんだ。カルマヨガをやっているんだ。とにかくそこから始めなさい！」そうやって教えています。

――グルジはカルマヨガだと考えているのですね？

本来の意味をご存じだと思いますが、カルマとは行動です。カルマは行動なので、ヨガの練習をしている時は行動をしていることになります。ハタヨガ、ラージャヨガ、アシュタンガヨガなど、どれも名前は違いますが、実際はヨガはひとつです。

みなさんがやっているのは、カルマヨガと呼ばれるものです。カルマに取り組んでいるので、苦痛を感じます。時間をかけて練習するのは、時間をかけてカルマを燃やしているということです。だから、結果が出ると気分が良いのです。そして、他のことや、次のステップに集中できます。

――グルジがプラーナヤーマをあまり教えなくなったのはなぜだと思いますか？

グルジは生徒に最初にヨガのアーサナを学び、それを習得して欲しいと思っています。以前は、喘息やそのような（気管支系の）問題がある生徒にだけプラーナヤーマを教えていました。『ハタ・ヨーガ・プラディーピカー』でも、必要がなければクリヤ（浄化法）やプラーナヤーマはやらない方がいいと載っています。プラーナヤーマなどは、本当に必要な場合だけやるものです。健康上の問題などがある場合はやってください。

呼吸に問題があるならネティ・クリヤをやってください。腸に問題があるならダウティ・クリヤをやりますが、毎日はやらないでください。プラーナヤーマをしても快適であれば、毎日やっても問題はありません。理由もなくプラーナヤーマを始めると、そのせいで病気になることもあります。グルジが言っていたのは、まずはアーサナをやるということです。アーサナをやり続けて極めましょう。それだけでも一生かかります。

昔はリシ（ヒンドゥー教の聖仙）が全体の状況をコントロールしていたので、寿命に限りがなかったとグルジは言っていました。リシが肉体を離れると決めたら、肉体を離れておしまいでした。それがすべてでした。自分のことを自分でコントロールできるようになったら、次のステップであるプラーナヤーマに行きます。体も呼吸もコントロールできるようになってきたら、自分の（肉体という容れ物の）運転席に座っているということです！

――私たちがやっている練習に、アシュタンガヨガの他の支則はどのように含まれているのでしょう？

アシュタンガにはすべてが含まれています。グルジはいつも「瞑想をしています、と言うな」と言っています。瞑想と練習は別物ではありません。練習全体が瞑想です。呼吸をして、練習をすることで、自分自身とひとつになれます。それが〝調和〟とか〝融合〟ということです。ヨガはつながるという意味だと言われていますよね。

練習を始めると、段々体が熱くなってきて汗をかき始めます。そして、本当に気分が良くなって、心と練習がひとつになります。それがすべてです。「この部分はやりました、この部分もやりました」と言うことはできません。だから、「九十九％プラクティス、一％セオリー」と言っているのです。それがすべてなのです。

――デヴィッド・ウィリアムスとどのように出会ったのか教えてもらえますか？

かなり昔、私がインド中を旅していた時にマドラス（現チェンナイ）にも行ったんです。アシュラムを持っているギータナンダというグルがポンディチェリーにいて、その人が父（グルジ）ととても仲が良く、よくマイソールに父を訪ねて来ていたのです。その人がいつも私にデモンストレーションをして欲しいと言い、やって見せると喜んでいました。

それで、私に自分のアシュラムに遊びに来なさい、好きなだけ泊まっていいと言っていました。旅の途中で、友だちと私は「ギータナンダのところにも行った方がいいよね」ということになり、ポンディチェリーに行きました。

ポンディチェリーに着くなり「泊まっていきなさい」と言われました。「好きなだけ泊まっていいから、毎朝レッドクラスみたいな感じでデモンストレーションをして欲しい」と頼まれました。私がヨガをして、他の人はそれを見てついてくるだけだったので「いいですよ」と言いました。どのみち毎朝ヨガの練習はするので、それを自室でやるか、出かけて行って人前でやるかだけの違いです。

その日、ギータナンダは「ヨギーのパッタビ・ジョイスの息子が来てヨガを教えます。アシュタンガヨガのデモンストレーションを見せます」と報《しら》せていました。そこの人たちは全員、ヨガと哲学の勉強をしに来ていました。ギータナンダに「では、マンジュ、ヨガを教えてくれ。みんながついていくから」と言われました。

それで私は「ヨガを教える前に、どのようにやるかがわかるように、少しデモンストレーションをしたいと思います」と言いました。それから少しデモンストレーションをすると、そこにいた人たちは本当に感動していました。みんなインドにこのようなヨガを勉強しに来ていたのに、どこに行けばいいのかわかっていなかったのです。ギータナンダは哲学をたくさん教えていましたが、アーサナは教えていませんでした。

デモンストレーションの後、長髪の青年が私のところに来て自己紹介をしました。それがアメリカから来ていたデヴィッド・ウィリアムスでした。デヴィッドは私に「このヨガはどこで習えるのですか？　私が探し求めていたのはこういうものなのです。このヨガを習いたいんです」と聞いてきました。「私は父からこれを習いました」「お父さんはどこに住んでいるんですか？」「マイソールに住んでいます」と言うと、デヴィッドは「お父さんに会いにマイソールに行かなければ」と言いました。

住所を教えると、その日のうちにデヴィッドは父に会いにマイソールに発ちました。それから、父の元でアシュタンガヨガの勉強を始めたのです。

――あなたのお母さん、アンマがグルジに与えた影響について教えてください。

そうですね、母は完全に父の精神的支柱でした。母はあらゆる方法で、父がやることならどんなことでも、父を支えました。それが母のやり方です。実際、母の方が父を選んだのです。母が子供の頃、サンスクリット大学でヨガをやっていた父を見て、母は恋に落ちたのです。母は毎日そこに通いました。母もそこでヨガを習い、父と恋をして、仲良くなりました。

母が自分の父親、つまり私の祖父のところに行って、もう旦那さんを見つけたと言うと、祖父は笑って「相手は誰なんだ？」と言いました。母が父のことを話すと、祖父は「ああ、その青年なら知ってるよ。ヨガのポーズを全部やっている男だろう。その人を連れてきて紹介しなさい」と言いました。それから母は父と一緒に実家に行き、父は祖父母に会ったのです。母が父を祖父に紹介すると、祖父は父のことを見て「うん、大丈夫だ、君なら娘の面倒を見てくれるだろう。かなり強い男だな」と言いました。

それで二人は付き合い始め、結婚をしました。母は父に関するあらゆることに耐えました。父は付き合いやすい人間ではありませんでしたが、母はいつも父のそばにいました。母はあらゆる方法で父を支え、父の人生と生活で大きな役割を果たしていました。いま母がいないのはとても寂しいです。

――グルジはアンマにアシュタンガヨガを教えていましたか？

はい、昔は二人で一緒にヨガをやっていました。昔は母も、クリシュナマチャリアのジャガンモハン・パレスでデモンストレーションをしていました。母はとても優秀な生徒だったのです。

――家ではアンマはどんな雰囲気だったのですか？

いつも穏やかで素晴らしい雰囲気でした。それに面白かったです。ユーモアのセンスがあって、何事もあまり大げさに考えず、常におおらかでした。父は母がいなくなって本当に寂しがっています。父が時々興奮したり苛立ったりすると、母がいつもそばにいてなだめていました。人柄もユーモアのセンスも本当に良くて、素晴らしい人でした。とても愛情深くて思いやりがありました。

――あなたのお姉さんのサラスワティの息子シャラートと娘シャミーラは、実の父親がとても遠くにいたので、グルジが父のような存在でもあったと言っています。実際にグルジは二人の面倒を見ていたのでしょうか？

もちろん、グルジは素晴らしい父親です。私たちの面倒も本当によく見てくれました。母が病気の時は、ご飯もつくって、母の世話もしていました。皿洗いも洗濯も、病床の母に食事を運んだりするのも、全部やっていました。父と母は互いにとても尽くし合っていました。

――グルジの性格を表すような面白い話などがあれば教えてください。

実際のところ、母は父が間違った時はいつも直していました。父は時々考えなしで行動することがあるんです。父はショートパンツを履いてヨガを教えていたのですが、一度ヨガの学校から外に出てきた時に、下着のパンツ一丁だということに気づいてなかったんです。すると、母がすぐそばに座っていて「今すぐ戻って！　戻って！　どこに行こうっていうのよ？」と言っていました。

母が父を外に行かせようとしないので、父は「ちょっと外に出るだけだよ」と言ったら、母が「何を見に行くの？　自分のモノを見せつけに行くことになるのよ。中に入って、入って！」と言うので、父は母を見て「ぐぬぬ……」と唸って向こうに行ってしまいました。そんな二人を見ているのは本当に面白かったです（笑）。

——あと、あなたが映画に行って夜十時頃に帰ってきたら、グルジにデモンストレーションをやらされた話も覚えています。

そうそう、友だちと映画に行った時のことね。夜、映画を見に出かけて、家に帰ってきた時には十時か十時半くらいでしたから、疲れ果ててたんです。そしたら、家にポンディチェリーからたくさん人が来ていて、みんなギータナンダが連れてきた人たちで、私のことを待ってたんです。そして父が「はい、息子が帰ってきました。彼が今からデモンストレーションをします」と言ったんです。

みんなが座って待っているところに帰ってきてしまったのです。父は「どこに行ってたんだ？　こっちに来なさい」と言うので、「どうしたの?」と聞きました。私は何も知らなかったんです。父は「いや、今からデモンストレーションをしてもらおうと思って」と言いました。私はレストランで夜ご飯を食べて、映画を見て、それから家に帰ってきたんですよ。「え? 今からデモンストレーションしなきゃいけないの?」と聞くと「もちろん。みんな待ってるんだから」と父は言いました。

それで、私はヨガ用の服に着替えて、デモンストレーションを全部やりました。翌日父に「こんなことは二度と無しにしてよね」と文句を言いました(笑)。

——グルジは昔ほど厳しくなくなったと思いますか?

いやいや、そんなことはありません。父は全然変わりませんよ(笑)。

二〇〇〇年　ニューヨーク

一九七〇年代

——アシュタンガヨガはいかにして西欧に来たか

デヴィッド・ウィリアムス

David Williams

デヴィッド・ウィリアムスは一九七三年にグルジの元で勉強を始め、一九七五年にグルジを初めてアメリカに連れてきた。カリフォルニア州のエンシニータスにアメリカ国内初のアシュタンガヨガ教室を設立した後、ハワイ州のマウイに移住。世界中でアシュタンガヨガを教え、練習を続けている。

私は、ノースキャロライナ大学四年の時、一九七一年からヨガの練習をしています。それから三十一年間、ヨガの練習を中断したことはありません。人には自律していると言われますが、そんなに自律しているわけではありません。私はただ、ヨガの練習をしたら自分に何が起こるのか興味があるだけです。

大学生の時、インドには年を取るにつれて賢くなるヨギーがいると聞きました。ノースキャロライナで探してみましたが、そのような賢人は見つからず、どうしても探したくなったのです。

農場で、友だちが足をロータス（蓮華座）に組んで頭立ちをしているのを見ました。何をやっているのかと聞いたら、友だちはヨガをやっていると言いました。私は体は引き締まっていましたが、そんなことはできなかったので、その友だちに頼んで、ヨガを教えてもらい始めました。ヨガに夢中になればなるほど、どうしてもインドに行きたくなり、インドに行ってヨガの達人を探すことにしました。

思い返せば、偉大なヨギーを探す探偵のような気分でインドに行ったのだと思います。行く先々でヨギーのことを聞いて周り、ヨガクラスを受けながら、調査のためにインド全土を周りました。一九七二年の春、ポンディチェリーにあるスワミ・ギータナンダがやっているアーナンダ・アシュラムでグルジの息子マンジュと出会ったのです。友だちのノーマン・アレンと私は、マンジュとマンジュの友だちのバサラジュに会いました。マンジュたちは、インドを旅して周りながら、色々なアシュラムでヨガのデモンストレーションをしていました。

二人がプライマリー・シリーズをやるのを見て、これこそが自分の探し求めていたものだと思いました。自分が次に学ぶのはこれだと、直感的にわかりました。どうやってこれを学んだのかとマンジュに聞くと、インドのマイソールに住んでいる父がヨガの達人で、これを教えていると言いました。

私はビザが切れそうだったのでインドを離れ、戻ってくるためにお金を貯めました。ノーマンはインドに着いたばかりだったので、すぐにマイソールに行き、グルジからヨガを学び始めました。ノーマンの最初のマイソール滞在がちょうど終わった頃、私はマイソールに来て学び始めました。

その時はナンシー・ギルゴフと一緒で、私たちは四カ月間マイソールに滞在しました。ファースト・シリーズ、セカンド・シリーズ、そしてサード・シリーズの途中までと、プラーナヤーマを習いました。一九三〇年代のインドラ・デヴィ以来、グルジが外国人にまったくヨガを教えていなかったのは幸運でした。グルジは私たちをとても気にかけてくれたのです。一日二回の練習とプラーナヤーマをやりました。私はできるだけ速くすべてを学ぼうとしました。

当時、グルジは本当につたない英語しか話せませんでした。私は早めに行って、他の人の練習を見て、自分より進んでいる人のポーズを覚えて学びました。自分で一日八ポーズを覚えようと決めました。そうやって最初の二シリーズと、サード・シリーズの途中までを学びました。

ビザが切れてアメリカに帰った後は、カリフォルニア州のエンシニータスに行き、そこでヨガを教え始めました。しばらくヨガを教えている間に、グルジからアメリカに行きたいという手紙をもらいました。グルジがアメリカに来る手助けをしようと決め、グルジを呼ぶ資金が貯まるまで、週に十ドル貯金しようとしました。手紙が来たのがうれしくて、ヨガクラスでグルジの手紙のことを報告したら、生徒たちが「そんなに待たずに、今すぐお金を集めてグルジに送りましょう」と言ってくれました。そしてなんと翌日には三千ドルが集まり、グルジにカリフォルニアまでの渡航費として送りました。

当初、グルジは奥さんのアンマを連れてくると思っていましたが、結局息子のマンジュが一緒に来て、グルジが教えるのを手伝いました。ビザの取得は時間がかかり、最終的にアメリカに来るまで七カ月かかりました。それまでに、私たちのヨガ教室の生徒は三十五人ほどになり、毎日ヨガの練習をしては、グルジの到着に備えていました。

グルジとマンジュは、私とナンシーとテリー・ジェンキンスのところに四カ月間泊まり、エンシニータスで毎日ヨガの練習をしました。グルジの滞在後、私はカリフォルニアを離れてハワイに行き、楽園を探したいと思いました。最高のタイミングでマンジュがアメリカに残りたいと言ったので、私のヨガ教室を引き継いでもらい、私はハワイに行くことにしました。試しに二週間行ってみようと思って来たのですが、それから二十六年間ここハワイに住んでいます。これまで色々な場所でヨガを教えて、何千人もの人にヨガを広めてきました。

――グルジに初めて会った時のことを詳しく教えてください。

一九七三年、私はナンシーと一緒に列車でマイソールに着き、ホテルを探しました。翌朝、私たちの行き先への道がわかるというリキシャをつかまえました。リキシャに乗り込むと、運転手はグルジの家の近所に住んでいる、占星術師の家に私たちを連れていきました。行き先は間違っていましたが、その占星術師はグルジのことを知っていたので、リキシャの運転手に正しい住所を教えてくれました。グルジの家に着いた時、グルジは不在でした。アーユルヴェーダ大学にいて、戻るまではしばらくかかると言われました。運の良いことに、その日はヨガクラスにココナッツ・ラジュという生徒がいました。彼は英語がうまく、私たちの通訳としていてくれることになりました。ココナッツ・ラジュとは仲良くなって、それ以来友だちです。

数時間後にグルジは戻ってきて、どうやって自分のことを見つけたのかと聞きました。私は「マンジュに会って、ファースト・シリーズのデモンストレーションを見たのです。ここに来ていたノーマン・アレンは友だちで、私も同じようにヨガを習いたいと思っています。ヨガの練習に本当に夢中になっていて、毎日やっています。実際、何人かの生徒にヨガも教えています」と言いました。それから、グルジに受け入れられたいと思って「私にヨガを教えてくれれば、アメリカに戻ってから私が間違ったことを教えなくて済みます」とも言いました。グルジは少し考えて「わかりました。三日間はホテルに泊まりなさい。その間にこの近くに泊まれる場所を探します。そうすれば毎日練習できます」と言いました。そして、その言葉通り、グルジの家からすぐ近くの小さなアパートを見つけてくれて、私たちはそこに移り、それから四カ月間滞在しました。

――グルジの第一印象はどうでしたか?

グルジは本当ににこやかで、私はグルジの笑顔が好きでした。集中力がものすごかったです。当時、グルジは五十九歳でしたが、肌ツヤも良く、とても健康そうに見えました。本当に光り輝いているように見えて、どんなことでもできるとわかったし、私もそうなりたいと思いました。

――その頃はグルジはどのように教えていたのか教えてもらえますか?

クラスに行くと、八人の生徒がすでに練習をしていました。それぞれ、クラスに来たら自分の練習を始めます。私は午前六時と午後六時に行っていて、どちらも二時間半ほどそこで練習しました。当時はハーフヴィンヤサで練習をしていました。朝の練習が終わると、少し休憩をしてから、午前十時半に戻ってプラーナヤーマをやりました。私は完全に熱中していました。とにかく学びたくて、すべてのエネルギーと集中力を使いました。それからグルジが教えるシステムをすべて学び終えるまでの六年間、自分の全エネルギーを注ぎました。それからは、教わったことがマスターできるよう、これまで三十一年間夢中になって練習を続けてきました。

——グルジが、本物の、もしくは原型のアシュタンガヨガを教えている、と言っているのを何度も聞いたことがあります。本物のヨガの先生であるグルジと過ごした経験はどんなものでしたか？

私の理解では、アシュタンガヨガのシリーズは、それぞれの動きや呼吸に合わせてサンスクリット語が唱えられます。何千年も前から続く厳密な形式であり、体を鍛え、健康になる最も効果的な方法だと、長い年月をかけて実証されたものです。

何年も練習を続けた後で、私はポーズの順番が完璧なことに気づきました。ダイヤル式の鍵みたいなものだと思います。順番通りに数字を合わせれば鍵が開きます。適当に数字を入れるだけでは開きません。ヨガの練習もこれと同じような感じがするのです。決まった順番通りにヨガの練習をすれば、体も心も開きます。色々なところで教えているようなランダムにポーズを並べたヨガをやるだけでは、そこまでの効果は得られません。アシュタンガヨガの練習を積み重ねれば積み重ねるほど、このシリーズの順番に感心します。自分がヨガを教える時は、現代的に変えたりせずに、自分が教わったように正確に教えるようにしています。

また、練習を始めてから十年後くらいに、ムーラ・バンダを少し理解するようになることもわかりました。二十年後に、これが本当のヨガの強さだと気づきました。今では三十年以上経ちますが、本当のヨガの強さは目に見えないものの中にあるとわかったのです。私は「目に見えないものが大事なものだ」と言っています。目に見えないものとは、呼吸やムーラ・バンダです。名前や形式（namarupa＝ナマルーパ）は幻影（maya＝マーヤ）です。名前や形式にばかりとらわれる人は、本当に大事なもの（ムーラ・バンダや呼吸、目に見えない内的な練習）を見失います。

――私もアーサナやシリーズの数や、どこまでやっているかということに対する執着は（アシュタンガヨガをやっている人の中に）かなりあると思います。グルジは目に見えないものにどれくらい重きを置いていたか、ムーラ・バンダや呼吸だけでない、目に見えないヨガの練習の側面についてどのように教えていたのでしょうか？

最初の頃、グルジはヨガは「九十五％プラクティス、五％セオリー」、練習をすればすべてが明らかになると言っていました。私の場合、明らかになったのはスピリチュアルな部分でした。最初に体が練習に十分慣れてくると、中断しなくなるので瞑想状態に入ることができます。〃ヨガ〃と〃瞑想〃の言葉の持つ概念は同じです。何年も練習を続けると、ヨガの練習が動く瞑想のようになり、練習を終えて起き上がって歩き出しても、一日中瞑想を続けていられます。ですから、ヨガの練習は、一日二十四時間瞑想するための土台になっていると思います。

――マイソールのヨガシャラで練習を始めた時は、インド人の生徒がたくさんいましたか？

ナンシーと私以外は全員インド人の生徒でした。当時は、毎日九十～百人が練習に来ていました。生徒は朝四時に練習を始めて、十時までにはシャラを出ていました。午後は大体四時～九時か九時半くらいまででした。数週間後にイギリスの友だちジョン・メッギーチが来て、インド人ではない三人目の生徒になりました。

――グルジの練習は見たことがありますか？

いいえ。ずっと見てみたかったのですが、一度も見たことがありません。もし願いが叶うなら、グルジと一緒に練習がしてみたいです。グルジの娘サラスワティに、どうしてグルジは練習をしないのかと聞いたことがあります。サラスワティは、グルジは自転車事故に遭って、自分の練習が続けられなくなり、もう練習することができないのだと言っていました。グルジ本人に聞いた時は、自分の練習ではなく教えることに全エネルギーを注いでいる、アシュタンガヨガを遺すことに取り組んでいると言っていました。私が生徒になった時、パッタビ・ジョイスはすでにグルだったので、私は（グルジが練習しないことを）疑問に思うこともありませんでした。グルジの元で練習をし始めた最初の十二年間は、すべての疑問は脇において、グルジにすべてを明け渡すだけでした。ただ言われるがまま練習しました。

――当時、マンジュとラメーシュ（グルジの次男）はグルジと一緒に教えていましたか？

いいえ、ラメーシュだけが手伝っていました。マンジュは友だちのバサラジュとインドを旅して回っていました。

――ラメーシュについて教えてもらえますか？

ナンシー以外では、マイソールで一番の友だちはラメーシュでした。ラメーシュはとてもたくさんのことを私に教えてくれました。英語がうまく、色々なことを説明したり、私の疑問に答えたり、マーケットに連れていってくれたり、マイソールを案内したりしてくれました。私たちはかなりの時間を一緒に過ごしました。ラメーシュは私たちのことがとても好きでした。ノーマン・アレンとノーマンの家族以外のアメリカ人に会ったことがなかったからだと思います。私もラメーシュがとても好きでした。

――このアシュタンガヨガの練習は、グルジが亡くなっても後世に遺るものだと思いますが、こ

れに関してグルジの役割は何だと思いますか？

ナンシーと私、それにノーマン・アレンは、グルジがアメリカに来た時に、グルジをアメリカで紹介し、そこから世界中にアシュタンガヨガが広まり始めました。マイソールでは、グルジは限られたブラマン（ヒンドゥー教社会の宗教的身分制度ヴァルナのひとつで、神職に就けたり、儀式を行うことができる人たち）に教えているだけで、私たちに教えてから、アシュタンガヨガは世界中に広まりました。そうなることがグルジの願いでもあったのです。グルジは、世界中に広まったのがとてもうれしかったと思います。今では、インド国内よりも、インド国外でヨガを練習している人の方が多いと思います。

——どうしてそう思うのですか？

ひとつには、インドにはヨガをするような時間の余裕がある人が少ないからです。大多数の人たちは自分と家族がその日食べる物のために、朝から晩まで働いています。また、少なくとも、このヨガのシステムは、一九六〇年代にそれ以外の階層の人に開かれるまでは、ブラマンだけが教わってきており、一般的にはほとんど知られていませんでした。師匠から弟子へと伝えられる系譜がありました。一度に大勢へ情報が伝達できない時代は、ヨガに出合った人は、一生かけてひとつのヨガのシステムを学んだのです。今は、ビデオや大量に情報伝達する手段によって飛躍的に広まりました。

――アンマの役割はどのようなものだったのでしょう？

アンマはグルジの人生でとても重要な役割を果たしていました。アンマはいつも笑顔でした。私たちみんなに、本当に気さくに接してくれて、アンマと会うのは楽しかったです。アンマの料理を食べるのも大好きでした。一緒にピクニックに行ったことが何度かあって、その時のご飯がインドで食べた最高の食事です。アンマは本当に素晴らしい、良い人でした。私たちと関わりたかったようで、外国人がマイソールに来るようになるとすぐに、英語を勉強し始め、最終的には、とても上手くコミュニケーションできるようになりました。でも、アンマは英語を学ぶ前からとても知的な人で、コミュニケーションの仕方がわかっていました。みんなアンマのことが大好きでした。

――最後に何か伝えたいことはありますか？

私が人生で探し求めていたものは、すべてグルジからもらいました。インドに最高のヨガの練習を探しに行って、グルジのアシュタンガヨガを見つけて、真摯にそれを学び始めました。それ以降も、私は最高のフィットネスプログラムを探し続けてきました。会う人すべてに「これよりも良いヨガのシステムを知ってますか？」と尋ねましたが、グルジのアシュタンガヨガより良いものに出合ったことはありません。誰かに「十五分、もしくは一時間あったとして、自分に良いことをしてください。

設備も、バーベルや自転車などの道具も何もありません……」と言われたら、私は床に手をついて、太陽礼拝を始めます。時間があればファースト・シリーズをやります。私に何百時間もアシュタンガヨガを教えてくれた、その一瞬一瞬をグルジに感謝しています。

二〇〇一年　マウイ

ナンシー・ギルゴフ

Nancy Gilgoff

ナンシー・ギルゴフは一九七三年にグルジの生徒となった。ナンシーは、深刻な頭痛や心身を消耗するような体の症状などを、グルジが治してくれたと言う。デヴィッド・ウィリアムスと共にカリフォルニアのエンシニータスでヨガを教え、マウイに移住した後もそこでヨガを教えている。また、世界各地でもヨガを教えて回っている。

——初めてグルジに会ったのはいつですか？

三十年ほど前、デヴィッド・ウィリアムスとインドを旅していた時です。私たちは、デヴィッドの友だちのノーマン・アレンを探して、ポンディチェリーにあるアシュラムに行きました。ノーマンはそこから移動して、パッタビ・ジョイスを見つけていました。それで、私たちもノーマンの後を追ってマイソールに行ったのです。私は二十四歳で、海外旅行以外にはまったく何も期待していない状態でマイソールに行きました。私たちはすぐにグルジの家族に出会い、アシュタンガヨガの練習すべてとパッタビ・ジョイスという人に心を奪われました。

――グルジの第一印象はどうでしたか？

グルジはオープンで気さくな人でした。グルジと一緒にいるだけで楽しかったです。グルジのことを信用していたし、グルジは楽しい人でした。それまで、ヨガのことは何も知りませんでしたが、私にヨガを教えたいと心から思っているこの気さくな人に、私はすべてを委ねました。グルジは私の練習と、私が今の私になるのを手伝ってくれました。

――では、初めてグルジに会ってからすぐに練習を始めたんですね？

はい。グルジに会って、明日またここに来なさいと言われて、翌朝そこに行くと、グルジはスーリヤナマスカーラAを教え始めました。

――グルジが、〝本物の〟もしくは〝原型の〟アシュタンガヨガを教えている、と言っているのを何度も聞いたことがあります。本物のヨガの先生であるグルジと過ごした経験はどんなものでしたか？

本物のヨガって何ですか？（笑）ヨガの先生としてのグルジとの経験は、私の実体験です。グルジに会った時、私はとても病弱で偏頭痛持ちでしたが、四カ月後には良くなっていました。ヨガとは何かがわかっておらず、健康上のメリットはまったく期待していませんでした。

ヨガの練習ということで言えば、長年にわたってグルジの元で勉強をしてきて、少し調べたりもしましたが、アーサナに関するグルジの知識は本物だと言えると思います。グルジは世界一のアーサナの先生だと思っています……私にとっては。グルジは間違いなく私を苦しみから抜け出させ、溢れるほどの思いやりを示してくれました。より高度なヨガの練習ができるくらい、私の体を癒やしてくれました。

初めて会った時、グルジは私の神経系はとても弱っているから頭痛があるのだと言いました。また、すぐにその頭痛は腰からきていると言いました。その時腰痛はなかったので、面白いことを言うなと思っていました。それが正しいのかどうかはわかりませんでしたが、ただ、面白いなと思ったのです。それから何年か経つうち、あの時グルジが言ったことがわかり始めました。私は脊柱側彎症だったので、痛みがすべて上半身に出ていたのです。

——グルジはなぜ、アシュタンガヨガの三番目の支則であるアーサナを、出発点として力を入れているのだと思いますか？

グルジが教えているアシュタンガヨガの、練習によって生じる激しい炎は体を治癒します。それで、さらに高度な練習ができるくらい十分強くなるのです。もう一度言いますが、これは私が自分の体験を通して理解したことです。ほとんどの人は、激しい練習やプラーナヤーマに耐えられないような体でアーサナの練習を始めます。だから、そのような炎が高度な練習をするのに必要なのです。これは、他の実践（支則）についてグルジが話さない理由でもあると思います。瞑想やプラーナヤーマについて話す前に、このアーサナの練習を十年やる必要があるとグルジは言っていました。瞑想については間違いなくそうです。

――アーサナを教えている時に他の支則について話しましたか？　それとも後で話してくれるのですか？

他の支則について、グルジはほとんど話しません。私がグルジの元で練習を始めて三カ月目にプラーナヤーマを教えてくれました。今は、グルジはもっと後にならないとプラーナヤーマは教えていません。他の支則については誰に対してもほとんど話しません。自己探求のため、自分でそれを探しに行って見つけるために、残されているのです。私は何年もそのことについて色々と考え、グルジはアーサナの専門なのだと思いました。アーサナに関してはとても素晴らしいです。多分グルジは、自分の仕事を守り抜くことにとても賢明で、それ以外は自然とわかるようにさせていたのだと思います。グルジはどんな話題についても話しますが、こちらから聞かなければなりません。もしくは、グルジのそばにいて、練習に正しく従えば、他の支則についてもわかるようになります。

――グルジは標準的なアーサナの練習を教えていると思いますか？　それとも、個人に合わせた練習を教えていると思いますか？

標準的な練習ですが、それぞれの人に合わせる余地がかなりある形式だと言えます。ですから、練習の順番や呼吸の数が決まっている一連の形式で練習しますが、間違いなく各個人に合わせた練習です。人によって練習が違うのがわかると思います。それぞれが自分のスタイルで練習しています。誰かが練習を始めると、先生が誰なのかわかります。例えば、先生がリチャード・フリーマンなのか、ティム・ミラーなのか、グルジなのかがわかります。最初の先生からニュアンスを受け継いでいるのです。

――グルジは生徒によって教え方を変え、個別に教えているのでしょうか？

生徒の個性に合わせて教えていることが多いようです。生徒の体がとても強いとわかったら、グルジは強さをより考慮して、強さが良い方向に伸びるようにします。とても柔軟性のある生徒であれば、違うやり方で教えるでしょう。ですから、生徒によって教え方に違いはあると思います。とても柔軟性はあるのに体が弱い、私みたいな生徒の場合、グルジは私の強さと内的なエネルギーを育てるためにバンダを重点的に鍛えました。

――バンダについても聞きたいです。何年もバンダを探求し、試行錯誤してきた人として、経験を通して言えることはありますか?

最初にアシュタンガヨガの練習を始めた時は、もちろんバンダという言葉も聞いたことがありませんでした。グルジと出会った時、グルジの英語力はかなり乏しく、ほとんど英語を話せなかったので、基本的に手取り足取りの指導でした。私はジャンプバックもできず、自分の体重を支えることもできなかったので、グルジがやって見せてくれました。ムーラ・バンダをする時も手を使って教えてくれました。それで、バンダはエネルギーを与えるものだとわかりました。それから何年もできるだけバンダを理解できるよう研究してきて、少しずつわかってきたところです。バンダは体内でエネルギーをさらに高めているものだと思います。しかし最初は、バンダどころか体内のエネルギーについてもまったく何もわかっていませんでした。

――グルジがバンダについて話す時、エネルギーをコントロールするだけだと言いますが、あなたが理解している範囲で、他にもバンダに関する細かな点がありますか?

バンダを感じられるようになってくると、その人の体内でエネルギーがより高まります。練習の年月を重ねるにつれて、より繊細にバンダに気づくようになります。バンダを感じるのは、体の中でもそこまで大きな部分ではありません。最初は会陰部が持ち上がり、エネルギーが高まるような感じがすると思います。その時、ウディヤナ・バンダなど他のバンダもつながっているように感じるはずで、体内を駆け巡るような感じではありません。私はこれまで三十年近く練習を続けています。何度も言いますが、バンダについてはようやく少しずつ理解してきていると思います。

——グルジは、女性の生徒を受け入れた最初の先生（のうちの一人）ですよね。

私がグルジの元で練習を始めた当時、女性の生徒はほとんどいませんでした。男性の生徒は下の階、ほんの少ししかいない女性の生徒は上の階で練習をしていました。その頃は、一日に百人近いインド人と、デヴィッド・ウィリアムスとノーマン・アレンと私がいました。それから、サリー・ウォーカーという女性も来るようになったので、私たちは男性と一緒に練習するようになりました。部屋で練習している時は大抵、周りの生徒は母国語のカンナダ語で話していたので、私たちは誰とも話しませんでした。離れて片側に寄って練習をしながら、彼らが笑ったり冗談を言ったりしているのを聞いていました。女性はいましたが、そこまで目につきませんでした。

——男性と女性ではヨガを習う方法には本質的な違いがあると思いますか？　もしくは、男性と女性には違うやり方で教えるのが適切だと思いますか？

男女共に同じ形式でヨガを教わった方がいいと思いますが、違いはあると思います。女性は、女性であるということを認めた上で練習をした方がいいです。一般的にも知られているように、このアシュタンガヨガの練習はとても男性向きの練習です。この分野では男性の方が優位です。私が世界中を教えて回っているのは、女性の先生が来て、このようなことを話し、女性らしい、優しいやり方でもヨガができると見せてくれるのはうれしい、という声を聞くからでもあります。私は自分に優しく、心地よく練習していただけなので、そういう言葉を聞くのは興味深かったです。男性と女性は違いますから、練習でもその違いを尊重した方がいいです。

――練習生は女性の方が多いですが、先生は男性の方が多いようです。

私もそう思います。男性の方が先生として人前に出たいと思う人が多いのだと思います。

――男性のアジャストは少し強過ぎると思うことがある一方、女性のアジャストはもっと繊細というか、優しいと思うことがよくあります。

そうですね、でも男性みたいなアジャストをする力強い女性もいますよ（笑）。ただ、それも問題ですが、どのようにアジャストをするかということも問題です。強さだけでなく、相手に何をしようとしているかということです。肉体を回転させたり、所定の位置に持っていこうと、外的なことをしているだけなのか、それとも体の中のエネルギーを動かそうとしているのか？　グルジがやっているのは後者だと思います。グルジは私の体をアーサナの所定のかたちにしつつ、私のエネルギーも動かしているといつも感じていました。私の脚が頭の後ろにかかっているかどうかではありません。外側の（肉体の）かたちはそのようになっていましたが、そうすることでエネルギーが体中をめぐっていました。

――では、グルジは何らかの方法で、あなたの行き詰まっているという感覚や妨害しているものを察知して、それを取り除く手助けをしていると。

怪我や精神的なもので、体内のエネルギーがブロックされることは絶えず生じています。熱や呼吸を通してその障害物を取り除くことができます。アシュタンガヨガの一連の練習はそのためのものだと思います。体にエネルギーが流れるようにするのです。バンダが使えていれば、エネルギーはよりスムーズに体の中を流れます。

――今、体内でエネルギーがどのようにブロックされているかという話をしましたが、これは体の中だけでなく、頭の中でもよくあることですよね？　グルジとの練習で、自分で思う自分の限界を超えたところに、グルジが連れて行ってくれる体験をしたと思います。自分の中で何かブロックされていると感じていたところを、グルジが乗り越えさせてくれた、というようなことです。

グルジとそのような経験をした時のことを詳しく教えてもらえますか？

私が初めてグルジに会った時、一番苦手なポーズはバッダコナーサナでした。膝の位置はとても高く、ほとんど前に倒れられませんでした。グルジが私を完全なバッダコナーサナの体勢に持っていくと、私の膝は床に着き、胸も床に着き、頭の中で何かが弾けました。体は大丈夫でしたが、頭の中で間違いなく何かが弾けたのです。起き上がっても、体は大丈夫でした。私は、自分の頭がこのポーズを取れなくさせていたのだと思いました。何年か経って、ほとんどの場合、頭が妨害しているのだとわかりました。頭の中から妨害しているものを取り除くことができたら、エネルギーは体の中をもっと簡単に流れます。

他にも、グルジと一緒にたくさんがんばってきて、今でもグルジと一緒にもっと練習したいと思っているのは、ガンダ・ベールンダーサナ（アドバンストA・シリーズのアーサナ）です。大抵、足が頭に着くと、文字通り死にそうになりました。何度か意識を失ったこともあります。頭がぼうっとしている時は、頭が抵抗したり反応したりしないので、グルジが取らせようとする通りにできました。体をどのように動かすかということにおいて、頭が間違いなく大きな役割を果たしていることが、練習を通してわかります。

――リチャード・フリーマン（531頁）は、禅マスターとか、ちょっとした詐欺師のように「前進していると思うのではなく、後退していると思うのだ」とか何とか謎めいたことを言って自分の

感覚を騙す、と説明していました。このような人間心理を利用したやり方が役に立った経験はありますか？　それともただ「大丈夫、できる」と思うのですか？

グルジは、私たちの練習を進めるために少しふざけているのかと感じることが多々ありました。そうすることで、これまでの固定観念から抜け出させ、今からやろうとしていることをあまり意識せず、なおかつ楽しく感じるようにしてくれていたのだと思います。それで、ある程度恐怖心はなくなります。

グルジは「何が怖いの？」とよく言っていました。グルジにそう言われると、自分が怖がっていることに気づきます。何が怖いのか？　なぜ怖いのか？　実際は何を恐れているのか？　床に落ちそうで怖いのか？　肩が壊れそうで怖いのか？　何を怖がっているのか？　それを検証していると、恐怖は自分の体にではなく、頭（心）の中にあると気づき、そして手放すことができます。

グルジの教え方は、そのようにふざけたようなやり方ですが、私はそれが大好きです。グルジは、これまで出会った中で一番思いやりのある人だと私はよく言っているんです。私たちに恐怖心に気づかせて、そして乗り越えさせるからです。私がヨガを教えている時、誰かの中に恐怖心があることがわかっても、それを乗り越えさせるのはとても難しいです。ですから、それをやってくれる人が、その人にとっての先生だと思います。恐怖というのは、あらゆるレベルで通り抜けなければならないものだからです。

――グルジは痛みについても同じようなことを言っていますよね？

痛みには、良い痛みと悪い痛みがあります。良い痛みというのは、筋肉を柔らかくするために必要なので、これからも何度も感じるでしょう。頭（思考）が痛みを生み出しているというのも、何度も感じると思います。もう一度言いますが、痛みは収縮ですから、頭が閉じると体も閉じてしまいます。頭をオープンに、柔軟に考えられるようになると、痛みや収縮の多くはなくなります。

何かをするためには、これまでの考え方から解放されなければならないという領域に、グルジは必ず連れて行きます。グルジは大体すぐにポーズを取らせます。心ここにあらずのような意識していない瞬間に、サッと取らせるのです。とても速く、すぐにポーズに入る。これはアーサナをうまく教えるコツでもあります。生徒の体に直接触れてアジャストする場合は、生徒がアーサナのことを考える前に素早くやらなければなりません。

――多分、初めてのバッダコナーサナは何てことないですよね。

これから何が起こるかわかって意識する二回目よりも、初回の方がずっと簡単です。ですから、頭が閉じて、体も閉じてしまった時は、少し違うアジャストをしたり、いつもより少しだけ早めにしたり、もしくは生徒の意識が別のことに逸れるまで待ったりしなければなりません。

――あなたはグルジに三十年以上ヨガを教わっていますが、あなたが二十四歳の時と今では、グルジの教え方はどのように違いますか？

グルジにはちょうど九月に会ったので（このインタビューは二〇〇一年のもの）一年経っていませんが、いつもはグルジと一緒に練習する時は、ほぼすべてのアーサナでアジャストしてくれていました。九月に練習した時は、たくさん生徒が来ていてグルジはとても忙しかったのです。二度アジャストしてくれましたが、とても直接的なというか、ある意味強引だとも言えるものでした。ですが、グルジのすごさにまたもや驚かされました。

グルジは部屋の中を横切って私のところに来ると、まさに私が必要としているところだけをアジャストしました。肩立ちの時に、いつも左の臀部のところでエネルギーが淀んでいるのがわかっていました。今、（自分以外の人で）これがわかる人はほとんどいません。翌日グルジは私のところに来て、エネルギーが淀んでいるまさにその場所を、膝でとてもキツく押しました。私のエネルギーが体中をめぐり、グルジのアジャストの正確さに本当に驚かされました。グルジの正確さが増して、まさにそこだという場所に当たったのだと思います。グルジは私の体を知っているので、ほぼ正確な位置にアジャストすることができたのでしょう。突いたりしたわけではありませんが、本当にピンポイントなアジャストでした。その日から（少なくともその箇所では）私のエネルギーは淀まなくなりました。

その日は、ヨーガ・ニードラアーサナ（インターミディエイト・シリーズのアーサナ）でも同じことがありました。朝起きた時に横向きに寝ていて、首をまっすぐにすることができなかったので、

「今日の練習はすごく大変だろうな」と思いました。そして、グルジは私のところに来ると、私をつかんでドンと押したので、私はとてもびっくりしました。その時、グルジは私の首に詰まっていたものをすべて砕いて解放したのです。それで首は完全に良くなりました。完璧なアジャストでした。ですから、私はグルジのアジャストはさらに正確になってきていると思います。グルジのアジャストはこれまでもいつも素晴らしかったのですが、これ以上ないほど正確になっていて本当に驚きます。ドンピシャでここだ！という感じです。

――実は先ほどの質問で聞きたかったのは年齢に関してでした。二十四歳の人と五十四歳の人に対してでは、グルジのアジャストは違いますか？

年齢での違いということでは、私はそんなに違いはないと思います。グルジは、他の人のように（年齢などで）体を判断しません。その人自身を見ています。五十代の運動が好きそうな人が来たら、グルジは〝五十代の運動が好きそうな人〟ではなく、〝運動が好きそうな人〟に対するアジャストをするでしょう。年齢は本当は頭の中にあります。その人の心の中にあります。そして体に表れます。三十歳のように歩き回っている人が、実際には八十歳ということもあります。ですから、私が思っている以上に、グルジはその人のバイタリティや個性を見ていると思います。年配の人が練習していても、グルジはその人にとって一番キツいことをやらせたり、最大限にやることを求めます。練習をしている限り、二十代のように動くこともできますし、考え方が年を取っていれば、年寄りのように動くこともあるでしょう。

——アシュタンガヨガはスピリチュアルな練習だと思いますか？

練習を始めた頃、私はスピリチュアルとは何か理解していませんでした。そして、長年練習をしてきて、これは間違いなくスピリチュアルな練習だと言えます。アシュタンガヨガの練習は変化であり、考え方を変えるものです。私にとっては、それがスピリチュアリティです。

——日々の練習の目的は何ですか？　身体的ではない練習の側面とは何でしょう？

日々の練習は自分の生活や人生の基準になります。私の場合は、その瞬間の自分の状態を知るための方法でした。これまでの人生で毎日やっているのはアシュタンガヨガだけです。しかも同じ練習をやっています。ですから、(旅行をしていたら食生活は変わりますが) 他のことは何をしていても関係なく、毎日同じ練習を繰り返しすることで、偏らずに中立に自分のことを判断することができます。「どのようにするか？　どのように日々のストレスに対応するか？」また、日々の生活のことを考えず、スピリチュアル的に自由な状態で、本当の自分を探求することができる唯一の時間です。

——グルジのヨガの定義とはどんなもので、グルジはどのように生徒に知識を授けていると思いますか？　それはどこからきていて、グルジは何を教えているのでしょうか？

「九十九％プラクティス、一％セオリー」だと思います。私にとって、これは素晴らしいものです。アシュタンガヨガを教えれば教えるほど、この教えがいかに素晴らしいかわかります。これは個性です。グルジは私たちに、自分の内面を見ることを教え、自分自身を探求することを教えています。答えは外部や他人に求めるものではありません。答えは私たちの中にあります。グルジは、それを見つけるための枠組み（方法）を与えてくれているだけです。それは何よりも最高のプレゼントだと思います。

——グルジの文化的な背景や、人としてどのような影響を受けているのかを少し教えてもらえますか？　西洋人とのつながりによって影響を受けているのでしょうか？　最初、グルジにはインド人の生徒が百人いて、西洋人の生徒は三人だったと言っていましたが、今ではインド人の生徒が三人で、西洋人の生徒が百人になっています。完全に変わってしまいました。私は、西洋人の生徒が増えたという文化的な変化の結果として、グルジのあり方も間違いなく変わったと思います。

今の西洋人の生徒に対するやり方と、私が初めてグルジに会った時のインド人の生徒に対するやり方に関して言えば、実際はグルジはそこまで変わっていません。グルジにはインド人の生徒がたくさんいました。グルジは明るくて、愛情溢れる人で、家族をとても大事にしています。敬虔なヒンドゥー教徒として生活しています。グルジはヒンドゥー教の概念が元となっているスピリチュアルな人ですが、それを私たち（西洋人）にはそこまで伝えていません。グルジの文化的な背景を学びたいと思う人は受け継いでいますが、誰にでも押し付けたりはしていません。

グルジはたくさんの西洋人に囲まれて、世界に対する理解が深まったと思います。人間としての幅はある意味で広がりましたが、グルジはこれまでと同じ自分でいようとしていました。グルジと一緒にいた西洋人は、西洋の限られた一面しか教えていません。グルジとグルジの家族に初めて会った時、私はアクセサリーを付けていませんでした。私は、彼らが出会った初めての西洋人女性だったので、グルジと家族に「アメリカ人の女性は化粧もしないし、アクセサリーも付けないんだね」と言われました。私は「これは普通じゃないんです。私は少し他の人と違うので」と言いました。つまり、彼らはそういう見方をしていたということです。彼らが西洋文化に触れるにつれ、自分や同じエネルギーを持った自分の家族とは違う、西洋という、世界の他の側面も知ったと思います。その様子を見るのは、本当に興味深いことでした。

――このアシュタンガヨガのシステムは『ヨーガ・コルンタ』、もしくはクリシュナマチャリアの師匠ラマ・モハン・ブラフマチャリから生まれていると思いますか？　それとも、クリシュナマチャリアが自分で開発したのでしょうか？　アシュタンガヨガの起源は何だと思いますか？

アシュタンガヨガの起源は、クリシュナマチャリアとグルジがサンスクリット語で書かれたものを見つけ、一緒に翻訳したものだと聞いています。グルジはサンスクリット大学にいました。どこでその書物を見つけたのかは知りませんが、葉っぱに書いてあったという人もいます。グルジはそんなものは見たことがないと言っているので、わかりません。古いシステムだと思われます。私は、アシュタンガヨガはクリシュナマチャリアよりもずっと前に生まれ、少年たちに教えていたのではないかと思います。僧侶になる少年に教えていたもの、というのが私の理解です。より高度なヨガの練習ができるよう、少年の体を浄化し、強くするために教えていたのでしょう。

――このアシュタンガヨガのシステムは、クリシュナマチャリアが子供に教えていたものだとヨガの先生たちが話しているのをよく聞きます。それがこんなにも西洋人に合っていたのはなぜだと思いますか?

西洋人は負けず嫌いで、心身ともに強く、とてもマインドフルだからだと思います。インド人の体は、遺伝や食生活の面ではそこまで発達していませんでした。グルジが最初にノーマン・アレンに、西洋人にはこの練習はできないと言ったのも、これが理由でしょう。インド人しかその練習ができないと考えたのは、西洋人は常に競争しようとし、世俗的なものを追い求めようとするから、という理由もあるでしょう。何年か経ち西洋人が練習をするようになると、受け継ぐというさらに強い側面があることがわかり、練習は間違いなく変化しました。

——グルジはヒーラーだと思いますか？　グルジのどのような資質がヒーラーだと思いますか？

グルジは間違いなくヒーラーです。グルジは私を治癒しました。グルジがどんな人なのかは自分の経験からしか語れませんが、グルジがヒーラーでなければ、私は今生きていないと思います。グルジのところに行った時はそんな期待すらしていませんでしたが、間違いなく私の人生に素晴らしいものが加わりました。当時の私はエネルギーがすぐになくなっていました。一日十二時間睡眠をとらないと耐えられなかったのですが、本来の自分は強い人間だったので、練習を続けてこられました。

ですから、グルジがどういう人間かということに関しては、いつもグルジは私を治癒してくれる人だと思ってきました。グルジの練習からも感じますし、少年だったグルジをクリシュナマチャリアの元へと駆り立てたものが何であれ、それが今グルジがヒーラーである理由だと思います。グルジは人を癒やすのが好きなのです。グルジが教えている時は常に愛で溢れています。練習も大好きなのです。私がヨガを教え、グルジが私にくれた素晴らしい贈り物を共有している時も、これは癒やしの贈り物だと感じます。あらゆるレベルで癒やしがありますが、私の身に起こった身体的なレベルの癒やしは桁違いでした。

——グルジの教えを、自分の教え方にどのように取り入れようとしていますか？　見習いたいと思っているものがあるとしたら、それはどのようなものですか？

初めてのインド滞在で、帰国する準備をしている時、グルジは私たちに「自分の練習をしなさい。いつかアシュタンガヨガを教えなさい。すべてはやってきます」と言いました。私はグルジを信じました。この言葉を心から信じ、胸に刻みました。そして、毎日自分の練習をしました。最終的に自分自身を見つけ、望んでいたわけではありませんがアシュタンガヨガを教え、広めています。

私はグルジが教えてくれたように教えています。私にやりなさいと言ったことをやっています。教えることに関して質問があれば、いつでもグルジに聞いています。グルジは「私が教えたように教えなさい」と言います。ですから、私には道標《みちしるべ》があり、自分の経験したことを教えていると思います。何も変えていません。グルジが手取り足取り教えてくれた方法で教えています。グルジは私にたくさんアジャストしてくれたので、アジャストのやり方も学べました。私の体というフィルタを通して、グルジのやり方を真似ています。グルジの言葉ではなく、手から学んだのです。

私が言葉よりも手を多く使うのは、私がそのように教わったからです。今は学び方が違うというのはわかっています。言葉で学ぶ人もいれば、見て学ぶ人もいれば、アジャストから学ぶ人もいます。私は、グルジの教えを広げましたし、障害者向けの教育を通しても学びました。

誰しも学び方は違います。私はたまたまアジャストから学んだので、グルジの教えてくれたやり方が自分には一番合っていました。デヴィッド（ウィリアムス）は、見て、聞いて、学ぶタイプだったので、そのように教えるのが合っていたのでしょう。グルジはデヴィッドにはほとんどアジャストしませんでした。デヴィッドにはアジャストは必要なかったのです。私は色々な人に教えることで、さらに多くのことを学んでいます。相手のエネルギーを見て、人によって教え方を変えます。アジャストをさらに強くする人もいれば、アジャストが強いと体がこわばってしまう人もいます。撫でるように軽く触れるだけで体が開くこともありますが、私の場合は撫でるだけではおそらく何も起こりません。私には実際に体を動かしてくれる人が必要です。

ですから、誰にでも同じように教えるのではなく、それぞれの人のエネルギーを見て、人による違いを覚えておきます。大勢の人たちに教える時は、言葉をより多く使わなければなりませんが、練習を進めるために使うだけです。言葉は少なければ少ないほど良いです。

——グルジがあなたの家に泊まった時はどんな様子でしたか？

グルジは私たちの家に何度も来て、感謝してくれました。息子のマンジュと一緒に四カ月カリフォルニアに滞在したのが最初でした。それは本当に純粋にうれしかったです。グルジと一緒に過ごすのはいつも楽しいのです。とても気楽な感じです。グルジの食事やその他の身の回りの世話は、基本的に息子のマンジュか娘のサラスワティがやります。私たちはグルジと一緒に過ごすだけで、それ以外には何もする必要がありません。グルジは知らないところを旅して回るのが好きです。私は普段はショッピングはあまり好きじゃありませんが、グルジとショッピングに行くのは楽しいです。グルジが初めてのものを見たり、体験したりするのを見るのが本当にうれしいのです。

――グルジの一族は代々家庭を持っています。グルジが教えているアシュタンガヨガでは、家族や家庭はどれくらい重要なのでしょうか？　また、家族や家庭が、アシュタンガヨガの練習の質にどのように影響を与えるのでしょう？

グルジにとって家族は非常に大事です。身近にいる家族が、グルジの人生の中心にあるような気がします。また、グルジは、私たちのような生徒を持つという意味で、家族を広げてきました。これからも、従来と同じようにほとんどの人が家族を持つと思います。世捨て人のようになる人もほんの少しはいますが、その人の場合、そうしなければならないからでしょう。でも家族がいなかったら、人類は生き残ることができません。ですから、家族と日常生活を送るというのは、愛と思いやりと誠実さと共に生きる方法です。グルジの家族はとても愛情に溢れているので、そのことを身をもって示し、教えてくれているのだと思います。また、（家族ではない）他の人にもその輪を広げ、仲良くなり、家族のように接しているのでしょう。

――そうやってヤマとニヤマを教えているのでしょうか？

多分そうだと思います。グルジは言葉で教えることはほとんどありません。グルジと一緒にいて、グルジの行動によって、グルジの人となりや、どのように人と接したり、反応したりするかを学びます。昔はグルジが英語ができないから言葉で教えることがほとんどないのだと思っていました。今はグルジは英語をうまく話せますが、それでもそういう話はしません。グルジに直接質問をすると、グルジの幅広く深い知識に驚かされますが、誰かが質問をしない限りわかりません。

——間違いなく、ある程度は意図的にそうしているのでしょう。

わかりません、グルジに聞いた方がいいと思います。最近、優秀な整体師の友だちとグルジと一緒にいた時に、友だちがグルジに体に関する質問をしていました。友だちとグルジは、私や他の人たちにはまったくわからない話に夢中になっていました。何の話をしていたのかわかりませんが、とても深い会話をしていて、それを見ているのはとても面白かったです。二人でかなり盛り上がっていましたが、私たちには何を話しているのかさっぱりでした。私たちの理解を超えていました。

グルジのサンスクリット語やスートラの研究なども同じです。グルジはそのような分野をとてもよく勉強していますが、そのことについて話すことができる人は本当に少ないです。そのようなことを理解している人はごくわずかで、それもまた練習がすべてということでもあります。自分の知らないことについて話さない、もしくはそのことを理解できない人とはそういう話をしない、ということです。答えを得るには正しい質問をしなければなりません。

——グルジが亡くなったら、グルジの遺したアシュタンガヨガはどうなると思いますか？　グルジ亡き後も続いていくでしょうか？

アシュタンガヨガの練習をしている人はそのまま続けるでしょう。これまでにヨガの練習を続けたことがある人はすべて、アシュタンガヨガを遺すことの一翼を担っていると思います。それぞれの人が、それぞれの練習の中でアシュタンガヨガという形式を続けます。昔、私の先生であるババ・ハリ・ダスに「生徒は先生に何を返せばいいのでしょう?」と聞いたことがあります。答えは「自分の練習をすること」でした。今ヨガの練習をしなければならない唯一の理由は、ヨガを遺すためなのだと思います。私の前にも、パッタビ・ジョイスの前にも、クリシュナマチャリアの前にも、数え切れないほどたくさんの人がこのヨガの練習をしてきて、自分もその一部となる系譜をつくってきたからです。

——グルというのは、暗闇を取り去る人とか光を発する人というような意味がありますが、そういう意味でグルジはあなたのグルだと思いますか?

私たちの文化での〝グル〟という言葉には、そのような意味が多かれ少なかれ含まれています。私の場合は、もちろんパッタビ・ジョイスが自分のグルだと言えます。グルというのは、思いやりを持ってくれる人や先生で、自分はこういう人間だという思い込みやセルフイメージから抜け出す方法を教えてくれ、普通の枠組みを越えたところに連れて行ってくれる人だと思います。想像もしなかったようなやり方で、グルジは間違いなく私にそのようにしてくれました。私が思っていた自分、自分がなれると思っていた自分を超えて、今の私に成長させてくれました。

――マイソールでグルジと過ごした時や、グルジがカリフォルニアに来た時の面白い話があったら教えてください。

私たちが初めてマイソールに行った時、グルジが一度バンガロールのサーカスに連れて行ってくれました。後屈をして、お尻に頭をつけている少女を見て、「グルジ、見てください、すごいですね」と何度も言っていたら、グルジは「そうだね、でもこれはヨガじゃない」と言いました。「でもグルジ、あの人見てくださいよ！」と私たちは言い続けました。その時から、私はグルジが本当は何が言いたかったのかを考え始めました。どうしてこれがヨガではないのだろう？　私には違いがわからなかったのです。当時の私にとって、ヨガはまだ柔軟性や身体的なかたちに過ぎませんでした。グルジと一緒に何年も練習してきて、ヨガというのは身体的なかたちではなく、内面的に起こるものだとわかり始めました。体操選手はどんなに体が柔軟でもヨギーではありません。

グルジが初めてアメリカに来た時、私たちはグルジをスーパーに連れて行きました。グルジはスパイスの棚のところに行って小さな瓶を開け、中身を手のひらの上に出し、匂いを嗅いで、「このスパイスは古いぞ！」という顔をして私たちを見ました。店員は誰もグルジを止めませんでした。ドーティ（腰衣）を着た小柄な男の傍らで私たちは、一度開けて中身を出した瓶を棚に戻してはいけない、と店員が言いにくると思っていましたが、誰も止めに来ませんでした。そんなグルジを見るのは本当に楽しかったです。
グルジは初めてのアメリカ旅行の時に、奥さん（アンマ）にいたずらをしようとしました。その時アンマはグルジと一緒には来ていませんでした（グルジは二度とアンマなしの旅はしたくないと言っていましたが）。私たちはグルジにパンツを買ってプレゼントしました。グルジはそれまで普通の（西洋的な）パンツを着たことがなかったので、マイソールの駅でそのパンツを履いて電車を降りて、アンマをびっくりさせたかったのです。それで、グルジがカリフォルニアを発つ前の晩に、パンツの試着をしました。グルジの見た目があまりにも違うので、おかしくて全員で涙を流して笑いました。そして、実際にマイソールの駅でもそのパンツを履いて電車を降りたら、西洋人風のグルジを見て、アンマも我を忘れるくらい笑ったそうです。

――それがカルバン・クラインのパンツですか？

その時のは違います。私たちが買ったのは安いポリエステルのパンツでした。実際にどんなパンツを買ったか忘れてしまいましたが、カルバン・クラインではなかったです。こうやって、グルジはひとつ上のレベルに上がって、変わっていったのです。

――アンマについて聞きたいと思います。グルジが初めて会った、そしてヨガを教えた西洋人女性として、少し話を聞かせてください。アンマはどのようにグルジのことをサポートし、どのよ

うに影響を与えていますか？　あなたがマイソールにいた時、アンマはどのような役割を果たしていましたか？

アンマは、クラスの後に私たちをマイソールの美味しくて濃いコーヒーで迎えてくれて、家の前の小さな階段に座って話をしてくれました。覚えているのは、私が髪をいつもおろしていたら、アンマが座って私の髪を三つ編みにしてくれました。そして、私の頭を撫でながら「髪を三つ編みにするといいよ」と言いました。それに、少しココナツオイルを髪に垂らしてくれました。

アンマは色々なことをたくさん話してくれました。一緒にいてとても楽しかったです。私たちが初めてマイソールに行った時、アンマは少ししか英語が話せませんでしたが、その最初の滞在中にかなり英語がうまくなったと思います。私が生理中で練習ができない時は、グルジとは話せなかったので、アンマと一緒にいました。アンマのところに行って、ベンチに一緒に座っていると、アンマはこれは女性にとって大事な時間だと教えてくれました。静かに過ごして、世間とはあまり関わってはいけない時間だと言いました。男性とも関わってはいけません。そのように男性と女性は違っており、そういう時間を過ごすのは楽しかったです。アンマはとても女性的な人でした。家事をして、私たちにご飯を食べさせ、みんながきちんと快適に過ごせるようにしてくれました。いつもオープンでとても温かく迎えてくれました。

――生理中に練習したり、グルジと一緒にいたりしてはいけないと説明したのはアンマですか？

どのように言われたのでしょう？

生理中の練習に関して、最初にどのように言われたのか正確には覚えていませんが、ヨガシャラに来てはいけないと言われました。ヨガの練習やシャラから離れていなさいと言われました。夜ご飯を食べに行こうとしたら、「なんでナンシーは出かけるの？」と何度か聞かれたのは覚えています。私たちが「だって、ナンシーもご飯を食べなきゃいけないし」と言いましたが、（当時の）インドの女性は（生理中は）基本的に家にいたのです。

サラスワティは英語がとてもうまかったので、多分サラスワティが女性の練習に関する伝統や慣習について教えてくれたのだと思います。また、私たちはグルジの次男ラメーシュと過ごすことも多かったです。ラメーシュの英語も完璧でした。ラメーシュは、私たちがインドやヨガの文化を理解できるよう、たくさんのことを教えてくれました。初めてマイソールに行った時は、地元の慣習のため、サラスワティとラメーシュはどちらも家の外にそんなに出られませんでした。とてもオープンな人たちでしたが、独身の若い男性は友だちと一緒でなければ外出してはいけないという環境でした。サラスワティは、二人の子供と家族で住んでいたので、友だちや家族が一緒でなければ外出はしませんでした。ただ、ラメーシュもサラスワティも私たちと一緒に外出していたので、二人と一緒にいた私たちはかなり有名になりました。二人と買い物や映画に行きました。そして、二人はインド社会の一員となる方法をしっかりと教えてくれました。

――ラメーシュはグルジと一緒に教えていましたか?

私がラメーシュに会った時、ラメーシュはまだ十代で、いつもヨガの部屋にいました。体は細くて、シャラートみたいな感じでした。私はシャラートが五歳の時以来しばらく会っていませんでした。シャラートが多分三十歳くらいの時に会った際は、ラメーシュがいるのかと思って、シャラートのことを何度もラメーシュと呼んでしまいました。シャラートはラメーシュにとても似ています。

当時はラメーシュはハンドスタンドの練習をしていました。ヨガの部屋はとても小さかったのですが、さっきも言ったようにとても体が細かったので、ラメーシュがハンドスタンドをして倒れても、誰かの上に倒れ込んだりはしませんでした。二回目にマイソールに行った時は、ラメーシュはすでに大学生で、学校に行きながらフルタイムで教えるというのが彼の生活でした。ですから、ラメーシュは大体いつもヨガの部屋にいました。何度かグルジが旅行に行っていた時は、ラメーシュが残ってその部屋でヨガを教えていました。

――グルジがカリフォルニアに来た時などでしょうか?

いえ、グルジが一〜二日仕事で家を空ける時に、ラメーシュが残ってクラスを担当するということです。ですが、私がマイソールに行った最初の二回の滞在時は、ラメーシュはほとんどそのヨガ部屋にいました。

――グルジの家に泊まったことはありますか？

いいえ、最初にマイソールに行った時はホテルに泊まって、それからグルジが見つけてくれた、グルジの二軒隣りのところに泊まりました。私たちは、そこを愛情をこめて〝地下牢〟と呼んでいました。床がコンクリートの大きな長細い部屋で、小さなマットを床の上に敷いて寝ていました。台所はありませんでした。厳密には台所は藁まみれでした。それで、私たちはいつも外食をしていました。その台所で、どうやって料理をすればいいのかわからなかったのです。小さなトイレと蛇口が外にありました。グルジの家から私たちのことが呼べる距離でした。それからイギリス人のジョンが来て、ジョンはグルジの家の反対側に泊まっていました。ジョンが私たちのところでトランプをしたりして夜更かしして、家に帰っていないことがわかると、グルジは「ジョン、寝なさい」と言い、それで、ジョンは自分の部屋に帰っていきました。私たちはいつもグルジに見られていたんです。

――当時、グルジはサンスクリット大学で教えていましたか？

私たちが出会った時は、グルジはサンスクリット大学を退任していたと思いますが、多分実際にはまだ大学で教えていました。退職したばかりだったのだと思います。基本的には、グルジは一日中ヨガの部屋にいました。他の人が「グルジは午後二時までヨガの部屋にいるんだよ」と言う時、あたかもそれがすごく長時間のように言うのが私には面白いです。昔は、グルジは午前五時から午後二時までヨガ部屋にいて、それから二時間休憩して、また部屋に戻って夜十時までそこにいましたから。常にヨガ部屋で教えていたんです。マンジュが、昔は満月と新月以外は毎日練習をしていたけれど、家族がグルジに「一日は家にいて欲しい」と言ったので土曜日が休みになった、と教えてくれました。それでグルジは土曜日を休むようになったのです。でも、グルジの人生はあの部屋を中心に回っています。

二〇〇一年　バーリントン

ブラッド・ラムジー

Brad Ramsey

ブラッド・ラムジーは、一九七三年にデヴィッド・ウィリアムスと共にカリフォルニア州のエンシニータスで練習を始め、一九七五年のグルジと息子マンジュの初めてのアメリカ旅行に同行した。ブラッドはマンジュのアシスタントとなり、その後教会を借りてギャリー・ローパドータと共にヨガを教え始めた。一九八〇年ブラッドはハワイに移住し、ヨガの指導からは引退している。

――どのようにしてヨガを始めたのか、どのようにしてグルジに出会ったのかを教えてください。

デヴィッド・ウィリアムスとナンシー・ギルゴフが、エンシニータスに引越してきた時にヨガを始めました。その時シェール・ボネールと私は、リチャード・ヒットルマンのヨガの本『二十八日間のエクササイズプラン』をやっている最中でした。シェールの息子がピラティスのクラスを受けていて、そのクラスの後に、デヴィッドはそのスタジオでハタヨガを教えていました。私たちはデヴィッドのところでヨガを始め、とても楽しんでいました。しばらくしてデヴィッドが「これとは違うタイプのヨガもあるんだ。誰にでもという訳ではないけど、君なら家に来て一緒に練習するのは大歓迎だよ」と言うので、私はデヴィッドと一緒にフルプライマリーと、インターミディエイトの一部の練習を始めました。それからデヴィッドは、グルジがアメリカに来るのをオーガナイズして、カーディフの教会を借りたのですが、私はそこで、グルジとマンジュに初めて会いました。それはリアルな体験でした。それ以降、プラーナヤーマとさらに本格的な練習を始めました。マンジュはそこに留まってヨガを教え、やがて、クラスは助けが必要なほど人数が多くなったので、彼は私にアシスタントをしないかと言ってきました。少なくとも一年、おそらく二年近くはマンジュの元で働いたと思います。それから私たちは、私の家のあるカールスバッドにより近い、ルーケイディアとエンシニータスの境界にある教会を借り、一九八〇年にマウイ島に移住するまで、私はそこで教えました。

一九七六年と一九七七年にインドに行く機会があり、グルジの元でみっちり勉強と経験をしたのですが、それはまさに目の覚めるような経験でした。その後、私は教え始めました。ここマウイ島でデヴィッドと共に教え、それからハワイ島でも教えました。その後カウアイ島に移住し、私は教えるのを辞めました。かいつまんで言うとこんな感じです。

——デヴィッド・ウィリアムスがヨガをやっているのを見た最初の印象は、自分がそれまでやっていたヨガと比べてどうでしたか?

本当にハードでした。スーリヤナマスカーラAですらとても難しかったです。これまでの指導経験を通して見ても、私ほど体の硬い人間は見たことがないくらい、私は体が硬かったのです。スーリヤナマスカーラAとBを三回ずつやるだけでも、気持ちよくできるようになるまでに数カ月はかかりました。その前に簡単なハタヨガをやったことはありましたが、そんなものは体にとって何の準備にもなっていませんでした。私は呼吸と動きを連動させることに惹きつけられました。体をロックするという概念（バンダ）はまったく知らないものでした。そのシステム全体が理に適《かな》っていると思いました。今でもアシュタンガヨガのシステムは、ほぼ完璧ではないかと思っています。これまでに見てきた他のシステムと比べても、肉体を変化させるのに一番効果的なメソッドだと思います。

――初めてグルジに会った時のことを覚えていますか？

当時、私はラ・コスタ・カントリー・クラブで働いていました。グルジがエンシニータスに来ると分かった時に、ちょうど仕事を辞めました。当時の仕事のスケジュールでは、グルジとの練習時間と重なりそうだったのですが、辞めたお陰でグルジの元で勉強するのに専念できました。仕事を辞めた後は好きなだけヨガの練習をして、マンジュと一緒に働きました。私は自分のクラスも持っていたので、少しですが収入もあり、慎ましくですが生活できるようになりました。だから、何年間も働くことができたのです。

――ハタヨガも教え続けていたのですか？　それともアシュタンガヨガを教えていたのですか？

マンジュと働き始めてからは、アシュタンガヨガしか教えていません。

——では、マイソールに行く前から、マンジュと一緒に数年間アシュタンガヨガを教えていたのですね。

はい。それまでにアシスタントの期間も終えて、使われなくなった小さな教会ですでに自分たちのクラスを教えていたのですが、ルーケイディアで教えていたクラスは、ちょうどいい人数でした。マイソールに行く旅費も友だち数人が援助してくれて感激しました。マイソールの家でグルジに会った時も本当に感動しました。グルジはカリフォルニアにまた来て、アンマと一緒にマンジュのところに泊まってマンジュのクラスで教え、私もそこでヨガを練習しました。それからグルジは他の教会に移動したり、私の教えている教会に来たりして、そこでも教えました。かなり忙しいスケジュールで、マンジュと一緒に朝早くから教えてから、私たちの小さなセントアンドリュース教会で九時から教えました。

——グルジの第一印象はどうでしたか？

すごい人だと思いました。静かな光を放っていたんです。その当時、グルジは英語がそれほど上手くありませんでしたが、聞いていれば何を言いたいのか要点はわかり、聞けば聞くほど理解できるようになりました。マンジュがかなり助けてくれて、グルジの話すカンナダ語のニュアンスもわかるようになりましたが、サンスクリット語の方が勉強しやすくてわかりやすかったです。サンスクリット語なら色んな書物があったので。

毎晩、哲学のクラスがありました。グルジの英語はアメリカに来る度に上達しました。おそらく、外国人の生徒が増えたので、急速に上達したのだと思います。英語が得意なインド人は多いですが、グルジはそうではありませんでした。サンスクリット語は完璧だったので、一長一短ということでしょう。私はグルジの英語をあまり労せずに理解することができました。もし自分のグルと出会ったら、ただわかります。そういうものです。育てるような関係ではないと思います。自然とそうなります。

――マイソールではグルジの元でどのように学んだかを教えてください。

激しいものでした。苦痛でもありました。午前中にインド人のクラスがあり、午後が西洋人のクラスだったので、食事をどうするかが問題でした。朝食に消化しやすい軽いものを何か食べるのですが、次に食事をするのは夕方の六~七時まで待たなければなりません。ですが、午前中にプラーナヤーマや簡単なストレッチをする時間があり、マイソール市街を散歩した後でクラスを受けることができたのでよかったです。それに、人数もそんなに多くはありませんでした。当時のヨガシャラはとても小さかったのです。ですから、練習をした後でまたプラーナヤーマをして、それから夜ご飯を食べに行きました。

――練習が激しいというのはどういうことか、もう少し詳しく教えていただけますか?

ありえないほどの苦痛でした。体中で痛くないところはないくらいです。グルジはアメリカで教えていた時と違って、地元では手加減なしでしたから、(その痛みは)変化を起こすだけの(力がある)ものでした。私が、頭の後ろに脚がかかるようになったり、本当に深く体をねじれるようになったりしたのはマイソールに行ってからでした。体がバラバラになっているような感じがしました。私の体は変わったのです。

――なぜそこまでの苦痛を体験しなければならないのだと思いますか?

得られるものがあるからだと思います。(苦痛は)効いていると感じることができ、その後で静けさも感じます。これは(脳内麻薬とも言われる)エンドルフィンではなく、アシュタンガヨガのシステムが本当に効いているのだと思います。思考が停止する音が聞こえる気すらします。痛みも神に明け渡してしまえば、練習の一部だと思います、本当に。私にはわかりませんが、マンジュはいつも「痛みなくして得るものなし」と言っていますが、それは概《おおむ》ね真実だと思います。痛みはほとんど必要不可欠です。痛みもまた先生のようなものです。

——普通は、痛みというのはどこかを痛めているから練習をやめた方がいい、というメッセージだと受け取るように思いますが。

そうですね、それはアメリカ的な考え方です。おそらくアメリカ以外の国でもそうだと思いますが、特にアメリカ的だと思います。ほとんどのヨガクラスでは、何か間違ったことをしたら怪我をすると教えます。あなたがすでに、肉体的にも精神的にも完璧なお手本のような人間だとしたら、それがどのくらい正しいかわかるでしょう。すでに完璧な人間なのであれば、苦痛を伴うような方法で現状を変えようとするのはやめた方がいいです。

ですが、痛みによって進化していると感じるとか、変わるべきものが変わっていると思うのであれば、そのアシュタンガヨガの練習が、スピリチュアルな成長のために必要なものに肉体を合わせようと、型にはめているだけだと私は思います。痛みなしでそこに到達することはできないと思います。痛みなしでそこに到達した人を見たことがありません。私に関して言えば、最初から最後まで、少なくともどこかしら痛かったです。常に痛みはどこかにありました。

——痛みが和らぐポイントが誰にでもあると思います。あなたは痛みを乗り越えようとするのではなく、頭を使って練習し、自分が持ちこたえられる方法を学んだのですね。

その通りです。そうした方がいいです。

――それを学ぶのは難しくて大変だと思いますが。

努力することすら苦痛になることもあります。

――なぜそのように思うのですか？

野性の本能です。まさに生命誕生の過程（と同じような苦痛）です。

――まったく鈍感で無知だった状態からひとつステージが上がって、目覚めた状態ということでしょうか。痛みは始まりであり、体と心が目覚め、物事が動き始める合図だと。

進化です。大事なのは、それを神に明け渡して、練習の一部にすることです。

――グルジはよく「神に祈りなさい」と言っていましたよね？

そうですね。どこかが痛む時は、痛みではなく神のことを考えなさい。偉大な創造主であろうと、世界のすべての根源であろうと、どんな神でも構わないと。

——つまり、個人的な苦痛から逃れるために、個人的な体験に意識を向けず、普遍的なことを考えるのが目的ということでしょうか。

そう、それこそが練習です。頭の中の小さな声を外に追い出すのです。

——グルジが先生なのは明らかですが、同時にヨガの練習を象徴する何か特別なものでもありましたか？

エネルギーです。物事が正しい時、その物事の中にある正しさを感じるのが目標です。イメージを使うこともできます。プージャ（ヒンドゥー教の祈りの儀式）で学んだマントラを暗唱する時、ガネーシャ（頭が象で体が人間のヒンドゥーの神様）はその対象です。しかし、それは目に見えて表れているものにすぎません。ご存じのように、ヒンドゥー教にはたくさん神がいて、神の性格や性質によって姿かたちが違います。とてもたくさんあるので何かひとつを選ぶといいと思います。ヨギーには、ガネーシャはとてもぴったりです。障害を取り除いてくれます。ガネーシャのお父さんのシヴァも素晴らしいです。それから、クリシュナも。バジャンという神様の歌を歌うのもいい練習方法です。バジャンはとても早く神様に近付くことができます。サダナ（瞑想）もその大事な一部です。

――グルジはプージャのやり方を教えてくれましたか？

グルジは私にマントラを与えてくれて、その使い方を教えてくれました。何時に寝るかにもよりますが、大体夜中の三時に起きます（普通は起きる時間ではありませんが、それが一番ちょうどいい時間なので）。ある意味何かを犠牲にすることでもあります。サッとお風呂に入って、プラーナヤーマを完全にやり終えたら、マントラを繰り返し唱えるジャパをやります。最初は百八回、千八回までやることもあります。蓮花座を組んで座っていられる間でいいです。しばらくすると、完全に我を忘れます。蓮花座を組んでいるので、眠っているのとは違います。蓮花座を組んだまま眠れないこともありませんが少し難しいです。夜中の方が没頭しやすいし、色々なことが終わっている時間なので、ちょっとしたおしゃべりが気になるようなこともないし、マントラが残り（の気になる事）を取り去ってくれます。完璧に空白の状態です。

――グルジはスマータ・ブラマンとシャンカラチャリアの系譜にあたるそうですが、グルジの家系について調べたことはありますか？

そういうことは、私にはあまり重要ではありません。当時は、神への祈りの言葉（プラーナヤーマを始める前のマントラ）「ナラヤナン　パドマ　ブーヴァン　ヴァッシシュテン……」で始めていて、神から始まるすべてのグルの系譜は「ヴァンデー　グルナン」に行き着きます。

――アーサナの練習の前に唱えるマントラの一部として、唱えるように言われたのですか？

そうです。

――最近ではプラーナヤーマの時にしか使っていませんが。

しかし、今でも「ヴァンデー　グルナン」で始めていますよ。それは、マントラ全体のほんの一部、四分の一に過ぎません。練習前にマントラをすべて唱えていたら時間がかかりますが、美しいものです。プラーナヤーマの前に、もう一度やります。ほんとに大変です。練習を始めたばかりの頃、蓮花座を組むのがとても苦痛でした。数分間座ってマントラを唱えることですら難しかったです。マントラを唱え終わるまでに死にそうになっていたのに、それからプラーナヤーマをやらなければならなかったのです。グルジからプラーナヤーマを習うのは、とてもワイルドな体験でした。息を止めている時に、グルジは何度もいなくなってしまうのです。わかりますよね？　いなくなって、カウントするのを忘れるんです。それで、みんな死にそうになっていると、結局グルジがカウントを続けているのが聞こえてくるんです。

ただ、グルジは昔ながらのヨギーで、ケーヴァラ・クンバカ、つまり特に意識しなくても呼吸を止められる（切迫した状態で呼吸をする必要がない）のは、練習に成功している証です。睡眠時無呼吸症候群のようですが、プラーナヤーマの練習がしっかりと身に付いていれば、その状態から抜け出す時にパニックになるようなことはありません。慌てて息を吸ったりというようなことをしなくても、ただ呼吸を止めていたということに気づいて、中断したところからまた続けるだけです。もしくは、どこで中断したか忘れてしまったら、覚えている最後のところに戻って、そこからまた始めます。学ぶのがとても難しいものですが、それだけの価値のある、大事な付加的な要素なのです。練習は神経を高ぶらせたり、刺激が強過ぎたりすることがありますから。

——それはアーサナの練習が、ということですか？

はい、プラーナヤーマはそれを部分的に緩和してくれます。アスリートのクールダウンみたいなものです。

——普段、グルジがプラーナヤーマを教える時は、完璧なパドマーサナ（蓮花座）を求められるものですが、あなたの場合は明らかにそうではないので、グルジは何か他のことであなたが上級者だと感じていたということでしょうか。

パドマーサナは完璧ではありませんでしたが、十分それに近いものはあったのではないかと思います。

――グルジは、パドマーサナで三時間は座っていられるようになりなさいと言っています。あなたの集中力はかなり高いと伺っています。あなたの練習を見て、あんなに信じられないほど集中している人は見たことがない、とみんな言っていました。

私は夢中になっていたのです。我を忘れていました。練習に必要なものはすべて手に入れていました。

――それは、その瞬間もしくは練習の後に感じたのですか？

今まさに感じています。

――「練習に必要なものはすべて手に入れていた」というのは、肉体的な練習のことだけを言っている訳ではないように思います。

そうですね、頭の中についても同じです。他の人には完全にはわからないかもしれませんが、内面はとても快適で、願っていた目標を達成したような感じがします。その裏には、すべては死ぬ瞬間のための準備だという考え方があると思います。少し痛みを伴う練習で床の上をのたうち回っている間に、神様のことを思い浮かべることができたら、それは最高の死の瞬間を迎えるための練習になります。それに定説としては、もし死ぬ瞬間に神様のことを思い浮かべることができたら、生まれ変わり、多くの苦しみから身を守ることができます。

――神というものについての考えや感覚があって、インドに行きましたか？　それとも、グルジが神に関する理解を助けてくれたのでしょうか？　もしくは、練習が神に関する理解や経験を深めてくれたのでしょうか？

グルジとの練習には没頭しました。グルジがシュロカ（長いマントラのようなもの）を引用したり、ちょっとした詩や話を暗唱したりしてくれたので、人生のスピリチュアルな側面に夢中になりました。私はそれまでは、特にスピリチュアルなものに傾倒した人間ではなかったし、今でもそんなにスピリチュアルなものに傾倒しているとは思いません。ですが、そのように没頭したのは、キリスト教徒の洗礼のようなものだと感じました。今、私は永遠に守られています。迷うこともありません。クリシュナ神はアルジュナにこう言いました「アルジュナよ、お前がどんなに遠くに行こうとも、何をしようとも問題ではない。お前はヨガをしなさい。できるだけやりなさい。それ以上できなくなったとしても、それでいいのです。来世でまたそこから始めるのです。無駄になることはありません」（『バガヴァット・ギーター』より）これがクリシュナの約束です。信じる人もいれば、信じない人もいるでしょう。

——練習を通してそれが真実になったと感じましたか？

はい、本当にそれは真実だと信じています。（先ほどの『バガヴァッド・ギーター』の話もしかりで）あらゆる小さな物語の根底に、普遍の事実があると思います。物事の道理というのは、今や私には完璧に理解できます。ヨガをする前は、神話的なものは何だかうさん臭いと思っていましたが、練習を通して今ではその中に真実があるとわかりました。練習はあなたの人生を変えるでしょうし、人生で起こる変化の本質は「スピリチュアル的に快適になる」ことだと信じています。

——「スピリチュアル的に快適になる」というのはおもしろい表現ですね。「自分が快適になる」とか「自分を知る」という意味ですか？

そうです。迷いようがありません。

——そこまでいくには時間がかかりそうですが……

それは人によって違うでしょう。両親がヨギーで、ヨギー一家に生まれた子供は、生まれながらにしてかなり恵まれていて、前世で何かをやり遂げた魂が宿っているという人もいます。そういう子供はボーナスをもらっていて、頭ひとつリードしているのでさらに進歩することができます。

――グルジが実際に教えていたことを、具体的に説明していただけますか？

グルジは素晴らしい技術を持っていました。身体的なアジャストに関して言えば、マンジュの方がさらに上手です。グルジは、力を伝える能力のある血筋なのです。グルジのことを、自分の師匠（グル）として受け入れたら、体に触れられた分だけ得られるものがあります。その時に、足を押しているとか、どこを押しているとかは関係ないのです。ただ自分の師匠が触れていれば、そこから（エネルギーが）流れます。エネルギーは行ったり来たりもします。師匠の方もまた、良い生徒からエネルギーを得られるものです。ですから、そこで良いエネルギーが循環します。それは、本当の師匠との間でのみ起こります。先生は身体的な指導をすることはできますが、力を与えられるのは普通は本当の師匠だけです。良いエネルギーの循環を起こすには、自分の師匠を受け入れなければなりませんし、師匠もまたあなたを生徒として受け入れなければなりません。それが自然の道理です。

――グルジが力を与える系譜というのは事実だとおっしゃいましたが、それはおそらく、師匠と弟子が互いの師弟関係を受け入れ合った場合にのみ、エネルギーを与え合うことができるのではないでしょうか。

グルジとクリシュナマチャリアはそのような師弟関係だったのだと思います。バッテリーの充電のようなもので、グルジを選んだ生徒との間でエネルギーを与え合うことができたのだと思います。そのようなエネルギーの交換が起こる場合は、師匠も弟子も選ぶというより磁石のように引き合うものです。お互いを認め合ったら、惹かれ合うものです。そうでなければ、反発するものがあります。

――私はグルジに「カルマ」と「彼が私の先生であるという事実」について聞いたことがあります。私がグルジの元に来たのは、意識的なものではありませんでした。私はグルジに引き寄せられたのです。グルジに「これはカルマですか？」と聞いたら「違う、完全に誤解している」と言われました。誰を師匠に選ぶのかは、あらかじめ決められているというより、むしろ自由な選択だ、というようなことを暗に言っていました。自分が誤解していたのかどうか、よくわからないのですが。

私にはそうだとは思えません。（カルマ以外に）他に何があるのでしょう？　自由な選択肢というのはどこから来ているのでしょう？　自由な選択肢のようなものがあるのか、私にはわかりません。議論の余地はありますが、「選択とは何か？」「選択させているのは何なのか？」という意味論的なことに過ぎないと思います。師匠が見つかるのはとても稀有なことです。ほとんどの人は見つけられません。ですから、自分の師匠を見つけたとわかるのも稀有なことです。そして、師匠があなたを弟子だと認めたら、すべてはうまくいきます。過去世でのつながりや、必ずしも二人の魂の間だけでなく、この世のスピリチュアルな進歩のダイナミクス全体において、少しでもカルマの要素が含まれていたら、その時二人は師弟関係になると思います。極めて稀なことですが。

——また、生徒に準備ができた時に師匠が現れるとも言われていますが、グルジの生徒の準備段階にはかなり幅があるように思えて興味深いです。私がマイソールにいた時、スピリチュアルなことにまったく興味がない人もいれば、すでに深くスピリチュアリティとつながっている人もいました。グルジは幅広い人と話す能力があったように思います。

強力なエネルギーを持っている証ですよね。自分をオープンにすればそのように幅広い人たちと話すことができますが、そうするのはとても大変です。私は物事はできるだけ小さいままにしておくのが好きです。大きなクラスの方がいいと思ったことはありません。(大きなクラスでやる利点が)私にはまったくわからないというだけですが、ある程度アシュタンガヨガが知られるようになり、世界中に広まって生徒が増えれば、人数の多いクラスが必要だという理屈はもちろんわかります。しかし、グルジがどのようにクラスを教えているのかも、そんなたくさんの生徒がどのようにヨガを学んでいるのかもわかりません。伝達のレベルに影響があるように思います。ですが、生徒は離れずに戻ってきているので、グルジがしていることは正しいのでしょう。

――伝達というのは、主にエネルギー的なものですか？

それしかないと思いますが、身体でも知覚できるものです。直接伝達された時はピンポイントでわかります。間違いなくエネルギー的な現象です。どういう類のものかはわかりませんが、おそらくそれがシャクティとかスピリチュアルなエネルギーと言われるものなのでしょう。説明するのはとても難しいです。

――おそらくあなたは、他の人たちよりもグルジのことを理解していると思います。グルジが一％だと言っている、哲学やセオリーについても教えています。伝達するもののうちいくらかは、その哲学やセオリーによってもたらされると思うのですが。

哲学やセオリーを勉強することは本当に役に立ちます。私は、カンナダ語の道路標識が読めるくらい勉強しました。白人がカンナダ語を書けるようになるのは難しいですよね？　私の場合は、サンスクリット語の方がわかりやすかったです。サンスクリット語の辞書と初級の本を数冊入手して、基本的な用語がわかるくらい勉強しました。グルジが使う重要な単語の多くは翻訳されていません。伝達を明確に受け取るために、共通の言語やピジン語（二つの言語が混じった言葉）のようなものが必要で、それもまた伝達の一部だと思います。

——それでグルジはあなたに語学を勉強するように言ったり、特定の方向性を指し示していたりしたのですか？

本を何冊か勧めてくれましたが、まったく面倒は見てくれませんでした。グルジは実は、白人がサンスクリット語を勉強しようとしているのを面白がっていたのではないかと思います。グルジがヴィドワン（インドの学位のようなもの）をすべて取得するのに二十六年かかったからです。ですから、サンスクリット語をちょっとかじっているような人を見るのは、かなり可笑しかったのだと思います。グルジはサンスクリット語の短い詩を教えてくれて、それを発音してみせてくれました。私がそれを復唱すると、私のアクセントに大笑いしていました。田舎訛りみたいに聞こえていたのでしょう。自分の国の言葉を、少し面白くしたような感じに聞こえたのだと思います。

アンマはとても優しかったです。彼女はサンスクリット語の発音をよく教えてくれました。アンマはいつも歌っていて、とても美しいコントラルト（ソプラノ、メゾソプラノの下の女性の最低音域）のようでした。神様の歌をたくさん知っていました。アンマは私のサンスクリット語の先生でもあります。アンマはグルジのエネルギーの一部でもあったと思います。私はアンマから多くのことを学びました。

——グルジはアンマから影響を受けていたと思いますか？　アンマはグルジが教えるのをどのようにサポートしていたのでしょうか？

アンマは、最初はグルジの生徒でした。アドバンストBまで練習したそうです。すべてのアーサナをグルジから学び、グルジのこともとてもよく面倒を見ていました。一艦隊の隊長のように家を切り盛りしていました。家の外ではグルジが絶対的なボスでした。買い物もほとんどグルジがしていたし、アンマに従うような素振りはほんの少しも見せませんでしたが、家の中ではグルジは本当にアンマを敬っていました。アンマが家の中のことを仕切っていたのは、はっきりとわかりました。アンマはとても美しい人でしたが、「ヨガの練習を始めた時は、小象のような体型だったのよ」とよく言っていました。多分相当体重が減ったのでしょう。

――家庭はグルジにとって大事なものでした。アシュタンガヨガを西洋に広めながら、グルジはいつも生徒に結婚しなさいと言っていました。

家庭を持つのもサダナのうちのひとつです。伝統的に、最初に家族の面倒を見ます。家庭を持ち、子供を育て、後継者を育て、富を蓄え、最後は森へ隠遁します。これはとても古いしきたりです。子供が育ったら夫婦で一緒に森へ行き、家庭を持つ義務は終わります。私にはよくわかりませんが、今はまだカリユガの時代（インド哲学において循環すると言われている四つの時代の最終段階。暗黒の時代）だと言われていますから、その古いしきたりは崩壊するでしょう。偉大なグルたちはみな（家庭を持たない）世捨て人でしたが、そのように隠遁する前に、家庭を持ったことがあるのかどうかは聞いていません。ヴァシシュタとヴィシュヴミットラ（聖賢《リシ》）は、神のご機嫌を取るために何千年もポーズを取り続けたと言われています。知る由もありませんが、彼らもその前には家庭を持っていたかもしれません。

シャンカラチャリアは、女性の聖職者が街で話をしているのを聞いていたところ、彼女が「あなたは人生について何も知らない。あなたはまだ童貞なのに、どうやって人間の状態を知ることができるのか？」と言いました。するとシャンカラチャリアは座り込み、瞑想を始めました。自分の生徒に自分の体をしばらく見ておくように言いました。彼は北インドの王様の体に入り込み、ハーレムや富を満喫し、子供を育て、あらん限りの充実した人生を経験しました。王様として望むものは何でも手に入りました。そのようにして彼は世界を経験し、それから自分の肉体に戻り、世捨て人として自分の人生を続けたのです。ですから、（家庭を持っても持たなくても）どちらも正しいように私は思います。

――そうやって、シャンカラチャリアは女性の聖職者を言い負かしたんですよね？

そこは話を割愛しましたが、そうです。

――グルジにとって、シャンカラチャリアはとても重要な人物です。グルジは（シャンカラチャリアの）アドヴァイタ（不二一元論）の系譜ですが、『ヨーガ・スートラ』はプルシャ（純粋な

精神原理）とプラクリティ（物質原理）の二元論で書かれています。異なる考え方が混在していることについては、どうお考えですか？

私は同じことだと思います。神学論は問題に思考を集中させる方法のひとつに過ぎません。本当にひとつの考え方に過ぎず、最終的にはすべて同じことなので、私は本当に大した問題ではないと思います。このような考え方の違いは、より個人的なものです。それぞれが考え方を選びます。全体的にはどちらであろうがまったく重要ではありません。正解も間違いもありません。最終的にはすべて同じです。そういうことをじっくりと考えるのは面白いことですが。

――グルジは最近、アシュタンガヨガの外的な支則は本来二元論的なもので、神を内面に感じたり、自己認識したりするような内的な支則は一元論的（不二一元論的＝アドヴァイタ）なものだと言っています。

その通りです。ヤマとニヤマは外的なもので、アーサナとプラーナヤーマは徐々に内面的なものになり、残りの四つの支則はすべて自分の心を神に向けたり、神に集中したりすることです。そこで二元性は終わります。アーサナも、右側と左側、正しいやり方と間違ったやり方など、二元的になり得ます。しかしプラーナヤーマ以降は、正も誤も、あれもこれもなく、ただひとつだけです。

――アーサナを習得することでも、二元的な感覚を超越できるように思います。

そうです。没頭して、呼吸と動きとバンダさえしていれば、行き過ぎることはありません。理論的には、練習をすれば心の平穏が得られ、平穏は不二一元性の本質です。

――（ヨガを始めると）早い段階から、探しているものは自分の外側ではなく自分の内側にあるように思えます。探し求めるものではなく、それが実在することで心地よくなるものだと。

間違いなくその通りです。幸せは自分の外には見つけることができません。探しても外にはありません。

――そのことに気がつくのに時間がかかったり、一生気づかなかったりする人もいるかもしれません。

そうですね。

――インドに行く前に哲学やヨガについて勉強していましたか？

いいえ、まったく。正確に言うと、デヴィッドに教わる前にリチャード・ヒットルマンのヨガの本を一冊読みましたが、それは子供だましみたいなもので、コブラやバッタのポーズを簡単に紹介して、呼吸に関しては何も書いていないような本でした。ただ床に横になって、呼吸の数も数えずにそのポーズを数回やるような感じです。十秒間はポーズをキープするように書いてありましたが、息を吸う時にお腹を膨らませる腹式呼吸のやり方以外は、何も書いていませんでした。今思えば間違いだらけでした。それでもヨガの入口としては十分でした。ヨガをした後に体が気持ちよくなったことで、もっと複雑なものをやってみようという気持ちにさせてくれました。誰もがそのような（簡単な）ところから始めなければいけません。

――ヨガに対する興味は純粋に身体的なことから始まったのですか？

はい。初めてアシュタンガヨガをやった後、頭の中がしんと静まり返るように感じてからは変わりました。まったく別物でした。

――もっと学びたいという気になったのですか？

アシュタンガヨガには中毒性があり、それが効いたのだと思います。中毒性がなければ、誰も練習を続けません。

――グルジの教え方や、生徒をどのようにやる気にさせていたかを教えてください。

グルジがどのように生徒をやる気にさせていたのかはわかりません。グルジの才能がグルジを引っ張っているのだと思います。良い先生は、自分の生徒をやる気にさせることができます。良い先生は、生徒に先生を喜ばせたいと思わせます。そうすることで生徒自身も喜ぶと分かっているからです。グルジは、遺伝と積み重ねた努力による才能のお陰で、ことのほかそれが上手でした。グルジは特別でした。グルジは（たとえ亡くなったとしても、生まれ変わって）戻ってきますよ。

――グルジは、人体や身体の動きなど肉体について熟知していたと言う人がいます。あなたから見て、それはもっとエネルギー的なものだと思いますか？

エネルギーだったと思います。グルジは技術的にも素晴らしかったですが、マンジュの方が技術的にはもっと上手いです。人当たりがよく、怪我をさせることも少なく、相手にとって良いかどうかを熟慮して、わざと何かをするようなことはありませんでした。生徒に着実に進歩して欲しいなら、最初に傷つけるようなことをしてはいけません。まずは入りやすくしましょう。それで互いに活性化します。

マンジュは優しかったです。グルジは少し手荒でしたし、体というより生徒の持つエネルギーを見ていたと思います。グルジが見ていたのは「もし私がこの膝を踏んだら、彼は叫び声を上げて数週間は練習ができなくなるだろう」というようなことではありませんでした。グルジは「このエネルギーはそこに行かなければダメだ」というようなエネルギーの流れを見ていました。グルジは身体的な力学についてまったく考えていないのだろうな、と思う時もありました。私が言いたいのは、グルジが何を見ていたかではなく、師匠の元で練習するというのはそういうことだということです。超能力でもない限り、先生は自分のアジャストのせいで生徒が苦痛を感じるかもしれないということに、より意識的でなければなりません。生徒にアーサナを習得させるだけの十分なエネルギーが自分にない限り、手を出してはいけません。人の摂理に反します。逆にそれだけの力があれば、生徒を傷つけることはありません。

――グルジはアーサナの練習を通してシャクティを獲得したのだと思いますか？　それともクリシュナマチャリアの弟子だから、もしくは生まれながらにして、そのようなすごい力を持っていたのでしょうか？

クリシュナマチャリアに会うにしても何をするにしても、上位のカーストの出身でなければなりません。クリシュナマチャリアから教わったことで、グルジのエネルギーはさらに強くなったのだと思います。練習からも間違いなくエネルギーを得たでしょう。出自、師匠からの教え、練習、どれかひとつだけがグルジのエネルギーの元になっているわけではないと思います。そのすべてが合わさっているはずです。

——シャクティはどのように伝わると思いますか？

シャクティは感じることができます。それが起こった時にはわかります。グル（その人の師匠）がマントラを教えてくれる時は、身体的な感覚や冷静さなどを伴った直接的な経路のようになります。アーサナでグルがアジャストをすると、グルの手から直接熱や電気を感じることができるので、それも直接シャクティを伝えていることになります。グルが何か特別なことを教えている時は、グルの力の一部を受け取っているという特別な感覚があります。他のものと間違えることはありません。

——それが長年の間に蓄積されていくのだろうと。

そうだと思います。伝達経路を浄化するための、ちょっとした衝撃を何度も繰り返さないと、直接伝わるエネルギーをコントロールできません。エネルギーを流せるようになるまで、ナディ（神経経路）を何度も浄化しなければなりません。

インドでの練習で興味深かったのは、毎週土曜がネティ（鼻洗浄）の日だったことです。私がインドに行った時、グルジはとても古いネティの紐を使っていました。本当にすごく古いもので、外科手術用のチューブだと呼んでいますが、自転車のタイヤのチューブみたいなものでした。それと、グルジの古いブラマンの紐を使いました。グルジは、その二本をまとめて自分の脚の上でキツくねじり合わせました。麻でしたが、紙やすりみたいに感じました。

毎週土曜、私たちはヨガシャラの小さな流し台のところに並びました。インド人も何人か呼ばれていました。練習中に鼻をすすったり、鼻をかんだりしていたら来なければならず、その先頭に並ばされました。流し台には冷水しか出ないので、私たちはいつもできるだけ早く行っていました。

私が初めて行った時に、インド人の小さな子どもがいました。ぜんそくのような呼吸をしていたので、父親に行くように言われたのでしょう。その子は本当に鼻が詰まっていて、ほとんど泣きそうになって「嫌だ、嫌だ」とカンナダ語で何か言っていました。グルジが「ほら、もうあきらめなさい!」というようなことを言っても、その子は泣き叫んでいました。グルジが「口を開けて!」と言い、子どもの鼻にチューブを押し込み、口のところにきたチューブを手を突っ込んでつかむと、「オエーッ」とグルジに向かって吐いてしまいました。グルジは後ろに飛び退き、子どもに怒り始めました。その子の反対側の鼻もやった次が私の番でした。グルジは「大丈夫、大丈夫、心配するな」と言いながら、手でしごいて紐をきれいにしました。

――それで感染症になったことはありますか?

少し。当時インドではまだ大量の糞を燃やしていたので、呼吸器系の感染症に少しかかりました。

――その紐から感染したのではないんですね？

違います、それはないです。（感染しなかったのは）グルジのエネルギーが偉大な表れでもあります。もっとすごく気持ち悪くなると思っていました。

――グルジは他のクリヤ（浄化法）も教えてくれましたか？

ナウリを教えてくれました。私たちはいつもナウリをやりました。マンジュもナウリが大好きでした。

――グルジはナウリの練習をどのように勧めていましたか？

毎日スーリヤナマスカーラAとBの間にやるのを勧めていました。

――なぜナウリを教えるのか、どのくらいの頻度で練習した方がいいかなど、グルジは具体的に何か言っていましたか？

マンジュは毎日やりなさいと言いましたが、グルジはそこまで言いませんでした。ナウリは腸が正しく動いてきちんと便通があるようにするなど、個人的な体調を整えるものなのです。グルジがナウリに興味がないのは明らかでした。だから、それに気づかずに（シャラで）ナウリをしていると、「ここで何をやってるの？」とふざけて言われました。しかしマンジュは、デニーズで朝食を食べてきていないか、生徒に準備ができているかわかるから、とかなり具体的に言っていました。それは納得です。アーサナの練習を始める前に、練習ができるくらい体の中が空っぽになっているかを確認するのにも良いです。

――グルジは『ヨーガ・マーラ』の中で、クックターサナの時にナウリをすると言っていますが、これはかなりキツいですよね。

それは面白いですね。何に驚いているかというと、グルジは最初の著書『ヨーガ・マーラ』で、すべてのヴィンヤサの数や正確なやり方について書いています。インド人の男性は、フルヴィンヤサで練習すると時間がかかるのでやりたがりません。実際とても時間がかかります。アーサナの片側をやって、反対側をやる前にジャンプバックが入る時もあるので二倍かかります。
ただ、これはエネルギー的にはとても意味があって、怪我が劇的に減り、身体的なメリットが増えます。すべてのポーズの間で一度サマスティティヒになるので、体がニュートラルになります。直前に前屈をしても後屈をしても、いったん身体がまっすぐに戻るので、次のアーサナの準備ができます。つまり、アーサナの練習ではヴィンヤサが不可欠で、だからアシュタンガヨガはこんなにも効果があるのだと思います。

動きと呼吸を連動させること。呼吸せずに動くことはありません。やることはひとつではなく、たくさんはありませんが、息を吸ったり吐いたりすることは付いてきます。おしゃべりをしたり、止まったり、体を掻いたり、水を飲んだりというような、息を吸って吐く以外の余地はないのです。途切れることのないひとつのフローです。それが本当に平穏で静寂な状態、頭の中に雑念がない状態なのだと思います。

――グルジはサマスティティヒに戻るフルヴィンヤサを教えましたか？

はい。初めてインドに行った時、デヴィッドとナンシーはインド人と一緒にクラスを受けていたので、ポーズとポーズの間でサイドチェンジをする時もジャンプバックをすることがありました。二人がフルヴィンヤサの練習を見ていたのかはわかりません。でも、ちょうど私がインドに行く直前に、デヴィッド・スウェンソンとポール・ダナウェイがインドから戻ってきたのですが、彼らは白人のクラスを受けてきて、グルジがそのように（フルヴィンヤサで）教えたと言っていました。だから、私がその後インドに行った時、白人クラスでデヴィッドたちが教わったように教えてくださいとお願いしたら、グルジはそうしてくれました。今、ヴィンヤサが所々端折られているのは知っています。ただ何度も言いますが、それは時間の制約があるからだと思います。大量のヴィンヤサをやるのは本当に大変で、よりスペースも要ります。

――ここ数年、何度も何度も私の頭に浮かぶ疑問は、エネルギーでも想いでも、どういう風に呼んでもいいと思いますが「実際に伝えられているのは何か?」ということです。人それぞれ違う方法で練習することができ、それでもグルジから同じ本質を受け取ることができます。

それが真実だと思いたいです。どのように練習しているかは関係ないと思います。私は自分の経験からしかお話しできませんが、フルヴィンヤサで練習して短期間で最適な進歩を遂げている人を見たことがあります。

――グルジ自身が変化したり、人によって違うやり方で教えたりしているように見えます。

あの時、(今の自分が持っているものを)グルジから受け取ることができたのはとても幸運だったと思います。

――練習の起源について何かご存じですか?

グルジは、ヤシの葉のようなものに書かれていたサンスクリット語の古い教典『ヨーガ・コルンタ』の話をしてくれました。今では疑わしいものですが、他にも『ヨーガ・コルンタ』に関する言及はあります。グルジが見たかどうかはわかりませんが、クリシュナマチャリアは見ているはずです。

――学術的な研究では、アーサナは現代に開発されたものだとされる傾向にあります。写真がありませんから……

ええ、そのような懐疑的な説は聞いたことがあります。

――ヨガの練習に対する食事や食べ物の重要性についてはどのようにお考えですか？

デヴィッド・スウェンソンやポール・ダナウェイのようにベジタリアンじゃないのであれば、まず最初に食生活を変えた方がいいでしょう。食生活は人生そのものです。ベジタリアンの家に生まれ育ったのであれば、それは格の高い家に生まれたという証です。最初から良い食生活で人生を始めたということです。育った環境がそうでなければ、何は食べてもよくて、何を食べない方がいいのかということ、ちょっとした指導をするのも先生の役目です。

それから、違う食生活について自分でも調べたり研究したりしなければなりません。アーノルド・イーレットの『ミューカスレス・ダイエット・ヒーリング・システム』は、私が食生活を変えるのに大いに影響を受けた本です。とても極端なやり方で、アーサナの練習での経験と同じように、変化を体験することになると思います。必ずしも心地よいものではありません。過去の不摂生による体内の残存物を排出し始めると、とても気持ちが悪いです。難しいアーサナを習得する過程で経験する痛みのようなもので、それが体の悪い部分を取り除きます。少なくとも初心者には、食事は基礎となります。定期的に練習している人は、何を食べた方がよくて、何を食べない方がいいのか、本能的にわかるものです。練習が教えてくれることもあるので、それに従えばいいと思います。

初心者にちょっとしたきっかけを与えるのは先生の仕事です。体が硬い日は、マンジュによく「昨夜はチーズを食べただろう」と言われました。それも事実（チーズを食べると体が硬くなる）だろうと思いますが、しばらくすると少々チーズを食べても死にはしないことに気づきます。練習が進化するように、食生活も進化します。バクティ（献身）についても同じです。神様に祈りを捧げる歌に内なる力を感じるには、先生を通してそれを経験する必要があります。それもまた中毒性があります。感情が高まっている時は、感情のクレンジングだと言ったりしますが、私もそう思います。涙が流れるのは心が動いた証拠です。悲しいとか、辛いからだけでなく、美しいからという理由でも涙は流れます。

——バクティはすべての人に大事なものだと思いますか？

誰もが何かに身を捧げます。お金を稼ぐことに身を捧げて幸せかというと、ほとんどの人はそうではありません。献身は大事な信条のようなものだと言えます。グルジは祈りを捧げることに関しては実直でした。とても信心深かったです。目の前に本を置かず、何も見ずにシュロカ（長いマントラのようなもの）を暗唱している時も、しばらく暗唱していると、グルジの目が頭の中で本のページをめくっているように見えることもありました。何度も繰り返し小さな本をめくったから、染み付いているのだと思います。ブラマンの修行のうちですが、私はそれがグルジの生活の一部なのだと思いました。毎日やっていました。一日に何度そうしていたのかはわかりません。

――バクティは異なる役割を果たしていたり、もしくは、アーサナの練習を増幅する効果があるのではないかと思います。アーサナの練習で同じような境地にたどり着けるのでしょうか？　それとも、心を開くためにそのような付加的なもの（バクティ）が本当に必要なのでしょうか？

私はバクティが必要だと思います。アーサナがとても得意な人たち、例えばサーカスにいるような人たちは、身体的に不可能に思えるようなこともできますが、それはヨガではないからです。アーサナは身体的な姿勢というだけでなく、精神的な姿勢でもあるからです。また、精神的な姿勢がそのような境地に連れて行ってくれるのだと思います。私の場合はそれが献身です。献身によって自分の意識を神に戻します。自分の意識を止めることができるようになったら、そのような境地にたどり着きます。つまり、バクティはそのための一時的な場所のようなものなのです。アーサナよりもバクティの実践をよりたくさんする人もいます。バクティがその人たちの瞑想です。ラーマクリシュナがやっていたのは純粋なバクティで、アーサナは含まれていませんでした。酩酊するまでワインを飲み、女神カーリーに歌を歌いました、それが彼の実践でした。

――サダナパダ（『ヨーガ・スートラ』の第二章）の最初に、タパス、スワディヤーヤ、イシュワラプラニダーナについて書かれています。それには浄化、学び、献身の三つの要素が必要です。おそらく、この三つは実践に欠かせないものなのでしょう。

その通りです。

――食べ物だけでなくアーサナの練習でも痛みは生じるとおっしゃいましたが、間違った食生活による痛みと、アーサナによって体が変化する過程の副産物としての痛みを、区別する方法はあるのでしょうか？

それを区別するには、各個人で科学的な観察や調査が必要です。ある食べ物が自分の体には良くないと分かれば、それを食べないようにします。少し汗をかきやすくなったり、体の調子が良くなったりすれば、その痛みは尿酸結晶や病的なものなどではないと確信が持てるので、それまで食べていたものが原因だったとわかります。私の場合はそうでした。

私の家庭では、食卓に必ず肉料理が出ていました。ですから、体から肉を排除するのにはとても長い時間がかかり、その間、アーサナの痛みは悪化しました。自分の食生活を改善し、ある程度調子が良くなってから、アーサナを練習している時の痛みは全体的にかなり減りました。しかし、神経レベルも変化し、より深刻な痛みが出ました。体のコーシャが変化しているのです。

最初がヨーガ・チキッツァ（プライマリー・シリーズ）、次がナディ・ショーダナ（インターミディエイト・シリーズ）、その後がスティラ・ブルガ（アドバンスト・シリーズ）です。まず、ヨーガ・チキッツァのプライマリー・シリーズで自分の体を癒やさなければなりません。それから、ナディ・ショーダナのインターミディエイト・シリーズで、神経システムの通り道を広げます。最後にスティラ・ブルガのアドバンスト・シリーズで、体を身体的にだけでなく、精神的にもスピリチュアル的にも鍛えます。

――プラーナ的な体と身体的な体はどのように関連しているのだろうと考えてきましたが、私にはヨーガ・チキッツァは筋肉や臓器や循環器系にかなり関連しており、ナディ・ショーダナは神経経路の浄化に関連しているように思えます。このナディ（神経系）は身体的な体でしょうか、それともプラーナ的な体でしょうか？

死体を解剖して、神経の束を指差したり、これがナディですと言ったりすることはできませんよね。そういうことではないのです。エネルギーが流れている経絡がある、鍼灸の人体模型のようなものに近いです。つまり、プラーナ的な体に近いと思います。プラーナヤーマがとても重要な理由でもあります。先ほど、アーサナに関して、信じられないほど体が柔軟なサーカスの人について話しました。そのような場合、エゴの成長とスピリチュアルな成長が比例しないので、ヨギーではなくエゴイストになってしまうことが多いです。自己満足のために自慢するような自分ではなく、小さな赤ちゃんヨギーの自分（スピリチュアルな面）を成長させるべきです。多くの先生にとって自分のイメージは重要でしょうが、私には不安定さを表しているように見えます。

――これは長年疑問に思っていることなのですが、アドバンスト・シリーズを練習しているから、スピリチュアル的に成熟していると言えるのでしょうか？　また、スーリヤナマスカーラ程度しか練習ができない人は、深い洞察のようなものを得る機会が少ないということなのでしょうか？

そうですね、それはとても悩ましいところですが、私の経験では、アーサナの練習における進歩は、スピリチュアルな進歩にはそれほど重要ではないと思います。アーサナは最初に取り掛かりますが、ヤマやニヤマの方がアーサナよりもはるかに難しいです。ヘザー・プラウド（454頁）のようにまったくアーサナができない人もいます。だからと言って、彼女がスピリチュアル的に偉大な人になれないということではありません。そういうことではありません。肉体は、可能な限り最高レベルまで鍛え上げた方がいいです。アドバンスト・シリーズまで練習ができるのであれば素晴らしいことですが、必要不可欠ではありません。アーサナは、遊んだり、飛び回ったりする幼稚園みたいなものです。

――ヤマとニヤマはある程度自然に起こりますが、アーサナの練習とも感覚的に結びついているように思います。積極的にやり過ぎたり、欲をかき過ぎたりすると、自分を傷つけることになる

ので、どの程度やればいいのかがわかります。体に合わないものを食べると体の調子が悪くなるので、それに気づくようになります。ある程度自分を成長させてくれるフィードバックシステムのようです。

それは、アシュタンガヨガが、正しく行えば自分自身が先生となるシステムだからです。すべての段階が一度に忍び寄ってきます。今日はこの支則をやった、来年になったら次の支則をしよう、というようなものではありません。その時の自分に必要なものを、自分で自分に教えるのです。

——バンダについてはどうですか？　バンダをどのように考えているのか、またグルジはどのようにバンダを教えていたのかを教えてください。

私がアシュタンガヨガにすぐに心をつかまれた、主な要因のひとつがバンダです。その当時どれだけバンダを感じられていたかはわかりませんが。私はとても運がよかったのです。グルジが初めてアメリカに来た時、グルジの英語はかなり乏しく、できるだけ英語で説明しようとしてくれましたが、ムーラ・バンダが正しくできていない人を見つけると、誰であっても躊躇なく背後に回って肛門（直腸）に指を軽くねじ込みました。すると、反射的に肛門をキュッと締めたり、引き上げたりします。

プラーナヤーマを教える時は、グルジはウディヤナ・バンダについて厳しく言いました。グルジの前に座った生徒一人一人に、空気を貯めるためにしっかりと締めなければならないところを、かなり強く押しました。プラーナヤーマをしない人には、ウディヤナ・バンダの重要性は何度言ってもわかりません。エネルギーを閉じ込めることで、正しい場所にエネルギーが行きます。ジャーランダラ・バンダもとても重要で、ピアノを弾く時にペダルを使うように、この三つのバンダを使います。

音楽を正しく奏でるには、間違いなくある程度のレベルに達していなければなりません。アーサナをしている間は、動いたり体勢を変えたりしているので難しいですが、パドマ（蓮花座）で座っている時の方がずっと簡単です。先ほど言われたように、クックターサナでナウリの練習をするのは大変なので、とてもいい練習になります。ですから、プラーナヤーマを学んだ後は、アーサナの練習中にヴィンヤサで体勢を変える時も、バンダをコントロールするのがさらに楽になります。

ムーラ・バンダは不可欠です。これこそが、アシュタンガヨガと他のシステムの違いのひとつです。ムーラ・バンダを正しく使って呼吸を続けていれば、ピアノだって持ち上げられるかもしれません。実際に持ち上げられても、持ち上げられなくても、自分を傷つけることはありません。保護装置みたいなものなので、ヘルニアやあらゆる器官や臓器のずれを防ぎます。バンダは絶対必要不可欠です。バンダなしではアシュタンガのシステムは機能しませんし、バンダを大事にしない先生には生徒の手助けはできません。知識がなくても生徒は進歩しますが、少しでもバンダの説明があれば、進歩するペースが全然違います。バンダは本当に練習の基礎となるものです。

――グルジが教えたムーラ・バンダについてどのように理解していますか？　肛門の括約筋もしくは会陰を締めるだけなのでしょうか？

締め上げるというより、引き上げるだと思います。トイレに行きたいのを我慢するような感じではないです。会陰部を引き上げる感じだと思います。

――私が「アーシュウィニ・ムドラ*は肛門を引き上げる動きですか?」と聞いたら、グルジは「全然違う」と言いました。つまり、肛門よりかなり前ということでしょうか。

そうです。

*アーシュウィニ・ムドラとは、ムーラ・バンダの位置を締めて、緩めてを繰り返す動き。

――それぞれに意見が違うように思えます。グルジが、プライマリー・シリーズでウディヤナ・バンダの説明をしているのを見たことがあります。例えば、ウッティタ・ハスタ・パダングシュターサナでは、腰に手を当てて締めることを強調していました。プラサリータ・パードッタナーサナBでも腹部に手を当てて締めます。何度も見たことがありますし、繰り返し強調していました。

グルジはそこにこだわっていました。そのポーズで重要なところなのです。

——普段はグルジはバンダについてあまり多くを語りませんが、いつもその二つの組み合わせでした。プラーナヤーマのクラス以外でグルジがバンダについて話すとしたら、おっしゃる通りウディヤナ・バンダよりもムーラ・バンダについての方が多かったです。スワミ・サッティヤナンダ・サワスワティの本『ムーラ・バンダ——マスター・キー（Moola Bandha: The Master Key）』を読んでいる人は多いですね。

あれは素晴らしい本だし、著者もいい人です。

——グルジが「肛門を締めろ」とは言わず「肛門をコントロールしろ」と言っていたのも、かなり意味があるように思えて興味深かったです。ヒーラーとしてのグルジについてはどうですか？グルジのことをヒーラーだと思いますか？

グルジが糖尿病やその他栄養など様々な研究していたのか、あまりよく知りません。アシュタンガヨガのシステムが、脊柱側彎症に驚くほど効果があるのは見てきました。どのくらいがグルジの治癒力によるもので、どのくらいがアーサナの効能によるものなのかわかりませんが、グルジは極めて優秀な人でした。グルジは偉大な医者にもなれたかもしれません。そう、医学ではなくヨガで治療する医者のようなものでした。

グルジはたくさんの病人を診ていたわけではありません。何人かはいましたが、病人を診るのはとても時間がかかり、それだけの責任を負わなければなりません。その代わり、基本的には健康で、少しだけ改善する必要のある人からヨガを教え始めていました。だからこそ、こんなにも多くの人にヨガを伝えることができたのです。病人を治療することに力を注いでいたら、時間がかかって進歩も遅いので、グルジの活動はもっと限られていたと思います。

――グルジは、アーユルヴェーダ大学で教えていた初期の頃は特に、もっと治療的なことをしていたのですよね。

グルジは（アーユルヴェーダの）専門家でした。私はその頃のグルジの仕事については知りません。グルジはそのことについてあまり話しませんでした。グルジは多くの学校で相当の時間教えていました。

――私たちと出会う前のグルジの人生について、私たちはつい忘れがちです。あなたはグルジがヘザー・プラウドと練習しているのを見ていたと思いますが、そのことについて教えてもらえますか？

ヘザーのお母さんが彼女をクラスに連れてきた時、グルジはヘザーに階段を登らせたり、床の上に寝かせたりしました。それから、グルジは可動域全体を調べました。現代の理学療法士がやるみたいに、脚を前後に動かしたり、あちこちの関節を動かしたり、足を動かしたり、手で歩かせてみたり、ヘザーの体のあらゆる部分を動かしました。ヘザーは四肢が動かなかったので、どれくらい丸まって縮こまりやすいのかを知るためでした。グルジはそのようなチェックを一時間くらいやって、彼女の全身、すべての器官をくまなく調べ、背骨も調べました。身体的に(物理的に)矯正できないところがあったので、グルジは主にエネルギーを使っていたと思います。彼女のプラーナ的な体に対して、さらに繊細なエネルギーを使っていました。とても腕のいい理学療法士と自然治療家が一緒になったような、ほとんど信仰治療師のような感じで、見ていて驚きました。

――ユーモアについてはどう思いますか? グルジはとても面白い人ですよね。

ほんとに。グルジには笑わせられます。すごく面白くて、人を笑わせるのが大好きでした。グルジと一緒に歩いていた時に、グルジがある植物を指差しました。どこにでもある雑草でした。「あれはとても歯にいいんだ」と言うので、「そうなんですか? 歯にいいんですね? どうすればいいんですか?」と聞いたら、「あれで歯を磨いたら真っ白になるぞ!」と教えてくれました。それで、試してみることにしました。その草を引っこ抜いて、歯を磨いてみたら、今まで味わったことがないくらい最悪に不味《まず》くて、気持ち悪くなるだけでした。エキナセアみたいに口の中がピリピリするのですが、もっとひどかったです。小さな刺のようなものがあって、それが歯茎に刺さりました。グルジは「どうだ? いいか?」と言ってました。面白いと思ってやったのです。グルジはそういう人でした。グルジとマンジュは一緒になって大笑いしていました。アンマはカラッとしていて、とてもウィットに富んだ人でした。マンジュはアンマのユーモアセンスも受け継いでいます。

——ヨガを教える上で、ユーモアはどのような役割を果たすと思いますか？

笑いがなかったら、終《しま》いには泣いてしまうでしょう。生徒と接している時も、軽妙な感じを保っていないと、生徒にがっかりされてしまいます。ですから、ちょっとした笑いやユーモアは大いに役立ちます。

——ヨガの練習をしていれば、ほとんどの人が泣きたくなることがあると思います。

その通りです。私もそうでした。練習後は大抵バスタブの中に潜り込んでいました。

——昔は練習が終わってシャラを出ると、食事を用意してくれるナガアラナという女性がいました。健康な西洋の練習生たちが、シャラを出るとよろよろと体を引きずるようにして、彼女のところに朝ご飯を食べに行きました。ある者は腰を、ある者は膝を、ある者は肩を押さえながら。

怪我人の行進です。

――他にマイソールでの特別な思い出はありますか？

デヴィッドと私はほとんど同じ経験をしています。デヴィッドがよく話すのは、マイソールで寝ていた時のことです。夜中にデヴィッドが目を覚ましたら、やはり目を覚ましたナンシーに「いまどこのポーズやってる？」と話しかけました。ナンシーは「ジャーヌシルシアーサナC」、私は「ひとつ先のアーサナ、マリーチアーサナD」と言いました。私たちは夢を見ていただけですが、かなりディープでした。その激しさこそが特別でした。

――グルジと練習から学んだことで一番大切なことは何だと思いますか？

粘り強く続けること。ただ練習を続けること。以前と同じような情熱がなくなっても、ただ練習をすること。自分が練習したいと思っている限り、朝起きて、また練習をするだけです。

――他に何か言いたいことはありますか？

私から世界に向けて言うことなんて何もありません。ただ練習を続けましょう。現代が本当にカリユガという暗黒時代なのかわかりませんが、どうやらカリユガは四十二万八千年も続くそうです。本当かどうか知りませんが、この世が希望あるものになることを祈ります。物事というのは少しずつ良くなっています。グルジはそのことに貢献している一人です。相当な割合の人口に間違いなく影響を与えました。グルジの前にそんな存在があったでしょうか？　グルジのお陰で大きなムーブメントが生まれました。グルジに感謝しましょう。

二〇〇九年　マウイ

ティム・ミラー

Tim Miller

ティム・ミラーは、一九七八年にカリフォルニアのエンシニータスでブラッド・ラムジーとギャリー・ロープパドータの元で練習を始め、その後グルジの二度目の渡米の際にグルジと出会った。ティムは何度もマイソールを訪れ、ブラッドとギャリーがハワイに移住した際に、彼らのエンシニータスのヨガ教室を引き継いだ。ティムは今でもエンシニータスでヨガを教え続けており、世界各地を旅してはヨガを広めている。

――最初にアシュタンガヨガのどういうところに惹き付けられましたか？

一九七六年に私がエンシニータスに引越した時、そこがアメリカで唯一アシュタンガヨガが学べる場所だったのは、運が良かったと思います。一九七八年の前半にオープンしたアシュタンガヨガセンターは、家から半ブロックのところにあったのに、一年以上それに気づきませんでした。

ある日、たまたま通りを歩いていた時、私が引越してからずっと空き家だった教会が塗り直され、庭もきれいになっているのを見かけました。表には「ASHTANGA YOGA NILAYAM（アシュタンガ・ヨガ・ニラヤム）」と書いた新しい看板が出ており、踊るシヴァ神の絵がありました。「面白そうだな」と思っていると、庭に立っている男性が何かをやっています。芝生を食べているように見えました。

立ち止まってその男の人に話しかけたところ、そのヨガについて説明をし始めました。世界でも数カ所でしか学ぶことのできない、とても珍しいパワフルなヨガで、二カ月練習すれば体操選手みたいに体が柔らかくなると言うのです。それで、ヨガクラスの時間を聞いて、確か翌日だったと思いますが、そこで夕方のクラスを受けました。

当時、私は精神科の病院で働いていました。大学時代に少しだけヨガをかじったことがあり、その限られた経験を元に、精神科の患者さんにヨガを教えていました。自分がヨガのことをほとんど知らないことは自覚していたので、ヨガのクラスを受けた方がいいだろうと思っていて、この場所を見つけたのはラッキーだと思いました。

ヨガ教室にはほとんど何もなく、電気も通っていなかったので、私が着いた時、中は暗くて、ろうそくで明かりをとっていました。男の人が私のところに歩いてきて、クラスを受けに来たのかと聞きました。その時は、ただ見学をしようと思っていたので、私はジーンズにネルシャツというヨガをするような格好ではなく、「そうですね……」などと言葉を濁していたのですが全然通じていませんでした。

その男の人は「オーケー、こっちに来て」と言って、うながされるままそこに行くと、私にスーリヤナマスカーラを見せ始めました。結局、ジーンズにネルシャツでスーリヤナマスカーラをやる羽目になり、ほんの数回ですぐに暑くて汗だくになりました。初日にして、大雑把にハーフプライマリーの前半まで教わりました。

しかし、それは本当に刺激的な体験でした。前にもやったことがあるような、とても懐かしいような、深く穏やかな気分になって、絶対にもう一度やりたいと思いました。その日からヨガの練習の虜になり、そこに通い続けました。それが一九七八年の前半のことです。

――どうしてパッタビ・ジョイスの元で学びたいと思うようになったのですか?

私は、グルジの息子マンジュの生徒であるアメリカ人の先生二~三人の元で七~八カ月間練習をしました。すると、先生たちは、グルジと奥さんのアンマが渡米できるだけのお金を集め、アメリカに呼びました。一九七八年の三~四カ月間、グルジは私が練習していた小さな教会で教えました。グルジはまさに〝偉大なグル〟でした。私は東洋哲学や極東の偉人に関する本を読んでいましたし、グルジの話も聞いていました。グルジが教会に着いた時、私は部屋の真ん中に光る玉のようなものがあるのかと思いました。

ドアを開けた時は、黒いローファーと白いシャツにメガネをかけた普通の人に見えましたが、部屋に入って教え始めると、グルジが普通の人ではないのがはっきりとわかりました。ですから、何度も言いますが、グルジがここに来た時に、私はたまたま〝正しい時〟に〝正しい場所〟にいただけなのです。これが、グルジが二度目にエンシニータスに来た時のことです。

――当時のグルジとの練習はどのようなものでしたか？

私が初めてグルジの元で学んだ一九七八年当時、グルジはとても限られた英語で指導をしており、アメリカに来た最初の数回はすべてマイソールスタイルで教えていました。教室は、三十〜三十五人の生徒が同時にマイソールスタイルの練習ができるような、かなり広い部屋でした。グルジはそんな大きな部屋一杯の生徒をカバーしようとしていて、グルジが近づいてくると、アーサナのアジャストでは恐怖が倍に感じられたものです。

当時のグルジは本当にパワフルでした。六十代前半でしたが、アジャストは非常に力強かったです。ユーモアのセンスもあり、とても明るかったですが、それでもグルジが近付くとある種の恐怖を感じました。

その時、私はちょうどセカンド・シリーズを練習していました。クラスの後でシャバーサナが終わると、グルジは、セカンド・シリーズ以降の練習をしている生徒を集めて、大きな輪になって座らせ、プラーナヤーマを教えてくれました。最初、グルジは私たちと一緒に座り、シャツを脱いで大きく息を吸って、ウシガエルかトランペットを吹いている時のディジー・ガレスピー（頬をいっぱいに膨らませて演奏することで有名なアメリカのジャズミュージシャン）か、というくらいに胸を大きく膨らませ、それから息を長い間止めて、震えながら汗をかいていました。かなり強烈なプラーナヤーマとの出合いでした。また、週三回はマンジュの家で哲学のクラスも教えてくれました。

グルジの英語力は限られていたので理解するのは少し難しかったですが、マンジュが通訳をしてくれました。グルジは文献を引用して、笑ったり泣いたりしながら数分間話した後で、やっとマンジュに向き直って通訳するように言いました。わかると思いますが、マンジュはそれを十単語くらいの英語にするのです。明らかに訳していないものがありました！

グルジが最初にアメリカに来た時は、互いにあまり理解し合うことはできませんでした。大勢いた生徒の中には、最初の渡米の数年前から、グルジの元で練習している生徒もいました。マウイから来たデヴィッド・ウィリアムスと、デヴィッドの生徒や仲間もみんなそこにいました。

私はその後も練習を続け、一九八〇年にグルジが数カ月マウイに滞在した時には、私もマウイへ行ってグルジと一緒に練習しました。一九八二年頭に、ようやくマイソールに行けるだけのお金が貯まりました。マイソールに初めて行くまで四年練習をしており、サード・シリーズ（アドバンストA）まですでに練習していました。インドに行って初めて、私はグルジと理解し合うことができました。

――マイソールでの練習はそれまでとどのように違ったのでしょう？

そこにいるだけで、とことん本質的な深い経験でした。外国人の生徒はほとんどおらず、それぞれの時間帯で三〜四人だったと思います。時間によっては、クラスで外国人は私だけということもありました。その時にアメリカ人で最初のグルジの生徒、ノーマン・アレンと出会ったのです。

七十〜七十五人の生徒が長い行列をつくってひとつの部屋で練習するような現在とは、まったく違う状況です。心疾患、糖尿病、ぜん息など様々な病気を抱えている、医者から紹介されてきたインド人の生徒が多く、グルジは彼らの指導に力を注いでいました。

――西洋人の生徒のような若くてスポーツ選手タイプの生徒はいなかったのでしょうか。

大体年配で、必ずしも健康な人ではなかったです。それに、何と言えばいいのか……ヨガの練習のやり方も西洋人の生徒とは違ったと思います。インド人の生徒は仕事に行く前に練習していたので、いつも慌ただしく、次々とポーズに移っていました。私たち西洋人は、基本的にヨガの練習をしたら、その後は体を回復するために休み、また次の日の練習に戻ってきていたので、状況が違ったのです。

マイソールには三カ月滞在しました。グルジとも親しく良い関係を築くことができて、インドでの経験で殻を破ることができて、自分はヨガを教えるべきだと確信が持てました。三カ月の滞在の終わりに、グルジに「ヨガを教える免状をいただけませんか？」とお願いしました。グルジは最初は躊躇していましたが、結局認めてくれました。私は、それまでグルジが西洋人にヨガを教える認定証を与えていなかったことを知らず、しばらくしてから事の重大さに気づきました。

――試験のようなものは受けましたか？

認定証自体が、正式な試験にパスしたことを語っているようなものです。唯一試験のようなものとして、一九八二年にマイソールのライオンズクラブでヨガのエキシビションをしました。長時間にわたって、様々な講義やインド人の生徒による男女別のヨガのデモンストレーションなどがありました。グルジの娘サラスワティが少しデモをしました。ノーマンとノーマンの彼女プールナもデモをしました。私は、グルジの説明に合わせて、サード・シリーズ全体をやりました。ヴィンヤサのペースがとても速く、三百人近いインド人の前で、グルジがアーサナの名前を言い、カウントをするのについていかなければなりませんでした。おそらくこれが、私の公式な試験になったのではないかと思っています。

――先ほど、現在のマイソールの雰囲気やヨガシャラのエネルギーは、当時とかなり違うと言っていましたが。

そうですね、今のヨガシャラのエネルギーは西洋人の影響を受けているだけでなく、明らかに当時のものとは違います。グルジから最高の教えや目指しているものを引き出したのは西洋人です。西洋人の生徒は、全エネルギーをヨガの練習に注ぐことができたので、非常に練習熱心でした。私が初めて来た時に見たインド人の練習方法とはかなり違います。

――グルジは本物のアシュタンガヨガ、パタンジャリのヨガを教えていると言うのをよく聞きま

すが、本物のヨガの先生としてのグルジや、グルジの経験についてはどんな印象を持っていますか？

グルジはおそらく、失われつつある伝統的なヨガの先生だと思います。破壊と創造両方のエネルギーを持ち、破壊と再生の神、シヴァのエネルギーを本当に受け継いでいるように思えます。私はグルジと接する時はいつも、愛と畏怖の混ざったような気持ちになります。グルジと一緒に練習すると自分が変化して、そのような気持ちになるのがわかります。そして、グルジに対する愛情は、その過程や、その過程へと私を導くグルジの知恵や能力に、ある種の信頼を抱かせます。

――初めてのインドでの体験で殻を破ることができたと言っていましたが、その過程でグルジはどのくらい助けとなりましたか？

グルジは、練習自体が大事であり、先生は練習を淀みなく進めるための媒介者に過ぎない、ということを明確にしてくれました。グルジは、生徒のために何かをするためにいるのではありません。どんな変化も生徒自身の練習と努力と発見の結果です。

――先生を持つことはどれくらい大事だと思いますか？　変化の過程でグルジの役割はどういうものですか？

信頼のおけるヨガの技術と知識があり、それを正確に、体系的に、知的に、思いやりをもって伝えられる先生を持つのはとても大事なことです。そのような先生がいないと、アシュタンガヨガの総合的な練習の過程で、必要のない技術もごちゃ混ぜにしてしまいます。

特に初めてのインド滞在で、練習後にシャヴァーサナで横になっている時に、ある種の感情が浮かび上がってくるのをよく感じました。座っていると涙が流れることもありました。ドラマチックなものではなく、ただ涙が頬をつたっていき、驚くほど浄化されました。起き上がって通りに出ると、自分が透明になったような感じがしました。あらゆる物が自分の中を通り抜けていき、自分の中に広大な空間が生まれているような感覚でした。

――グルジがヨガの技術を伝え、そのような体験をする手助けをしてくれたと感じますか？　それとも、グルジはやる気を出させるモチベーターのような人だったのでしょうか？

グルジは、間違いなくパワフルなモチベーターです。与えるのと同じくらい、人から引き出すことにも長《た》けている人です。驚くほど労働意欲が高く、ヨガの先生の手本としていつも刺激を受けています。

――グルジの労働意欲とはどのようなものか説明してもらえますか？

グルジはずば抜けてよく働くだけでなく、ヨガに対する深い愛情によって突き動かされていました。

——グルジの一日はどのようなものなのでしょう？　何時に起きて、何時に仕事を終えていますか？

初めてインドに行った時、グルジの家にゲストとして泊まる機会がありました。朝四時半に起きて、ひっそりと部屋から出ると、居間でグルジが鹿皮の上に座ってプラーナヤーマをしていました。普段はグルジは熱いお風呂ではなく水風呂ですが、西洋人は温かいお湯の方がいいと知っているので、階下に行って貯水タンクに火をおこしてくれました。それで私は朝からお湯を使うことができました。

当時は、今ほど西洋人の生徒がおらず、インド人の生徒の方が多かったです。インド人の生徒は朝四時半には来はじめるので、グルジはそのまま仕事に行って、最後の生徒の練習が終わるまで働きました。それから、洗濯をしたり、お風呂に入ったり、念入りにプージャ（祈りの儀式）をしたりして、結局食事をするのは午後二時か三時頃でした。

食事の時間を知っているのは、グルジの家に泊まっていた時に、グルジが昼食を取るまで空腹で死にそうになりながら待っていたからです。時には、かなり遅くまで待つこともありました。グルジの生徒にポーズを取らせる強さとエネルギーを与える意欲は、長年の間に少しは減ってきています。昔は、ポーズが取れない生徒がいたら、グルジが手を貸して取らせていました。特にレッドクラスをするグルジは、見ていてもすごかったです。アジャストをするグルジの信じられないほどの熱意とエネルギーによって、生徒からより多くのものが引き出されるのです。

――グルジの生き方を道徳的、倫理的な手本として見ていますか？

グルジの労働倫理である、家族への献身、スピリチュアルな練習への献身、プージャ、ヨガを教えること、謙虚さ、誠実さには、いつもとても影響を受けています。グルというのは、何かしら人間味がないものという誤解が広がっていると思いますが、グルジの人間性は素晴らしい手本です。ご存じのように、グルジはとても人間的なものが好きです。例えばお金とかね。相当晩年になってからの成功ではありますが、裕福であることを満喫している事実を隠そうとしません。新聞を読むのも好きだし、テレビを見るのも好きだし、グルジはとても人間的で、それがいいと思います。

――この教師の一族にとって家族を持つことはどのくらい重要だと思いますか？

グルジは常にバランスの取れた人生を送ることを重視しています。ほとんどの人に合うのが家族のいる人生で、世捨て人のような人生が合う人はあまりいません。ヨガがこの世界に何らかの影響を与えるとしたら、洞窟の中ではなく、間違いなくこの社会にいなければなりません。グルジはその輝かしい手本であり、ヨガの実践を広めることがダルマ（生きるべき道、やるべき事）です。

――グルジの子供も孫も、全員グルジに教わってヨガの練習をしています。アンマもグルジに教わっていたのでしょうか？

アンマはグルジの妻であり、最初の生徒です。アンマはグルジを畏れていました。グルジと結婚したのは十三～十四歳だったと思いますが、結婚して最初の一年は、アンマはほとんどグルジと話すこともできなかったようです。グルジはヨガの先生として、とても厳しかったのだと思います。当時のグルジは二十代前半で、ヨガの先生の手本は、誰に聞いてもとても厳格で厳しかったというクリシュナマチャリアしかいなかったわけです。グルジにとって、当時ヨガの教え方を学べるのはクリシュナマチャリアからだけでした。

――グルジがヨガを教えることや、グルジを支えることにおいて、アンマはどれくらい重要になったのでしょうか？

アンマは、グルジの生活と人生すべてにおけるサポート体制の中で、極めて重要だと思います。アンマはいつも裏にいて、グルジのために料理をしたり、グルジの世話をしたり、助言もしたりしていました。アンマはとても知的で、グルジはよくアンマのアドバイスを求めていました。王座の後ろにいる本当の権力者のようでした。アンマがある程度采配をふっていたと思います。

――グルジが教えているアシュタンガ・ヴィンヤサ・システムについて説明してもらえますか？

アシュタンガヨガのヴィンヤサ・システムは、私にとっては常にとても魅力的でした。呼吸と動きが連動しているからだと思います。呼吸が動きを進め、動きは呼吸をより深くしているように思います。ウジャイー呼吸は呼吸に音を加え、ヴィンヤサは呼吸に振り付けのようなものを加えます。私の場合、練習中に常に一番意識しているのは呼吸です。

長年にわたって、色々なスタイルのヨガをやってみましたが、アシュタンガヨガがもっとも呼吸を重視したヨガだと思います。呼吸が間違いなくヨガの中心となっています。私が受けた他のヨガクラスでは、呼吸にあまり意識を向けておらず、深いレベルまでは働きかけていないようでした。呼吸というのは、自分の内側のスペースを広げるもので、新しい場所に連れていってくれます。

――グルジの教え方は（インドの）マイソールと海外ではどのように違いますか？

マイソールでは、グルジはもちろんマイソールスタイルで教えています。それぞれの生徒が、ファースト・シリーズでも、セカンド・シリーズでも、サード・シリーズでも、自分のレベルに合わせて自主的に練習するやり方です。最後のポーズができるようになってくると、新しいポーズを学びます。

アメリカでは、二回だけマイソールスタイルで教えましたが、それ以外はレッドクラスで教えています。以前、サンスクリット大学で大人数の生徒に教えていたやり方なのだと思います。「エーカム、インヘール、ドゥヴェ、エクスヘール、トゥリニ、インヘール」と伝統的な（サンスクリット語の）カウントをします。

一度にみんなで同じことをするレッドクラスはまったく違う体験です。そこから生まれる大人数特有のエネルギーがあり、とてもパワフルです。どちらのクラスも価値がある良いものだと思います。グルジがアメリカで教える時に、多くの時間を一緒に過ごせたのは運が良かったと思います。レッドクラスでグルジのアシスタントをさせてもらったことが何度もありますが、アシスタントをすることで教え方を学べたのは、私にはとても貴重なことでした。

――グルジのアシスタントをするのはどんな感じでしたか？

まず第一に、とても名誉で光栄なことです。レッドクラスや裏方やサポートすることに慣れていれば、見ているだけで自然と必要なところがわかるので、生徒に必要なアジャストをすることができます。クラスのペースを保ったり、ヴィンヤサのカウントをしたりすることを考えずに済むので、比較的楽な仕事です。また、アジャストを学べる素晴らしい機会でもあります。そのような状況でグルジと一緒に働くと、グルジが十~十五人連続でマリーチアーサナDをアジャストするのを観察することができます。そこからある程度技術的なものを盗んだり、なぜ彼にはこのやり方でアジャストをしたのか、というメカニズムがわかるようになったりします。

――生徒に対してどのようにアジャストするか具体的な指示がありましたか？　それとも自由にやらせてくれましたか？

私は常にグルジが生徒にどのように働きかけているかを観察していたので、グルジはそんな私を見ていたのだと思います。私のやることを批判したり、正したりすることはありませんでした。それは、グルジが私のやり方に満足していたということではないかと思います。

――グルジの教えの本質は何だと思いますか？

頭に浮かぶことがいくつかあります。ひとつは、激しい熱や行いで浄化するタパス（苦行、鍛錬）の要素です。間違いなく、誰にでも浄化しなければならないものがたくさんありますが、その過程は愛やユーモアやサポートに満ちた雰囲気の中で行われます。激しい練習をすることによって、見たことのない場所に行き着くことがあります。そのすべてが良いとは限りませんが、必ずためになります。グルジはタフで、生徒にもとても厳しく練習させようとしますが、私はいつもグルジは生徒と共にいると感じます。グルジは生徒に惜しみないサポートや愛を与え、それぞれの生徒にとても関心を持っています。

――技術について話していましたが、同時にこれはスピリチュアルな練習でもあります。技術とスピリチュアル両方の練習になりうると思いますか？　この二つの関係についてはどう考えていますか？

ヨガは科学にもとづいた技術であり、人間が本来持っているスピリチュアリティを目覚めさせたり、露わにしたりする技術を与えてくれます。人間は本来スピリチュアルなものですが、そのことに気づくには知覚的なブロックがある、という考え方です。私は、ヨガは人間の本質を認識するために、障害物を取り除く方法のひとつだと考えています。

パタンジャリは『ヨーガ・スートラ』の中で、「ヨーガ　チッタ　ヴリッティ　ニローダハ（ヨガとは意識の揺れ動きを静止させるもの）」と言っています。それが起こると「タダー　ダラシュトゥフー　スワルペ　アヴァスターナン（観る者の本質、内面が明らかになる）」とあります。したがって、ヨガは自分自身の本来の知覚をブロックするものを取り除く技術だということです。人間はスピリチュアルな生き物だという事実を認識するための、科学的なメソッドです。そういう意味では、明らかにスピリチュアルな練習と言えます。

――グルジが何度も強調している原則のひとつが、この二番目のスートラです。これはなぜ、もしくはどのように起こると認識していますか？　また、ヴィンヤサをするアシュタンガヨガが、心の制御に特に効果的だと思いますか？

アシュタンガヨガの技術は私にはとても効果がありました。他のヨガがどういうものかを知るためだけに、やってみたことがあります。ヨガの生体力学、つまり技術を重視するスタイルのヨガもあります。それも興味深いものでしたし、間違いなく何かしら学ぶものがありました。

しかし、ヨガの状態、意識の揺れ動きが静止している状態に実際に働きかけるには、私にはアシュタンガヨガが一番効果的でした。呼吸という要素があるからだと思います。アシュタンガヨガの練習では呼吸を重視しています。呼吸は意識と実際につながっています。呼吸は意識の乗り物だとも言えます。

アシュタンガヨガの技術は呼吸を重視したものが多いです。どうやって、より意識的に呼吸をするかというものです。ウジャイー呼吸では呼吸に音を加えます。ヴィンヤサでは呼吸に振り付けのようなものを加えます。バンダも呼吸がエネルギーの根幹だという考え方です。意識を集中させるのに呼吸を主に使うのは、心の動きを静止させるとても強力なテクニックです。アシュタンガヨガの練習は、これまでにやった他のヨガよりも、はるかに強く私の意識に影響を与えているとわかりました。

——グルジが重視していた別の側面に、祈ること、神への献身があります。個人的にはこれはとても難しいと思っています。西洋ではインドのように神とのつながりが身近ではないので、難しいと思っている人は多いと思います。

グルジは、アシュタンガヨガはパタンジャリのヨガだとよく言っています。『ヨーガ・スートラ』の第二章、練習に関する章（サーダナ・パーダ）の最初のスートラで、パタンジャリはヨガの実践を成功させるために欠かせない三つの要素を教えてくれています。ひとつ目はタパスです。「燃やす」とか「不純物を燃やす」という意味です。タパスを通して、区別したり内省したりするために役立つ素晴らしい能力、インドリヤ（五感）を浄化します。

ふたつ目はスワディヤーヤ（自己探求）です。スワディヤーヤを通して、イシュタ・デーヴァタ（自分の個人的な神、もしくは自己探求を通してわかるようになる神的な側面との個人的なつながり）を認識するようになります。浄化のプロセスがこの前身になります。つまり、身体的な浄化のプロセスがあり、その後自己探求を通して、最終的には見えざる力によって助けられているという認識へつながる、精神的な浄化があるということです。普遍的な内的な教師である、イシュワラと呼ばれるエネルギーもしくは存在があります。イシュワラの指導を受け入れた場合に存在します。

最後がイシュワラプラニダーナです。神への祈り、自分に成り代わって働いている、時を超越した教師の存在に対して畏敬の念と謙虚さを持つこと。ヨガの先生の一族を通して、この教師とつながることになります。「ワンデー　グルナン　チャラナラヴィンデー（時を超えた普遍的な教師イシュワラとつながるために、生きた教えを取り入れる方法として、この知識を伝えてきた教師の一族であるグルの足元の蓮の花に頭を垂れます）」と言って練習を始めます。これが、マイソールではシヴァと呼ばれているものです。

謙虚さは神を引きつけ、傲慢さは神を遠ざけると言われています。私たち西洋人の問題は、自我を明け渡すことに消極的なことです。ジョエル・クラマーとこのことについて話したのを覚えています。彼は『The Guru Papers（グル・ペーパーズ）』という師弟関係に関する本を書いていました。別の人間に自分のすべてを明け渡してはいけないというのが彼の意見です。私が「明け渡していいと思うけど」と言うと、「なんで明け渡したりするんだ?」と聞いてきました。「明け渡した向こう側にあるものをただ知るためだよ。明け渡さなかったら、絶対にそちら側には行けない。明け渡した向こう側にあるものは決してわからない」

グルジと初めて会った後すぐに、このような体験をしました。クラスが終わると、昔からの生徒がグルジのところに行き、グルジの足に触れているのを見たのです。その慣習は、三回足に触れて、グルの足にある塵を自分のまぶたにのせるというもので、グルの理解を受け取り、さらに自分を目覚めさせるために使うということでした。ほとんどの西洋人同様、私も最初はこの慣習を少し敬遠していました。

ある日、私は少し気弱になっていて、それでいつも以上にグルジに感謝していたので、グルジのところに行って、他の人がやっていたのを見よう見まねでやろうとしました。グルジの足に触れた時、感謝の気持ちが湧き上がってきて、グルジを見上げました。グルジはただ私を見つめて、肩をポンポンと叩きながら「おお、いいね、とてもいいね」と言いました。「やっとわかったね」と言われているようでした。その時から、どうして自分を明け渡した方がいいのかわかってきました。

——毎日毎日、二十年も三十年も続けている日々の練習の価値とはどのようなものですか？　長

年の練習によって生まれる内面的な資質とは何でしょうか？

今のところ二十三年間ヨガの練習をしていますが、そのことで生命、光、健康が与えられるプロセスとつながり続けています。ヨガの恩恵は、最初は特にすぐに目に見えるものです。私の場合、練習をし続けるだけで、この進化するプロセスが、ある種有機的な方法で、より大きな健康、より大きな豊かさ、より大きな可能性、より大きな機会、より大きなものを、確実に明らかにし続けます。

――グルジが大好きな言葉ですね。

「自分の練習をしなさい。そうすればすべてがやってくる（Do your practice and all is coming.）」その通りだと思います。その過程で、根気や忍耐強さを育むのがとても大事だと思います。物事は、自分が望むようにすぐには訪れないかもしれません。アーサナの身体的な進化に執着する人が多いですが、練習は自分がどの程度成長しているかを測る尺度のようなものとして使いましょう。誰もがある程度はアーサナに執着する段階を通りますが、その段階から抜け出せない人もいるのではないかと思います。

私の場合は、ヤマとニヤマの価値を認め、ヨガを実際の自分の生活や人生に取り込み、自分と他人の人間関係、自分と自分自身との関係に活かすのに時間がかかりました。マットの上にいる時間は、長くても一日数時間だけです。残りの時間は何をしていますか？　二時間ヨガをした後で外に出かけて、馬鹿みたいなことをして残りの一日を過ごすことはできません。他の人にはできたとしても、私にはできないということです。結局、先生をやっている人間は特に、手本となるようなことをしなければなりません。

——もう少し練習の繊細な部分と、それをどのようにアーサナの練習と統合しているのかを聞かせてもらえたらと思います。アーサナの練習から自然と、そのようなより繊細なヨガの一面が生まれているのでしょうか?

そうですね、そうだと思います。身体的な練習をすることで、残りの支則に対する意識が磨かれると思います。誰にでも必ずそのようなことが起こるとは言えません。ヨガは意識を磨くものです。最初は、体のような目に見えるとてもわかりやすいものから始まり、それと共に意識が磨かれます。これは自己探求をすることでもあります。様々なアーサナの練習を通して、人生で出合う様々な状況のメタファーを見ることになります。

自分の能力が試されるような、がんばらなければならない状況でもできるだけ冷静で、安定して、リラックスしていなければなりません。これは生きていく上では非常に良い訓練になりますが、ある程度は次に持ち越すものが出てきます。アーサナの練習はそれ自体で終わりではありません。体を鍛えるトレーニングであり、人生の他の場面でも使えるような、心を鍛えるトレーニングでもあるのです。

――他の支則はアーサナの練習とどのように関わっていると思いますか？

アシュタンガヨガのすべての支則は互いに関わり合っています。すべてが、調和や一体感という体験につながるようになっています。『ヨーガ・スートラ』でパタンジャリが戒めているある特定の行動は、たまたま思いついたのではありません。パタンジャリは「非暴力的であること、正直であること、盗まないこと、行為を慎むこと、貪らないこと」をすすめています。すると、この世と素晴らしく調和するような体験をすると思います。まったく反対のことをして、どんなことが起こるか見てみてください。また、「清潔であること、足るを知ること、自分を律すること、自己探求すること、神とつながること」も同じように調和の体験につながります。

アシュタンガヨガの最初の四つの枝はものすごく難しいけれど、最後の四つの枝はとても簡単だ、というのがグルジの口癖でした。アーサナとプラーナヤーマ、それに倫理的な行動で強い土台ができていれば、残りの枝は徐々にその土台から育っていきます。グルジは、ヨガの支則には教えられるものもあるけれど、残りは自分でつかむしかないと思っていたのではないかと思います。アシュタンガヨガに関する批判として、アーサナを重視し過ぎるというのを聞いたことがあります。他に七つも支則があるのに、どうしてアーサナだけ、ひとつの支則だけ教えるのかと。もう一度言いますが、私たちがアーサナという具体的なことに取り組んでいるのは、それが人生の他の領域に別の支則をもたらすからです。

――グルジがヨガの練習で一番大事だと言っていたのは、どのようなことだと思いますか？

グルジは、練習すること、しかも伝統的なやり方で練習することが一番大事だと言っていました。グルジは伝統を重んじる人なので。

――ヨガに関して、伝統とはどういうことかを説明してもらえますか？

身体的な練習のメソッドには、始まり、中間、そして終わりがあります。決まった順番があるこのやり方には科学的な根拠やエネルギー的な理由があり、順番を無視したり、あれを少しとこれを少しというように勝手に混ぜたりしてしまうとうまく機能しません。

私たちはヨガの練習でサムスカーラを和らげようとしています。サムスカーラとは以前の経験の結果に対する印象で、それが自分という人間を形成します。その経験すべてがネガティブというわけではなく、ポジティブなものもありますが、サムスカーラによって、ある一定の決まったやり方で行動したり考えたりするようになり、体も決まったかたちになります。自分独自の練習をつくろうとすると、変化をしようとするものではなく、サムスカーラによって偏ったものになる危険性があるのです。

――グルジの教えの本質は何だと思いますか？

論より証拠です。ヨガの練習では、信念や信条として受け入れるよう求められるようなことはありません。練習をしてみて、自分の経験したことを見る、経験的なものです。練習をして、経験をする、自分を強化するようにつくられています。経験によって、物事に対する意識がより研ぎ澄まされます。意識をさらに研ぎ澄ましたいなら、練習を続けてください。練習をやらなければ、それも止まってしまいます。

――グルジはいつも「九十九%プラクティス、一%セオリー」と言っていますが、このセオリーは何だと思いますか？

「九十九%プラクティス、一%セオリー」がグルジの口癖ですが、グルジはヨガの理論的な話をするのが好きです。この口癖は、練習に集中せずあまりにも知識に偏っているとグルジが思った、他のヨガ学校に対する反応だと思います。興味深い話題なので、みんなヨガについて話すのが好きですが、ヨガについて話すのは単に知識を使うことに過ぎません。アーサナとプラーナヤーマ以外にもヨガの支則はありますし、それがヨガの原点だと言いますが、ただ洗練されたアーサナの練習を続けましょう。ただ瞑想をしましょう。これこそが本当のヨガです。

――グルジがそのことを示してくれたことはありますか？　疑問に思うこともあったと思います

が、同時に練習の中で自分の意識が実際に変わる瞬間というのもあったと思います。

私は人生に対する疑問を多く感じるタイプではありません。具体的な結果を実感していたので、いつも練習を完全に信じてきました。早い段階で、ヨガとは自立することだとわかったのだと思います。ある時点で先生を必要としなくなること、先生から与えられたツールを使うことが、先生に対してできる最高のことです。自分の力で、本当の自分に気づかなければなりません。質問をするのは楽しいですが、私は常に他者に答えを求めるタイプの人間ではありません。

——言葉ではなく、グルジから何か伝えられたことはありますか? 例えば、グルジの足に触れて、圧倒されるような気持ちになった経験をした時はどうでしょう? または、グルジに劇的な方法で何かに気づかされたことはありましたか?

確かに、アーサナでアジャストされた時はそういう経験をしました(笑)。相当な痛みを経験しましたし、アジャストによって得られた内面的な体験のようなものが、違う場所に導いてくれました。ですが、おわかりだと思いますが、本当に際立ったものというのはありません。私にとっては、グルジはとても安定していて、ヨガの偉大なる力の光り輝く手本のような人に過ぎません。私もグルジのように、淡々と働く人間です。日課のある決まった生活が自分に合っているので続けているだけです。水脈を見つけたかったらひとつの穴を深く掘りなさい、という言葉があります。浅い穴をたくさん掘っていてはダメです。私は自分に合っている、効果のあるものを見つけたので、それを続けてきました。そして、このアシュタンガヨガを受け継いでいられることに、非常に感謝しています。

——長年にわたってグルジの教えは変わってきたと思いますか?

長い年月の中で、グルジの教えに小さな変化はありました。シークエンスに関して言えば、私が最初に学んだ二十年前からいくつか追加されたり、アドバンスト・シリーズに変更があったりしました。現在、マイソールで行われている練習は変更された後のものです。たくさんの人がマイソールに訪れるようになったので、アジャストされることも減っていますし、アジャストも優しくなったように思います。グルジは八十四歳にしては極めて強く健康な人ですが、以前ほど強くはありません。また、今は孫のシャラートが手伝ってくれるようになったのも素晴らしいことです。そこまで大きな変化ではありませんが、少しは変化があります。

——グルジの教えをどのように自分の教えに取り入れていますか?

レッドクラスを教える時に、グルジから教わった一番大事なことは、きちんとした練習に必要な一定のリズムを守ることです。一定のリズムがなければ、練習に不可欠な熱や、呼吸を保つためのフローが生まれません。マイソールクラスに関しては、グルジからアジャストについて多くのことを学びました。すべてのポーズでまったく同じようにアジャストすることはありません。

グルジがアジャストをする時に、どこを重視しているかを見ていました。基本的に、関節と筋肉を開くことを中心にアジャストしており、腱などはあまり重要ではありません。

——練習と教えることはどのように違いますか？

教え始めた時に一番大変だったのは、言葉で教わっていないものを言葉にすることでした。長年グルジからは「とにかくやれ」方式で教わってきていました。グルジがアーサナをやって見せてくれることもありましたが、それも滅多にありませんでした。グルジがアーサナの名前を言った時に、どのアーサナのことを言っているのかわからないこともよくありました。正しいアーサナがわからなかった時は、グルジが手取り足取りそのアーサナを取らせてくれました。ですから、何をするべきか逐一細かい説明をされながら教わるヨガクラスに慣れていた西洋人の生徒に、呼吸とフローを中心に右脳を働かせながらアーサナをさせ、同時に、うまく動きができていない生徒には言葉で指示を与えなくてはならないのが、一番大変ではないかと思います。

——生徒と先生としての経験から、アシュタンガヨガは人間にどのような影響を与えると思いますか？　アシュタンガヨガで人生は変わるでしょうか？

アシュタンガヨガをきちんと続けていれば、その人の人生は間違いなく変わります。私の経験では、ほとんどの場合が良い方向に変わります。アシュタンガヨガにはある種の原始的な要素があり、練習や実践における光や善良なものと、長い間、ある一定の時間一緒に過ごすことになります。素晴らしい健康や幸せ、個人的な充足感がすぐに現れます。人によってどのような影響が出るかは違います。グルジは「ヨガの効果はその人のサムスカーラと大いに関係がある」と言っています。すぐにスピリチュアルな練習だとわかる人もいれば、ずっと身体的な練習だと思っている人もいます。いずれにしても、練習によるメリットはあります。

――怪我と体が開くことの違いは何でしょう？

怪我をしていると、普通は後退しているような感覚があります。組織（大抵は結合組織）が何らかのダメージを受けていたり、オーバーストレッチされていたり、裂けていたりします。そのようなことが起こると、体は通常、回復しようと保護的な反応をするものなので、痛みが出ます。

体が開くと練習は加速します。怪我はスピードを落とすものであり、まったくためにならないわけではありません。普通は、練習中に不注意をしたり、欲をかき過ぎたりした場合に怪我をします。残念ながら、先生が不注意だったり、欲をかき過ぎたりする場合もあります。もしくは体の一部が、オーバーストレッチなどで硬くなった別の部位を補おうとしていることもあり、特定のアーサナで十分に体が開いていないことを、体が教えようとしているのです。

――アシュタンガヨガは（万人向けの）標準的なフォーマットでしょうか、それとも個人に合わせられる練習でしょうか？

標準的なフォーマットですが、特定の個人に合わせられるだけの余地が十分あると思います。プライベートな練習やマイソールスタイルのような形式で生徒に個別に教えている場合、それぞれの生徒にある程度の注意を払い、年齢や身体条件、怪我の有無などを考慮することができます。ですから、標準的なフォーマットであり、個別に合わせることもできるものだと思います。

――グルジの教えているアシュタンガヨガと、パタンジャリの『ヨーガ・スートラ』のアシュタンガヨガには、どのような関係があると思いますか？

グルジは、自分が教えているアシュタンガヨガは「パタンジャリのヨガだ」とよく言っていました。ヨガのある一面は教わることができるけれど、ヨガのある一面は自分でつかむしかないと昔言っていました。アシュタンガヨガは大部分が自分で学ぶものです。自分の体のような目に見える具体的なものから練習を初めて、そこから学んでいかなければなりません。自分の体、呼吸、視点などに意識を向けることを学びます。それから、その観察したり意識したりするテクニックを、自分の人生の別の側面にも使うのです。どのように身の周りの世界と関わるのか、ヤマがすべてなのか、自分の恋愛や人間関係とどう関わるのか、ニヤマとはどういうことかなどです。アーサナとプラーナヤーマは、間違いなく意識が瞑想状態に入るための準備になります。

——これはスピリチュアルな練習だと思いますか？

もちろんです。初日から私には明らかでした。パタンジャリの『ヨーガ・スートラ』の第一章の最初に、「ヨーガ　チッタ　ヴリッティ　ニローダハ（ヨガとは意識の揺れ動きを静止させるもの）」というヨガの定義があります。それから「タダー　ダラシュトゥフー　スワルペ　アヴァスターナン（すると、観る者の本質、内面が明らかになる）」と続きます。初めてアシュタンガヨガのクラスを受けた時に、私は何かしらこのような経験をしました。練習を通して私の思考は本当に止まって、思考の奥深くに真の自分自身のような存在を感じたのです。これが〝観る者〟、つまり本質的な自分や、スピリチュアルな自分と言えるような、確固たるものだったのだと思います。

——グルジと孫シャラートの関係についてはどう思いますか？　二人はどのように一緒に教えているのでしょう？

私が初めてマイソールに来た時、シャラートは九歳でした。グルジはヨガをやらせようとしていましたが、シャラートはまったく興味がありませんでした。外で友だちとクリケットをして遊ぶ方が、はるかに興味がありました。何年も経って、シャラートが十九歳か二十歳になった頃に、ヨガに専念する心構えができたようで、西洋人のクラスでアシスタントを始めました。

最初はあまり上手くありませんでした。自分のやり方を見つけるのに苦労していました。西洋人の生徒には、ずいぶん前からマイソールに通っていて、練習ではシャラートよりもはるかに経験がある人もいて、シャラートもそのことに気づいていました。だから、シャラートは自分のアジャストについて意見や感想をもらって、西洋人の先輩生徒から多くを学んでいました。私たちは「こうやってみて」と言って、彼がアジャストを学ぶのを手助けしました。私はシャラートが長い年月をかけて経験と知識と自信を身につけてきたのを見ています。それは本当に素晴らしいことですし、シャラートとグルジの関係も本当に美しいものです。

グルジの長男マンジュは、結局アメリカに移住しました。マンジュが（マイソールの）ヨガシャラの後継者にもなり得たと思うのですが、そうはなりませんでした。次男のラメーシュは悲しいことに亡くなりました。ですから、シャラートがアシュタンガヨガの後継者となったのは喜ばしいことです。グルジとも素晴らしい関係を築いているように思います。会う度に、シャラートは指導者として成長しているように見えます。自分の力で、本当に良い先生になっています。

――マイソールに何年もずっと来ているので、グルジやグルジの家族ととても親しいと思います。アンマが亡くなったことや、その時期グルジがどのような状態だったか教えてもらえますか？

初めてマイソールに来た一九八二年、有り難いことに私はグルジの家に一カ月以上泊まらせてもらいました。私の寝室はグルジの書斎であり、お祈りの部屋であり、穀物庫であり、多目的部屋でした。泊まっていいと言われたのは、本当に名誉なことでした。私はブラマンではないので、家族と一緒に食事をすることはできませんでしたが、部屋まで食事を運んでくれました。シャラートと姉のシャミーラは、私が食事をしている間そばに座っていました。それから、家族は隙を見て食事をしているような気がしました。私はかなり朝早くに練習して、九時までに練習を終えましたが、最初の食事が午後三時になるようなこともしょっちゅうでした。グルジの家族を個人的に知ることができ、家族同士がどのようにコミュニケーションしているのかを見られたのも、本当に貴重な経験でした。

アンマはいつも優しくて、寛大で、親切で、時々私のことをアメリカ人の息子と言っていました。長い間、私の練習が最後に終わることがよくありました。一日に二つのシリーズをすべてやることも(アドバンストAとアドバンストB全部というクレイジーなことも)あったので、終《しま》いには疲れ切っていて、練習部屋で最後の一人になることもありました。

アンマはよく顔を出して、私がいるのが見えたら「ティーム(ティムのこと)、コーヒー?」と聞くので、私は「はい、ください」と答え、それで部屋に行って、コーヒーを飲んで、おしゃべりをしました。アンマはグルジに付き添って、何度も(七八年、八〇年、八二年、八五年、八七年、八九年、九三年)アメリカに来たので、それもまたアンマとグルジの家族を知る機会になりました。アメリカに来た時には、みんなを連れて出かけたものです。ある意味、アンマは私のインドの母でした。

アンマが亡くなった時は悲しかったです。去年(一九九七年)私がマイソールに来た時、グルジがまだアンマが亡くなった悲しみと心の傷に苦しんでいるのは明らかでした。ずっと悲しんでいました。去年は、今みたいなカンファレンスもなかったので、午後はグルジと私たち二~三人で一緒にいたのですが、アンマのことを話す時は、とても悲しんでいました。グルジが泣くと、私も涙が出ました。でも今年は少し悲しみが癒えて、また前のような強さが戻り、前向きになっているようでよかったです。アンマが亡くなったらグルジはとても辛いだろうとわかっていたので、みんなで心配していたんです。六十年間も一緒にいて、ずっとグルジの大きな支えとなっていましたから。私は今もまだヨガシャラでアンマの存在を色濃く感じます。

――グルジが教えるのをやめた後、このアシュタンガヨガの練習はどうなると思いますか?

遠い昔、アシュタンガヨガの練習をして、そこから偉大な恩恵を受けたと感じた生徒同士で、そのような日がいつかは来るだろうと話したことがあります。何の根拠もなく、しばらくは大丈夫だろうと言っていました。しかし、ここ数年でアシュタンガヨガは急速に広まり、シニア・ティーチャーと呼ばれる数少ない西洋人の先生が、長年にわたって細かいところまで練習を教えてきました。グルジが亡くなっても、アシュタンガヨガの練習は間違いなく広がり続けるでしょう。

できることなら、グルジが引退の準備ができるまでに、シャラートがここでの指導をうまく引き継げるようになって、多くの人がマイソールを訪れ続け、アシュタンガヨガが世界中に広がっていくことを願います。アメリカでは、カリフォルニア、ハワイ、ニューヨーク、ボルダーと、限定された地域でしか、アシュタンガヨガの練習をすることはできませんでしたが、今ではアメリカ北西部、カリフォルニア北部、東海岸、中西部をはじめとする全米各地、そして様々な国に広がっています。ここマイソールにも、マレーシア、ノルウェー、スロベニアなど、世界中から生徒が来ています。

アシュタンガヨガが成長を続ければ、人々の人生や地球にもそれだけ大きな影響を与えることになるでしょう。私は、グルジはそれを確信しているのだと思います。グルジはいつも「ゆっくりとした成長は良い。速い成長はとても危険」と言っていました。何年もかけて土台をつくり、根を強く張るのは良いことです。今や、成長の速度が上がり始めていますが、そこにはしっかりとした根が張っているので、突風に倒れることはありません。

――他に何か言いたいことはありますか？

アシュタンガヨガは、私には本当にとても良いものです。この練習とグルジに出会えて、グルジという師匠を持ててとても幸せです。

一九九九年　マイソール

デヴィッド・スウェンソン

David Swenson

デヴィッド・スウェンソンは十三歳でヨガの練習を始め、その四年後にカリフォルニアのエンシニータスでデヴィッド・ウィリアムスとナンシー・ギルゴフの生徒となり、アシュタンガヨガに出合った。一九七五年に初めてグルジに会ってからは、グルジの元で勉強するために何度もマイソールに通った。デヴィッド・スウェンソンは絶え間なく旅を続けながら、世界中でヨガを教えている。

――アシュタンガヨガとは何ですか？

質問をかみ砕くと「アシュタンガヨガを日常生活にどのように活かしていますか？」「マットの上でやっていることと、それ以外の人生にはどれくらい関係がありますか？」ということでしょう。私は、アシュタンガヨガは単なるツールだと考えていますが、あらゆることに利用できる万能なツールだというのが魅力です。集中するのが難しい人は、集中できるようになり、アスリートであれば、身体の多くの部分に役立ちます。とてつもなく素晴らしいツールで、こんなものは他に知りません。

ヨガとは、バランスという意味です。では、一体何のバランスなのか？　神と個人のバランスとも言えます。世界は相反する力で成り立っていて、すべてのものに相対するものがあります。アシュタンガヨガは、内的世界と外的世界、細部と全体、エネルギー的なものと機械的なものなど相反する二つのものに取り組みます。最初に目がいくのは練習の全体的な側面、視覚的な部分でしょう。これが最初にもっとも惹きつけられるところで、「ジャンプスルーができるようになりたい、頭の後ろに脚がかけられるようになりたい、あれもこれもできるようになりたい」と思います。それは目に見えるものであり、私たちに関わるものですが、まったく別の世界もあります。

身体のことだけを意識していたらバランスが取れません。身体に相対する側面とは、バンダ、プラーナ、ウジャイー呼吸など内的な世界、瞑想的な側面です。この内的世界の入口はドリシティです。ドリシティは、今という瞬間に集中し、意識を内側に向けさせます。私たちが探求しているのは、身体の外側と内側のバランスです。アシュタンガヨガの身体的な側面は、私たちを大地に結びつけるグラウンディングのための紐のようなものですが、もう一方の内的な側面は実態がありません。

地面に紐で結び付けられた風船を思い浮かべてください。地面につながっていながら、同時に宙に浮いていて、バランスが取れています。瞑想のようなエネルギー的なものだけを意識していたら、地面につながっていないのに空気ばかりが多過ぎて、頭がぼんやりしたり、迷ったりして、浮世離れしてしまいます。身体的な練習が多過ぎると、グラウンディングし過ぎて、感覚が鈍くなり、繊細な部分に気づかなくなります。アシュタンガヨガは、このような二つのバランスを探そうとしているのです。

しかし、一日の終わりに本当に大事なのは、練習で気分が良くなったということだけではありませんか？　なぜ練習をするかはどうでもいいことです。練習をする理由は人によって違いますが、いったん練習を始めれば、アシュタンガヨガのバランスがわかり始めます。目で見てわかる外的なものではなく、目には見えない内的なものを探求することが、マットの上以外の生活やこれからの人生のためにヨガをする唯一の方法です。一言で言えば、アシュタンガヨガはより良い人生を送るための万能ツールだと言えます。

――グルジやグルジの教え方について聞かせてください。

どんな先生にとっても最大の仕事は、生徒を励まし、やる気にさせ、練習を進めさせることです。練習自体が最高の師だからです。先生の仕事は生徒にサダナを教えることです。そうすれば、生徒は練習を続けられるようになります。グルジのパワーを見てください。ヨガのポーズを実際にやって見せていなくても、世界中の人があらゆるレベルでアシュタンガヨガを練習するようになりました。

また、グルジは驚くほど博学で、マイソールのサンスクリット大学でサンスクリット語を教えていた学者でした。ヴェーダや『バガヴァッド・ギーター』、『バーガヴァタ・プラーナ』、『ブラフマ・スートラ（ヴェーダーンタ・スートラ）』など、ヴェーダンタの偉大な経典や書物に書かれたことに全力を注いできました。思うままに引用できるほどでしたが、グルジは英語が堪能ではなかったので、このような哲学について言葉を尽くして伝えることはできませんでした。言葉は簡潔でも、グルジはアーサナの練習を進めさせる力があった上に、情報をとても正確な解説に落とし込むことができたので、生徒に肉体を超えて深く理解させることができました。

偉大な先生には、このような複雑な考えを簡潔な言葉で説明する能力があります。この世には博識な学者がたくさんいます。その人の話を聞きに行って、聞いてきたことを友だちに話してみてください。「学者さんってすごく頭がいいんだね。何を言ってるのかちっともわからなかったよ」と言うことになるかもしれません。でも、誰も理解できなかったら、その知識の恩恵にあずかることはできません。ですから、このアシュタンガヨガのシステムの本質、強さ、美しさ、パワー、ダイナミックさというものを、パタンジャリという言葉を聞いたことがないような人でも、学者でも、アーサナができても、できなくても、あらゆるレベルの生徒に伝えられたというのが、グルジの偉大な能力であり、そのお陰で誰もがアシュタンガヨガを活用できるようになったのです。

――どのようにしてアシュタンガヨガを始めたのですか？

私はテキサス州ヒューストンで育ち、一九六九年の十三歳の時にヨガを始めました。とりわけ当時は、テキサスでヨガをするのは変わり者でした。兄がやっていたので私も興味を持ったのです。兄は、南カリフォルニアのエンシニータスでサーフィンをやっていて、毎日サーフィンをやっていた場所は〝スワミ〟（ヒンドゥー教で「教師」の意）と呼ばれており、それでヨガに出合いました。そこの崖の上にあったのが、パラマハンサ・ヨガナンダがやっていたアシュラムでした。兄はビーチでヨガをする人を見て、ヨガの本を買い、テキサスに戻ってきてからも、そのヨガをやっていました。

私はそれを見てかっこいいと思い、兄みたいになりたいと思いました。もし兄がハーレーダビッドソンのバイクに乗って帰ってきて、バーで喧嘩をしていたら、私の人生はまったく違ったものになっていたと思います。でも、兄はヘルシーな食事やヨガのような健康的なものにハマって、外の公園でヨガの練習をしていました。（当時のテキサスには）ヨガの学校も、ヨガウェアも、ヨガマットもなかったので、ビーチタオルや手近にあるものでヨガの練習をしていました。

最初に持っていた本はジェス・スターンの『ヨガ、若さと生まれ変わり（Yoga, Youth, and Reincarnation）』でした。それから、スワミ・サッチダーナンダの『インテグラル・ヨーガ』に出合い、最後にはB・K・S・アイアンガーの本にたどり着きました。このような本を読み、日課として練習をするという流れでした。私たちはそうやって本来の自分とつながり、内なるものを感じていました。ところがある日、ヨガの練習をしていたら近所の人が通報したのです。パトカーが公園に駆けつけ、銃を持った警官が飛び降りてきて尋ねました。「君たちここで何をやってるんだ？」

私たちは両手を挙げて「撃たないでください！　僕たちはただストレッチして、呼吸をしていただけなんです」と言うと、「あのね、君たち、近所の人は、君たちが何やら悪魔の儀式みたいなことをやっている、と言ってるよ」と言われました。周りの人たちには、白いパンツをはいた長髪の少年たちが、なぜ木の下で流れるように動いているのか理解できなかったのです。私がヨガを始めたのはそんな環境でした。

高校時代の私は、ヨガをやり、ベジタリアンで、長髪で、サーフィンもしている、かなりの変人でした。格式高い私立高校ではなくごく普通の高校でしたが、学校からは男子が長髪なのはおかしいと言われました。すると、父が教育委員会に行って、「私の知っている限りでは、キリストも、アインシュタインも、モーゼも、アメリカの建国の父も長髪でした。だから、私は息子に無理に髪を切らせたくありません。どうしましょうかね?」と訴えてくれたのです。

それでどうなったと思います? 短髪のかつらをかぶることになったんです! その三年後、私はこれ以上は耐えられないと思い、不本意ながら家を出ました。両親のことは大好きでした。いつもずっと私のことを支えてくれました。だけど、もう一年かつらをかぶるのは耐えられなかったのです。最後の一年は南カリフォルニアの高校に通い、そこで卒業しました。十六歳だったので、高校に入るのにも法的後見人が必要でした。

その頃、友だちが「ヨガにハマってるなら、このヨガを見に来いよ。ダイナミックで全然違うヨガだよ」と教えてくれました。南カリフォルニアでもまだ寒いくらいの早朝、友だちに連れられて、変わった建物の裏にあるボロボロの階段をのぼって行きました。そこは、教会と空手教室とヨガ教室が一緒になった場所でした。窓から朝の太陽の光が差し込んでいて、ドアを開けた瞬間、息を飲みました。まるで部屋や壁が呼吸をし、エネルギーで振動しているような感じがしたのです。

光の中で、練習生の体から湯気が立ちのぼっているのを見て「すごい!」と思いました。部屋は暖かくないのに、体を動かしフローすることで、体から熱を発生させていたのです。部屋の中を歩き回っている長髪の男女が、明らかに先生だとわかりました。そのうちの一人が私の方に歩いてきて「こんにちは、デヴィッドです」と挨拶しました。それがデヴィッド・ウィリアムスでした。そこはデヴィッド・ウィリアムスとナンシー・ギルゴフが教えていたマイソールクラスでした。

初日に、デヴィッドは私にスーリヤナマスカーラAとB、それに最後の三つのポーズを教えました。それだけでしたが、私にはそれで十分でした。腕が疲れて、ほとんど最後までできませんでした。でも、寝転がって胸からお腹の方を見ると、体から湯気が出ているのが見えて「うわ、これはすごい!」と思わず言いました。部屋の中で見た溢れるエネルギーを自分の体の中に感じました。そして、もっとやりたいと思いました。それから毎日通うようになりました。デヴィッドとナンシーは、若者がヨガに夢中になっているのはいいことだと思ったのでしょう。私のことをとても可愛がってくれ、ヨガのことを教えてくれました。それが私のアシュタンガヨガとの出合いです。

――先生としてのデヴィッドとナンシーと練習していた期間はどれくらいですか?

私は、今でも二人のことは自分の先生だと思っています。一度自分の先生だった人は、ある意味いつまでも自分の先生だと思います。デヴィッドとナンシーの元では二~三年ほど練習しました。その後、兄と私はサーフィンとヨガの映画を撮ることにして、中米に旅に出ました。それでも毎日ヨガの練習はしていて、それも映画にしようとしていました。デヴィッドとナンシーがグルジを初めてアメリカに連れてきた一九七五年に、エンシニータスに戻りました。

グルジを出迎えるにあたって、みんなでひたすら練習して体を鍛え上げ、デヴィッドはグルジにどのように敬意を表すかを教えてくれました。グルジは、それまで欧米に来たことがなかったので、デヴィッドとナンシー（それと当時ニューヨークに住んでいたノーマン・アレン）以外は誰もグルジに会ったことがなかったのです。私たちには、デヴィッドから聞く話と、彼が持っていた一〜二枚の写真しか手がかりがありませんでした。

グルジは息子のマンジュと一緒に来ました。四カ月間滞在し、私たちの練習を進めてくれました。夕方に哲学のクラスを設け、アーサナの練習と同様にプラーナヤーマも教えてくれました。デヴィッドとナンシーは先輩だったので、「プラーナヤーマの練習もした方がいいと思うのですが」とグルジに進言してくれました（通常はプラーナヤーマのクラスは呼ばれなければ参加できない）。

プラーナヤーマのクラスに行くと、ちょっとした試験がありました。グルジの前に座ると、グルジは親指を生徒のお腹に当て、レントゲンのように体の中を調べ（生徒の魂やエネルギーを見ているように見えました）、プラーナヤーマのクラスを受ける準備ができているかを判断しました。グルジは、バンダについて理解しているかを知ろうとしていました。わかっていないと判断されると「まだ」と言われ、帰らされました。

プラーナヤーマのクラスでは一時間は座っていなければなりませんでした。グルジが生徒全員に個々にプラーナヤーマをやらせたので時間がかかったのです。パドマーサナ（蓮華座）で座ってから一時間後、グルジとデヴィッド・ウィリアムスとナンシーは足を崩して立ち上がり、歩いていきました。「君は帰らないの？」と言われましたが、「後で追いかけます」と言って、そこにもう三十分いました。足を崩して血流が戻ってくると、脚に針が刺さったような感じで、「ああーっ」とうめき声が出るほどでした。でも、プラーナヤーマのエネルギーは素晴らしかったです。

——初めてのマイソールはどのようにして行きましたか？

私はサーフィン映画のプロジェクトを続けながら、テキサスで働いていました。ある日、デヴィッドから電話があって「僕とナンシーはマイソールに行く予定なんだけど、その間、僕たちのクラスを引き継いで教えてもらえないかな」と言われました。テキサスのヒューストンかマウイか？　どっちがいいだろう……？（その頃デヴィッドとナンシーはマウイに引越していた）。私はじっくりと考え、マウイ行きの飛行機に飛び乗りました。

マウイのヨガの部屋はひどいものでした。床は、地面の上に改装したホテルの部屋からもらってきたカーペットを敷いただけでした。八つの壁で囲まれた八角形の部屋で、そのうち四つの壁は、ハンドスタンドの練習ができるよう切りっぱなしの木でできていました。残りの四つの壁は換気のために布になっていました。モンゴルのゲルやパオのような建物です。部屋の真ん中には、地面から垂直にポールが立っていて、そのポールの先端から壁の上部に別のポールが渡してありました。

お金がなかったのです。生徒はクラスを受けるのにパパイヤや物で月謝を払っていたし、ツリーハウスに住んでいるヒッピーが多く、本当に誰もお金を持っていませんでした。屋根を覆うのに、透明のビニールシートをホチキスで留めていました。ふざけているのかと思うかもしれませんが、それが精一杯だったのです。透明のビニールシートは、そこでは〝ラハイナ〟と呼ばれていました。ラハイナとは、ハワイの言葉で「容赦ない太陽」という意味で、これは基本的に野菜などを育てるビニールハウスのようなものでした。

ヨガの練習をするには、暑くなる前に朝とても早く行かなければなりません。土の上に敷いたカーペットでは、常にジャンプバックをしている誰かが地面に足を少しめり込ませていたので、三十人、四十人、五十人が練習すると、地面が凹みました。ですから、毎日カーペットを巻き上げて、地面の土を集めて穴を埋め、地面をならしてから、またカーペットを戻して敷きました。翌日も、また同じことの繰り返しです。

ある晩、ぐっすり熟睡していたら胸が激しく高鳴って、飛び起きて背筋を伸ばして座ると、「インドに行こう！」という言葉が目の前に転げ落ちてきたような感じがしました。インドに行きたいなどと思ったことがなかったので、この言葉にギョッとしましたが、「そうだ、二人が帰ってきたらインドに行こう」と口にしました。しかし、インドに行くのは簡単なことではありませんでした。デヴィッドとナンシーは、ヨーロッパからトラックとバスで陸路でインドに行っていました。今になって思えば運がよかったと思いますが、私の時は飛行機で行けるようになってました。それで、インドに行こうと決めたのです。

デヴィッドは、マウイを出発する前に、私にアドバンストAのシークエンスを教えてくれました。アシュタンガヨガには、プライマリー、インターミディエイト、アドバンストA、アドバンストBの四つのレベルがあります。現在は、この四つのレベルは六つのシリーズとして教わります。プライマリーがファースト、インターミディエイトがセカンド、アドバンストAがサードとフォース、アドバンストBがフィフスとシックスです。

デヴィッドとナンシーが帰ってきて、私はインドに旅立ちました。遠回りだったので、インドに着くまで時間がかかりました。ハワイからサンフランシスコに飛び、サンフランシスコからニューヨーク、ニューヨークからパリ、パリからテヘラン、テヘランからデリーへ。頭がおかしくなりそうでしたが、とにかく最後にはマイソールに着きました。

当時グルジは六十歳くらいでした。六十代のグルジは、ティーンエイジャーみたいにエネルギーに溢れていました。そこにいた生徒は三人で、全員外国人の生徒でした。三人生徒がいて、私は二十一歳で、アシュタンガヨガに飢えていて、もっとやりたいとガツガツしていて、グルジはただそれを受け入れてくれました。山盛りのアーサナを手押し車で運んできて、私たちの目の前にドサッと置くみたいに、大量のアーサナをくれました。すべてのアーサナでアジャストをしてくれました。ジャンプバックができない人がいたら、グルジは毎回やり直させました。

グルジのエネルギーはすごかったのですが、どうすればすべてのアーサナの練習ができるかわからず、それから一日一回の練習では足りないと思い至り、練習を一日二回にしましたが、それでも足りませんでした。私たちは、毎回二つのシリーズを練習しました。午前中にファーストとセカンド、午後にアドバンストA、それからプラーナヤーマを1時間、それにナウリやネティのやり方もグルジは教えてくれました。昔のヨガシャラ（通称オールド・シャラ）には階段を下りたところに小さなシンクがあり、私たちは口を開けてシンクのところに並んで立っていました。グルジは、ネティの紐を私たちの鼻の穴から通し、喉の奥に紐が出てきたら、二本の指で紐を引っ張り、鼻から通した紐を口から出しました。「あー、あー、あー」と言っていると、グルジはもう一度それをしました。

練習の深い奥底までグルジと一緒に潜っているような、激しく徹底した集中トレーニングでした。このようにしてマイソールの旅は終わりました。

——練習以外の時間は何をしていたのですか？

食べ物を調達したり、休息したり、次のクラスに備えたりしたら、一日の時間はほとんど残っていませんでした。午前も午後も練習があったので、体は完全に疲れ切っていました。濡れたタオルを絞り切ったみたいに、ほとんど何も残っていなかったので、食べ物を探しに外に出かけて、横になって休憩して、次のクラスに備えることしかできませんでした。四カ月間そんなふうに過ごしました。

——アメリカに戻ってからはどのように練習していましたか？

大変でした。練習自体は大変ではなかったのですが、いわゆる普通のライフスタイルに戻るのがものすごく難しかったです。ハワイではツリーハウスに住んで、シンプルな暮らしで、お金もほとんど必要なく、その後はマイソールに行ったわけです。アメリカに戻った時、空港に着いて入国管理官たちがテキサス訛りでこう話していたのを覚えています。「早く家に帰って、分厚いステーキとキンキンに冷えたビールが飲みたいよな」。これを聞いて気分がかなり滅入りました。「困った、一体どうやってこの生活に戻ればいいいんだ？」

「ダメだ。僕はここでは変人というより、別の星からきた宇宙人なんだ！　周りの人とうまくやっていけないし、どうやって働いたり、仕事を見つけたりすればいいのかもわからない。ヨガでやるすべてのことを、どうやってここでの日常生活に合わせていけばいいんだ？　無理だ。日常生活から切り離さなければいけないのか、それとも……」。かなり葛藤しましたが、いくらかの収入源は見つけなければなりませんでした。

求人情報を見ていたら、馬の牧場の仕事がありました。牧場主のカップルが、馬の世話をする人を探していたのです。牧場主はかなり長い間そこを離れるので、住み込みで馬の世話をしてくれる人を募集していました。これは自分にピッタリだと思いました。人と関わらなくていいし、私は動物の世話ができるし、シンプルな暮らしも平気だし。この仕事に就いたらどうなるかを少し考えてみました。

この仕事は一長一短でした。私は多くの物は必要ないけれど、自分と向き合う時間が欲しかったので、そういう意味では良かったです。自分と向き合っている間に大量の疑問が頭に浮かびました。例えば「八本の枝（支則）はどこにあるんだ？　僕はアシュタンガヨガをやっている。だけど、アシュタンガヨガのアーサナとプラーナヤーマをやっているだけで、アシュタンガの他の部分のことも知りたい」と思うようになりました。それで、グルジに手紙を書くことにしました。

「親愛なるグルジへ。アシュタンガヨガの練習について、いくつかの疑問が頭に浮かびました。八本の枝というのはどこにあるのですか？　私たちが練習してるのはアーサナとプラーナヤーマだけです。ヤマやニヤマというのは何ですか？　プラティヤハーラ、ダーラナ、ディヤーナ、それにサマディとは何ですか？　サマディはどこにあるのですか？　私は練習をしていますが、一体どこにたどり着くのでしょう?」

しばらくそんなふうに過ごして、それから、グルジにもう少し本質的な質問をしようと思いました。「人生の意味とは何でしょう? なぜ私たちは生まれてきたのでしょう? 神とはどんな存在ですか?」このような疑問は訊く意義があるだろうと思ったので、手紙にしたためて、グルジに送りました。何カ月も待てど暮らせど、グルジからの返事は来ませんでした。

私は苛立って、自分で答えを見つけようと決めました。アシュタンガヨガの練習は大好きでしたが、これが何なのかを見つけなければなりませんでした。やる気になった私は、答えが見つかりそうなところで勉強をすることにしました。ヒューストンのエソテリック・フィロソフィー・センターの哲学クラスを受けました。手相占い、占星術、過去世退行、サウンドカラー・バイブレーションを学びました。四十日間ブドウとブドウジュースしか摂らなかったこともあります。アッシジのフランチェスコの本を読み、瞑想をし、疑問を抱え、お腹を空かせて、あらゆる人に人生の意味を尋ねました。そしてなんと、ハレ・クリシュナの寺院でも同じ質問をしたのです! 彼らは質問の一覧を見て、すべての疑問に答えました。答えは、聖典や本、ヴェーダのコミュニティやその生き方に裏付けられていました。私は偽善者にはなりたくなかったけれど、答えが知りたかったので、頭を剃ってハレ・クリシュナ教信者になりました。

ハレ・クリシュナ信者の基本原則はとても厳しいものでした。ジャパのビーズ（数珠）を使って一日二時間チャンティングをし、明け方に起きて冷たいシャワーを浴び、『バガヴァッド・ギーター』や『バーガヴァタ・プラーナ』のような伝統的な書物で勉強をし、修行僧のような禁欲的な生活でした。外に出て、仕事をこなし、労働の対価は放棄し、寺院に寄付する、僧侶のような簡素な生活です。

　このアーサナの練習は幻想みたいなものだと言われました。人間の体は年老いて死んでいきます。このようなアーサナの練習をするのはただのマーヤー（幻影）なのでやめよ、真のヨガとは献身だというのです。それで私は二〜三年アーサナの練習をやめました。方々を旅して回り、ハレ・クリシュナの教えを説いて、いたるところで寺院を開くのを手伝いましたが、睡眠や食事が足りず、ハレ・クリシュナ信奉者の体もボロボロになっていきました。それで、何人かの信奉者は少しアーサナの練習を始めました。

　五年後、私はハレ・クリシュナをやめました。ハレ・クリシュナという宗教の制限の中で、色々と考えてみましたが、とてもスピリチュアルな人もいれば、とても俗っぽかったり、傲慢だったり、身勝手だったり、意地悪な人もいれば、謙虚で思いやりのある人もいて、何をしているかとは関係がないように思えたからです。宗教でも俗世でも、スピリチュアルな成長をする機会は同じくらいあるように思えました。私の両親は聖職者の服を着ていないし、チャンティングもしないし、アーサナのようなヨガもしていませんが、とてもスピリチュアルです。無償の愛を示してくれます。ハレ・クリシュナの寺院を出た時、私はお金はすべて寄付していたので一文無しでした。

　仕事を探そうとしても見つからない上に、着る服もありませんでした。五年間もドーティ（腰衣）とクルタ（襟なしのゆったりした膝丈のシャツ）しか着ていなかったのです。私は、ミスマッチな洋服と考え方を身につけていました。自分にはどんな仕事ができるだろう？と考えました。ハレ・クリシュナ的な仕事ができるのはわかっていました。四年間は私は物を売っていました。「ダラスの路上でカウボーイに『バガヴァッド・ギーター』を売れたんだから、どんなものでも売れる」と自分に言い聞かせました。それで、私はテキサスでアートギャラリーを開き、アーティストの代理人となり、ビジネススーツに、ブリーフケースを持っていましたが、密かにヨガの練習もしていました。

当時でもヨガを教えるようなところはまったくなかったので自主練習でした。日常生活とは切り離していました。その後、私はハワイに戻って、アートギャラリーの仕事につき、ナンシーが定期的に教えていたので、またそのクラスに通い始めました。アシュタンガヨガの練習が好きだったし、昔の友だちや練習生の仲間に戻るのは居心地がよかったです。

一九八九年、ナンシーはグルジをマウイに連れてきました。私が最後にグルジに会ってから十二年が経っていました。ナンシーは私をグルジのところに連れて行き「グルジ、デヴィッドですよ」と言いましたが、グルジは「すごくたくさん生徒がいるなあ！」と言って、私のことを覚えていませんでした。最初は少しがっかりしましたが、考えてみれば、この十二年間でグルジには五万人ちかく生徒がいたのです。私は昔は腰まである長髪でしたが、今は短髪で、見た目が全然違います。だからグルジが私のことを覚えていないのもしょうがありません。

翌日、練習に行き、グルジがバックベンドのアジャストをしてくれるのを待ちながら立っていた時のことです。グルジのアジャストを待つ時は、マットの上に立って、胸の前で腕を交差させ、両手をそれぞれ反対の肩に置いて待ちます。グルジが来て目の前に立ち、生徒の足の間に片足を置いて、生徒の腰をつかんだら、後ろにのけ反ります。同じように私も待ち、グルジが私の目の前に来て、私が後ろにのけ反ったら、グルジは私の体重を手に感じて「おー、デヴィッド・スウェンソンか！」と言ったのです。グルジは私のことを覚えていましたが、見た目が全然変わっていたので、体の感触で私のことを思い出したのです。最後のバックベンドが終わって起き上がってくると、やったことがある人はわかると思いますが、先生と生徒はお腹がくっつきそうな近さで向き合って立っています。ですから、私が起き上がって立つと、グルジの顔が目の前に来ます。グルジは私の目をまっすぐ見て、目の前でシンバルみたいに両手を叩きながら「ハレー、クリシュナ、ハレー、ラーマ！　ははは」と笑いました。

この日まで、グルジが私の手紙を受け取ったのかわかりませんでしたが、もうどうでもよくなりました。私が探し求めていた疑問やその答えは、一周してまた同じ場所に戻ってきたのです。「僕は一体何を考えてたんだ？　グルジが僕の質問一覧を見て、ひとつずつ答えてくれるとでも？　そんなの愚の骨頂じゃないか！」。グルジが言ってきたのは「九十九％プラクティス、一％セオリー」それだけです。意外ですか？　私は、天啓のようなひらめきもあって、気づいていました。あらゆる成長の可能性は、他の多くのシステムと同じように、このシステムの中に存在します。スピリチュアリティは、練習によって決まるのではなく、むしろ練習生の集中力と意図や、何を選ぶかということ、本人の性質によって決まるのです。

時々「今はスピリチュアルなヨガをやっていて、身体的なヨガの練習はやっていない」と言う人がいます。そういう人に私は「ほんと？　それどういうこと？」と聞きます。その人は「チャンティングをたくさんやったりするよ」と言います。私は「チャンティングをしている人は全員スピリチュアルなの？」と聞きます。必ずしもそうではありません。チャンティングをしていてスピリチュアルな人もいれば、ロックスターみたいにチャンティングする人もいます。献身的な実践としてヨガのアーサナをする人もいれば、自分のエゴを膨らませるためにやる人もいるし、強く美しく見られるためにやる人もいます。

私たちがやっているサダナというのは個人的な実践で、園芸家が庭の土を耕したり、肥料をやったりするのと同じです。そこに植える種、つまり自分が何を選ぶかによって、私たちのスピリチュアリティは決まります。アシュタンガヨガの八つの枝の潜在的な力もそこにあります。ヨガの練習からプラーナやエネルギーを、サダナや日々の実践から自分の魂を磨く土壌という恩恵を得るには、自分の呼吸、言葉、行動、一つ一つを、日頃から生きていく上でどのように取り扱うか意識しなければなりません。できるだけ客観的、現実的、正直であろうとし、「私がいることで、この世界はより良い場所になるだろうか?」と自らに問いかけます。

これが私の考えるヨギーの定義です。だから、私は一周してここに戻ってきました。グルジのことがわからなかった空白の時期がしばらくありましたが、そこから得た洞察は、私にとってかけがえのないものとなりました。誰にでも勧められることではありませんが、私にはとても役に立っています。

――グルジはなぜ、アシュタンガヨガの三番目の支則であるアーサナを、出発点として力を入れているのだと思いますか?

ヨガを一本の木と考えます。直線的思考をする人は、「八本の枝があるんですね。私は今どの枝にいるのですか?」とよく聞いて知りたがります。八番目のサマディは素晴らしい目標やご褒美だと考えます。八本の枝を突破しようとします。目標に到達したいと思ってしまいますが、結局のところこれは木ですから、急いで育てることはできません。アーサナは一番最初に取り組むものです。肉体は目に見えるし、感じることができるので、最初なのです。しかし、これはちょっとしたコツのようなものなのです。

アーサナは子供のおもちゃのようなもので、学ぶためのおもちゃです。私たちは、最初にアーサナのことだけ考えます。後で、これはマットの上に立ち、そこに立っている間は自分の頭の中に集中するための、コツみたいなものに過ぎないのだなと気づきます。「それでは、どうしてアーサナをやるのでしょう?」とか「アーサナをやる必要はないですよね。それはアシュタンガヨガのシステムの真ん中にあって、単なるツールなのですから」と言う人がいるかもしれません。

しかし、ヨガをすることと、アーサナの練習をすることは違います。アーサナの練習をすると、体を動かし、鍛えることができます。身体的なメリットがあり、神経系も強くすることができます。これはグルジが最初にアーサナを勧めている理由でもあると思います。体と神経系を強くすることで、四番目のプラーナヤーマをやりやすくなります。

一日の終わりに、アーサナの練習をしたかどうかは問題ではありません。体が柔軟で強いからといって、ヨガ練習生やヨギーとして上級ということではありません。もしそうなら、世界一偉大なヨギーは誰になるでしょう? シルク・ドゥ・ソレイユのサーカスみたいなことが得意な人は、アシュタンガヨガのどんなアーサナでもすぐにできるでしょう。ヨガの学びというのは、達成しようとする努力の中にあるのであって、体の柔軟性などの結果にあるのではありません。
それでも、身体的なものは取り掛かりやすいので、アーサナから実践を始めるのです。どこかから始めなければなりませんから。だからと言って、まだ取り掛かっていない他のシステム（枝）を損なうものではありません。人それぞれ学び方も精神性も違います。どこからヨガを始めるかは、アーサナがツールだとしても、それは最初の出発点のひとつというだけで、どこから始めても後で他のこともするということです。

――グルジは、ヨガの他の支則を教えるために、意識的にアーサナを使っていたと思いますか？

先生がやるべきことは、ツールを与え、ツールの使い方に関するあらゆる知識を与えるために、生徒の練習を促し、やる気にさせ、刺激を与えることだと私は思っています。生徒がやるべきことは、自分の運命を築くためにツールを使うことです。グルジはヨガを与えてくれて、そのツールの使い方を教えてくれました。私はそのツールを受け取り、自分の親指に叩きつけて「見てよ、このツールは（この金槌は）悪いよね、だって親指を痛めつけたんだよ」と言うこともできれば、正しく使うこともできます。

――つまりそれは、実験をして結論を出すのは生徒だと言っているんですよね？　それとも、グルジはヤマとかニヤマのような、特定の何かに導くためにアーサナというツールを使っていたの

でしょうか？

私は、先生が何かに導くとは思いません。グルの定義は「暗闇の中の光」です。例えば、私が洞窟の中を歩き回っていて、ロウソクはあるのに、マッチや火を灯すものを何も持っていなかったとします。すると、遠くに光が見えて、ロウソクを持っている人が見えました。その人はロウソクを私に差し出して、私はそれで自分のロウソクに火を灯すことができました。今、私には光があります。暗闇から光へと変わりました。グルは、自分の先生から受け継いだ知識や情報を持っています。その知識を私たちに伝えます。ですから、導くという考え方とは違います。ここまで話してきたのは、長く入り組んだ私の人生の旅の話で、ここから八支則の話に戻りますね。

ここからは私独自の考えなので、グルジが言ったことではありません。

あなたがパタンジャリの名前を知らなくても、八本の枝（支則）とは何かを知らなくても、ヨガを始めれば効果があります。練習をすることで、木の種に水をあげることになります。ヤマとニヤマは、意識していなくても沸々と湧き上がり始めます。ヤマとニヤマは、ヨガの十の戒律というより選択肢です。ヨガの練習を始める時、これからヨガをやるかどうかを選びます。なぜヨガを始めたかはどうでもいいのです。セレブがやっていると聞いたからとか、人生の意味を探しているからとか、何でもいいです。きっかけは重要ではありません。

しかし、ヨガの練習を始めてから起こることで、人生は変わります。物事が変わり、選ぶものも価値観も変わります。友だちに「ねえ、パーティー行こうよ」と誘われると、「そこは煙草吸う人いる？　何時頃帰る？　明日の朝はヨガのクラスに行かなきゃいけないんだよね」と言うようになります。ヨガの練習を始めて、それで気分が良くなると、ヨガに関係した選択をするようになります。何の前触れもなしに、ヤマとニヤマという選択肢が浮かび上がります。当然ながらアーサナは三番目の枝です。その後で先生はプラーナヤーマを教えます。これが最初の四つの枝です。

ヨガの練習中は集中を削ぐようなものがたくさんあります。ヨガをする部屋には、動き回っている人や、おかしなポーズをしている人がいます。外に出かけている時でも、注意力が散漫になるような場所では、いつでも今やっていることに意識を戻すことを学びます。アシュタンガヨガの次の枝である集中は、感覚を引き戻すことを学び、今という瞬間にとどまり、ひとつのことをすることで向上します。現代はマルチタスクの社会です。しかし、ヨガはシングルタスクです。今この瞬間にとどまり、集中することです。次のアーサナのことは気にしません。それが出発地点です。「でも、次のポーズもやりたいし、次のシリーズもやりたいし……」と思うこともあるでしょう。しかし、後で「ああ、今この瞬間にとどまらなければ」と気づきます。頭の後ろに足をかけることが、練習を始める前にサマスティティヒで立っていることよりも、上でも下でもありません。いかに今この瞬間の自分の呼吸に意識を向けられるかがすべてで、足がどこにあるかは大事ではありません。

そして次の枝が瞑想です。瞑想とは何でしょうか？　心を落ち着けるだけです。ですから、心がさまよっている場合は、元に戻して落ち着かせます。「何も考えてはいけない」とは言わないでください。何も考えないように、と考えながら座ることになります。瞑想というのは、何も考えないというより、何か考えるものや集中するものがある状態です。例えば、ウジャイー呼吸などの呼吸もそのうちのひとつです。心が落ち着かない場合は、呼吸に意識を向けましょう。アーサナは、それ自体も魅力的ですが、呼吸に意識を戻してくれるものでもあります。

そして最後がサマディ。非二元性のステージに到達できるかもしれません。アーサナをすることで、グルジは私たちに種に水をやるツールを与えてくれています。私はこの質問をするのが好きなのですが、「オレンジを食べる時に、オレンジを食べて得られる栄養によってどんなことが起こるのか、というような些細なこともすべて理解している化学者になる必要がありますか？　それとも、オレンジを食べるだけでそこから栄養を摂取できるでしょうか？」ヨガについて理解しているかどうかにかかわらず、ヨガの練習をすることで、その恩恵を受け始めます。「ヨガが私の人生を変えました」と言っている人は、数え切れないほどたくさんいます。誰もが何か理由があってヨガを始めて、気がついたらインドのマイソールに行っているのです。

――グルジの教えの本質は何だと思いますか？

この質問には全員が違うことを答えるでしょうね。グルジの教えの本質は、ヨガです、プラーナです、自己の探求です、そして、これこそがヨガの、アシュタンガヨガの大いなるパラドクスです。初めて見た時は、アーサナがすべて、動き回ることがすべて、こんなことやあんなことをする、それがすべてだと思うでしょう。しかし、デヴィッド・ウィリアムスは、本来のヨガは目に見えないものである、というパラドクスだと言っています。表面的なものの下にあるもので、心の奥で起こるもの、自分の呼吸やエネルギーの中で起こるものです。

　アーサナをやっているというだけで、アシュタンガヨガや他のシステムのヨガをやっているというだけで、絶対に病気にならないということではありません。人間関係や恋愛や金銭やあらゆることで、問題や困難が起こらないということではありません。そのような問題は起こります。しかし、ツールとしてこのヨガをやることで、いくらかの強さが身につきます。うまくいけば、このツールを正しく使うことで、違ったやり方で問題に対処することができます。ヨガのお陰で自分の周りに泡やフィルタのようなものができるので、人生で何か問題が起こっても、以前のようにその問題に直撃されなくなります。

　グルジは、世界のあらゆる聖典に書かれたことに全力を注いできており、ヨガに関する偉大な書物やヴェーダの文献が頭の中に入っていました。サンスクリット大学で何十年もサンスクリット語を教えていました。とても簡単な英語しか話しませんでしたが、グルジの英語は私のカンナダ語（グルジの母国語）よりもはるかにましでした。私たちは全員カンナダ語が苦手で、英語でしかコミュニケーションできませんでした。だから、グルジはとても簡単な言葉、ほんの数単語ですべてを伝えなければなりませんでしたが、これもグルジの素晴らしい才能の一部だと思います。デモンストレーションをすることもなく、英語や他の言語が達者なわけでもないのに、世界中の多くの人を鼓舞し、ヨガの本質や知識を伝えられたのは驚きです。


――グルジはいつも「九十九％プラクティス、一％セオリー」と言っていましたが、このセオリーは何だと理解していますか？

セオリーとは、一日のうちマットの上でヨガをやっていない時間に何をするかだと思います。セオリーが、一日の残りの部分の一挙一動が織り込まれていない織物だとしたら、役に立ちません。役に立たないセオリーはただの頭の体操です。ですから、セオリーは自分の選択によって決まります。驚くようなアーサナができる人にも色々な人がいるので、意地悪な人や、嫌な奴もいるかもしれません。体は本当に柔軟かもしれませんが、だからと言って、その人がヨギーだということにはなりません。

つまり、哲学というのは何を選択するかということです。一％のセオリーとは何ですか？　マハトマ・ガンジーのこんな話を知っているでしょうか。ある人が、ガンジーに「あなたの宗教は何ですか？」と聞いたところ、「私についてきなさい。私と一緒に二週間過ごせばわかります」と答えました。言葉だけではなく、自分の行動すべてなのです。どんなふうに歩くか？　どんなふうに眠るか？　どんなふうに他人と関わるか？　どんなふうに自分の生徒と関わるか？　どんなふうに自分の嫌いな人と関わるか？　誰かの些細な行動すべてを観察すれば、その人が一％をどのように認識しているか理解できます。アシュタンガヨガがアーサナだけだったら、大事なことを見逃していたでしょう。五体満足で、強くて健康な肉体を持つ、選ばれし者だけのプログラムになっていた危険性があります。

一九七七年、私が初めてマイソールに来た時、グルジが四肢麻痺の少年にヨガを教えているのを見ました。少年の家族は、グルジのヨガシャラに少年を連れてきて、床に横たわらせました。グルジは少年の横に立って、彼の体を起こして、うまく操り、ヨガのポーズを取らせ、「呼吸をして。一、二……」と言って少年に呼吸をさせました。それから、少年に別のポーズを取らせました。グルジは、君にはヨガはできないとは言いませんでした。

ですから、私たちは身体的なことでヨガを制限しないように気をつけなければなりません。「どのようにヨガを活用するのか？」というのもまたセオリーになります。私の好きなヨギーの定義に、ヨギーというのは自分のいた場所を以前より良くしていく人のこと、というのがあります。つまり、「自分の存在によって世界はより良くなっているか？」とそれぞれが自問することと言えます。どんなにヨガのアーサナができても、それ以外の面で人生が悲惨だったら意味がないですよね？

――グルジは理想の人生を体現していると思いますか？

生徒は、先生とシステムは切り離して見なければいけません。先生のやるべきことは、生徒を練習に向き合わせることです。練習自体が本当の先生です。完璧な人間はいません。もしくは、ありのままの自分でいるという点においては誰もが完璧です。グルジの今世での目的はとても明確です。アシュタンガヨガを世界的に広めること、世界中の何十万という人にこのヨガを実践してもらうことです。グルジはアメリカの開拓者ジョニー・アップルシードみたいです。

グルジは、小さな部屋ひとつで何十年も教えてきました。今みたいに何百人、何千人という生徒がマイソールに来ても、たとえほんの少ししか生徒がいなくても、アシュタンガヨガを教え、それに専念するでしょう。つまり、グルジは、自分の目的のために人生を送るということを体現しています。

自分がやるべきことをやってきました。今では、それは私たちのやるべきことです。これから何をするのか？　このヨガの体現者となるのか？　今ヨガを通して何ができるのか？という疑問の答えは人によって違います。グルジは自分のやるべきことをしてきました。アシュタンガヨガを私たちに与え、自分が知っていることをすべて教えてくれました。これからは、「このヨガをどのように使って、身の周りの世界をより良くすることができるのか？」私たちがそれぞれに決めなければなりません。

マイソールに来て、あらゆるものから離れ、自分の練習に集中する時間を持つのは素晴らしいことですが、ある程度まで来たら、自分がここで学んだものを、どんなものでもいいので持ち帰って、この世界の生産的な一員とならなければなりません。私がずっとマイソールに留まっていないのもそういう考えがあるからです。先生に最上級の敬意を払うというのは、その教えを引き継いで、外に出て教え、ポジティブなことをすることだと思います。大げさなことである必要はありません。良い親になることや、良い自動車修理工になることでもいいです。私はこれこそがグルジが私たちにもたらしてくれたもの、体現していた目的だと思います。

——アシュタンガヨガのシステムは、グルジが自分の先生から学んだものだと思いますか？　それとも一緒につくり上げたもの、もしくはグルジが探求したものだと思いますか？

史実にもとづいた参考文献がないので、大昔から知識が受け継がれてきた方法である、口伝によってでしかわかりません。『ヨーガ・コルンタ』には、クリシュナマチャリアとパッタビ・ジョイスがヴァマナ・リシのこの本をどのように見つけたのか、ヴァマナ・リシが「ヨギーよ、ヴィンヤサなしでアーサナの練習をしてはいけない」と言った（動きと呼吸を連動させた現在のシステム全体の記述）など、色々な話があります。

グルジは「私は自分の先生から学んだことを教えているだけ。クリシュナマチャリアが私に教えたものを教えている。このヨガのメソッドが五千年前のものか、五年前のものか、それが本当に大事なことですか？」と言いました。あらゆるヨガのシステムは、効果があるかどうかということで試されます。あなたの人生や生活の役に立っているかということです。役に立っていなければ、別のことをしなさい。たくさんある中から他のヨガを選べばいいのです。人生はあまりにも短い。役に立っているなら、それをやり続けなさい。

私は、グルジは自分の先生から学んだことを教えていると信じています。では、クリシュナマチャリアはどこでそれを学んだのか？　本から学んだのか？　北インドのグルカ兵から学んだのか？　青少年のための体操だったのか？　私は、それに関して様々な異なるセオリーや哲学を聞きました。でもどうでもいいことです。練習して、それで気分が良くなるなら、次の日もまたそれをやればいいのです。

――家庭や社会との融合はどれくらい重要だと思いますか？

私はずっと、偉大なヨギーというのはそのようなことに頭を悩まされずに人生を歩いていける人だと思っていました。つまり、子供をサッカーの試合に連れて行き、仕事をして、家賃を払い、家族のためにやらなければならないことすべてを、ヨギーとしてやることができるか?ということです。ヨギーにも色々います。人里離れた洞窟の中に住んでいるヨギーもいます。しかし、偉大なヨギーとは、日常生活や社会に心を乱されずに、うまく融合していける人だと思います。ヨギーな公認会計士や、ヨギーな政治家や、ヨギーなピアノ奏者として生きることができれば、社会と完全に隔絶している人よりも素晴らしいと思います。ヨガの恩恵の一面を表しています。ですが、どちらもありだと思います。

――マイソールにいる時に、グルジやシャラをサポートするアンマの存在はどれくらい重要だと感じましたか?

アンマは輝く光でした。アンマについて誰に聞いても、最初に出てくるのは、アンマは笑っていた、明るい光だったということでしょう。アンマは間違ったことを正すために、いつも後ろの方に座っていました。信じられないような存在感でした。子供のようでもあり、同時に本物の仏様のようでもありました。後ろに座ってグルジのことを見ていて、グルジが話をすると時々一言二言何か言いました。そうすると、グルジは自分の発言の方向性を変えたものです。私たちが「グルジ、来年はアメリカに来ますか?」と聞くと、「アンマに聞いて」とグルジは言いました。アンマは驚くほど博識で、思いやりのある、愛情溢れた、アンマの名前通り、私たち全員のお母さんのようでした。アンマの存在からは温かさや思いやりや愛を感じました。

――グルジの教えは、どのように子供や孫たちに伝えられたと思いますか?

グルジの教えは、確かにサラスワティ、マンジュ、シャラート、シャミーラに伝えられています。グルジの家系は強く、全員がヨガを教えており、グルジの教えが伝えられています。興味深いのは、血の繋がった家族の他に、生徒というもうひとつの面があることです。家族と生徒は間違いなく違うものですが、ヨガに関して言えば、何十年もこのヨガをやり続け、グルジの元で学んだ世界中の人たちも、グルジの素晴らしい家族のようなものだと思います。

――毎日毎日、二十年も三十年も続けている日々の練習の価値とはどのようなものですか? それによって生まれる内面的な資質は何でしょう?

まず最初に、実際には毎日の練習ではありません。アシュタンガヨガのメソッドでは日常的に練習はしますが、週七日間ではありません。アシュタンガヨガは平均して週五日間です。ムーンデーと土曜日が休みなので、月に大体六日間休みになります。また、常に祝祭日もあります。インドにいると特に、牛の日など何かしらお祭りの日がありますし、女性には〝レディース・ホリデー〟もありますから、厳密に毎日練習をすることはありません。最低でも週一日は休みを取らなければならず、週二日になることもあります。

家の中の観葉植物みたいなものです。定期的に手入れをしていれば、より確かな反応があります。健康で強い光があれば、このような規律によってより強く成長します。錬金術師は「繰り返すことで嫌でも魔法が生まれる」と言います。アリストテレスは「練習は最強の先生である」と言っています。繰り返すことを通してしか、深い理解は得られません。バイオリンが弾けるようになりたいなら、これからずっとひたすら練習をしていけば上達していきます。他の楽器を弾いてはいけないという意味ではありません。アシュタンガヨガしか練習してはいけないのではなく、自分について知るという同じゴールを目指していれば、違うシステムのヨガを練習してもいいのです。

定期的な練習から得られるメリットは強さでしょう。しかし、健康上の理由や失意など、何かしらの理由で練習から離れたとしてもいいのです。後ろめたく思う必要はありません。また戻ってきて始めればいいのです。二十分の練習を週二回しかできなくても、それも素晴らしいことです。続けてください。これからもずっと九十分の練習を週六日できるなんて人はごくわずかです。しかし「十五〜二十分なら取れます。月、水、金は練習ができます」と言う人は多いでしょう。素晴らしいです。そうしてください。

グルジも、毎日の最低限の練習は、スーリヤナマスカーラA、スーリヤナマスカーラB、それとフィニッシングの最後の三つのポーズだと言っていました。つまり、これだけでも恩恵が受けられるということです。車椅子の生活になったとしても、体のどこかの部分を動かすことができれば、そこを動かしながら呼吸をすればよいのです。

——グルジによると、ヨガの究極の目的は何だと思いますか？

自己認識、神との関係を理解すること、そしてその認識はそれぞれの信仰によって変わってくると思います。ヨガは宗教ではありません。ヒンドゥー教徒も、イスラム教徒も、ユダヤ教徒も、キリスト教徒も、無神論者もヨガを練習することができます。ヨガの練習のために何かを誓う必要はありません。システム自体が個人の成長を促します。

ヨガのおもしろいところは、万能なツールというところです。人によっては、フィットネスのプログラムかもしれません。何も間違っていませんが、それは目に見えている表面的な部分だけです。氷山のように表に出ていない部分がすごいのです。見えている部分は氷山の一角に過ぎません。水面下の他の部分は、あなたがそこに飛び込んで、そこから吸収するのを待っています。しかし、それは何がしたいのかというそれぞれの個人的な選択によります。果実のように、もがれるのを待っているのです。その果実はもちろん練習から生まれます。

——その果実はそんなに簡単に手に入りませんよね。私は、あなたの道徳的で個人的な教えは、努力した経験から得られたものだと思います。

人生において、素晴らしく価値のあるもので簡単に手に入るものなんてありますか？　恋愛だって人間関係だって、素晴らしいけど簡単じゃありませんよね？　つまり、いくらかの努力は間違いなく必要だということです。しかし、ここに別の問題、ヨガのパラドクスがあると思います。ヨギーは怠け者ではいけないということです。仕事でも、恋愛でも、マットの上の練習でも、どんなことでも、何かを起こすためにできることはすべてやるという、十分な努力をしなければなりません。ただし、ヨガをするということは、最後はその結果に執着せず手放していくということです。成功してもしなくてもやるべきことをやる、できることはすべてやります。そして手放すのです。

——ヨガを教えることと、ヨガの練習をすることの関係についてはどう思いますか？

素晴らしい練習をしているからといって、その人が素晴らしい先生になるとは限りません。マイケル・ジョーダンは偉大なバスケットボール選手でしたが、コーチにはなっていません。練習で人一倍悩んだり、困難にぶつかったりした人は、乗り越えるために多くのことをやらなければならないので、深い知識と思いやりのある先生になることが多いです。また、力強い練習をしている人が、良い先生になれないということではありませんが、イコールではありません。

——もう少し教える事自体について伺いたいです。教えることも練習のうちでしょうか？　グルジはアーサナの練習は今はもうやっていませんが、グルジが偉大なヨギーであることは誰もが知

っています。教えることも練習になっていたのでしょうか？

できるだけ長い間、何らかの練習はしなければなりません。練習をせずに教えていると枯渇してしまいます。言うことがなくなり、ただの仕事になってしまうのです。私たちは練習を通してある種の活力を得ますが、まず練習とは何かを定義しなければなりません。太陽礼拝をやるだけが練習ですか？　アーサナの練習以外の時間も練習ですか？　私はやる意味があると思っている限りは、アーサナの練習をします。しかし、アーサナの練習だけがヨガだとは思っていません。

ここでまた、すべてがパラドクスのように戻っていきますが、練習をせずに、ヨガに関する深い理解を得ることは難しいです。デヴィッド・ウィリアムスは、練習する前のセオリーは役に立たない、練習の後のセオリーはよくわかると言っています。洞察を得るには練習しなければなりません。教え続けるにしても、何かしらの練習はしなければなりません。さもなければ、ただの仕事になってしまい、悲惨なことになります。練習を通して洞察と知識を得て、活力をチャージすることができます。年を取るにつれて、グルジの練習と実践は、プージャなどが関わって複雑になっています。「どれくらい練習しますか？」と聞かれたら、「まずは練習とは何かを定義しないとね」と言うでしょう。アーサナの練習は、自分の体に有効な限りはやり続けます。練習をすると気分が良いので、今は私にはアーサナの練習は有効だとわかります。

――ヨガの練習における呼吸の役割についてはどう思いますか？

人生における呼吸の役割と同じで、一番大事なものです。呼吸せずに一日過ごそうとしてみてください。生まれて最初にするのは息を吸うことで、死ぬ間際にするのは息を吐くことです。死から一息のところにいるのをヨギーは理解していたので、プラーナヤーマのシステム全体をつくりました。ウジャイー呼吸では呼吸を共鳴させるので、呼吸に意識を戻すことで継続的に瞑想状態になれます。呼吸と連動せずにアーサナの練習をしたら、体操になってしまいます。体操が悪いわけではありませんが、ヨガではありません。呼吸がヨガでは一番大事なことです。

——食事についてはどうですか？

食事は各個人の選択です。ヨガの練習を始めると、食事により自覚的になり、何を食べるかによって体の感覚が変わります。食生活について誰かに教わるというより、ただわかるようになります。体を捻《ひね》るポーズをしようとした時に「ああ！」とわかる感じです。食べたものを感じるのです。ですから、私は具体的に食べなければならないものを人に言ったりはしません。何を食べるかという選択肢も進化するものです。

——痛みはどのような役割を果たしていると思いますか？

行き過ぎたことを知らせるのが、痛みの役割だと思います。痛みの声は聞かなければなりません。例えば、車の運転をしていたとして、後輪がカタカタと音を出し始めたら「あれ、何かおかしいな。どうしたんだろう」と思います。さらに加速すると、音がガタガタガタと大きくなりました。「おかしいな、ラジオをつけた方がいいのかもしれない。ああ、まだ聞こえる。ボリュームをもう少し大きくした方がいいのかな」と思っていると、ある日タイヤが外れてしまいました。「うわ、何が起こったんだ？」

つまり、膝に痛みがある時は、膝が「デヴィッド、僕は君の右膝だけど、ちょっと違和感があるよ。君も知っておいた方がいいと思ってね」と言っているようなものです。「おお、それはいいね！パドマーサナで座らなきゃ」「デヴィッド、最初に言ったことを聞いてないんだね。いたっ！いたた！」「変だな。もう少し練習をした方がいいのかな。鎮痛剤を飲む量を増やして、もっと練習しよう」「痛い痛い痛い！！！」……膝は壊れてしまいました。どうしてこんなことになったのでしょう？

痛みは警告のサインです。行き過ぎていると教えてくれているのです。アシュタンガヨガには八つの枝しかなく、その中には痛みや怪我はありません。怪我をしたり、体を痛めたりした人は、何か間違ったことをしたのです。練習の仕方を変えなければなりません。

――メッセージを受け取るのにどうしてそんなに時間がかかるのでしょう？

人が学ぶ方法は様々です。私とあなたの間の、ここの床の上に火があったとして、あなたが私に

「デヴィッド、火の中に手を突っ込んだら火傷してしまうよ。手を怪我するよ」と言ったとします。私は「教えてくれてありがとう。火の中に手を突っ込まないよ」と言います。私はただ受け取ったメッセージに耳を傾ければいいのです。しかし、人がこのように素直に行動することは非常にまれです。「デヴィッド、火の中に手を突っ込んだら火傷をするよ」と言う人が他にもいたとして、私が「ほんとに？　君の言うことは信じられないな」と言ったとします。すると、その人が歩いて行って、手を火の中に突っ込み「熱っ！」と言います。そこで「ああ、本当に怪我をするんだな。火の中に手を突っ込まないようにしよう」と言うと思います。メッセージは聞かなければならないし、他の人に起こったことと、そこから受け取ったメッセージも見なければなりません。

もっと変わった人もいます。また別の人が「デヴィッド、火の中に手を突っ込んだら火傷するよ」と言って、火の中に手を突っ込んで「熱っ！」となったとします。それを見て「なるほど、あの人は火で手を火傷したけど、私は火傷しないかもしれない」と思ったとします。それで私は自分の手を火に突っ込み「熱っ！　火でほんとに火傷した！」となります。メッセージは聞かなければならないし、人に起こったことも見なければならないし、それを信じなければなりません。

四番目の愛すべき人もいます。その人が「向こうに火があるの見える？　そこに手を突っ込んでみて、火傷するから」言うので、私が「ほんとに？　信じられないな」と言ったら、その人は歩いて行って、自分の手を火に突っ込み「熱っ！」となります。「火傷したみたいだけど、自分は火傷しないだろう」と私も手を突っ込んだら「熱っ！　ほんとに火傷した。手を横にして突っ込んでみたらどうなるかな？　熱っ！　うわ、ほんとに火傷したよ。三度回って火に突っ込んだらどうなるかな？　痛っ！　ヘッドスタンドした状態で手を突っ込んだら？　痛っ！　今何時？　明日は違う時間にやってみよう。痛っっ！」これを何千回と繰り返して、火の中に手を突っ込み続けて、やっと「痛っ！　わかった、火は火傷するんだ」とわかります。

私たちは全員学び方が違います。しかし、ありがたいことにメッセージを受け取ってさえいれば、ここに出てきた一人目でも、二人目でも、三人目でも、四人目でも違いはありません。

――ほとんどの人は学ぶのが遅いと。

その通りです。

――もし「やってはいけない」と言ったらどうなると思いますか？

親に「アイスクリーム食べちゃダメだよ」と言われて、アイスクリームを食べない子供がどれだけいるでしょう？　子供はアイスクリームを食べようとします。私が言いたいこと、わかりますよね？　私は、マクロビをやっている人で、子供に茶色いサンドウィッチを持たせて学校に行かせ、テレビも白砂糖もダメと言っている親を知っています。その人の子供たちは、夜中ドーナツやアイスクリームを食べるために窓から抜け出して、今でもブロッコリーを食べようとしません。先生の仕事は、どんな人に対してでも知識を与えることです。先人は、その道の先にあるものを教えることはできますが、全員がそれに耳を傾けるわけではありません。

――バンダについて教えてください。

まず最初に、バンダはかなり理解しにくいものです。バンダは強い腹部の筋肉を指しているという誤解があります。腹筋が割れている人もバンダについてわかっていないことが多いです。ジャンプスルーができるからと言って、バンダが使えているとは限りません。バンダについて理解していても、ジャンプスルーができない人もいます。

バンダというのはエネルギーの使い方です。私のバンダのイメージは、ロック（鍵）というよりもバルブ（弁）の方が近いです。ドアに鍵をかけたら誰も出入りできません。バルブは、心臓が鼓動し血液を流す循環系では、流れ出た血液の逆流を防ぐものです。バルブはエネルギーを一方向に流し、逆行させません。したがって、体の特定の場所で、エネルギーを促進し、引き上げます。エネルギーが落ちそうになると、ドアを閉め、バルブはさらにエネルギーを押し上げ続けます。一言で言えばこういうことです。

もっと言えば、『ムーラ・バンダ――マスターキー（Moola Bandha: The Master Key）』という、百四十ページにわたってムーラ・バンダについてだけ語った本があります。バンダは練習から生まれる繊細な力です。最初はアーサナに関してだけですが、ドリシティ、呼吸、バンダという練習の内的側面によって、真に純粋なものが生まれます。

――このヨガという旅を通してわかったこと、感謝していることなどがありますか？

私は毎日アシュタンガヨガの練習をする機会があることに感謝しています。マットの上に立ち、この道を歩いてきた先生たちに感謝しています。兄には、ヨガというものを教えてくれたことに感謝しています。両親には、ヨガのアーサナすら知らないのに、私にとても思いやりと愛情をもって、心を開いて接してくれたことに感謝しています。デヴィッド・ウィリアムスとナンシー・ギルゴフには、アシュタンガヨガのシステムとグルジに出会わせてくれたことに感謝しています。グルジには、マイソールの素朴な小さな部屋で、六十年間も生徒のいない時もヨガを続けてくれたことに感謝していきます。グルジの家族全員にも感謝しています。このヨガの道を歩み、今日まで続けてきたすべての人に感謝しています。すべての瞬間に感謝の気持ちでいっぱいです。

人生は不確かで壊れやすく、これまで自分ができていたことを見て、すぐに落ち込んでしまいます。昔はこれができたのに、あれができたのに、今はこれができない、あれもできない！　それが人間というものですが、少し違う角度から見るだけで、感謝する気持ちがたくさんあることに気づきます。ヨガだけでなく、日々の生活や人生からも感謝する気持ちを学ぶことはできます。私の人生における一番大きな感謝は、妻の存在です。ヨガはツールです。ヨガだけに感謝しているのではなく、ヨガが他のあらゆるものを支えてくれています。あらゆるものの中に織り込まれているのです。

——他に何か言いたいことはありますか？

一番シンプルな言葉で、私にできる最高のアドバイスをするとしたら「自分のヨガの練習を楽しんで」です。何かを楽しんでいたら、次の日もそれをやりたいと思います。どうやって楽しむのか？アーサナの定義をしてみましょう。私が好きなアーサナの定義は「楽にできる体勢」です。練習を進めましょう、一生練習です。自分の呼吸に集中し、アーサナができるかどうかは気にしないで。アーサナができなくて、打ちのめされた気分になったら、練習を変えてください。システムが悪いという意味ではありません。ツールの使い方を変える、一生かけてこれを続けていく方法を模索するということです。自分の人生を楽しんで。がんばってヨギーになりましょう。つまり、自分の存在によって世界を少しでも良くしましょう。

二〇〇九年　マイソール

リッキー・ハイメン

Ricky Heiman

リッキー・ハイメンは、一九七九年にハワイでグルジに出会い、グルジの元で学ぶために何度もマイソールに行った。リッキーはマウイ島に住み、アシュタンガヨガを教え、グルジを何度も自宅に泊めるという栄誉を得た。

――どのようにしてグルジと出会ったのですか？

一九七九年に初めてパッタビ・ジョイスと会いました。それは本当に偶然でした。私はマウイ島南部のキヘイにいて、グルジはそこのフルーツスタンドで、アンマと一緒に車の後部座席に乗っていました。私はその車を運転していた人と知り合いで、その人がグルジに会ってみないかと言いました。それで、窓から車の中をのぞきこむと、これまで会ったことがないくらい優しい二人がいました。すぐに二人の愛情と温かさに引き込まれました。二人が自分の祖父母みたいな感じがしました。まさにそこから始まりました。

――グルジの印象はどうでしたか？

出会ってすぐに、ずっと知っていた人のような気がしました。誰かに出会った時に、その人の温かさを感じることがありますよね？　すぐに自然とグルジに惹かれたのです。グルジからヨガを学ぼうと思っていたわけではありませんでしたが、人としてグルジのことがすぐに好きになりました。私には何の前知識もなく、グルジを誰かと比べることもなく、グルジのことを何も知らず、まっさらな状態での出会いでした。

――すぐにグルジのところに行ってヨガを学んだのですか？

その時グルジは初めてマウイ島に来ていて、島の反対側のパイアという場所でワークショップをしていたので、翌日、私はそのワークショップを見に行きました。六十～七十人の人が、そんなに汗をかいている人はこれまで見たことがないというくらい汗をかいていて衝撃的でした。グルジは部屋中を飛び回って、みんなの練習を手助けしていました。私にはそれがパーティーのように見えたのです。後になってわかったことですが、それはパーティーどころか大変な仕事でした。

――どうしてグルジのところで練習をしようと思ったのでしょう？

練習風景を見た時に、これは自分のためのものだとわかりました。私には本当にヨガが必要でした。三十九〜四十歳になった頃で、ひどい腰痛持ちで、何となく直感的にそこに行ったのです。そうして良かったといつも思います。

――先生としてのグルジとの経験はどのようなものでしたか？

先生としてのグルジとの最初の体験は信じられないものでした。グルジは私にとても優しかったです。マットの上に立つとすぐに、グルジは私が何者か、私に何が必要なのかわかっていると思いました。腰痛のせいで恐怖心があることもグルジはわかっていました。かなり迫力のある表現の仕方で、最初のいくつかのポーズをやりながら、グルジは私の目を見て「怖くない！」と言いました。その考え方を理解し身を任せるのは、もちろん半分闘いのようなものでした。私はすぐにインドに行って学びたいと思いました。

――それでグルジの元で学び続けたと？

手短に言うとそうです。グルジはマウイ島には短期間しかいませんでした。実際には、グルジから直接学んだ素晴らしい先生たちの元で、私は学びました。その先生たちと練習するのも楽しかったです。

――どのようにしてマイソールに行ったのですか？

ある日、練習中にグルジが私のところに来ました。足を引き上げて横に持っていくスタンディングのポーズ（ウッティタ・ハスタ・パダングシュターサナ）の名前を思い出そうとしていたら、グルジが「マイソールに来なさい！（このポーズを）直すのに三カ月かかる」と言ったのです。その数週間後には飛行機に乗って、初めてマイソールに行き、六カ月滞在しました。私はマイソールが大好きで、グルジとグルジの家族とそこにいるのも大好きでした。マイソールがまだとても静かな時代です。マイソールがとても楽しくて、移住しようかと思うほど好きで、毎年毎年戻って行きました。残念ながら、グルジは「リッキーはいい人だね。来世では、恵まれた体でありますように！」と言います。私は今でも初心者みたいなものですが、アシュタンガヨガも、練習をするのも大好きです。

――マイソールのヨガシャラについて説明してもらえますか？

初めてインドに行った時、私はかなり怖かったです。ご存じのように、たどり着くまで長い道のりなので、すぐにグルジの家に行きました。ちょうどお昼頃でした。慎ましやかな家までの道を見つけると、グルジの家族は私を家の中に入れ、食事をさせてくれ、泊めてくれて、裏のヨガシャラに連れて行ってくれました。小さな部屋でした。かなり昔のことなのであまり覚えていません。二十年くらい前だったと思います。我が家にいるような感じがしました。マイソールで、家族と一緒にいる感じがしました。私は大事な仕事をするためにそこにいるのだとわかりました。深刻な怪我をしていたのです。

――シャラの雰囲気はどうでしたか?

私が行き始めた頃は、シャラの部屋の中はとても静かでした。生徒はたくさんおらず、一度に三～四人でした。グルジといると、その部屋には自分しかいないのではないかと思うような親密な関係を感じて、(他に行われていることに) 注意が逸れることもありません。その後の数年間で、他の生徒のエネルギーに圧倒されるようになりました。私はそんなに一生懸命練習したことも、汗をかいたこともなかったのですが、なぜかわかりませんが、他のどこよりも深く練習をすることができました。

――インド人の生徒はいましたか?

西洋人のクラスにインド人の生徒はいませんでした。インド人の生徒は、朝四時半～六時頃のもっと早い時間に来ていました。私たちは六時半頃から来はじめて、八時半から九時半を過ぎるくらいまでいました。

――グルジがどのように教えていたのか教えてください。

私がこれまで受け取った一番真摯なメッセージだと言えます。グルジとそこにいると、グルジが自分の心や魂を込めて指導をしているのがわかります。だから、こちらも同じものを返したいと思うのです。長年の間に、英語からバスケットボールまで様々なタイプの先生と出会いましたし、もちろん中には素晴らしい先生もいました。しかし、グルジほど教えることが好きな先生には会ったことがありません。私には、教えている時のグルジは本当に若く見えます。ヨガの部屋の中では別人です。部屋の外では、素晴らしい家庭人で、その組み合わせに参ってしまいました。私にとって、グルジは偉人の一人です。

――先生としてのグルジを表すような出来事はありますか？

グルジは教える時に、どんなかたちであれ怠けることはありません。毎日すべてのクラスに、同等もしくはそれ以上のエネルギーを注ぎます。私は進歩が遅いので、二十人分疲れさせていると思います。この練習を学んで健康になって欲しいという一貫した思いと本物の愛だと思います。マイソールに行ったり来たりを四年ほど続けて、ようやくロータス（蓮華座）が組めました。その日のことは覚えています。グルジは私の前に座って、ロータスを組ませてくれました。クラス全体を止めて、喜んで涙が出るほど笑い始めました。ロータスを組んでいる私を見て、グルジの方が私以上に興奮したのだと思います。これはほんの一例です。そこにいれば毎日こんなことが起こります。その生徒にとって難しいポーズがあれば、グルジはそれを忘れず、生徒が嫌がってもできるように毎回やらせます。勤勉さや自制心、練習への愛と共にある粘り強さが、グルジを特徴づけています。

――スピリチュアルな先生としてのグルジをどのようにご覧になっていますか？

スピリチュアルな練習に関しては、グルジ自身が手本となるような先生です。グルジ自身が「九十九％プラクティス、一％セオリー」です。これは、何年も語り継がれるであろうグルジの名言のひとつです。グルジが教室の外で、家族の愛の中で、そして人生を生きる上で実践していることで、グルジの簡潔さと宗教的な信仰のあり方を表す言葉だと思います。それが私の惹かれるところでもあります。

――グルジにとって家族はどれくらい大事だと思いますか？　特にアンマはどのような役割を担っていたのでしょう？

家族はグルジのすべてでした。グルジとアンマが結婚したのは、グルジが二十歳、アンマが十四歳の時だったと思います。二人共まだ子供だったわけです。二人で美しい家族を持ち、良いことも悪いことも、胸が張り裂けるような悲しみも、喜びも、誰もがするようなあらゆる経験をしてきました。

グルジとアンマが互いを愛する気持ちも、子供や孫を愛する気持ちもとても深いものです。グルジの生徒に対する愛、私に対する愛も同じようなものです。一度愛情をかけたら、家族と同じようにグルジは愛します。その愛は少し手荒いこともありますが、愛情なのです。本当に驚かされます。すごいことです。

――グルジをゲストとして迎えるのはどうでしたか？

私のマウイ島の家にグルジをゲストとして迎えたことが三～四回あります。二十八年以上そこに住んで、何百人ものゲストを迎え、みなさんとても素敵な人たちでした。グルジは一番腰が低くて楽なゲストでした。グルジは決して不満を言いません。グルジみたいに優しくて、素敵で、一緒にいて気楽な人は会ったことがありません。クラス以外の時間をグルジとたくさん過ごすことができたのは、本当に光栄なことだと感じています。もちろん、クラスの中でも、誰もがそれぞれに違った、独自のグルジとの経験をしていると思います。

――海外ではグルジは何をしたがりましたか？

グルジがカリフォルニアのエンシニータスに数カ月滞在している時に、グルジをディズニーランドに連れて行った時のことです。グルジは帰ろうとしませんでした。すべての乗り物に乗りたがりました。私が目が回って気持ち悪くなるから乗れなかったものにも、グルジは乗りました。行列に我慢強く並ぶのです。グルジの生きることへの熱意は、信じられないほどすごいです。まったく素晴らしいお手本です。

――アシュタンガヨガがこんなにも西洋人を惹きつけたのはなぜだと思いますか？

グルジが教えているアシュタンガヨガの（アーサナの）システムや、いわゆるアシュタンガヨガと呼ばれるもの（私にとってはすべてアシュタンガヨガですが）は、とてもエネルギッシュな人を惹きつけます。とても活動的で精力的な人を惹きつけるのだと思います。グルジは精神科医のようです。グルジは、マットの上に立つとすぐにその人のことがわかります。このアシュタンガヨガの形式を用いて、ファースト・シリーズでもセカンド・シリーズでもサード・シリーズでも関係なく、その人の一番弱いところに働きかけます。とても刺激のある形式であり、シークエンスはとても見事な創作物のようです。何年もたくさんの人を見てきましたが、身体的に恵まれていようがいまいが、とても役に立ちます。

――グルジのことをヒーラーだと思いますか？

もちろん、間違いなく。どのような種類のヒーラーについて聞かれているのかわかりませんが、ヨガは体と心を結びつけると言われていますので、グルジは体と心の平穏をもたらしてくれると思います。また、グルジは毎日教えながら自分自身を癒やしていると思います。こんなに教えるのが好きな人を見たことがありません。

——グルジに関するお気に入りのエピソードを教えてください。

そうですね、こういう言い方をしていいのかわかりませんし、適切な言葉ではないかもしれませんが、グルジが最後にマウイ島に来た時、午後何人かが家に来て、ただおしゃべりをしていたことがあったんです。若い女性が来て、今の世界はこんな感じで、それが人を殺しているとか何とか、この世の間違ったことについて話し始めたのを覚えています。グルジはとても何気なく「この世のことは神様に任せて、あなたは自分のケツの穴の心配をしなさい」と彼女に言いました。本当に最高でした。どんなふうに言えばいいのかわかりませんが、多分「この世の心配は神様がするから、あなたは自分のムーラ・バンダの心配をしなさい」ということだと思います。私はグルジのこの言葉が大好きです。

あとは……他にもたくさんエピソードはあります。私がインドに行った最初の数年の間、確か一九八二年か八三年だったと思いますが、そんなにたくさんの生徒はいませんでした。グルジはいつも私たち生徒に夜ご飯を食べさせてくれて、色々なところに連れて行ってくれました。ある週末、グルジはバンを借りて、家族と一緒に美しい寺院に連れて行ってくれました。シャラートやシャミーラはまだ小さくて、サラスワティも一緒に来ました。とても楽しい思い出です。みんなとても親切で、ヨガを教えることに熱心で、日帰りの小旅行をするのも好きでした。わかると思いますが、土曜には私たちは疲れ切っていました。休みたいし、眠りたかったのです。どんなに練習が進んでいても、グルジは生徒が一人でできるよりも、少しだけ深いところまで練習を進めてくれました。たくさん話があり過ぎて尽きないですね。

――グルジが亡くなった後、アシュタンガヨガはどのように続いていくと思いますか?

グルジはアシュタンガヨガを定着させました。これからも長い間、おそらく永久に続くと思います。正統派と改良されたものがある宗教のように、異なるバリエーションで練習するようになると思います。しかし、このアシュタンガヨガの形式は、グルジが十分に基礎をつくり、今や本当に素晴らしく熱心な信頼できる先生が西洋に広めています。グルジの息子や娘がこの伝統を引き継いでいますし、孫のシャラートやシャミーラも教えはじめています。シャラートは素晴らしいやり方で伝統を引き継いでいくでしょう。

シャミーラには長い間会っていませんが、彼女が教えているのは知っています。シャミーラはとても意志が強い素晴らしい少女だったのを覚えています。素晴らしい先生にならないわけがありません。グルジやアンマと一緒に住み、ヨガシャラで育ったのです。私はマイソールに戻って、新しく建てられた家（とシャラ）を見られたらと思っています。ジョセフ・ダナム（652頁）が何度も足を運んで、時間と愛とエネルギーを注いだ家ですから、ワクワクします。本当に感謝しています。また彼にここマウイで会えるなんて思ってもみませんでしたが、彼は何度も来ています。

——グルジと孫たちの関係はどのようなものでしたか？

シャラートとシャミーラが幼い頃、彼らの父親は仕事が忙しくバンガロールにいました。父親が家にいる時は一緒に住んでいました（父親がいない時はグルジと一緒に住んでいた）。みんなにとって、グルジが父親で、アンマが母親のようなものでした。子供には指針が必要なので、今ではサラスワティも非常に厳しい親になりましたが、二人の人生にグルジが大きな影響と愛を与えていたのは間違いありません。クラスの後は大抵みんなでコーヒーを飲みに行き、みんなで子供たちと一緒に座りました。アンマはとても知的でした。アンマのことをよく知ることができたのは運が良かったと思います。アンマは、自分というものを持った素晴らしい人で、とても我慢強く、私たち西洋人とその考えを受け入れて進化し続けました。「マイペースでやりなさい（練習を進めるには）」と言っていました。アンマはあらゆるポーズをやろうとして、脚を頭の後ろにかけたりもしました。「ほら見て、私もできるのよ！」アンマは素晴らしい人でした。みんな素晴らしい、恵まれた家族です。

——アンマについてもう少し聞かせてください。

アンマはグルジがヨガを教える上でどのような役割を果たしていたか、というのはよく聞かれる質問です。もちろん、私がマイソールに行く前から、二人は何年も一緒にいました。アンマはすべてのポーズの名前を知っていたので、グルジは彼女にも同じく厳しい練習を課していたのでしょう。ですから、アンマはすべてを知っていたし、グルジとグルジがヨガを教えることに尽くしていたのです。私は二人で一人だったように思います。アンマはいつもヨガの部屋の隣りの部屋にいて、鍋を洗ったり、コーヒーを淹れたりしていたので、「あら、良い痛みね、良い痛み！」というアンマの声が聞こえたものです。アンマはみんなのことが大好きでした。それに、たいていの女性と同じように、アンマは家族のボスでした。グルジが素晴らしいのでアンマはいつも幸せでいられました。祖父母の家にいるみたいに、二人といるといつもとても幸せでした。

――他になにか言いたいことはありますか？

グルジのことで思い出す話がもう一つあります。一九八四年か八五年のことだったと思います。グルジが「今日は私と一緒に来なさい」と言って、アーサナをするのがとても上手い三〜四人の生徒を連れて、中学校と高校に行きました。グルジはちょっとした講義とデモンストレーションをしたのです。学校に着くと、学生でいっぱいで、千人くらいはいたと思います。私たちはグルジと一緒に演壇の上に座り、みんなとても緊張していました。グルジはカンナダ語で話をして、リア・ジョンソンという少女にファースト・シリーズのいくつかのポーズをデモンストレーションさせました。一時間半ほどの間、グルジは学生たちを爆笑させていました。何を言っていたのかわかりませんが、グルジも爆笑していました。グルジはこのようなことが大好きでした。もっと何日もそこにいたかったでしょうが、帰らなければなりませんでした。最初から最後までみんな同じ気分だったと思います。本当にずっとそこにいたくなるような出来事でした。

——あなたもデモンストレーションをやらされたのですか？

いいえ、私は良い見本ではありません。デモをやった少女は（アーサナをするのが）とても上手でした。あ、それともう一つ。エンシニータスでのことを思い出しました。ハンコック・パークにあるガンガとトレイシーのところで一晩だけクラスをするのに、みんなでロサンゼルスに行ったのです。とても大きな部屋で、そんなサイズの部屋でクラスをしたことがありませんでした。六時にクラスが始まって、九時にはクラスを終え、九時半には友だちと夕食を食べる予定でした。そこには八十人くらいの生徒がいたと思います。グルジはすべての生徒の練習を見るために、部屋全体を見て回っていたので、結局六時から十一時までそこにいることになりました。一番すごいと思ったことです。それから、三時間かけて車で戻り、翌朝七時半か八時くらいには起きてヨガを教えていました。信じられませんでした。いつもこんな出来事ばかりでした。ですから、グルジが来たらツアーに出ましょう！

二〇〇一年　マウイ島

サラスワティ・ランガスワミー

Saraswathi Rangaswamy

グルジの娘サラスワティは一九四一年に生まれ、十歳から二十二歳まで父であるグルジと共に日々練習をしてきた。一九七一年からは指導も続けており、母アンマが亡くなった一九九七年から二〇〇九年まではグルジの世話もしてきた。彼女の子供シャラートとシャミーラもヨガの先生になった。

——あなたはマイソールで生まれ育っていますが、何か特別な思い出や心に残っている瞬間などありますか？

私はマイソールが大好きです。ここで生まれ、ここで育ちました。結婚した後の数年間は、コルカタで働いていた夫のランガスワミーと暮らしました。しかし、シャラートを妊娠した時にマイソールに帰ってきて、その後はどこにも行っていません。

学校では、毎日ヨガの練習をしていました。十四歳の時に、学校行事でアドバンスト・シリーズのガンダ・ベールンダーサナをやったら、校長先生に「やめなさい、悪いことが起こるかもしれない」

と言われました。でも、私は気にしませんでした。とても楽しかったし、とても体が柔らかかったのです。高校ではスポーツをするのが好きでした。たくさんの賞をもらいました。ナヴァラトリのお祭り（女神を崇拝する九晩続く祭り）で、マイソールのパレードでマハラジャに行くのにも選ばれました。マハラジャが象の上の黄金の椅子に座っていたのを覚えています。特別な思い出です。

父は、色々なところでヨガの講義をする時に、私を連れて行ってくれました。アーサナの具体的な効能を説明する時に、私がそのアーサナのデモンストレーションをするのです。例えば、父が「クールマーサナ」と言ったら、それをやって見せます。父は太っていて、八十キロくらいありましたが、私の背中の上に立ち、それから講義を始め、アーサナの効能について説明をします。多分、私の背中の上で一時間くらい話していたと思います。母は父に「そんなに長く話さないで」と言っていました。すると父は「たったの五分、それだけだよ」と言っていましたが、現場に行くとまた同じように一時間話しました。それで怪我をしたことはありません。私はとても小柄で、たくさんの人に見られるのがうれしかったです。

――子供の頃とマイソールはどのように変わりましたか？　西洋の影響が強くなっていますか？

昔は、そんなに人がたくさんいませんでした。マイソールは人が良くて、とても美しい場所でした。お祝いの時だけ、街はたくさんの人が花や果物を買っていて、混み合っていました。でも、今では毎日がお祭りのように四六時中混んでいます。工場もたくさんあるし、旅行者もたくさんいます。

みんなお祭りの時はエネルギッシュで、昔ながらの伝統はとても良かったです。祭りの時は、特別なお祝いのために家で料理をします。ガネーシャ・チャトルティ（ガネーシャ神の降誕祭）では、ガネーシャのために特別にお菓子のラドゥーやパヤサム、蒸しパンのイドゥリをつくります。女神ガウリー（パールヴァティ）のためには甘いチャパティをつくります。みんなプージャ（祈りの儀式）に関心があり、家で家族と一緒に祝い、美味しい食事をし、とても楽しかったです。昔は、特別な日は特別な物のためにありました。今は、誰もが毎日色々なことをやっています。欲しい物は何でも手に入り、特別な物は何もありません。甘いチャパティが欲しかったら、いつだってすぐ手に入ります。

そのような時代は、家長の男は家族全員に責任を持っており、家族から尊敬されていました。今では、結婚すると別々に暮らしたがります。昔はそうではありませんでした。家族全員が一緒に住み、あらゆる世代が同じ家にいました。誰かに問題があれば、他の人が面倒を見ることもできます。家族の悩みはそんなにたくさんありませんでした。今では、誰もが家長のようです。昔は、みんな家や土地ではなく、子供のことが好きでした。みんなとても貧しかったけれど、とても幸せでした。今は、家族がずっと一緒にいることはほとんどありません。この家には四世代が一緒にいますが、伝統的なものは少しずつ消えていっています。今は、インドでも西洋化が進んでいます。昔は一家に自転車一台でしたが、今では一家にスクーターが二台、車が三台あります。

――あなたの家族はスマータ・ブラマンですが、そのヒンドゥーのコミュニティや特徴について、それがどのようにあなた自身の人生に影響しているかを教えてもらえますか？

父方も母方も、祖父や曽祖父は全員ブラマンでした。私はお祈りやプージャのやり方が好きです。スマータ・ブラマンだけでなく、すべてのブラマンの伝統的なやり方です。スマータ・ブラマンはシャンカラチャリアの教えに従っています。シヴァだけでなく、ガネーシャ神やデヴィ（女神）も崇拝しますが、本当の神というのはひとつだけです。父方はシヴァ神を崇拝しています。結婚して夫のところに嫁いだ時、崇拝する神がヴィシュヌ（ヴェンカタラマナ）に変わりました。結婚後、女性は実家側の神に従うことはありません。すべて夫側の神に従います。

プージャは神の愛を心の中にもたらします。私はガネーシャが大好きで、毎朝、寝室ではガネーシャと共に目覚め、ガネーシャのためにシュロカ（マントラのようなもの）を唱えてからヨガを教えにシャラに行きます。ブラマンは何代にもわたって、正確にシュロカを唱え、プージャを受け継いできました。昔は、ブラマンの人たちはとても貧しかったです。技術者や医者になることができなかったので、弁護士や教師など教育方面の仕事に就いていました。ブラマンはとても知的で、インドの伝統的な知恵を守るのが仕事でした。サンスクリット語も他の言語も習得しており、『リグ・ヴェーダ』『ヤジュル・ヴェーダ』『サーマ・ヴェーダ』『アタルヴァ・ヴェーダ』などの聖典も記憶しています。

――カルナタカ州でヒンドゥー教の重要な巡礼場所はどこでしょうか？　また、そこはヒンドゥー教徒の生活でどのような役割を果たしていますか？

カルナタカ州南部に行くと、ダルマスタラ、シュリンギリ、スーブラマニヤ、カティール、ムーカアンビカ、ウドゥピなど、ヒンドゥー教の寺院がたくさんあります。マイソールの近くには、最古のシヴァ寺院ナンジャングッドがあります。ティプー・スルターン（十八世紀後半のマイソール王国の統治者）は盲目の象を飼っており、人々はナンジャングッドのシヴァ・リンガ（シヴァ神の象徴として崇拝される、男根をかたどった長円型の石）が見えない象の目を治してくれるとティプーに言いました。ティプーはムスリムだったので、それを信じませんでしたが、象を寺院につれて行き、四十一日間、寺院の泥を象に塗ると、四十二日目に象は目が見えるようになりました。それで、ティプーはとても希少で高価な翡翠のパッチャ・リンガムをつくり、寺院に奉納しました。それは今でもその寺院にあります。

ダルマスタラはマンジュナテシュワラ寺院の本拠地です。ここもとてもパワフルな場所なので、病気を抱えている人がたくさんお参りに行きます。この地域のクリシュナ信奉者はウドゥピに行きます。スーブラマニヤ（シヴァ神の息子スカンダの別名で、戦争の神）は蛇の寺院です。ここに行く時は、とても気をつけなければなりません。身を浄めてから行ってください。子供が欲しい場合は、ここに行ってナーガ・プラティシュタという蛇の儀式をします。十日間滞在し、十一日目にプージャをすると、子宝に恵まれます。スーブラマニヤには、「クッケー・スーブラマニヤ」と、バンガロールの近くにある「ガティ・スーブラマニヤ」、クードゥープーの「シュリ・アナンタ・パッドマナバ・スーブラマニヤ」という三つの寺院があります。ひとつは蛇の頭、ひとつは蛇のお腹、ひとつは蛇の尻尾です。クードゥープーにある寺院には鏡があり、その鏡の中にナラシンハ（ヴィシュヌ神の化身のひとつで、ライオンの獣人）を見ることができます。ホラナドゥには、食べ物の女神のアンアプールネシュワリ寺院があります。シュリンギリの近くで、とても美しい場所です。ゴーカルナはブラマンの葬式をする主な場所のひとつです。タミル・ナードゥ州にあるチダンバレシュワラに行くと、ナタラジャ（踊るシヴァ神）を見ることができます。カルナタカ州北部のムルデシュワラには、シヴァ神の巨大な像があります。

――女性も男性と同じ宗教的な責務があるのですか？

家族の中で本当に大事なのは母親です。十人子供がいる家庭なら、父親ではなく母親が子供を仕切っています。父親はお金を稼ぐために働きますが、母親は食事、教育、道徳面を引き受けます。子供を生む時の苦しみは大きいですが、赤ちゃんが生まれると、母親はとてもうれしくて次の子供が欲しくなる強い存在です。母親が家の中のことを仕切っていれば、家族全員が幸せです。女性は、ガウリ・プージャ、ドゥルガー・アービーシェーカ（ドゥルガー神の祭り）、ラリータ・サハッスラナーマ（ラリータ神を讃える歌）など、男性とは違うことも学びます。今では、この知識を共有するために、多くの少女たちがサンスクリット語を学んでいます。

――お父さんのグルである、シュリ・ティルマライ・クリシュナマチャリアや彼の家族との関わりはありましたか？

それほど近しくありませんでしたが、私はクリシュナマチャリアのヨガの試験を受けたことがあります。初級と中級を受けて、クリシュナマチャリアから認定証をもらいました。かなり昔、一九八五年だったと思います。私は両親と一緒にアメリカに行きたかったのですが、ビザが取れなかったのです。シャラートとシャミーラがとても小さく、夫はサウジアラビアで働いていました。「子供をインドに残して行くなら、ビザを取ることができる」と言われましたが、子供を残しては行けませんでした。アメリカに行くことより、子供の方が大事でした。

その時、グルジの西洋人の生徒が「グルジのグルに会いたい」と言うので、彼らを連れてチェンナイにいるクリシュナマチャリアに会いに行きました。クリシュナマチャリアの息子のデシカチャーと彼の家族も、私の家を訪れたことがあるので、今でも少し交流があります。

――アシュタンガヨガの練習での個人的な体験にはどんなものがありますか？　また、人生にどのような恩恵があったでしょうか？

私がとても強いのは、アシュタンガヨガから多くの恩恵を受けているからです。ごく小さい頃から練習を始めました。父が私にヨガを教え始めた時、私はまだ五歳でした。体を気持ちよく曲げていると、祖母が私に「お父さんに殺されるよ！」と叫びました。でも、私は楽しかったです。十歳から二十二歳までは、毎日練習しました。母の具合が悪い時は練習をしないこともありました。弟のマンジュもまだとても小さかったし、父がシャラとサンスクリット大学で働いている間は、私が家族の面倒を見たかったからです。

私は、女性で初めて手助けなしで一人でガンダ・ベールンダナーサナができました。父と一緒にデモンストレーションに行っていたので、父はとても厳しかったです。父があるアーサナを「やりなさい」と言って、私が「明日やる」と言うと、父は「ダメだ、今やりなさい」と言ってやらされました。当時、父はあまり手伝ってくれなかったので、ただ「やりなさい！」と叫ぶだけでした。私はスタンディングのアーサナはとても得意でしたが、バッダコナーサナはすごく苦手でした。今でもとても硬いです。バッダコナーサナのせいで何日も泣きました。

――妻になり、母になったことで、ヨガの練習にどのような影響がありましたか？

私は、一九六七年の二十六歳の時に結婚しました。結婚後は、インドの慣習として、夫のところに引越さなければなりませんでした。夫は、コルカタの近くのジャムシェードプルのタタ・モーターズで働いていました。インドのお見合い結婚では大体そうですが、結婚するまで夫のことは知りませんでした。夫は私がヨガの練習をするのにいい顔をしなかったので、あまり練習ができませんでしたが、私は小さな子供にヨガを教えており、自分の仕事をやめませんでした。一九七五年に大学を中退しました。大学に行くより、ヨガを教えたかったのです。それで、私は家に留まって、父にヨガの教え方を教えてもらいました。父のヨガシャラには多くの女性が来ていて、私は彼女たちに教えました。妊娠した時に実家に戻り、シャラートはそこで生まれました。

夫の家族とはうまくいきませんでした。夫は仕事も職場もいつも変わっていたので、両親には「お前には二人の子供がいるというのに、どこに行こうというのか？」と聞かれました。私は子供たちの教育について考えました。あるところでは英語を話し、あるところではヒンディー語を話し、半年ごとに引越しをしていたら、子供の教育はうまくいきません。両親は「どこか一カ所に落ち着ける場所があるならそこに行きなさい。でなければ、ここにいなさい」と言い、その方がいいと考えたので、私は実家に十四年間住んでいます。夫は、仕事が休みの時は帰ってきて、行ったり来たりしています。

結局、夫は六年間仕事でサウジアラビアに行きました。私は何度も一緒に行きたいと言ったのですが、インドとはかなり違う国なので、夫は来て欲しくなかったのです。だから、私はマイソールにいました。そのお陰で、家族はとても強くなりました。


――自分のヨガクラスでヨガを教え始めた頃、どのような経験をしましたか？


私が実家に戻ったので、そのことでみんなにからかわれて、毎日泣いていました。

シャラートが四歳の時、夫が働いていたカルナタカ州北部のサントゥプールに行きました。そこには良い水も、良いミルクもなく、シャラートは感染症にかかってしまいました。一カ月そこにいましたが、シャラートの病気はひどく、熱や頭痛もあり、夫は仕事でとても忙しかったので、私はシャラートが心配でマイソールに戻りました。病院に連れて行くと、お医者さんに腺熱にかかっていると言われ、とても深刻で治療に一年かかりました。その治療が終わった頃、グルジはラクシュミプラムにヨガシャラを建て始めたのですが、そこらじゅうにレンガがあり、シャラートはそれを飛び越えようとした時に転んで、今度は脚を骨折しました。まだ七歳だったのに、三週間安静にしていなければならなかったのです。それから、シャラートはヘモグロビンの値も低く、リウマチ熱を発症したので、四カ月間床に臥せっていて、動けませんでした。四歳から十四歳まで、一難去るとまた一難でした。当時は経済的にもかなり大変だったので、どうやったら治療費をすべて払えるか考えていました。それで、自分のヨガクラスを教え始めることにしたのです。

父は、宣伝してはいけない、それは正しいやり方ではないと言いました。しかし、父の生徒のアメリカ人女性で、我が家に泊まっていたサリー・ウォーカーが、ヒンドゥーの新聞（寺で入手できる）に私のクラスが始まるということで、広告を出したのです。その日、四人の生徒が来ました。私は、入会費に五十ルピー、毎月の料金を二十五ルピーにしていました。その日のことは忘れもしません。二百ルピーを手にして最高の気分でした。それから、かかりつけ医のJ・V・ナラヤンが、私へのプレゼントとして、インドの英字新聞『スター・オブ・マイソール』の日曜版に四回広告を出してくれました。それでたくさんの人が来るようになりました。人が来るようになると、それだけ妬まれます。料金について「グルジが教え始めた時は三ルピーだったのに、二十五ルピーも取るのはなんでですか？」と不満を言われました。私は「グルジの時代は、お米一キロが一ルピーでしたが、今は十ルピーします」と答えました。また、その部屋は数日おきに、チェンナイ近くのヴィシュヌ寺院ティルパティのように頭を剃るのに使われたり、ラドゥーをつくるのに使われたりしました。それで私は「この部屋を使わせてくれるんですか？　くれないんですか？」と聞きました。彼らは寺院の裏に別の部屋を持っており、そこは午後は使われていませんでした。生徒がそこをとても気に入ったので、私はその部屋で十一年間教えました。その頃はグルジとアンマはいつも海外に行っていたので、私は家に残って、家やグルジの生徒の面倒を見たかったのです。十一年後、また妬まれ始めました。壁に「ここで教えるな」と書かれたのです。母が来て「これ以上ここで教えるのはやめなさい」と言いました。物事がうまくいき始めると、励ますべき時に、足を引っ張る人がいます。

私はゴクラムに家を建てました。夫はサウジアラビアから戻っていましたが、その後五年間バンガロールにいました。私は子供と一緒にゴクラムの新しい家に引越しました。たくさんの生徒がついてきてくれました。何人かは私たち一家と三十年間練習してきた生徒でした。

――あなたはマイソールのサンスクリット大学で学んだ最初の女性で、それから男女一緒にヨガを教えた最初の女性でもあります。その経験はどのようなものでしたか？

当時はとても保守的だったので、サンスクリット大学に女性はいませんでした。男女が一緒に学ぶのも嫌がられました。私は女性で最初に入学を認められ、カヴィヤ（詩）やサンスクリット語の基礎を三年間学びました。サンスクリット大学で、男子学生と一緒にヨガの練習もしました。私が家族の世話をするために大学を辞める頃には、大学には女性がたくさん来るようになっていました。寺院では、私は女性だけにヨガを教えました。伝統的なやり方で、家族がそう望んだからです。しかし、アメリカに行って、男女一緒にヨガを学んでいるのを見て、「なんで男女一緒にヨガを教えなかったんだろう？　性別は関係ない。みんな同じ。私は気にしない」と思いました。それで、私は男女一緒に教え始めました。どんなことになるのか見てみたかったし、私が気持ちを強く持っていれば、問題は起こらないと思いました。それから、私のクラスにはたくさんの男性が来るようになりました。当時のインドでは、私が男の生徒に話しているのを見た人は、無意識に私のことを悪く思っていました。ですが、私は他人がどう思おうと気にしませんでした。

――お母さんのアンマはあなたの人生にどのように影響を与えましたか？　アンマはとても特別で素敵な女性だったと聞きます。

母はとても面白い人で、冗談が好きでした。生徒全員のことが大好きでした。西洋人の生徒を食事やコーヒーでもてなしていました。母は人の面倒を見るのが好きだったのです。とても貧しかった父の世話もしていました。父はすべてを故郷のカウシカに残して、二ルピーだけ握りしめてマイソールに来ました。結婚後も、父の給料は十四ルピーしかありませんでしたが、母は父と一緒にいられて幸せでした。十四ルピーのうち、家賃が四ルピー、電気代が一ルピー、残りの九ルピーで一カ月に必要なものすべてを賄わなければなりませんでした。それでも母はよかったのです。数日間何も食べられず、家の裏にある木から取ったパパイヤ一～二個しか食べられないような日もありました。弟と私がとても小さかった頃、父はお金がある時はお米を買って帰ってきました。お昼ご飯にちょっとした食べ物があるだけで、あとは何もありませんでした。後に、父はお金を稼げるようになりましたが、母は以前の生活のことを忘れませんでした。お金では変わらなかったのです。父と母は占星術上の相性はよくありませんでしたが、母は父のことを愛していたし、父も母のことを愛していました。六十三年間連れ添って、とても幸せでした。

母はいつも父をからかっていました。ある日、父がスクーターを買ってきた時のことです。父は七十歳になってからスクーターに乗り始めたので、毎日スクーターで転んでいました。何か壊しそうな勢いだったので、母は「スクーターを返してきて」と父を叱りました。父は「いやだよ。後ろに乗せてあげるから」と言いました。すると母は「そんなものには絶対に乗りません！　誰か別の女の人を見つけたら？　私が後ろに乗って落ちたら、誰が私の面倒を見てくれるの？　あなたが落ちたら、私があなたの面倒を見てるのよ。私は絶対に乗りませんから」と言っていました。母は賢いんです。

――あなたの息子シャラートも今や父親となり、ヨガの先生となりました。彼の成長をどのように見守りましたか？　またシャラートにどんなアドバイスをしましたか？

シャラートがまだ小さかった頃、ヨガは遊びで少しやっただけで、そんなに好きではありませんでした。クリケットの方が好きでした。一九八九年、私が初めてアメリカに行った時に、シアトルの空港でグルジはフルーツジュースを飲んで食中毒になったのですが、インドに帰り、医者に診てもらうと「グルジには休息が必要です。働き過ぎですよ」と言われました。当時、グルジにはアシスタントがおらず、朝から晩までひとりで教えていました。それで私はシャラートに「グルジは家族の面倒を見てくれているのに、誰もグルジのアシュタンガヨガを教える仕事を助けられないね」と言ったのです。グルジが外国に行っている時は、生徒の一人がクラスを教えていました。私はシャラートに「誰もグルジを助けなかったら、アシュタンガヨガはどうなるのかな?」と諭しました。翌日、シャラートはクラスに行きたいと言いました。それ以来、一度もクラスを休んでいません。シャラートのアシュタンガヨガへの興味が深まりだすと、西洋人の生徒の数も増え始めました。シャラートは、父がやったようにアシュタンガヨガのメソッドを広めたいと思っています。これは我が家のプロジェクトです。私は、死ぬ瞬間までヨガを教えたいと思っています。最近は、ヨガを教えて、家族と自分の面倒を見たい、ただそれだけです。

——あなたの娘のシャミーラもバンガロールでヨガを教えています。近代化した西洋的な都会のバンガロールの人たちは、アシュタンガヨガの練習をどのようにやっていますか?

グルジは、シャミーラに自宅でヨガを教えるように言いました。バンガロールでヨガを教えている人はたくさんいますが、グルジのような正しいメソッドではありません。それで、シャミーラは「私が正しいやり方を教えよう」と思ったのです。グルジも賛成しました。今では生徒が練習に来るようになり、海外から働きに来ている西洋人の生徒もいます。パッタビ・ジョイスの孫娘が教えていると耳にすると、人はワクワクします。シャミーラがグルジの孫だというのが大事なのです。

――女性として、ヨガの先生として、アシュタンガヨガの練習をしたい妊娠中の女性に何かアドバイスはありますか?

妊婦が練習するのは良いことです。呼吸は血液と胎児に酸素を送ります。胎児も運動することになりますし、妊娠中、女性はとても柔軟になります。女性は生理中は三日間休んだ方がいいのですが、西洋人の女性は練習を続ける人も多いです。これはとても良くありません。レディース・ホリデーは休息の時期です。昔は、ブラマンの女性は普段は休みなく働いていても、生理中はまったく働きませんでした。生理中は体を休め、他の家族が料理や家事をしました。出産後は三カ月は練習を休んだ方がいいです。妊娠した最初の三カ月も練習を休んだ方がいいですが、ジャンプしなければ少しは練習できます。座って呼吸をするのがベストです。妊娠四カ月半の女性がクラスに来ていますが、彼女はインターミディエイトもアドバンストも練習しますが、問題ありません。人によるのです。時々お医者さんに診てもらうのも大切です。

――あなたのように、長い間このアシュタンガヨガを教えたいと思っている先生に、何かアドバイスはありますか?

メソッドを変えないでください。自分のクラスでも、マイソールで私たちから習ったことを教えてください。グルジが教えてくれたたくさんのことを、変えてはいけません。グルジのメソッドに従っていれば、間違いなくすべてがスピリチュアルになります。練習が心や思考を変え、すべてが変わります。人は、そのように自分を変えたいと思っています。だからアシュタンガヨガが世界中に広まっているのです。四十年間、グルジのように教えた人はいませんでした。ただし、年配の人（七十〜八十歳）は、少しのアーサナを定期的な練習として続けてください。プライマリー・シリーズだけでも十分です。ただし、続けること。生徒を見ていれば、その人に何が合うのかわかり、その人のやるべき練習を選ぶことができます。とても太った男性でも、正しい呼吸でスーリヤナマスカーラはできます。やらせてみてください。すぐに楽にできるようになるはずです。スーリヤナマスカーラができない人も、呼吸とムーラ・バンダとドリシティを意識しながら、簡単なアーサナはできます。病気の人も呼吸をすることはできます。いずれ、体が軽くなり、気分が良くなっていきます。グルジがアシュタンガヨガで自分の人生を変えた、と言う人がたくさんいます。西洋人はとても体が強いので、いったん練習を始めれば続けていきます。インド人はあまりヨガをしません。怖いのです。病院に行くと、働かずに、ただご飯を食べて休みなさいと言われます。

——将来アシュタンガヨガはどのようになっていくと思いますか？　練習の伝統的な面は、どのように守られていくのがベストだと思いますか？

とても貴重なものなので、先生は伝統的なメソッドを守るべきだと思います。私は、他のどんなヨガでもなく、このヨガだけが好きです。呼吸とバンダとドリシティはとても特別なものです。今の時代、ヨガをごちゃ混ぜにして変えている人もいますが、それはアシュタンガヨガではありません。正しいメソッドを知らない人ではなく、私たちの昔からの生徒（である先生）と練習をしてください。マイソールで私たちと練習をした先生たちはとても誠実です。教えるための許可を得ています。しかし、マイソールに来たことがないのに、アシュタンガヨガを教えている人もたくさんいます。これは誠実とは言えません。私たちに認められていない先生です。アシュタンガヨガは私たちだけのものではありませんが、正しいやり方で行うのが大事です。そうすれば、世界中にハッピーに広まっていきます。

このアシュタンガヨガをあなたにもたらしてくれた先生を、まず最初に敬ってください。グルとは、ムーラ（ルーツ、土台）でもあります。先生を敬わなければ、神のご加護はありません。とても大事なことです。アシュタンガヨガを変える人もいますが、それはその人のエゴです。自分にとって最高の先生は誰かと考え、その人のところに行ってください。先生を変え続けるのも間違っています。混乱するだけです。心が強ければ、この人だと思う一人の先生のところに留まります。色々な先生のところに行って練習をしてみて、自分の先生を見つけたら、その人についていきましょう。正しい人にめぐり会えたら、心からわかるものです。

二〇〇八年　マイソール

マイソールの住人たち

N・V・アナンタ・ラマヤー

N. V. Anantha Ramaiah

N・V・アナンタ・ラマヤーは、カルナタカ州のサンスクリット語とサンスクリット語演劇の学者として、高く評価されている。一九四〇年代、マハラジャ・サンスクリット大学の学生時代にグルジと友だちになり、グルジのヨガの生徒となった。バンガロールのアナンタ・ラマヤーが住んでいる通りは、名誉を表して彼の名前が付けられている。

——どのようにしてパッタビ・ジョイスと友だちになったのですか？

サンスクリット大学でパッタビ・ジョイスがヨガの練習を教えていたので、そこで知り合いました。後に、パッタビ・ジョイスの義理の兄弟プッタヴァが私のルームメイトになりました。私たちは部屋番号二十九、パッタビ・ジョイスの部屋番号は三十一で、向かい合わせの部屋でした。義理の兄弟のお陰で、私とパッタビ・ジョイスはとても仲良くなりました。

私たちは一緒に色んなことをしました。街の公会堂でサンスクリット語の演劇を上演したこともあります。『マハーバーラタ』の一部でバッタ・ナラヤナ作の『ヴェニ・サムハーラ』という作品で、その中にドゥリヨーダナとカルナとアシュワッタマが陸軍のトップになるのを競うという話があります。私がクリパの役、パッタビ・ジョイスがアシュワッタマの役でした。それから、最近亡くなってしまいましたが、もう一人の学生クリシュナッパがカルナの役でした。カルナはかなり英雄的な役です。クリシュナッパやパッタビ・ジョイスがどんなふうに台詞を言ったか、私は今でもハッキリと覚えています。私の役クリパは、アシュワッタマの母方の叔父でした。公会堂には大勢の観客がいました。普段から運動していたパッタビ・ジョイスの体は、K・T・バーシャム（有名なボディビルダー）のようにとても強く、鍛えられていたし、役者としてもとても素晴らしかったです。同じ演目で三回公演しました。神の名に賭けて、このような演劇の上演はそれまでなかったし、これからも先もないと思います。一九四九年のことでした。

——その時グルジはすでに結婚していましたよね？

はい、当時グルジはすでに結婚していました。奥さんの名前はサヴィトランマ（アンマの正式な名前）で、とても料理上手でした。彼女がつくってくれたマイソール・パック（マイソールのお菓子）はとても美味しかったです。当時、グルジは経済的にとても貧しくて、多分十五ルピーしか給料をもらっていなかったと思いますが、いつも幸せそうでした。服（ドーティ）は二着しかもっていなかったけれど、アンマがきれいに洗ってアイロンをかけていたので、毎日身ぎれいにしていました。アンマは身ぎれいにするお手本のような人です。カーディ（手紡ぎ手織り）の布をグルジは鼻をかむのに使っていて、アンマはそれをグルジに捨てさせていました。グルジとアンマはとても幸せな家庭生活を送っていました。とてもフレンドリーで、お互いによくからかい合い、アンマはグルジのことを「ジョイスレ（ミスター・ジョイスの意）」と呼んでいました。笑顔の絶えない二人で、私たちにもよく美味しいご飯をご馳走してくれました。サヴィトランマはそういう人でした。

――サンスクリット大学について少し教えてください。当時、南インドでどのような評価をされていたのでしょうか？

とても有名な大学です。クリシュナマチャリアがかつてヨガを教えていたこともあり、ドイツや北インドからも生徒が来ていました。私はサンスクリット語でシャクンタラー（『マハーバーラタ』に登場する女性）の演劇を学んでいました。ドイツ人の学者が私のところに来て「何を読んでいるの？」と聞いたので、「シャクンタラ・ナタカ（戯曲）を読んでいます」と答えると、「シャクンタラ・ナタカではなく、シャクンタラ・ナタカ・ラットゥナ（宝石）と呼びなさい」と注意されました。その後、アメリカからも二～三人学者が来ました。

――グルジが何をどのように教えていたのか少し教えてください。

シルシャーサナ、サルヴァンガーサナ、マユーラーサナ、クックターサナ、ガルバピンダーサナなど、たくさんのアーサナをやりました。とても疲れて「ジョイス先生、これで十分です。シャヴァーサナさせてください！」とお願いしました。シャヴァーサナは、死体のようにじっと動かず静かに横になるという意味です。すると、グルジが「君たち、シャヴァーサナがやりたいの？」と笑うので、「私たちは休みたいんです、すごく疲れてるんです！」と言いました。グルジはとても厳しかったですが、口調はとても優しかったです。ヨガのお陰で、私は今でもとても健康です。八十三歳にしては、耳も聞こえるし、目も見えるし、血糖値も悪くないし、走ることもできます。

――それはとても良かったですね。私もそうありたいものです。

グルジ、プッタヴァ、ラーマスワミーと私は、毎晩集まっておしゃべりをしていました。グルジは、自分の経験、生い立ち、学生時代、他にも普通のことも話しました。毎晩一時間くらいはしゃべっていました。自分が見た演劇の話をしたり、アーナンダ・バイラヴィ・ラーガの（アナンタ・ラマヤーがサンスクリット語で歌っている）台詞を歌ったりしました。

グルジは音楽にとても詳しく、冗談もよく言っていました。私たちはいつも笑って、からかい合っていました。グルジは他の少年と同じように、常に生真面目というわけではありませんでした。部屋の中にガスレンジがあったので、毎日コーヒーを淹れていました。グルジが来ておしゃべりをしない日は、グルジの顔が見られずに、その時間が物足りなく感じられました。

――ヨガの先生として、また学者としてのグルジの評判はどうだったのでしょうか？

グルジは、サラスワティとマンジュという二人の子供がいる、普通の男でした。しかし、その普通の男が後にすごいお金持ちになったのです。彼の運勢が良かったのでしょう。アメリカや他の国でとても有名になり、世界中からヨガを学びにラクシュミプラムにたくさんの人が来ました。以前は、教室の裏にある普通の借家に住んでいました。しかし、ラクシュミ神のご加護があって、ヨガの叡智に魅せられた外国人が訪れるようになり、グルジはゴクラムに居を移しました。世界中から人が来ました。神のご加護があると、どんなことでも起こり得ます。彼のグルへのバクティ（献身）の結果であり、ヴァガヴァタ・アヌーグラハ（神のご加護）であり、アンマのお陰でもあるでしょう。

――グルジが地元の人たちにどのように見られていたのか興味があります。グルジはとても優秀な哲学者で、文献もたくさん知っていたので、多くの人から尊敬されていました。

普通は自分の街では有名にはなりません。カンナダ語のことわざで「裏庭に生えている薬草は貴重ではない。医者が勧めなければ、その薬草の価値に気づかない」というのがあります。サンスクリット文学で最も偉大な作家カーリダーサやシャンカラチャリアにも同じことが言えます。毎日彼らを見ていたので、地元の人達は彼らの教えの重要性に気づきませんでした。また、サンスクリット語には

「サンダルウッドの価値を知らない者は、料理の燃料に使う」という言葉もあります。外国人が来て、グルジを貴重な存在だと認めるようになってから、地元の人たちもグルジのことを認識し始めました。普通の人間が有名になるのは、宝くじに当たった時くらいなものです。

――グルジがヨガについて話す時は、いつも文献に関係がありました。文献に関するグルジの知識はとても素晴らしいですが、そのことについて何かお話しいただけますか?

グルジはヨガの文献をとてもよく学んできました。私はヨガについては、アーサナを少し知っているだけで、あまりよく知りません。グルジは師のクリシュナマチャリアととても近しかったです。ヨガの分野でそこまで有名になって、数多くの文献を知っているのは、グルジだけでしょう。

――グルジのヨガの教えに、シャンカラチャリアはどのような影響を与えていますか?

グルジは不二一元論を研究し、パルガット・ナラヤナの本やシャンカラの哲学から学んでいました。私はヴェーダーンタは学んでおらず、アランカラ(詩の装飾的言語・文法)しか学んでいません。本当の学問は、ヴェーダンタかヴィヤカラナ(サンスクリット語)の二つしかありません。私は十三年間ヴィヤカラナを学び、『リグ・ヴェーダ』も学びました。パタンジャリのヨガは「ヨーガ チッタ ヴリッティ ニローダハ」、つまり心をコントロールすることです。アマラ・コーシャ(辞書)ではヨガには五つの意味があります。アマラ・コーシャによれば、これはすべてヨガの類義語です。ヨガというのは、ウパヤ（意味）、ディヤーナ（瞑想）、サンガティ（つながり）、ユクティ（アートマンとの一体感）であり、チッタ・エーカーグラタ（心の一点集中）をもたらします。ディヤーナや神のことを黙考することで、心をコントロールすることができます。

聖人アニマンダヴィヤは、吊るされていた時に、自分が何をされているのか気づいていませんでした。ヨガをすると、そのレベルまで集中することができるのです。

――グルジとマハラジャの関係について教えてください。グルジがそのことについて話したことはありますか？

グルジは時々宮殿に行っていたので、私も一緒に行ったことがあります。チャーマ・ラージャ十一世の父親の年忌法要に参加して、チャーマ・ラージャ十一世に会ったことがあります。私たちは宮殿学者だったのでわかりますが、私の知る限り、グルジと王様の関係はそこまで親密ではなかったと思います。

――グルジの性格について聞かせてもらえますか？

お金がそんなになかった時でも、とても気前が良かったです。アンマも同じでした。誰かが家に訪ねてくると、歓待して、食事を出してくれました。自分たちのものは何でも、惜しみなく友だちにも家族にも分け与えてくれました。

――グルジに幸せをもたらしたものは何なのでしょう？　グルジが人生で一番楽しんでいたものは何だと思いますか？

昔は友だちといるのが喜びだったと思います。私たちのような友だちといるととても楽しそうでした。生徒の成長も喜びだったと思います。それに、生徒にヨガのデモンストレーションを見せていたので、生徒がうまくいくといつもうれしそうでした。グルジは満ち足りていて、欲はほとんどなく、どんなものでも今自分が持っているもので幸せそうでした。将来について思い悩むことはなかったと思います。音楽を聴けば、楽しくて完全に我を忘れていました。プールナヤ・チャットラという公会堂で、音楽のコンサートの仕切りを任されたこともありました。今はもうなくなってしまって、そこには小さな寺院があります。

グルジがあんなに偉大になるとは思ってもみませんでしたし、本人も思っていなかったと思います。サンスクリット大学の学者では、あんなにお金を稼ぐことはできません。飛行機で空を飛んでいるようです。このような変化があっても、グルジはいまだに私たちにとても良くしてくれて、友だちに対する態度は変わりません。結婚式のようなイベントにも毎回招待してくれます。

――グルジとの関係で気に入っているエピソードなどはありますか？

ここですべてお話ししました。グルジの成功や富を妬む人は少しはいますが、グルジに敵はいません。

二〇〇八年　バンガロール

T・S・クリシュナムルティー

T. S. Krishnamurthi

T・S・クリシュナムルティーはマイソール在住の著名な占星術師。一九四七年マハラジャ・サンスクリット大学の学生時代にグルジと出会い、ヨガの生徒となり、生涯にわたる友人となった。

――パッタビ・ジョイスと過ごした学生時代についてお聞かせください。どのような場所で出会い、その後どのように友情を育んだのでしょうか？

パッタビ・ジョイスは私よりも年上で、私がサンスクリット大学に通うようになった時には、すでにアドヴァイタ・ヴェーダーンタの学生で、サヒティヤ文学の八年コースを修了していました。私はハッサン近くの小さな村の出身で、一九四二年にサンスクリット大学に入った時は、パッタビ・ジョイスはすでに上級生でした。

最初は、パッタビ・ジョイスとはあまり関わりがありませんでしたが、一九四七年にパッタビ・ジョイスが研究を終えて、大学のヨガの先生になってから仲良くなりました。パッタビ・ジョイスは、朝と夜、生徒にヨガを教えるようになり、私はヨガをやってみたかったので、とても熱心に練習しました。それでパッタビ・ジョイスとも親しくなっていきました。熱心な生徒だったので、パッタビ・ジョイスにかなり献身的に誠実に教えてもらったお陰で、集中力も磨かれました。パッタビ・ジョイスが、自分の知っていることをすべて教えようとしていることはすぐにわかりました。それで、彼を友だちというより、自分のグルとして見るようになりました。

パッタビ・ジョイスの元で約四年間ヨガの勉強を続けました。彼は、ヨガの講演を聞きに連れていってくれたりもしました。マハラジャ宮殿のほど近くに、ジャガンモハン・パレスという別の宮殿があります。その近くに、マハラジャにヨガを教えることを任命されてきた有名なヨギー、クリシュナマチャリアという男がいました。パッタビ・ジョイスは、私たち生徒数人にクリシュナマチャリアが実施しているヨガの試験を受けさせました。私は三つの試験に受かり、マハラジャの署名がある認定証をもらいました。

――パッタビ・ジョイスはどのような人、またはどのようなグルでしたか？　教え方や、生徒とどのように接していたのかも教えてください。

当時のサンスクリット大学の先生たちは、生徒をとても誇りに思っており、全身全霊で教えていました。基礎的なことをほんの少ししか学んでいなくても、生徒はその先生を心の底からグルだと思っていました。そういう文化だったのです。互いの信頼と尊敬が元になっている師弟関係でした。大学の歴史の中で、師弟関係に意見の相違があったことは一度もありません。先生に従ったら、後はそれを続けるだけです。

また、先生が教え、生徒が学ぶ関係において、お金はまったく介入していませんでした。教師の給与は笑えるほど少なかったです。パッタビ・ジョイスの給与ですらわずかなもので、おそらく月に十五ルピーほどだったはずです。パッタビ・ジョイスの生活が苦しいのは明らかでした。しょっちゅう家を引越さなければならなかったのを知っています。

しかし、パッタビ・ジョイスは生徒の前でイライラしたり、怒りをあらわにしたりすることは一度もありませんでした。いつも感じが良かったです。病気になったり、どんな理由にせよ、クラスを休んだりしたこともないと思います。今ではパッタビ・ジョイスも年を取っていますが、彼の中身はまったく変わっていません。当時とまったく同じです。私は時々「良いことにも悪いことにも、何にも影響されずに、どうやってバランスを保ち続けているのだろう?」と思います。パッタビ・ジョイスは九十二歳になった今でも、私が初めて会った何十年前と同じです。少し俊敏に動き回れないだけで、ただ年齢を重ねたというだけです。

——グルジの性格や行動は変わっていないということですよね?

まず第一に健康です。実質数十年にわたり、最近まで常にパッタビ・ジョイスは完全に健康でした。健康で丈夫な状態を維持してきました。次に、生徒に対してだけでなく、出会う人すべてに対する態度です。頻繁に会わなくなった今でも、友だちに変わらぬ愛情を示してくれます。私はそれがとてもうれしいです。

昔の話になりますが、パッタビ・ジョイスは早くに結婚して、その奥さんもまた素晴らしく温かい人でした。生徒として何度も家を訪ねましたが、いつも奥さんは美味しいコーヒーでもてなしてくれました。一緒にいたくなる、そんなカップルでした。何年か経って、何人かはパッタビ・ジョイスのお気に入りの生徒になりました。今はマンガロールにいるクリシュナ・バットや、マイソールに住んでいるシャンカラナラヤナ・ジョイスは、二人とも熱心に練習をしていただけでなく、ヨガの文献の理解においてもとても優れていました。

——あなたや他の生徒は、グルジのどういうところが一番素晴らしいと思っていましたか？

そうですね、率直に言ってパッタビ・ジョイスは生徒のことをとても気にかけていて、非常につながりが強かったです。私たちへの教え方から、生徒全員を信頼して、誇りを持っていることがわかりました。また、貧しさや家庭の問題で仕事を放棄するようなことは、一度もありませんでした。私たちは若かったので、人生の試練や苦難についてよくわかっていませんでしたが、年を取った今改めて考えてみると、パッタビ・ジョイスが直面した社会的な苦難がどれほど大きかったかわかります。

クラスに入った瞬間から、パッタビ・ジョイスの顔には家庭の不安や葛藤は微塵もありません。苦労に耐える力がすごかったのだと思います。教えることに関して、家庭の問題を持ち込むことは決してありませんでした。

生徒が増え始め、結局パッタビ・ジョイスはマイソールのラクシュミプラムに「アシュタンガ・ヨガ・ニラヤム」というヨガシャラを建て、引越しました。海外に行き、様々な国でヨガを教えはじめてから、パッタビ・ジョイスの幸運の扉が少しずつ開き始めました。私はパッタビ・ジョイスの元をよく訪れていましたが、彼は海外での体験談を興奮しながら話したり、旅の写真を見せてくれたりしました。その後も、私たちは常にいい関係を維持してきました。

パッタビ・ジョイスが海外に行って大勢の生徒を獲得すると、神様が彼に微笑み、経済的に豊かになりました。パッタビ・ジョイスは学びたいという意欲のあるすべての人に、自身のヨガの知識を誠実に与えてきました。文献の「ヴァムショドゥイタ ヴィッヤーヤ ジャンマナ チャ」という格言に従っているのです。「自分の知恵や受け継いだものを後世に伝えなければならない」という意味です。

奥さんは亡くなってしまいましたが、娘さんやお孫さんなど他の家族がパッタビ・ジョイスの面倒をよく見ています。パッタビ・ジョイスが、私や私の家族のことを忘れずに、結婚式やウパナヤナ（ヒンドゥー教徒の宗教的儀式）や誕生日に呼んでくれるのがうれしいです。


——占星術とヨガの関係について教えてください。

この世のすべての文献は、人類の利益のために考案されてきました。文献にはそれぞれに独自の用途があります。地球と空の間には明らかなつながりがあります。天体の力と地球の動きの相互作用は、日の出から日没までの毎日の推移は言うまでもなく、天候や気温に影響があります。
文献では、人間の日々の行動はすべて、天空の星や惑星の動きと配置に従うべきだとあります。文献によると、私たちの行動が達成するか無力に終わるかに直接関わっているからです。間違いなく関連があります。占星術の文献には、このことが明確に書かれています。何事も占星図を参考に行わなければなりません。
占星術には多くの分野や部門があり、そのすべてを習得するとなると気が遠くなります。地球上の生命に惑星が及ぼす影響を確定するには、大部分が数学の計算が元になっています。ヨガも、慎重かつ入念に従わなければならない長年研究されてきた分野です。ヨガは心と体が調和のとれた状態にするのが目的なので、私は練習は星の動きに従わなければならないと確信しています。

――ヨガはより健康になるためだけのメソッドでしょうか？　それとも心や魂の浄化を目的としているのでしょうか？

先ほども言ったように、すべての文献は、人間が平穏になるのを助けるという視点で書かれています。すべての人の目的は、心の平穏と、それをブラフマーと呼ばれる力（宇宙や様々な生命の創造主とされているヒンドゥー教の神）に向けて集中することであるはずです。ヨガの文献には、アーサナの練習をたゆみなくすることで、心はコントロールできると書かれています。

――占星学の単体の目的は何なのでしょうか?

人類は、なぜ、どのように生命が生まれたのか知りません。しかし、人類に影響を及ぼす力の存在は幅広く信じられています。その力はこの地球上だけでなく、それ以上に及びます。太陽がこの世にひとつしかないことはわかっていますが、実際のところ太陽の力は計り知れません。それと同じように様々な他の惑星にも、まったく計り知れない独自の力が存在します。そのような惑星は、人類だけでなく植物の生命にも影響を及ぼしていると言われています。したがって、占星術の文献にははっきりと書かれているように、すべての行動は決められた時間に行われるべきなのです。

特定の星が特定の日に出現する、もしくは特定の惑星が任意の時点で具体的な動きをすると書いてあるのは、占星術の文献だけです。これはすべて、特定の時間の惑星の動きが引き起こす有害な影響による苦難を最小限にし、人類にもたらされるかもしれない悪い事態を避けることが目的です。例えば、かつてヤグニヤ(火の儀式での生贄)は、占星術の文献で推奨されていた厳密な時間にしか行われませんでした。ヤグニヤの効果を最大にするために、決められた時間に行われていたのです。

――例えば新月や満月の日など、ある特定の日にはヨガの練習をしてはいけないことになっているのはなぜなのでしょう?

文献には「勉強をしない日」のように特定の日が記されています。また、月は人間の思考に多大なる影響を及ぼすと考えられています。例えば、新月は月の光がまったくない状態なので、パワフルな良い考えを反映した心の力を弱めてしまいます。満月は最も月が輝いているので、心が激しく興奮する状態や状況が生まれ、ヨガのような瞑想的で静観するような行動でも制御できません。知的な実践の追求も影響されないように、惑星の極端な動きはどんなものでも気をつけた方がいいのです。

――新月と満月の日に教えると先生の知識も減るのでしょうか？

実際、生徒が悪い事態にさらされるのと同様に、先生も悪い影響を受けるということを示唆する、サンスクリット語のシュロカ（長いマントラのようなもの）があります。この二日間に授業を受けたら、生徒の知的な成長が妨げられる可能性があります。生徒の頭や心が鈍く、反応が悪くなります。私がサンスクリット大学の学生だった頃も、新月と満月、それにその後の三日間は、きちんとした勉強や研究には向いていないと考えられていました。このことは、有史以前から文献に書かれています。なぜと疑問に思うのではなく、ただ従いましょう。私たちはみんな、昔の聖人（リシ）が築いてきた同じ道をたどってきました。私たち（ヒンドゥー）の文化はすべて、ダルマの文献の礎の上に成り立っています。文献を順守すれば平和や繁栄につながり、文献を無視すれば混乱が起こります。

――私たちはスーリヤナマスカーラをたくさんやりますが、スーリヤ（太陽）がヨガにとってそこまで重要なのはなぜですか？

文献では、すべての神はそれぞれ特別な方法で祀られなければならないと言われています。「ナマスカーラ プリヨ バーヌー アビジェーカ プリヤ シヴァ アランカラ プリヨ ヴィシュヌ ストートゥラ プリヤ デヴィ ブラーマノ ボージュナ プリヤ」。バーヌー（太陽神）はナマスカーラ（礼拝）を好みます。一方シヴァ神は、アービーシェーカ（プージャで水などをかけること）を好みます。ヴィシュヌ神はアランカラ（歌）や飾り付けや装飾品が好きで、ブラフマーはナイヴェディヤ（供物）や食べ物を供えてもらうのが好きです。女神はストートゥラ（賛歌）や称賛されると喜びます。ですから、太陽に礼拝をすればするほど太陽神は喜ぶのです。ヨガの文献では、おそらくアーサナ全体を通してやりながら、太陽神の力を求める方法となっているのだろうとあります。

――グルジに関して最後に何か思うことはありますか？

『ラーマヤナ』の一節を思い出します。ダシャラタ王が息子のラーマ王子を呼び、いずれ王位を継がせると伝えますが、運命のいたずらで森に追放すると命じることになります。『ラーマヤナ』では、二つの状況でラーマがいかに冷静だったかを素晴らしく描写しています。ラーマはまったく動じず、大きな心の揺れ動きは無いようでした。私は、パッタビ・ジョイスの人生や成功や失敗や貧困や豊かさに対する態度と、『ラーマヤナ』で書かれているラーマの思考と行動の成熟ぶりは、似ているように思うのです。

父のダシャラタ王から追放を命じられた時、ラーマの顔には怒りや憎悪は微塵も表れていなかったとあります。ラーマの顔は、王位を継承すると言われた日と同じくらい穏やかでした。私はパッタビ・ジョイスにも同じようなものを感じます。

二〇〇八年　マイソール

ノーマン・アレン

Norman Allen

一九七二年、ノーマン・アレンはグルジの元でヨガの勉強を始めた。マイソールに十年以上住み、地元の文化にも溶け込んだ。グルジがマイソールを離れている間に代わりに教えたり、グルジがレクチャーやデモンストレーションをしに行く時はアシスタントをした。その後、ハワイ島に移住し〝オフグリッド〟の生活をしている。

娘がマレーシアで生まれた後、娘が旅ができるようになるまで少しマレーシアに滞在し、それから船でインドのマドラス（現チェンナイ）に行きました。ギータナンダ博士の噂を耳にしたので、ポンディチェリーに向かっていたのです。そこにはヨガの基礎がありました。ギータナンダ博士のことは具体的にはご存じないかもしれませんが、インドの文化について幅広い視点を持っている人でした。彼が何者で、どこから来たのかは、ほとんど知られていませんでしたが、彼は本当のショーマンでした。連禱をしたり、話をしたり、彼がいたのはオーロビンド・ゴーシュの素晴らしいアシュラムから四マイル離れた場所でした。デヴィッド・ウィリアムスと私はそこにいました。西洋から巡礼的に訪れる最初のブームのようなもので、カトマンズ行きのイギリスの二階建ての貨物船から、ヒッチハイクやバスなど、色々な方法で何とかしてたどり着いていました。一九六八〜六九年当時はそのようにして行っていました。まだ、ゴアに遊びに行ったり、リゾートに行ったりする人はいませんでした。

しかし、私たちはインドのことを調べて旅しました。とても面白かったです。いつも少しずつ東を目指してきました。カリフォルニアのハリウッドで生まれ、ニューヨークに行き、それからロンドン、ギリシャ、コソボ、ユーゴスラビア、イスタンブール、イラン、カブール、結婚してからカトマンズに行き、そして最後にスワミ・ギータナンダが人生の仕事を与えてくれることになる、インドのヨガ一〇一（基礎的なヨガ）アシュラムにたどり着きました。そこには占星術師がいたり、ヴェーダーンタの学者が講義をしに来たりしていました。私たちはアーサナ、プラーナヤーマ、ラヤ・ヨガ、クリヤをしたり、空中浮遊、ビジュアライゼーション、コーヒーエネマ（腸内洗浄）、断食の後でドーサのようなスナックを食べたり、ヨガの本に載っていそうなことはすべてやりました。膨大なメニューがあり、その中からあれこれ試してみたのです。

その後、ギータナンダは全インドのヨガ・カンファレンスも主催しました。そこでは、これまでの慣習で、参加者には招待状と一緒に電車の一等車のチケットを提供しており、B・K・S・アイアンガーもシュリ・K・パッタビ・ジョイスも招待状を受け取りました。その中には、南インドの地元でしか知られていない、ナウリ・クリヤや、少し特別なナウリ・クリヤなど、独特のやり方に精通している人もいました。

（招待されたうちの）一人は、ソーマ（インド神話などに登場する神々の飲料）をつくることができるヨーガ・アーチャールヤ（先生）で、埋葬されている間にニルヴィカルパ・サマディの（悟りを開いた）状態でそれをします。すると、特定の権威のところに行くことができ、蟻一匹入り込まないピッタリの墓穴のサイズを教えてくれます。穴を掘っていたのはデヴィッド（ウィリアムス）だったと思います。

B・K・S・アイアンガーは来ませんでしたが、送ってきた手紙が読まれました。ナウリ・クリヤのエキスパートが来て、お腹をキレイにぐるぐると回していました。埋められるためにヨギーが来て、穴が掘られましたが、警察が来て、そのヨギーを穴に埋めさせませんでした。代わりに、ヨギーはソーマとは何か、どうやってソーマをつくるのかを説明しました。ヨギーはケーチャリ・ムードラ（舌の下の靭帯を切る）をして、分泌したソーマを得なければならないと言いました。ソーマは、植物やきのこや外部から生まれるものではなく体内の何かで、ある種の生理的反応によって生まれたものなのです。

パッタビ・ジョイスは、妻と娘といとこと甥と一緒に来ました。体が引き締まって、本当に格好が良く、デモンストレーションをしました。パッタビ・ジョイスは講義をし、いとこがそれを通訳し、アンマはパッタビ・ジョイスの世話をしていました。サラスワティが何をしていたのかはあまり覚えていません。

そのカンファレンスの一～二カ月前、マイソールから二人のインド人の若者がアシュラムに来て、サリーやサロンなどを売っていました。それがマンジュとマンジュの友人バサラジュでした。マンジュは、父親から習ったヨガポーズのデモンストレーションをしました。これがすごかった！

私はマンジュとバサラジュに会った一〜二カ月後にはマンジュの父に会い、グルジの甥ヴィシュヴァナートのデモンストレーションを見ました。そして私は「このヨガを習いたい」と言ったのです。

——前にそういうものを見たことがありましたか？

いいえ。アイアンガーの本は読んだことがあって、それは面白かったです。少しシヴァナンダヨガのものも混ざっていていい感じでしたが、そのようなもの（デモンストレーション）を見たことはなかったです。

私は絶対にパッタビ・ジョイスのところで学びたいと思い、そう頼んだら「駄目です。外国人の生徒は取りたくないので」と言われました。昔、嫌な経験をしたのが理由でした。

——生徒にしないと言われたんですか？

そうです。でも、私はグルジたちが必要なもの、水やコーヒー、アーモンドなど何でも街に買いに行って、持って行きました。私には娘と妻がいて、娘は一歳の時にポンディチェリーのアシュラムで、素晴らしい先生にヒンドゥーの洗礼の儀式をしてもらいました。まだ小さな赤ちゃんでしたが、東洋人は赤ちゃんが好きですよね。

――どうやってグルジを説得したんですか？

頼み続けた訳ではありませんが、私が悪い人間ではないとわかって、アンマが「チャンスをあげたら？」とグルジに頼んでくれたのです。ですから、アンマがいなかったらグルジは私を生徒にしていなかったかもしれません。そのような必要がなかったのです。当時、グルジはサンスクリット大学で教えていて、月に五十ルピー稼いでいました。パトロンの商人もいましたし、地元の人のためのヨガクラスもしていました。

グルジが私を生徒として受け入れてくれてから一カ月ほどで、私はマイソールに引越しました。最初はグルジの家の二階に住み、グルジが新しい家を買うまではそこに住んでいました。

――グルジはブラマンではない人にも教えていましたか？　それともブラマンだけに教えていましたか？

そんなに多くではありませんが、ブラマンではない人にも教えていました。しかし、近年はブラマンではない人が増え始めました。インドの文化を理解しなければなりません。南インドの静かな田舎でブラマンとして育ったら、それは保守主義だということです。保守主義ということは原理主義という意味です。そこから変化するのは大変ですし、時間がかかります。進化とでも言えるでしょうか。

グルジは間違いなく社会運動の力に飲み込まれていました。私はグルジの向かっていた道を知っていて、自分の向かっていた道も知っていましたが、まったく正反対でした。しかし、それが出合ったのです。もし悟りを開いたら、迷いの世界から抜け出せる、とでも言いましょうか。

だから、私はマイソールに行き、自転車でグルジのために市場に買い物に行っていたのです。ロードバイクを持って行っていたので、自転車でかなり広い範囲に買い物に行きました。市場に行ったり、プージャ用の花を買ったり、可能な限りありとあらゆることをしました。クラスにも自転車で行きました。最初は、全員の練習が終わる朝七時半頃まで待って、それから個人レッスンを受けました。その後、午前五時と午後五時に行くようになり、一日二回クラスを受けました。そのしばらく後で、午前と午後のクラスの間に大学に行きました。数年にわたって、そのようにしていました。

練習した後、私は座って(他の人の練習を)見ていました。話している内容はほとんど理解できませんでした。コーコーラージュやシャーンターなどと話をし、仲良くなって、村に一緒に行ったり、彼らの文化を学んだりしました。多分、他の人よりもアイアンガーのコミュニティについてよく知っていると思います。私の最初の妻はインド舞踊のダンサーで、クリシュナマチャリアのお父さんの元でインド舞踊を習いました。とても優れた知識を持つ偉大な人たちと共に過ごすことで、インド全体の息吹のようなものが注入されました。

デヴィッドはアメリカに戻り、アシュタンガヨガを教え始めました。カリフォルニアのエンシニータスで教えている時に、グルジにエンシニータスに来てもらえませんかと手紙で頼んできました。グルジはアメリカに行きたいと言って、私に保証人になってくれと頼んできたので、快く引き受けました。

私は赤ちゃんを祖父母に見せるために、何度かアメリカに戻っていました。私には弁護士のフリードマンという生徒がいて、フリードマンがグルジの法的後見人になりました。私はグルジと電車でマドラスのアメリカ領事館に行き、書類作成を手伝い、グルジはビザを手に入れました。問題はマンジュでした。マンジュが自分もグルジと同じようにビザが欲しいと言ってきたのですが、「インドに帰国しないおそれがあるので、ビザは発行しません」と言われました。そして、マンジュは本当に帰ってこなかったんです！

グルジがエンシニータスに行っている間、私はインドにいました。それまでの数年間はマイソールにいて、今シャラートがやっているような感じで、当時の私は大学に話やデモンストレーションをしに行っていました。グルジが話をして、私がポーズのデモンストレーションをしたのです。

——グルジがアーサナをやっている時に、クリシュナマチャリアが上に乗ってレクチャーをしていたように、グルジもあなたの上に乗ることがありましたか？

そうですね、場合によっては。クラスの時にそうすることもありました。カンファレンスの時は場所によります。大学の中では違って、もっと洗練されていました。わかりますよね、階級的なものだからです。グルジが教授でも、二つの科目で教授をしていても、ある種ブラマン的な慣習の階級意識がまだあります。当時、グルジはその地位に昇進するよう働いていました。グルジは、偉大な男性であり、学者であり、本物のブラマンだと思われていましたが、アカデミックな人たちや裕福な人たちと一緒にいると、少し部外者のように感じていたと思います。しかし、自分の言葉で話している間は冷静でした。カンナダ語はとても美しくて、少し他の言語が混じっているような感じがします。イタリア語のようでもあり、サンスクリット語とドラヴィダ語が混じっているようでもあり、とてもいいです。

マイソールの通りで聞こえる怒鳴り声もとても美しく、カルナタカ州の音楽のようでした。私は、グルジとアンマと何十回もコンサートに行きました。座ってドーサを食べながら音楽を聴けるのです。すべての曲の歌詞が、十八世紀のカルナタカ州のラップみたいでした。スピリチュアルラップ最高！ヴェーダーンタでも、ナーマルーパでも、一番大事なもの、それが一番大事、それがマイソール。音楽は魅力的です。音楽は死に生命を吹き込み甦らせます。グルジはその歌をすべて知っていました。カルチャーがまさにそこにありました。

――グルジの性格や教え方について少し教えてもらえますか？

私はマイソールに行って、すぐにグルジを信頼しました。グルジにアシュタンガヨガの練習を教えてもらう準備ができていました。最初はグルジの家の二階に住んでいましたが、階段を這って登ったり降りたりしていました。寝たきりのような状態で、身動きできない時もあり、ほとんどの時間そうでした。私は体がとても硬く、運動は少しサッカーをやっていただけでした。バッダコナーサナだけでなく、何もかもできませんでした！　アーサナに関する知識が少しあり、体を使うこともできましたが、鍛えられていませんでしたから、大変なことになるだろうと思いました。

鬼軍曹の元にいるような感じでした。私はいい生徒でした。きちんと練習に通っていたし、覚悟もしていたし、(アシュタンガヨガの決まりを)よく守っていました。(アシュタンガヨガの練習に)生まれつき向いていない人もいます。そういう場合は、(練習で)起こることすべてを経験するのはいいことです。私は間違いなくあらゆることを経験しました。私はどうすれば変化できるのか、自分が求めている新しい体になれるのか(今は)わかります。継続することです。

ある日、私はほとんど動けず「グルジ、もう少し楽にできませんか？ 私には時間があります。アメリカには戻りません。ここに住んで、すべてじっくりとやります。こんなにハードにやらなければいけないんですか？」と言いました。週六日、一日二回の練習をかなり長い間やりました。しかし、これと同じようにやる必要はありません。クラスでもそんなことをしている人は誰もいませんでした。生徒はそれぞれ異なる動機を持つヨガマニアで、練習についても違う規準を持っていました。性格も違えば、生活時間も違います。私はグルジのクラスのこういうところが好きでした。定期的に練習しなければならないものなので、誰がクラスに来るかわかっていました。来ている人は、来なければいけないから来ているのです。飛んだり跳ねたりすることができない人も、他のことはできます。壁を使って三十分間ヘッドスタンドをしなければいけない人もいるかもしれないし、すべて人によって違います。

グルジは、自分の師匠とその哲学である、シャンカラチャリアのヴェーダーンタについて話す時は、とても素晴らしかったです。グルジのカンナダ語とサンスクリット語は機知に富んでいて詩的で、グルジの言葉が理解できる人には、グルジはとても博識で鋭くユーモアのある人として知られていました。私はグルジの母国語を勉強し始めました。グルジのクラスでは、色々なレベルの練習が行われていて、適当に練習している人もいれば、とても正確に練習を進めている人もいました。今朝私が教えたクラスを見たらわかると思いますが、私はそのようなやり方を見て学んだので、同じようにやっています。

グループクラスというのは見たことがありませんでした。グルジはアーユルヴェーダ大学でバサラジュと一緒に、何回かに分けてグループクラスを教え始めましたが、私はそのように習っていません。私は、生徒の体やエネルギーを見てアジャストするやり方を習い、グルジも私にそのように教えてくれました。

アーユルヴェーダ大学で医師から処方をもらった患者に、グルジがマンツーマンで教えることもありました。グルジと一緒に働いていた時に、グルジがポリオや脳卒中の患者にヨガを教えているのを見たこともあります。素晴らしい仕事です。だから私は、観察しては学び、学んでは観察することを繰り返しました。大人数のクラスは見たことがありません。先生は大人数のクラスをどうやって見るのだろうと思います。

グルジが私を受け入れ、このように教え、私はそこにいて、その場所に溶け込んで、アシュタンガヨガを学びました。

――身体的な練習でどれくらい深い練習ができると思いますか？

ほとんどの場合、他の支則をやらなければどこにも行けないと思います。

——適切な意思がなければ、ですか？

適切な意思、適切な食事、ヤマやニヤマがなければ、何も起こりません。エゴを取り除き、確実になくさなければいけません。練習で人を驚かせようとか、人と比べたりしていたら、タマス的になります。できるだけ意識してサットヴァ的にならなければなりません。そうでなければ、見込みがありません。

——練習がエゴをなくすとは思っていないのですね？

どのような意図でやるかによりますが、練習はエゴを増幅することの方が多いです。警告は歌の中や、あらゆるところにあります。

——グルジは、生徒がエゴをなくす準備のようなものをさせていると思いますか？

私が話しているのは、一般的なヴェーダーンタについてで、誰もが知っていることです。

――身体的な練習は解放や自由につながると思いますか？

現実的なことを考えずに、ですか？　それはないと思います。「ああ！」とか「おお！」というクンダリーニ（体内の根源的生命エネルギー）のひらめきはあると思います。もしくは、強い高揚感や天にも昇るような感覚みたいなものが。自分というのは肉体ではないのだとわかるまで、何をするのですか？　身体的な練習をしていると思っているなら、どんなにポーズが進んでも初心者に過ぎません。

――練習中に出てきた問題によって、いきなり自己認識や自己理解ができるとは考えていないのですね？

「この無駄な脂肪や体重を抱えて自分は何をやっているんだ？　軽くなりたい！　肉体から自由になりたい！」ということですよね。

しかし、自分の肉体から自由になるには、無くしたくないもの、つまり自分自身（内面）を磨かなければなりません。それこそが、磨き育んでいるものです。自分の外見、肉体、脂肪の塊を磨いたり育てたりしたら（そんなものに取り憑かれない方がいいと思いますが）、本当にとても苦しむことになります。自分自身を磨くことができれば、すぐにそれ以上思い悩むことはなくなります。もっと自由になります。

アーサナは自分自身を肉体から取り出し、プラーナに意識を向けます。深いところまで、次のレベルまで行かなければなりません。ヤマとニヤマは忘れてください。プラーナが一番大事です。自分のことを磨き、浄化し、深く考えなければなりません。とても繊細です。練習はプラーナにつながっていなければいけません。

死んだら、死体にパドマーサナを上手に組ませ、うまく座らせることができます！（マイソールで実際にやっていることです）ですから、あなたが今死んだら、私はあなたにどんなポーズでもとらせることができます。うめいたり、唸《うな》ったりすることもありませんが、プラーナを体に戻すこともできません。死体や銅像は身体的にいい状態に見えますが、そこにプラーナはありません。プラーナは本当に次のレベルなのです。長い間アシュタンガヨガの練習をしていて、プラーナについてきちんと考えていない人がいるなら、何か他に楽しみにしている良いことがあるんでしょうね（笑）。


――アシュタンガヨガの練習に八支則のすべてが組み込まれていると言う人がいます。例えば、自分の体を酷使したり、無理をしたり、（自分の体に対して）暴力的なことをしていると、痛みや苦痛を経験することになり、それでアヒムサを学ぶことができるとか。また、呼吸をすることですでにプラーナヤーマをやっている、ドリシティをすることで自分の感覚に目を向けている、などです。練習にはアシュタンガヨガ全体の要素がいくらか含まれている、ということについてどう思いますか？

別に（笑）。高度な解釈ですよね。どんな議論でもうまく発展させることはできるし、立場を正当化するためにどんな討論もできますけど、ヴェーダーンタ哲学者の会議ではそういう話は出ないと思います。そのようなことを言うこともできますが、その可能性があるか調べなければなりません。大したことではないです。調べることは色々とありますが、すべてやることができます。

ハタヨギーになりたいのであれば、ハタヨガの視点で物事を見るようにします。ハタヨガという言葉の使われ方は、アシュタンガヨガより良くない、いや、かなり悪いです。アシュタンガヨガという言葉は、一般的にシステムとして使われています。パタンジャリの『ヨーガ・スートラ』では、アーサナについてほんの少ししか書かれていません。アーサナができるようになったら、肉体の苦痛が落ち着くだけです。

ハタヨギーはアシュタンガヨガとは違って、肉体を解放の道具として使うと考えています。浄化された純粋な体を求め、その体を魂を変化させるために使ったり、本物の乗り物として使ったりしたいと考えています。ポンディチェリーで見たことがありますが、ソーマを溜めるために舌の下の小さな靭帯を切るような人たちです。極端なブラフマチャリヤの誓いを守らなければなりません。禁欲していなければ、腸を取り出して洗うことはできません。ハタヨガとは、太陽と月、シヴァとシャクティが合わさったものです。ハタヨガとは何かを知っていたら、ハタヨガをしようとはしないでしょう。

――では、この考え方は幻想みたいなものだと思いますか？　アシュタンガヨガと呼ばれるもの

を練習し、ヤマとニヤマに気をつけたり、プラーナヤーマの説明を受けたりしなくても、何かしらの解放に至ると考えている人もいます。

それははじまりに過ぎません。サマディの状態にあっても、そうなる前に考えなければいけないことは他にもたくさんあります。考えるべき物事や段階があまりにもたくさんあります。それをやらなければなりません。真剣な仕事です。二千万とあるうちの一つです。このヨガでもどのヨガでも、誰にでも合うわけではありません。

傍観しなければならないのでなければ、やってみなさいということです。数年前に東洋を放浪してリチャード・アルパート（『ビー・ヒア・ナウ』の著者ラム・ダス）は、いい物を持ち帰りました。私たちはその箱をのぞきこんで、宝石を手に入れました。私たちにも手に入れられるものです。ですから、多くの選択肢は西洋のうわべだけの素人でも手に入るものです。私たちはまだファン・ポンセ・デ・レオン（スペインの探検家）の宝を探し求めているのではないかと思います。ファン・ポンセ・デ・レオンが探していたのは何だか知っていますか？　若返りの泉です！　ですが、このアシュタンガヨガの練習にはたくさんの副産物がありますよね。アプローチの仕方によって変わるものです。勘違いしないでください。アシュタンガヨガは美しいもの、旅そのもの、あらゆる種類を統合したものです。ここでは、自分が手にするに値する貴重な宝石を求めているだけです。自分に問題が何度も起きているのと同じ理由です。

グナ*について知らなければなりません。グナを知らずして何かを成すことがどうしてできるというのでしょうか？　何かを学ばなければなりません。グルジがよく言っていた「九十九％の努力、一％のセオリー」を、最初に聞いたのは私でした。しかし、一％のセオリーはかなりの量のセオリーです。セオリーを少しは知らなければなりません。形式や鍛錬にハマって練習をすることで、意識を呼び覚ましします。体に苦痛がある場合は、自分自身を苦しめないためにヨガを使うことができるという意味なのです。すべてはそこにあります。うまく扱うことができたら確実で輝かしいものです。家が火事になってから井戸を掘るのでは遅すぎます。問題が起こってから「ヨガをやらなきゃ！」と言っても遅すぎるのです。早いうちから学び、練習をし、そして問題が起こったら、ヨガを使うことができる、それが適切な使い方なのです。

＊3つのグナとは自然の要素やエネルギーの性質のこと。サットヴァ：調和、知恵、ラジャス：行動、激しさ、タマス：怠惰、無知。

（自分の練習を）確立してください。体が慣れるには数年の日頃からの練習が必要です。そうして、自分が苦痛になる時がわかり、それを取り除くために使うことができるようになります。

――そもそも、このアシュタンガヨガのシステムの由来を知っていますか？　とても古いものだという感覚がありますか？

私は、しばらくの間サンスクリット語の先生ととても仲が良かったのです。彼から『ヨーガ・スートラ』を学びました。ノーマンを知ってますか？

――『マイソール宮殿のヨガの伝統（The Yoga Tradition of the Mysore Palace）』の著者のノーマン・スジョーメンですか？

そうです。ノーマンはとても仲のいい友だちです。B・K・S・アイアンガーの一番古い生徒のうちの一人で、何年か前にプネーでサンスクリット語の博士号を取った時に、アイアンガー先生からひどい仕打ちを受けていました！（笑） バックベンドをしている時に肋骨を折ったんです。話を全部聞かなければと思っていたら、ノーマンがマイソールに来ました。ノーマンは優秀でした。現在、インド人以外でサンスクリット語が一番優秀なはずです。賭けてもいいです。マイソール宮殿の宮廷占星術師がノーマンを生徒にしたがっていたくらい優秀でした。ほんの少し欠点がある以外は！（笑）

――ノーマン・スジョーメンは、グルジのところではヨガを学んでいませんよね？

学んでいません。ノーマンはグルジの手を焼かせたことはありますが、グルジのところで学んではいません。ノーマンの著書の表紙の男性ダーターートゥレヤはノーマンの生徒でした。ノーマンがどこかに行かなければならない時は、私がアシュタンガヨガのスタイルでダーターートゥレヤに教えていました。

ノーマンには自分の哲学があり、私はそれを聞いていました。ノーマンは自分の哲学を検証できるので、いつも文献（『ヨーガ・コルンタ』）を見たがっていました。

それで、質問ですよね。アシュタンガヨガの起源について聞かれていたんですよね。まず最初に、この練習全体は自信に勝るもの、経験することです。私は数千年前の文献をさかのぼることはできないと思うので、クリシュナマチャリアが最初にどのように表現したのか理解するには、クリシュナマチャリアとはどういう人間なのかを知らなければなりません。難しくはありませんが、調べることは本当の意味でスピリチュアル的な救いにはなりません。学術的なアプローチのためでない限り、ノーマンのように証明しようとするのは現実的ではないと思います。それについて言うことはありませんません。とにかく、アシュタンガヨガはいいシステムだということです。

いや、それも私にはわかりません。起源については議論の余地がありますが、発展については切り分けることができます。主に、練習と経験が一番大事です。ですから、楽しんで、自分の旅を観察し、旅の途中でどのように進歩するかを見ていきましょう。続けなければなりません。ヤマとニヤマは忘れてください。最終的にはすべてをやることになりますから。

二〇〇一年　ハワイ島

S・L・バイラパ

S. L. Bhyrappa

S・L・バイラパは、南インドで有名な作家の一人でフィクションとノンフィクションを書いている。バイラパの本は、ほとんどすべてのインドの言語に翻訳されており、いくつかは英語にも翻訳されている。グルジの遠い親戚でもあり、一九七〇年代にグルジの元でヨガの練習を始めた。

――どこにお住まいですか？

マイソールに住んでいます。学生時代をここで過ごし、マイソール大学で修士号を取った後で、北インドで約十二年間働きました。それから、一九七一年にマイソールに転勤になり、ここで二十年間働き、一九九一年に退職しました。

――北インドでは何の仕事をしていたのですか？

グジャラート州のセダー・パテル大学で講師をし、デリーの教育研究訓練協議会の准教授もしました。それから、地域教育大学で哲学の教授としてマイソールに来ました。

――グルジとはどのように出会ったのですか?

私はヨガの練習がしたかったのです。当時、グルジのことは聞いていましたし、私の家はラクシュミプラムのグルジの家の近くだったのです。それで、グルジの家に通って、ヨガの練習をしたり、学んだりしました。

――ヨガの練習がしたいと思ったのは、何か特別な理由があったのでしょうか?

健康と幸せのためです。グルジはヨガを教えているだけでなく、ヨガの哲学を学んできたと聞いていました。グルジはサンスクリット語がわかるので、ヨガやヴェーダに関してサンスクリット語で勉強していました。伝統的な学校であるサンスクリット大学でもヨガを教えていました。だから、私はグルジのところに行ったのです。後になって、グルジが遠い親戚だとわかりました。

――哲学者であり教師でもあるあなたが、ヨガを幅広く教える人からヨガを学ぶことに興味を持ったのですか?

そうですね、ヨガの哲学を学ぶことにも興味がありました。ヨガの練習以上に、ヨガの哲学に興味があったのだと思います。ですが、もちろんヨガの練習についても一年以上学びました。毎日夕方にグルジのところに行き、グルジの指導の元で練習をしていました。

――グルジと哲学について話したことはありますか?

はい、時々。

――グルジの第一印象はどうでしたか?

まったく気取らない人で、ヨガの哲学に通じていると思いました。私のどんな質問にも答えてくれて、とても親しみやすい人でした。

――どんな質問をしたのですか?

ヤマ、ニヤマ、アーサナ、プラーナヤーマ、プラティヤハーラ、ダーラナ、ディヤーナ、サマディなど、パタンジャリのヨガ(アシュタンガヨガ)の八支則の詳細についてよく質問しました。そのような質問をすると、グルジは答えてくれました。

——ヨガの練習を始めた時の印象はどうでしたか？

理論的には少しヨガを勉強していましたが、練習を始めてみて、本当に心の平穏と幸福感をもたらすものだとわかりました。体は軽くなり、心は穏やかになります。一時間とちょっとのヨガの練習の後は、穏やかな感じがします。

——つまり、ヨガは単なる身体的な練習ではないとわかったのですね。

ヨガは単なる体操ではなく哲学です。ヨガの最初の二つの支則、ヤマとニヤマは道徳的な教えです。この道徳的な教えを実践せずに、身体的なエクササイズの部分だけをやるのはヨガではありません。ご存じのように、パタンジャリのヨガではアーサナは三番目の支則です。ヤマとニヤマは大事です。ヤマとはアヒムサ、サティヤ、アスティヤ、ブラフマチャリヤ、アパリグラハ、ニヤマとはシャウチャ、サントーシャ、タパス、スワディヤーヤ、イシュワラプラニダーナ、これも道徳的な指針です。これらを日常生活の中で実践しなければなりません。少なくとも意識しなければなりません。その上で、アーサナをするべきでしょう。実際、瞑想中に長時間座っていられる体にするのがアーサナの目的です。単なる体操ではありません。

——ヨガは、インドの様々なスピリチュアルな伝統にどのように組み込まれているのでしょうか？

シャンカラチャリアとラマーヌジャチャリアとマドゥヴァチャリアという三人のグルには、哲学的な違いがあると思います。ヨガで高い次元に到達した時のみ、最終的に個人の魂は普遍的な魂と一体化するのか、それとも個性を保つのか、という違いがあります。それは最終段階で、日常的なヨガの練習ではこのような違いは重要ではありません。実践的というより、もっと理論的な違いなのです。

——グルジにとってこの違いは重要だったと思いますか？

グルジは出自から言うと、シャンカラチャリアの系譜に属しているので、シャンカラへの傾向は強いと思いますが、それはグルジが他の系譜を否定しているという意味ではありません。

——多くの学者がシャンカラチャリア（ヴェーダーンタ）とヨガには矛盾があると感じていますが、グルジは矛盾はないと感じていたんですね。このことについてグルジと話したことはありますか？

いいえ、このことについてグルジと話したことはありません。しかし、私の理解する限りでは、矛盾はないと思います。例えば、ヴィヴェーカナンダはシャンカラの哲学を支持しています。彼はシャンカラチャリアの哲学を現代に広めた重要人物ですが、ヴィヴェーカナンダ自身、素晴らしいヨギーでもあります。また、ヨガの重要な教義を解説し、ヨガに関する深い洞察を元に本を書き、講義しました。ですから、私はその二つ（ヴェーダーンタとヨガ）は矛盾していないと思います。

実際に矛盾があるとしたら、ラマーヌジャチャリアやマドゥヴァチャリアの哲学にも矛盾があることになります。この二つもヨガについて語っていますが、シャンカラチャリアの哲学は他の哲学よりもヨガと調和しています。クリシュナマチャリアには、B・K・S・アイアンガーとグルジという二人の偉大な弟子がいました。アイアンガーはヴァイシュナヴァ（ヴィシュヌ派）に属しており、クリシュナマチャリアと同じ系統です。グルジはシャンカラチャリア（シヴァ派）に属していますが、矛盾はありません。ヴェーダーンタを学んでいる時は論理的な違いはあるかもしれませんが、ヨガの練習をしている時は違いはありません。

――練習によって頭の中で何か、おそらく自己理解に関するようなものが、明らかになりましたか？　あなたは非常に多作な作家です。英語、カンナダ語、他にもいくつかのインドの言語でも書かれています。頭がとても研ぎ澄まされている、自律心のある人なのだと思います。練習によって明らかになった何か特別なものはありましたか？

グルジのところで練習を始めた時、最初に「私は基本的にはフィクション作家です。ヨガの練習が私の創造力に影響を与えますか？」という質問をしました。フィクション作家の場合、頭はいつも空想と向き合っています。良いか悪いかはさておき、極悪人や善人、凡人のキャラクターを生み出します。極悪人のキャラクターを生み出している時、私自身も極悪人と一体化します。ヨガが人生における善なるものだけを私の思考に求めるとしたら、そこで私の創造力は限られてしまいます。そういう意味で質問をしました。

グルジは「そんなことはない、空想は空想です」と言いました。ヨガは実際の生活のために心や頭が自制できるようにするものです。しかし、創造力を妨げるものではありません。実際、私は妨げられませんでした。そもそも、私のヨガの練習はそこまで高いレベルには達していません。朝、約一時間ほどヨガのいくつかのアーサナを練習し、それから三十分プラーナヤーマをします。ディヤーナやそれ以降の深い段階までは到達していません。道徳的な教えもそれほど深く実践できていません。私の思考に、もしくは私の日々の活動に道徳的な次元があるとしたら、ヨガの練習を始める前にはありました。私の個人的なテーマは哲学で、西洋的な倫理、インド的な倫理、何が善で何が悪か、道徳面から状況分析などを研究し、それを実践してきました。それだけです。しかし、私が創造力と想像力を駆使している時は、極悪人のキャラクターのことも理解しようとしますが、人生における善も悪も、想像することは（ヨガによって）妨げられません。

――『ヴァムシャ・ブリクシャ（Vamsha VruKsha）』（バイラパの小説）の最後、僧侶になった少年が土砂降りの雨の中、ラクシュミプラムの通りを歩いているシーンで、私にはグルジの家に向かうファースト・クロスを少年が歩いている姿が鮮明に頭に浮かびました！

（笑）。

――あなたはグルジのために手紙を代筆したり、グルジの書いたものを翻訳したり、グルジと個人的にとても仲が良かったと聞いています。

グルジは英語があまりうまくなかったので手伝っていました。グルジが手紙や文書を書きたい場合、グルジはカンナダ語では自分の考えをとてもはっきりと表現できたので、それを私が英語に翻訳しました。それだけです。記事もいくつか翻訳しました。翻訳する際には、グルジの書いた内容をより伝わりやすくしようと心がけました。わかりますよね、書くことは練習によって上達する技能ですが、グルジはヨガという自分の得意なテーマでも、書くのがあまりうまくありませんでした。ですから、よくグルジの手伝いをしていました。グルジがカンナダ語で書いた時は、私がそれを読んで「これはどういう意味、あれはどういう意味？」と質問をします。そして、私の頭の中で明解にした上で翻訳しました。

――グルジとそのような作業を一緒にするのはいい経験だったのではないでしょうか。

そうですね、ほんとに。

——あなたとアンマとの関係を教えていただけますか？　あなたはアンマととても仲がよかったと聞いています。

アンマはとても楽しくて、とても気前のいい人でした。インド人女性、妻、母のすべての性質を兼ね備えたような人でした。料理をするのも、人に食べさせるのも好きで、ユーモアのセンスも抜群でした。何でも面白がっていました。特に私と仲が良かったのは、多分私の小説のせいだと思います。あるいは、遠い親戚だったからかもしれません。アンマには仲がいい人がたくさんいました。もてなし上手な温かい人でした。

——グルジとアンマはすべての生徒を家族のように受け入れ、誰でも温かく歓迎していました。ユーモアのセンスについてはどうでしたか？

アンマはどんな平凡な状況でも冗談にしていました。グルジのことも本当に何度もからかっていました。アンマがいれば、いつでも笑いと冗談が絶えませんでした。人を楽しませる性格なのだと思います。

――グルジは厳しい人でしたが、アンマはグルジのユーモアセンスも引き出していましたか？

笑いを生むには、楽しませようという姿勢が必要です。グルジは真面目過ぎて、人を笑わせることはありませんでしたが、アンマの冗談を楽しんでいました。アンマの冗談でグルジの機嫌が悪くなることはありませんでしたが、自分で笑いを取るようなことはありませんでした。

ずっと後になって、私がグルジの生徒になった時は、グルジが盛んに冗談を言うので驚かされました。

――グルジの次男ラメーシュのこともよくご存じでしたか？

ラメーシュは、神や儀式や礼拝にとても傾倒していました。老人が、神や儀式や礼拝に親しむのは理解できますが、ラメーシュみたいな若者がそんなものに入れ込むのは、私には不思議でした。僧侶にでもなるんじゃないかと思っていました。

――三十～四十年前のヨガに対する一般的な考えはどのようなものでしたか？　ヨガはどのように見られていたのでしょう？　今はとても人気がありますが、昔はインドでもそんなに人気はなかったのですよね。

四十～五十年前は、インドでもヨガの実質的な恩恵はそこまで知られていませんでした。ヨガの人気が出てきたのは最近のことです。グルジだけでなく他の先生も、インドや欧米諸国でヨガを広めています。最近では、ヨガは現代セラピーや逆症療法の観点からも注目されています。緊張を和らげ、頭や心を治療する、人生に対するホリスティックなアプローチの一種です。ヨガの哲学も徐々に広まって人気が出てきています。インドだけでなく西洋にも、他にも色々な流行があります。菜食主義もヨガと関係があります。それから、オーガニックな物を食べるという流れにもつながっています。これは副産物ではなくヨガの一部です。つまり、この世で起こっている様々なムーブメントがヨガにつながっているのです。イスコン（クリシュナ意識国際協会）も、ナチュロパシー（自然療法）も、ヨガとつながっています。このような流れはすべて、何らかのかたちでヨガを受け入れたものです。

――昔グルジとアンマは、僧侶や聖人のためだけのものだからと、ヨガをするのを怖がっている人がいるとよく言っていました。これについてはどのようにお考えですか？

間違った考えです。今はそんな間違った考えはなくなりました。どんな仕事をしていても、独身でも結婚していても、知的な仕事でもそうでない仕事でも、健康になりたい人にはヨガが役立ちます。ヨガや瞑想をして一日を始めましょう。

また、日本が影響を与えている禅仏教も、ヨガから派生したものです。ヨガのことを語る時、パタンジャリのヨガ（アシュタンガヨガ）だけがヨガだと考えない方がいいです。パタンジャリはヨガの創造主ではありません。ヴェーダの時代からインドにはヨガの練習はありました。『シュウェイタスヴァータラ・ウパニシャッド』のようなウパニシャッド（サンスクリット語で書かれたヴェーダの書物）の中に、すでにヨガの様々な段階について書かれています。パタンジャリは体系化しただけです。仏教徒やジャイナ教徒は、それぞれの教義や信条に合わせて変化を加え、独自のヨガのシステムを発展させました。仏教徒の修行が中国や日本に伝わり、ヨガは独自の進化を遂げ、その地域の修行として浸透しています。

日本や中国は西洋諸国に良い影響を与えてきました。ナーランダーは仏教教育の中心地でした。アジア全域、インド全域から学生がナーランダーの僧院に来ました。ヒンドゥーの王も含めインドのほとんどの王、たくさんの王がナーランダーを経済的に支援していました。現代の大学に様々な学部があるように、ここではヴェーダ、サーンキヤ、ニヤーヤなども教えていました。

ヒンドゥー教徒だけでなく仏教徒の寺院も同じように、ほぼすべての村で練習と教育が行われていました。グルが住んでいるところはどこでも学校となります。森の中のアシュラムに住んでいるかもしれないし、住居に住んでいるかもしれません。生徒はそこに行き、先生と寝食を共にします。その後、先生の家を出て、自分の家に住み、そこで教えます。これはヒンドゥー教徒の場合です。しかし、仏教徒の場合は、施設や修道院のような広い場所に住みます。

このような施設はすべてイスラム教徒に破壊されてしまいました。ナーランダーはバクティエール・カーンというイスラム教徒に破壊されたのです。今でもナーランダーの方に行くと、ビハール州州都パットナの近くにバクティエール・プーラという鉄道の駅があります。バクティエール・カーンは兵士を引きつれて行き、ここの僧侶たちを虐殺しました。全員、仏教徒の教師でした。一万人近くの仏教の僧侶が殺され、生き残った人たちはそこから逃げる際に教本を持ち出し、チベットに行き着きました。チベットはヒマラヤを越えた向こう側なので、イスラム教徒はそこまで追いかけてきませんでした。だから、チベットは仏教の中心なのですが、やがて中国が侵攻してきたので、ダライ・ラマはインドに亡命したのです。

現在でもチベット仏教やチベット体操（チベットヨガ）というものが知られています。チベット体操というのは、ヴィパッサナーヨガという別のタイプのヨガです。ドゥッカ（苦しみ）を取り除くのが目的です。ドゥッカをただ取り除くことと、スッカ（心の平穏）を得ることの違いは何なのでしょうか？　哲学的な細かな問題です。私が言いたいのは、ヨガには様々なスタイルがありますが、どのスタイルのヨガにも似たようなところや共通点があります。だから、違いは些細な問題に過ぎないということです。ヨガは、パタンジャリのヨガだけでなく、あらゆるヨガがインド中の学校にありました。ヨガは中国や日本にもありました。現代では、このようなあらゆる学校が西洋に影響を与えており、西洋では仏教の宗教的な影響力は重要です。

基本的に、パタンジャリのヨガと仏教徒のヨガに違いはありません。サマディの究極的な段階において、ニルヴィカルパ（永続的な悟り）か、サヴィカルパ（一時的な悟り）か、どのようなサマディを得るかという最後の哲学的解釈に違いがあるだけです。仏教徒のサマディはパタンジャリとは違いますが、基本的には大差はありません。教会は、人々がヨガに向かうとキリスト教を放棄するようになるかもしれないと、西洋におけるヨガの影響を危惧するようになってきました。どんなかたちであれヨガの基本的な考え方は、真実を求めて自分の内面を探求することです。

――恐れるべきものなのでしょうか？　キリスト教徒でヨガをしている人がいたら、イエス・キリストに対する信仰心が高まる可能性もあります。キリストは「私と父なる神はひとつだ」と言っていました。これはヨガの教えでもあります。『バガヴァッド・ギーター』でクリシュナ神は「どんな形式であれ、あなたが私を信仰したら、その形式で私はあなたのところに来る」と言っています。

いや、『バガヴァッド・ギーター』の中でクリシュナが言っているのは「どんな方法で信仰しても、最終的には神のところに行く」です。教会がそれを受け入れたら、教会が全世界を改宗させようとしている根拠がなくなります。だから、恐れているのです。真のヨギーは布教活動はしません。セム語族系（ユダヤ・キリスト系）の宗教がヨガを恐れているのは、ヨガの基本的な教義を受け入れたら、改宗を勧める根拠がなくなるからです。

――ヨガは宗教の垣根を越えられるように思えます。

私がどんな答えを言ったとしても、それは理論に過ぎません。私はそのようなレベルまでヨガの練習をしていませんが、ヨギーたちの伝記や、ヨガの文献をいくつか読みました。例えば『シュウェイタスヴァータラ・ウパニシャッド』の中には、ヨガの練習をしている人は光や水や空気を要素的に感じている、ということを言っている詩があります。その人がパラブラフマ（最高の意識）を得たと思っても、それは間違いです。それを超えた先に行かなければならないからです。また、それを理解するためには、その人にはグルが必要です。

ほとんどのヨガの先生はこのレベルのグルにはなれません。グルというのは、ラマナ・マハリシや、ラーマクリシュナや、ヴィヴェーカナンダのような経験をしている人のことだからです。現代にも少しはいるかもしれませんが、このような経験をしてきた人だけが直々に導くことができます。そのような人は「これはアーサナです。これからはアーサナの練習を超えて、もっと心や魂の方に行きなさい」と言えます。ですから、そこまで言える、超えなさいと言えるのはパラブラフマだけです。しかしこれは理論に過ぎず、私にはそれについて言える資格がありません。

――しかし、グルジも「そんなに質問ばかりするな、ただ練習しなさい。知識はおのずと明らかになるから」と言っていました。ですから、質問をしないことに慣れてしまっていたので、このようなインタビューで質問をしにくかったです。（哲学的な）高度な問いに対して、どんな答えがあるというのでしょう？　自ずと気づくようなことであれば、答えはありません。答えられる質問もありません。その気づきがすべての疑問を解消します。質問に対する答えが無いのではなく、質問が無くなります。

ヨガでやっていることにはすべてに精神的な要素があります。一方で、他のエクササイズには精神的な要素はありません。ヨガで体を動かす時に、呼吸はとても大事な要素です。呼吸をしなければ、どんな運動もヨガではありません。以前、私はたくさん夢を見ました。何の脈絡もないいくつかの夢を続けて見ました。しかし、ヨガをやり始めてから、夢を見なくなりました。眠りがとても深くなったのです。プラーナヤーマとヨガのお陰だと思っています。身体的な運動よりも、プラーナヤーマのお陰だと思います。マカラ（ＯＭ［オーム］の最後のＭの音）を発すると脳が共鳴し、脳を落ち着かせると言う人がいます。そのように生理学的な説明もできます。

――スムーズで安定した呼吸を続けなければならない場合、頭と心だけがそれをコントロールできます。体は呼吸をコントロールしません。頭と心だけがコントロールできます。

サンスクリット語で呼吸はプラーナと言い、プラーナには呼吸と生命力、両方の意味があります。つまり、呼吸は生命力ということでもあります。つまり、呼吸をコントロールすることは、自分の生命力をコントロールするという意味でもあるのです。

二〇〇九年　マイソール

マーク・ダルビー、ジョアン・ダルビー

Mark and Joanne Darby

一九七九年、マークとジョアン・ダルビーはグルジのところで学んでいる間にマイソールで出会った。二人はグルジの元で学ぶために四年間インドに住み、三人の子供はインドで生まれた。その後、二人はカナダのモントリオールを拠点に、旅をしながら世界中で教えている。

――どのようにしてヨガに興味を持ち、練習を始めたのですか？

ジョアン　大学を卒業して、旅に出たかったんです。心の奥ではインドに行きたいと思っていましたが、一人で旅をするには怖すぎました。大学でヒンドゥー教の東洋哲学の本を読みました。私は薬剤師なので専門外の分野でしたが、興味を持ったのです。しかし、大学を卒業して一年間働くことにしました。その後、ヨーロッパに行って見聞を広めようと思い、すべてを置いて旅に出ました。自分のお金は母親に預け「半年は行きっぱなしになると思うから、お金が必要になった時だけ送って」と頼みました。

一九七六年にパリに着きました。飛行機の中でギリシャに行くという二人の少女と出会ったので、パリの後でギリシャに行きました。ギリシャでイスラエルに行く人に出会い、キブツで働きました。それから、アフリカに行く人に会い、数カ月間ケニヤに行きました。そして、パキスタンとインドに行くという人に会い、そもそも私が行きたかったところだと思いました。インドにたどり着くまで一年半かかりました。それからデリーに着き、バラナシに行って、ここは本当にめちゃくちゃな場所だと思いました。一九七〇年代でしたが火葬をしていたんです。見たことがなければ、とてもショックを受けると思います。それから、私はネパールに行って、トレッキングをしてダラムサラに行き、たくさんのチベット僧を見ました。その時点で、私は旅しかしていませんでした。

チベット僧の印象は強烈でした。その後、スリランカとタイとインドネシアに行きました。ヘルマン・ヘッセの『シッダールタ』を読み、本を読んだ瞬間に「そうだ、ダラムサラに戻ろう」と思いました。どういうわけか、その非常にシンプルな本にとても心を打たれました。ダラムサラに戻り、ダライ・ラマに会いました。当時、ダライ・ラマは少数の人たちに教えていたのです。三カ月間ダライ・ラマの元で学びましたが、肝炎が蔓延していて、人々はあまり健康ではなく、雨季にもなりました。屋根の上でヨガをやっている青年がいたので、「それはどこで習ったの？」と聞くと、その青年は「ポンディチェリーだよ」と言いました。ポンディチェリーに行った友だちがいたので、行くのも悪くないなと思いました。それで、チベット僧のところに行って「どうした方がいいでしょうか」と聞いたら、「自分で決めなさい」と言われたので、ギータナンダがやっているアシュラムに行くことにしました。

すると、ショックなことがありました。私はそれまで数年間自由気ままに旅をしていたのですが、アシュラムに着いたらギータナンダが「誕生日はいつですか？　なるほど、では八日間の断食ですね」と言うのです。私が「え、八日間、水と塩だけの断食をするの？　ワオ！　でも、オーケー、私はここに来たんだから、そうしよう」と思いました。八日間水だけで過ごすなんて大変なこと、それまでやったことがありませんでした。一日の人もいれば、二日の人もいましたが、私は八日間でした。断食の後に高熱やら何やらで具合が悪くなって、かなり浄化できたので、本当にとてもよかったです。そこに三カ月間滞在しました。「ここに留まるか、どこかよそに行くか」を易経で占ってもらうと、留まりなさい、そこにいなければならない、という結果が出ました。私は「うわ、もうたくさん！」という気分になりましたが、「しょうがない、あと三カ月ここにいよう」と決めて、八日間の断食をもう一度やりました。その後、グルジの甥のヴィシュヴァナートが来て、デモンストレーションをしたのです。その時に初めてアシュタンガヨガを見て、興味を持ちました。

五カ月の間に、スクーターを持っているインド人のおじさんが私に「バンガロールに行ってみたくない？　私は運転が怖くて行けないけど、もし君が運転して一緒にバンガロールに行ってくれたら、ヴィシュヴァナートに会えるよ」と誘ってきました。おじさんは、私がヴィシュヴァナートを気に入っているのを知っていたのです。当時は、道路脇には田んぼがあるだけで、交通量は多くありませんでした。

結局、二～三日後におじさんと一緒にヴィシュヴァナートのところに行きました。私はそんなに体が強くなかったので、ヴィシュヴァナートはスーリヤナマスカーラだけ教えてくれました。毎日三十分スーリヤナマスカーラと、スタンディングのポーズをいくつかするだけで精一杯でした。二週間後、ヴィシュヴァナートが「マイソールにいる叔父に会ってみたら？」と言うので、私はおじさんとスクーターでマイソールまで行きました。おじさんもマイソールを見たかったのです。グルジのところに行くと、グルジは玄関ポーチのところに座っていて、インド人のおじさんをスクーターの後ろに乗せて到着した私を見ていました。グルジは私を受け入れてコーヒーを出してくれて、「明日クラスを見に来なさい」と言いました。私はカヴェリ・ロッジというところに泊まっていました。多分、ダルビーとフランス人のカップルもそこにいたと思います。ダルビーは、髪に古い布を巻いたようなすごく変な格好でした。

私は一カ月後のモントリオール行きの航空券を持っていました。翌日グルジのところに行って見学をしましたが、私にはお金がありませんでした。グルジに「お金が無いのですが、クラスを受けたいです」と頼んだら、「そこのフランス人がお金をくれるし、彼らはもうじきここを発つから、彼らの家に泊まればいい」と言いました。そのフランス人はグルジのシャラの裏に住んでいたので、グルジが引越すように頼んだのです。私はそのフランス人たちと面識はありませんでしたが、グルジが私に百ドルと彼らの家をくれるように頼んでくれました。信じられないことでした。それで、私はそこに留まることに決めました。そのフランス人には「なんでヨガをやろうと思ったの？」と聞かれましたが、うまく説明できませんでした。グルジの立ち居振る舞いは高尚で、間違いなくそのヨガを練習したいと思うようなもので、実際にそうなりました。私は住む家を手に入れ、その人たちはお金もくれました。航空券は結局ゴミ箱に行きました。そうやって、グルジの元で練習を始め、その日からずっと練習を続けています。「ごめんなさい、私ここに留まります」と言って、スクーターとおじさんは電車に乗せました。

——同じくダルビーさんは、どのようにしてヨガに興味を持ち、練習を始めたのですか？

ダルビー　私はオーストラリアからヨーロッパに旅行をしていて、ヒッピー・トレイルでインドネシアからマレーシア、タイ、そしてインドに行きました。インドに着いたら、これまでに感じたことのない気持ちになりました。その頃はバクティ・ヨギーになろうと考えていました。子供の頃から敬虔なカソリック教徒として育ち、カソリックに失望していたんです。インドは、私の献身熱というかバクティ心に火をつけました。三カ月間インドで過ごし、アフリカに行って、それからオーストラリアに帰りましたが、インドにまた戻ることにしました。ヨガとは何なのかまったくわかっていませんでしたが、何となくインドでしばらくヨガをしようと思ったのです。

五カ月間スリランカでサーフィンをして、ゴアに行って水ギセルのようなものを吸ってクリスマスを過ごしました。水ギセルは多かれ少なかれ「オーム　ナマ　シヴァヤ」（シヴァ神に礼拝する）の要素があるので、そういう意味では私はとてもシヴァ神に献身していました。私は巡礼がしたかったのです。インド人になって、カルナタカ州北部のゴカルナにある聖地まで歩いて行きたかったのです。そんなことをしたがる人は他にいなかったので、結局一人で歩いて行きました。

朝起きて、朝食を食べ、昼食の時間まで歩き、夕食のための食材を買って、少し昼寝をしてから、夕暮れまでまた歩きました。どこであろうと日が暮れた場所で夕食を調理して寝ました。その場所が気に入ったら、もう数日そこに滞在しました。結局、ゴカルナにはシヴァラトリ（シヴァ神を称える祭り）の数週間前に着き、毎日寺院を見てまわりました。それでもやはり、心の奥底ではヨガをしたいと思っていて、その時、誰かがB・K・S・アイアンガーの『ハタヨガの真髄』をくれたので、いくつかのヨガポーズをやり始めました。シヴァラトリの日になり、寺院に行って、リンガム（シヴァ神の象徴として崇拝される、男根をかたどった長円型の石）を触るという、とても特別なことをしました。

ゴアで出会った男が私のところに来て「マイソールに行くよ」と言いました。その男が、私にマイソールに戻るお金を貸してくれることになりました。私は以前マイソールに行った時に、パスポートやお金など持ち物全部を置いてきてしまっていたのです。

マイソールに戻った時に「今こそヨガをする時だ。私の先生はどこにいるのだろう？」と思いました。グルジの何人かの生徒が、私が滞在していたホテルに泊まっていました。そのうちの一人、クリフ・バーバー（当時四十八歳だったので〝オールド・クリフ〟と呼ばれていた）が「私の先生に会ってみたら」と言いました。それで、私はクリフと一緒にグルジのところに行くと、グルジは見学をさせてくれました。クラスが終わり、私が「このヨガをやりたいです。料金はいくらですか？」と聞くと、グルジは「百ドル」と言いました。「ゴアにいた時は一カ月百ドルで暮らせた」と思いましたが、アイアンガーのところにはもっとお金がかかりそうで行きたくないという、悩ましい状況でした。

ともかく「ババ、ちょっと高すぎます」と言いました。〝ババ〟はインド人と話す時の敬称です。

私が「七十五ドルでどうでしょう?」と聞くと、グルジはダメだと言いました。翌日、私がグルジのところに戻って練習がしたいと言うと、グルジは割引してくれました。その日は、スーリヤナマスカーラAとB、パダングシュターサナ、パーダハスターサナ、トリコナーサナ、パールシュヴァコナーサナをやって、フィニッシングの座るポーズをしました。木曜日から始めたのですが、グルジは三日間連続でやったほうがいいから、金曜日に(基本的には土曜は休みですが)「明日も来てやりなさい」と言いました。それで、私は土曜の午後に行くと、グルジは軽くクラスをしてくれて、その翌日もまた私は練習をしました。結局次の土曜まで、三日間プラス一週間練習をしました。ひどい筋肉痛で疲れ切っていたので、次の土曜の休みは本当にありがたかったです。

その後の三カ月間は、基本的にずっと体のどこかが痛かったです。オールド・クリフは先輩だったので、練習や私の体の状態などについて聞くと「普通だよ。痛みなくして、得るものなし」と言いました。ジョアンは、私が練習を始めた一週間後に来ました。三カ月して、私は(痛みがひどいので)ここを出なければいけないと思いました。一カ月休んで、またマイソールに戻りました。戻った時には痛みはなくなっており、また練習ができる状態になっていたのですが、その三日後には、私の肩はまた痛みだして、同じことの繰り返しでした。

ジョアン 私は(シヴァナンダ系の)簡単なヨガをやって、五カ月間体内のクレンジングもしていたので、体の準備ができていたのだと思います。何ともありませんでした。でも、ダルビーは、毎日膝、腰、背中……どこかしらが痛かったみたいで、信じられませんでした。一時は、彼は杖をついて歩いていました。私はコツコツ練習していました。ポーズをひとつずつ進めて、三カ月でフルプライマリーをすべてやりました。

――痛みがあったにも関わらず練習を続けたのはなぜですか？

ダルビー　グルジのことを信じていたからだと思います。この時期、私は『あるヨギの自叙伝』を読んでいて、インドの雰囲気にも馴染んできて、師弟関係について理解するようになっていました。ですから、グルジは私の先生であり、師匠であり、グルジの言うことは何でもやる、グルジの教えやグルジが私に求めることを完全に信頼していた。それだけです。私はただ信じたものに従っていて、それでうまくいっていたんです。マイソールを離れた一カ月後には、痛みはすべてなくなりました。無理をしないことで体全体が癒えました。グルジが押していた場所も、今では全然大丈夫です。ただ練習後の休息が必要だったのです。マイソールに戻ったら別の痛みが出てきましたが、これは伸ばしたことで出た痛みで、ひどい損傷ではなく変化が起きたのです。

――あなたはグルジに対して非常に献身的でしたが、そのことについて話してもらえますか？

ジョアン　初めてグルジを見た時に、とても高尚な強い魅力を感じました。モントリオールに戻る気になれませんでした。妊娠した時も練習をやめようと思えませんでした。

グルジは常に私たちを引き止めるようなこと、自分でも知らないような過去の出来事を言います。グルジの元で学んでいる時間というのは、とても個人的なものです。グルジは後ろの小さな椅子に座って、その部屋に私とグルジしかいないかのようで、何をしていても常にグルジに見られているような状態です。助けが必要な時はいつもそばにいます。とても強烈な存在で、どんなことでもグルジの言うことをやりました。私たちの人生に関しても、いとも簡単にグルジが私たちのことを決めました。

ダルビーが戻ってきて、ホテルからシャラまで歩けないような状態だったので、グルジに泊まれる場所がないかと聞いた時もそうです。グルジは家のすぐ裏に住んでいた私のところに来て、「ジョアン、ダルビーはすごくいい男だよ」と言って、それからダルビーがお金がないことを説明しつつ「だから、彼を君の家に泊めてあげなさい」と言ったんです。私は唖然としました。女性に向かって、大きなワンルームの部屋に男性を住まわせてくれと頼むんですよ？　この決断が完全に正しいと思っていなくても、ノーとは言えませんでした。グルジは私のグルだったので、グルジが私に何かを頼むということは、何かしら理由があると思ったのです。

ダルビーは翌日に引越してきて、結局私たちは恋愛関係に発展しました。でも、グルジはそうなることがわかっていたのでしょうか？　私はその部屋を借りるのにグルジに二百ルピー払っていたという経済的な事情があったからか、それとも私たちは二人ともグルジにとても献身的だったので、直感的に相性が良いと思ったのでしょうか？　その一カ月後に、グルジはフランス人の少女も私の部屋に引越させました。

ダルビー　グルジが「女性一人は問題だ！」と言って、それから私を見て「女性二人は大きな問題だ！」と言ったのを覚えています。私は三人の女性と一緒に暮らすことになりました。

ジョアン　グルジは常にマイソールにいたので、(私たちがそこに戻ってくる)原動力のようでした。二年後に私たちはオーストラリアに一年間行って、それからまたマイソールに戻ってきて二年間住みました。

——その間もグルジの元で学んでいたんですよね？

ジョアン　休みなしで。

ダルビー　私はシヴァ神に自分のグル、ヨガの先生をお願いしました。シヴァでも神様でも、呼び方は何でもいいですが、そういう存在が「わかった、彼が先生だ」と言ったような気がしました。

グルジが私に、シャラに来て夕方のクラスを手伝うように言った時のことです。グルジが私にやるようにインド人の生徒にアジャストしていると、グルジはそれを見て「ダメ、ダメ、そんなのはダメだ」と言いました。グルジのインド人に対するアジャストは、西洋人に対するアジャストと違いました。

西洋人はマイソールにヨガをしに来ています。ヨガしかすることがありません。私たちの生活はヨガの練習を中心に回っていて、翌日の練習に向けて準備しています。一方インド人は、現代の西洋人がヨガクラスを受けているのと同じようにやっていました。一日の大半は働いていて、その合間にヨガのクラスを受けに行きます。そのような人たちに同じようにアジャストすることはできません。そのことを知らなかったので、私が最初にオーストラリアで先生としてヨガを教えた時は、グルジが私に教えたように教えたので悲劇が起きました。クラスを受け持った時には三十人いた生徒が、一カ月後には四人になっていたのです。

グルジがアメリカに行く時に、私にマイソールのシャラのクラスを見て欲しいと言いました。しかし、インド人の生徒にも同じようにシャラのクラスのことを頼んでいました。生徒はそんなにたくさんいませんでしたし、言葉がわかるインド人の先生がアジャストをしていたので、私は暇になりました。ですが、何人かの生徒のドロップバックを手伝っていたら、彼らも私のことを先生として受け入れてくれました。

——四年間ずっとヨガの練習のことだけを考えていたと言っていましたが。

ジョアン はい、(熱中ぶりを)お見せしたかったくらいです。先ほど話したように、その間にオーストラリアに行っていた時期もあります。私は妊娠していたのですが、明けても暮れても練習のことしか考えていない時期だったので、練習を休みたくなかったんです。練習をするととても気持ちが良かったので、妊娠しても練習を続けていました。グルジに妊娠していると言ったのは、妊娠五カ月になった頃でした。

ダルビー　最初は便秘だと思ってたんだよね。

ジョアン　そんなに量は多くはなかったけど少し経血があったので、それが生理だと思っていたんです。

ダルビー　この頃、五カ月間練習をしていた時に、私は膝を痛めていたんです。三カ月経っても膝は良くなりませんでした。グルジは「もう一カ月ここにいて、膝の様子を見てみなさい」と言いました。私はもう一カ月滞在しましたが、膝は完全にはよくなりませんでした。グルジがもう一カ月と言うので、さらにもう一カ月滞在すると、その間に膝はすこぶるよくなりました。クラスの終わりには、座ってパドマーサナが組めるようになっていました。グルジが私の前に座って、胸の前で手を合わせて「ありがとう」と言いました。その翌月「これで、私は家に帰ります」と言いました。

ジョアン　ダルビーはそれ以上耐えられなかったのですが、私はマイソールを離れたくありませんでした。私はどこも痛くなかったし、もっと学びたかったんです。私たちはウサギと亀みたいでした。私はただ自分の練習を地道に進めていただけです。

——一定のペースで進んでいましたか？

ジョアン　はい。ダルビーは怪我をしていたので、その間に彼は少し後退して、私は少し先に進みましたが、（良くなったら）彼はまた追いつきました。

ダルビー　ジョアンが妊娠した時に変わったんです。突然アームバランスのポーズで体が持ち上げられるようになって、より力強いポーズになっていました。出産した後も、ジョアンは同じポーズが同じようにできました。

——妊娠中にグルジは練習を変えましたか？

ジョアン　いいえ、そのまま続けました。グルジにとっても初めてのことだったようです。それまで妊娠中の女性にヨガを教えたこともなければ、妊娠中に喜んでヨガの練習をしたがる人もいなかったのだと思います。

——おそらく、ある程度はグルジもアーサナを変えていたのではないかと思いますが。

ジョアン　五カ月目になるまではまったく変えていません。アンマは私が練習しているのを見て、私に無理矢理やらせていると思っていました。

ダルビー　アンマが練習を見て、グルジに「あんなことやらせないで」と言ったんです。

ジョアン　私は肋骨を折って、赤ちゃんの頭に肋骨が当たっていたんです。五カ月以上にはなっていたはずで……

――グルジが肋骨を折ったんですか？

ダルビー　オーストラリアに行った時にレントゲンを撮ったら、細かい亀裂が入っていたんです。

――グルジと練習している時に痛みはあったんですか？

ジョアン　いえ、その時は痛みはなかったですが、その日から呼吸をする度に痛くて、三日間呼吸ができなかったのです。その後、グルジはかなり慎重になっていきました。

ダルビー　妊娠中の人が気になっているのは、妊婦のほうが赤ちゃんより先に骨が折れるのかどうかということでしょう。

ジョアン　グルジはよく私にスコーピオンをやらせていました。

——出産直前までですか？

ジョアン　はい、前日まで。

——何も変えずに？

ジョアン　はい。

——マリーチアーサナDはやっていましたか？

ジョアン　いいえ、グルジはできないポーズはやらせませんでした。シッダーサナのような、妊娠中でも大丈夫そうな新しいアドバンストのポーズをいくつか追加しました。それと、ヘッドスタンドを一時間やらせました。妊娠中の女性はやらない方がいいと書いてあるのを読んだことがあるんですが。

――グルジはヘッドスタンドを一時間やれと言ったんですか？

ジョアン　それには面白い話があって、私がヘッドスタンドをして十呼吸すると、グルジが来て私の脚を持ち上げて、頭を上げる練習をしていたんです。だから、グルジが私の脚を持ち上げるまで、ヘッドスタンドをやめなかったんです。最初は十呼吸だったのが、十五呼吸になり、五分になり、十分になり、それから三十分とか、かなり長い時間になりました。

ある日、私がすでに三十分くらいヘッドスタンドをしていた時に電話が鳴って、裏で話していたアンマやサラスワティやみんなが興奮し始めたので、何があったんだろうと思っていました。アメリカから大事な電話がかかってきていたようでした。グルジは完全に私のことを忘れていました。私はできるだけがんばって、グルジが来るまで降りないようにしていました。そしたらグルジが戻ってきて、私を見て「一時間！　すごい！　これから一時間やりなさい」と言ったんです。

――今でも一時間やっているんですか？

ジョアン　いや、そんな時間はありません。二〇〇〇年にマイソールに戻った時は、三十分やりました。

――そんなに長時間ヘッドスタンドをして、何か特別な効果のようなものはありましたか？

ジョアン　三時間とか、特に長時間の練習に関してはあると思います。私たちは十五分程度の練習から始めますが、数年後にはプライマリー、インターミディエイト、アドバンストAとB、それからヘッドスタンドをするので、練習は三時間くらいになります。

ダルビー　私たちはプライマリー、インターミディエイトと……

ジョアン　そう、プライマリーから始まって、インターミディエイトになって、それからプライマリーとインターミディエイトとアドバンストになりました。その後、グルジはプライマリーを飛ばして、インターミディエイトとアドバンスト、さらにアドバンストにしています。

ダルビー　最初の二年間は、プライマリー、インターミディエイト、アドバンストのポーズを飛ばさずに練習しました。今やっているアドバンストとは違います。当時のアドバンストは今とは違うところもあるので、グルジは私たちに合わせていたのだと思います。ジョアンの練習はほぼ四時間、私は三時間でした。

——では、他のことをする時間はなかったですよね。

ジョアン　特にシャンカラ（長男）が生まれた後はそうですね。母乳にしていたので、赤ちゃんがお腹を空かせてしまうんです。

一時間のヘッドスタンドは非常によかったです。とてもリラックスできました。一時間のヘッドスタンドで完全にリラックスできて、痛いところがまったくなかったので、頭の中を空っぽにできました。

――出産はどうでしたか？

ジョアン　とても楽でした。マイソールにいたので前日まで練習をしていました。面白かったのは、最初に陣痛を感じた時に……

ダルビー　確か夜十一時頃で、遅すぎて病院に行けなかったので「よし、僕が赤ちゃんを取り上げる」と言ったんです。午前二時頃に思い直して、サラスワティとアンマを呼びました。

ジョアン　それから、リキシャで個人病院に行きました。開いていなかったので、ドアを開けてもらったら……

ダルビー　手術台の下で寝ている清掃人を追い出さなければいけなかったんです。

ジョアン　でも、それ以外はとても順調でした。「いきんで」と言われて、がんばっていきんだら、赤ちゃんが出てきました。

ダルビー　外の待合室でサラスワティと一緒に座っていたら、赤ちゃんが泣くのが聞こえてきました。

ジョアン　とても安産でした。私たちにとっても、グルジ一家にとっても、得難い経験だったと思います。シャラで西洋人女性が練習をしているというだけで、その当時は彼らには一大事だったはずです。

——出産後、どのくらいで練習に戻りましたか？

ジョアン　私の場合はすごく早かったです。当時の私は練習にのめり込んでいたので、誰にも止められませんでした。その頃、グルジはアメリカに行くことになっていました。一〜二カ月は私の練習は見たくなかったのだと思います。だから、シャラには数カ月は戻れませんでした。

——そして、かなりすぐにあなたとダルビーさんは……

ジョアン　同じように練習に戻りました。

ダルビー　マイソールで四年間、オーストラリアで一年間暮らして、また戻るためにお金を稼ぎました。

ジョアン　サラスワティはダルビーに、次の子供をもうけたほうがいいと言い続けていました。シャンカラは最初から手に負えませんでしたが……

ダルビー　サラスワティはシャンカラに遊び相手が要ると言っていたんです。

ジョアン　私たちはグルジにも何度も聞きましたが、グルジは答えませんでした。賛成も反対もせず、これは私たちの問題であってグルジの問題ではない、とだけ言いました。ダルビーがもう一人子供を持とうと決めたら、すぐに妊娠しました。グルジは私が妊娠したのがすぐにわかっていました。私は生理が来ていないとわかってすぐに、グルジに「妊娠しました」と言ったら、グルジは「こらこら、待ちなさい」と言いました。インドでは、妊娠三カ月になるまで言わないものなのです。

そういうわけで、グルジは妊娠のことを知っていましたが、私は練習を続けました。だから、後に妊婦は最初の三カ月は練習しない方がいいと書いてあるのを読んだ時は困惑しました。グルジは私が妊娠しているのを知っていても練習させ続けていたからです。その頃、私の母が「銀行にお金が無くなったら、帰ってきなさい」と言いました。妊娠六カ月でマイソールを離れました。実家を出てから七年半が経っており、お金は底をつこうとしていました。

ダルビー グルジに受講料を払うこともできなかったので、ゴカルナという海沿いの町に行き、ジャングルの中の泥壁の小屋に住みました。

ジョアン それが一九八四年のことです。ゴカルナでは何もやることがなかったので、私は激しい練習をしていました。一日中『シヴァ・プラーナ』を読み、練習をして、ビーチに行きました。シヴァラトリの祭りのために(ゴカルナに)滞在していたのですが、とても美しい場所でした。何もないところだったので、子供を産むには危険もあると思いましたが、私たちにとっては天国でした。二人とも悪いことは何も起こらないと信じ切っていたので、出産も美しいものでした。

――それから、グルジに赤ちゃんを見せに戻りましたか?

ジョアン いいえ。ゴカルナからボンベイに直行して、そのままカナダに帰り、それからグルジとは十五年間連絡を取りませんでした。一文無しで、夫と二人の子供を連れて母親の家に着いて、「ただいま、お母さん。八年間会わなかったけど、これからは私の面倒を見てね」と言ったんです。

――ヒッピーのライフスタイルから抜け出すのも、かなり大変だったのではないかと思います。

ダルビー　私も働かなければいけませんでした。

ジョアン　それがトントン拍子に、義理の兄が翌朝には仕事を紹介してくれました。

ダルビー　義理の兄が社長だったので、仕事をくれたんです。良い役職に空きが出た時も、私のことを優先してくれたので、お金を稼いで普通の会社員以上になれました。ヨガの代わりにゴルフを始めました。

――どれくらいで練習をやめましたか？

ダルビー　除々にでした。働いていた時も練習はしていました。アドバンストをするのをやめて、それからインターミディエイトをするのもやめ、そして毎日は練習しなくなりました。教える自信もなくなりました。ハレー・クリシュナ・センターという所でデモンストレーションをすると、シャンドーというとても有名なヨガの先生が、そのことを聞きつけてきました。シャンドーはインドに行く予定だったので「私がインドに行っている間、私のクラスを見てくれないか」と頼まれました。

それで、引き受けたものの、三十人の生徒が一カ月後には四人しか残っていませんでした。誰かが私が生徒を減らしていると伝えたのか、シャンドーは予定より早く帰って来ました。

ジョアン　カナダでいくつかヨガの学校を見ましたが、全部シヴァナンダのスタイルでした。アシュタンガヨガのことを聞こうともせず、「見せびらかしたいだけでしょう」と言われ、まったく良い反応はありませんでした。カナダでアシュタンガヨガを教えるのは早過ぎたのです。アメリカでも（広まるのに）時間がかかりました。

——練習は続けましたか？

ジョアン　私は、家で子供の面倒を見ているだけだったので、ダルビーよりは長く続けました。ダルビーより少し長かったですが、三年もすると少しずつ練習する時間は減りました。

——その後、もう一度グルジに会うまで十二年かかったんですよね？

ダルビー　一九九七年に解雇されて、六カ月分の退職金をもらい、一年間失業していました。解雇された翌日にヨガの練習を再開しました。グルジと連絡を取っていないと、自分の練習とも疎遠になります。ある意味（しばらく練習から離れたのは）よかったのかもしれません。私たちはかなり激しく練習をしていたので、体を壊してしまったのだと思います。

ヨガの練習を再開した時には、アライメントの意識がかなりありました。最初にヨガを始めた時に、私はアライメントを重視するアイアンガーと、ヴィンヤサのメソッドのパッタビ・ジョイスの間で、葛藤したのを覚えています。アライメントを重視していないから、アライメントと仲良くできなかったような感じでした。

時間が経つにつれて、両者が互いの良いところを取り入れるようになっていきました。それで救われたのだと思います。リチャード・フリーマン（531頁）のワークショップを受けた時、それまで聞いたことがないアライメントの話をリチャードはしていました。それで、コロラド州に行くことにして、一カ月間リチャードのところで練習をしました。その後、私はアイアンガーのところで練習をしていた人と一緒に練習して、融合させるようになりました。後々、このことで本当に救われたと思いました。

ポーズを取っている間、常に一箇所（同じところ）を曲げていると、最終的にそこを痛めます。ハンガーみたいに同じところで曲げ続けていたら起こることが、私の体にも起こったのだと思います。

ジョアン　ゴカルナに行った時、ダルビーは間違いなくヘルニアだったと思います。起き上がることもできなかったんです。膝をついて歩いていましたし、腰も曲げられませんでした。

ダルビー　それが治ったら、私はまた元気になりました。マイソールで膝を壊しましたが、それはグルジのせいではありません。ジャーヌシルシアーサナCを練習していた時に、私は友達のオールド・

クリフが、立てた足首の上に乗るヴィランチャーサナBをやっているのを見ていたんです。私は初心者だったので、自分の足首の上に乗って、それで膝を壊したのです。運が良かったのは、グルジがその時の音を聞いていたんです。私は自分では練習を止めたりしませんでしたが、膝は毎日音を立てていました。三日目にグルジが、それ以上やってはダメだ、膝を曲げるポーズは一切やるなと言いました。その時にグルジは、膝がよくなるまでマイソールにいなさいと言いました。

――自分で無理をしたということでしたが、グルジはどのようにアジャストしていましたか？

ダルビー　自分で教えてみてわかったこともありますが、私が見てきた限り、グルジのやり方では最初に新しいポーズをあげた時は、その人の体は何が起こるかわかっていないので、体はとてもリラックスしています。グルジは、その人の体が行けるところまでポーズに添わせようとします。翌日、グルジはその人の体がどこまで行けるかわかっていますが、体は「怖いからそこまで行きたくない」と言います。体がそのような反応をしても、グルジは行けるところまで行かせようとしますが、その抵抗として痛みを感じます。抵抗しなければ、体は行くことができます。グルジは、体が根を上げるところまでアジャストするので、ポーズを取らせることができます。私はこれがグルジのやり方だと思います。

――なぜそのようなことが起こるのかわかりますか？

ダルビー　体が「そんなことやりたくない」と言うのです。

ジョアン　それは心が？　体が？

ダルビー　体を伸ばすには、柔軟性とリラックスが必要です。誰かにアジャストしてもらい、その後それを一カ月やらなかったら、またアジャストしてもらわなければなりません。グルジのやり方のように毎日アジャストされたら、最終的に体は最初からそうだったかのように柔らかくなります。

ジョアン　そうだけど、初回は簡単にできたのに、二回目は難しくなるのはなんででしょうね？

ダルビー　今までやっていたのをはるかに上回るくらい体を伸ばしたから、癒やす時間が必要です。癒やす時間を取らなかったら、体はそこを伸ばすことに抵抗します。

――つまり、そのポーズをするのに十分に体が開いていないけど抵抗がなかったら、体はそのポーズを取るところまでアジャストされます。その後、体が反応して、そこまで開きすぎないように守ろうとする、ということですよね。

ダルビー　そうです。生徒が初めてやる時に私がアジャストして、翌日はその生徒ができないことがあります。グルジのやり方ではグルジはやらせてしまうのですが。西洋人は少し尻込みしたりしますが、ベストのやり方はやり続けることです。

――あなたも同じ考えですか？

ジョアン　私の一番の問題はいつも強さが足りないことでしたが、強さは自然とついてくるものだからと、グルジはそれについて心配したことはありません。ダルビーはいつも、私のアームバランスは自分よりも上手いと言っていました。私の場合、ただ重心を見つけるだけなんです。強さですらなくて、バランスです。グルジに鍛えられました。グルジは私のつま先を持って、完璧な重心を見つけさせてくれました。後は、ただその重心のところに体を持っていって、やるだけです。当時はチャトランガも気にならずに、そのままの状態で十五呼吸とか、二十呼吸していました。基本的には速く流していましたが。

ダルビー　初心者の痛みと、上級者の痛みは違いました。アドバンストの練習をしていても痛みはありましたが、新しいポーズの筋肉痛みたいなものでした。壊れたり、伸ばし過ぎたりする、初心者の痛みとは違います。

私が教えていた時に、生徒に「エーカパーダ・シルシャーサナができるようになるのに、どれくらいかかりましたか？」と聞かれたことがあります。私は「グルジが来て、やっただけだよ」と言いました。ですから、グルジのやり方では、最初はがんばってやらせるけれど、最後には準備ができているポーズを与えるというものでした。準備ができていれば、それだけポーズができました。

――先生は、いつ生徒の準備ができたのかわかることが大事ですね。

ジョアン　私たちと同じアドバンストを学んでいる人はいません。今はとても簡単ですが、当時はグルジは私たちの長所を見て、ポーズを与えていたと思います。

――最近の生徒は、グルジがあなたたちに個別に教えたシークエンスにかなり固執しています。

ダルビー　わかります。今はウールドヴァ・ダヌラーサナで上がってこれたら、インターミディエイトに進むんですよね。私たちは、フルプライマリーとインターミディエイトを学んで、アドバンストに入って、それからウールドヴァ・ダヌラーサナをやりました。カムアップもできなかったですよ。

　これはマイソールに行く人が増えたからだと思います。時間が無いので（プロセスを）難しくして、呼吸のカウントは八から五に短くしました。五呼吸ホールドしていたポーズでなくなったものもあります。

ジョアン　当時は私たち数人しかいなかったけど、今は三百五十人もいますよね。

――プライマリーとインターミディエイトも当時とは違いますよね？

ジョアン　少し違いますが、（違うのは）ほとんどがスタンディングのポーズです。

ダルビー　私たちは、トリコナーサナBやパールシュヴァコナーサナBをプライマリーで習っていません。ウッティタ・ハスタ・パダングシュターサナとアルダバッダ・パドモッターナーサナはプライマリーの前半ではなく、終わりにありました。セツバンダーサナをやった後で、ウッティタ・ハスタをしていました。初心者は片脚で立って、もう一方の脚を横に持っていくだけの強さがないので納得です。スプタバダングシュターサナの方が簡単です。アルダバッダ・パドモッターナーサナも、片脚で立って前屈するのでとても危険です。プライマリー・シリーズを練習し始めたら、このようなポーズをやるまでに十〜十二週間は練習して強さを身につけた方がいいです。

――厳密なシークエンスが一番大事なものでなければ……

ダルビー　シークエンスは同じで、細かなところが少し違うだけです。スタンディングの捻《ひね》りがあるトリコナーサナのようなポーズは初心者向けではありません。私たちはインターミディエイトに入ってからこのポーズをもらいました。初心者が、上級者の生徒の練習を見て真似したのかもしれません。あまりにもたくさんの人がマイソールに来てそれをやるので、グルジはあきらめて「わかった、みんなそれをやりなさい」と言って、プライマリー・シリーズに入れたのではないかと思います。

ジョアン　そのようなマイナーチェンジの他に、私がインターミディエイトで唯一覚えているのはスコーピオンです。ピンチャマユーラーサナ、カランダバーサナ、それにスコーピオンはやっていました。それ以外は、インターミディエイトもプライマリーも変わっていません。だから、プライマリーとインターミディエイトは九割は同じです。

――マイソールにはどのようにして戻ったのですか？

ダルビー　二〇〇〇年に戻りました。エディ（スターン）がグルジのところに連れて行ってくれたんです。最初にグルジに聞いたのは「私たちに（アシュタンガヨガを教える）資格をもらえますか？」でした。グルジは「いや、練習を見てから」と言いました。

ジョアン　最初にグルジは「どうして電話しなかったんだ？」と言いました。私たちは、十五年間一度もグルジに電話しなかったんです。一度も。グルジは私たちがどこにいるのかもわからないし、私たちから連絡はないし、相当怒っていました。

ダルビー　最初にグルジに電話したのは、アンマが亡くなった時だと思います。インターネットでアンマが亡くなったと知って、グルジに電話したんです。

ジョアン　そしたらグルジが「マイソールに来なさい」と言ったんですが、その時私たちは経済的に余裕がなかったので「残念ですが、行けません」と答えました。それでもグルジは「来なさい」と言いました。

ダルビー　お金ができて、やっとマイソールに行きました。

ジョアン　グルジは私たちにレッドクラスをしたことはありませんでした。マイソールにいた時には、レッドクラスなんて聞いたことがありませんでした。

ダルビー　グルジがアメリカから戻ってきた時に一度か二度やったことがあると思うよ。レッドクラスをやった日に「面白いね」と言ったよ。翌日もそれをやって「グルジ、もういいです。マイソールスタイルの練習に戻しましょう」と言ったんだと思う。

――再びマイソールに戻って来た時はどんな感じでしたか？

ジョアン　たくさんの人が行列に並んで待っていたのが変な感じでした。

ダルビー　すごく変な感じだった、ほんとに。

――グルジはまだオールド・シャラにいましたか？

ダルビー　最初はオールド・シャラでした。グルジが「九時に来なさい」と言ったので、九時に行って、練習をして、その後で「グルジ、これはどういうシステムになっているんですか？」と聞きました。グルジは「最初のグループ（練習をする人たち）は固定で、後は並ぶシステム」と言ったので「わかりました。一番最初に並びます」と言って、行列に並びました。そして、順番が来たらグルジが私たちを呼んで練習させました。他の人たちは私たちの練習を見て、少し敬意を持ってくれたように思います。私たちはわりとすぐに最初のグループに入りました。

ジョアン　家族みんなで二カ月間はマイソールにいる予定だったんですが、一カ月後に私はもっと長く滞在したいと思ったので、住む場所を見つけました。ラクシュミプラムのかなり良い家でした。そしたら、下の息子が……

ダルビー　「インドに住んで何をしろって言うの？　学校もないのに！　僕の人生はどうなるの？」と。

ジョアン　それで私たちは息子の学校を見つけて、結局それからそこに五年住みました。

ダルビー　私は（カナダに戻りましたが）年に二回マイソールに行きました。クリスマスの時期は二～三カ月過ごして、七月にも行きました。

ジョアン　私は四月と五月にカナダに行きました。

――長年練習を休んだ後で、同じレベルの練習に戻すのはどんな感じでしたか？

ジョアン　簡単に戻ると思っていたので、少しショックでした。昔できていたから、また全部できると思っていたんです。でも、二十年前のように体が反応してくれなかったので、うまくいきませんでした。

――何からやったんですか？

ジョアン　プライマリーからやり直して、それは大丈夫でした。

ダルビー　それから少しずつインターミディエイトに……

ジョアン　でも、インターミディエイトのカポターサナはすでに以前と感覚が違いました。エーカパーダ・シルシャーサナも、脚がすぐには頭の後ろに行かず、これは昔と同じように簡単にはいかないんだと気づきました。思い返せば、私は怪我をしていなかったので時間をかけてやればよかったのですが、（焦ってやったので）結局腰痛、肩の痛み、昔は感じたことのなかったあらゆる痛みが出て眠れませんでした。

――でも、今はその痛みはないんですよね。治るのにどれくらいかかりましたか？

ジョアン　何年もかかりました。肩が厄介でした。何年もパソコンで仕事をしていて、負担がすべて腰にかかっていたので、腰が痛い時に体の他の部分を開くことを学ばなければなりませんでした。

ダルビー　柔軟性は昔と同じようには戻らなかったです。

ジョアン　当然よ、五十六歳なんだから。まだそんなことに悩んでいるの……

ダルビー　（それもまた）違う練習だね。

ジョアン　そうよね。でも、あなたはまだ時々……

ダルビー　脚を頭にかけられたらと思うよ。練習はもっと精神的なものになっています。以前はもっと、バックベンドでも何でも、ポーズをやろうという感じでした。今は、ポーズを取った時に自分が何を感じているか、体の隅から隅までエネルギーを流し続けるにはどうすればいいのかを理解したいと思い始めています。だから、ナディや神経をより観察し、足の親指から会陰部までどのようにつながっているのかを理解しようとしています。足の小指をつかむと、エネルギーが脚の反対の側面に行って、また小指のところに戻ってきます。それがわかって脚を伸ばすと、つま先を使うことで会陰部につながるのがわかります。

——それは実験的な、自分で探求したものですよね。

ダルビー　他の人と話したり、少し本を読んだりもして、それから自分の体で感じたことです。腕を上げて、力を入れて伸ばし切りたい場合は、手のひら全体につながりたい場合でも、確実に小指から上げるようにした方が良いです。小指から腕を上げたら、腰から背中の肩甲骨までのつながりを感じることができます。しかし、人差し指や親指から上げると、前の肩からつながるので違う感じがします。ただ、このことをわかっている人はそんなに多くいません。腕を上げることで肩が締まっています。私は小指で上げると体の後ろ側とつながるとわかっていたので、クラス中にもやっていました。ポーズを取る時も実験して、観察して「はい、この時エネルギーはどこに行ってる？」と聞いていました。ここまでかなり時間がかかりました。

——さらに繊細になっていきますね。

ダルビー　バンダにハマって、バンダがどのように効いているのかを探求していた時はもっと繊細でした。私は息子がやっていた気功のポーズを見ていたんです。クラス全員に気功をやらせて、身体的にウディヤナ・バンダを理解するための筋肉を使わせようとしました。また、チャクラや、チャクラの音、チャクラの振動を一緒に働かせるというスピリチュアルな側面もあります。それもアシュタンガヨガの練習で使います。練習をしている時に何度も、息を吸う時、マントラを唱える時、とても長くオームと言うことで、体内に振動を感じて体が開きます。こうすることで体が柔軟になります。常に変化しますが、いつも役に立つものがあります。私はただとても楽しんでいて、このように練習するのが好きなのです。

私には常にグルジという、先生であり、同時に父親像のような人がいました。一度グルジがマドラス（現チェンナイ）にビザを取りに行った時、数日間シャラを離れていたので、私たちは自主練をしていました。ブラッド・ラムジーとギャリー・ローパドータと私が練習をしていて、その時私は膝を痛めていました。グルジは翌日はシャラに来ないことになっていたので、私は練習を休むことにしました。そしたら、グルジは戻ってきて、私がクラスに来ていなかったので、クラスに来るように人を寄越したんです。グルジからは逃れられないとつくづく思いました。

――グルジは離れた振りをしていただけだったんですね。

ダルビー　そうです。何年も後に、私の息子が練習に来ていた時、息子が練習したくなくて「ハーフプライマリーだけします」と言ったら、グルジはそれでいいよと言ったんです。私の時と今では、グルジの対応もずいぶん変わりました。

ジョアン　二〇〇一年から二〇〇六年にマイソールに住んでいた時は、グルジは私には本当に厳しいと思いました。新しい生徒たちを見ていたら、みんなやりたいことをやっていたんです。気分がすぐれない時は、家に帰ったりしていました。私の場合は熱があっても、グルジは私に触って「熱はない、やりなさい！」と言って、週に四日間アドバンストの練習をしなければならなかったんですよ。なんで、その場で一番古株の私が、他の新参者たちよりもきつい練習をしなきゃいけないんだろう？と思っていました。グルジはいつも私たちには厳しかったです。

――グルジがあなた方のことを愛していたからですよ。

ダルビー　その通りだと思います。グルジの愛し方は厳しかったです。

ジョアン　私たちは何からも逃れられませんでした。

ダルビー　グルジが先生でしたから。

時々死にそうになりました。グルジを尊敬する気持ちには、微塵も疑いはありません。「グルジ、今日は気分がすぐれません」なんて絶対に言えません。一度だけ、グルジが私にいつもと違うことをさせたことがありました。私は風邪を引いていて、呼吸ができなかったんです。グルジがギャリーにフルヴィンヤサを教えていた時でした。私が「グルジ、私は風邪を引いていて、気分が悪いんですが、今日はフルヴィンヤサできるでしょうか？」と言ったら、グルジはフルヴィンヤサに熱心な時だったので、最悪なことに、私にもすべてフルヴィンヤサでやらせました。

――グルジがギャリーにフルヴィンヤサでやらせていたのは、ギャリーがとてもエネルギッシュだったから、グルジはもっと何かが必要だと思ったからでしょうか？

ダルビー　ギャリーはフルヴィンヤサのことを（誰かから）聞いていたんだと思います。私はそれを見ていて「だけど、私はグルジにはあえて聞かないでおこう」と思いました。それなのに、ひどい風邪を引いて息もできない時に限って「私にもできますか？」と聞いてしまったんです。グルジはとてもうれしそうに「もちろん、君はできるよ」と言いました。グルジは教えたかったんです。

ジョアン　だけど後で、二〇〇〇年にグルジが、心臓に負担がかかるからフルヴィンヤサでやらないようにと、生徒に言っているのを聞きました。私は、伸び盛りの若者にはいいと思いましたが。

ダルビー　私はフルヴィンヤサをやっていたら、すぐにとても強くなりましたよ。

――グルジから哲学を教えてもらったことはありますか？

ジョアン　いいえ。グルジの目的は私たちにアーサナを教えることで、それ以外のことはその人次第という感じに見えました。グルジはよくダルマ（やるべきこと）と、ヤマ・ニヤマのことは話していました。このような大事なことはきちんと知って欲しかったのだと思いますが、マイソールではあまりにも多くのことが起こっていたので、グルジはあきらめたのかなという印象を受けたこともあります。西洋人の生き方や行動には、「自分の練習をしなさい、そうすればいずれヤマやニヤマが何なのか理解できるだろう」という感じです。

グルジが教えているものは素晴らしいギフトなので、ある意味、それもグルジを悲しませています。グルジは私たち生徒全員に、宝の地図のようなものを与えてくれていますが、誰も正しく使っていません。グルジは自分が教えなければならないことを教えていますが、その使い方は本人次第です。グルジがこんなふうに言っていたことがあります。ある父親に子供がいて、子供はみんな馬鹿なことをしたり、バーに飲みに行ったりして、父親は悲しんでいると。しかし、あなたに何ができますか？（すべては本人次第です）

グルジはベストを尽くしています。哲学を教えてくれたことはありませんが、いつも『バガヴァッド・ギーター』とパタンジャリの『ヨーガ・スートラ』のことを話していました。少しですが、私たちが興味を持つのに十分なくらい、その本のことを教えてくれました。ある時グルジに「『バガヴァッド・ギーター』を暗記しなさい」と言われたのを覚えています。二〇〇〇年に少し（グルジのところで）流行ったのです。ひとつの章を覚えるのに一年かかるので、みんな断念します。グルジは私たちに興味を持って欲しいと思っていたのでしょう。

ダルビー　一番悲しいのは、グルジがもう教えていないことです。一年前、グルジはその辺りの椅子に座っていて、立ち上がろうとしていました。いつも立ち上がって、誰かのアジャストをしようとしていました。周りの人は「そこに座っていてください。無理ですから」と言うのです。実際、グルジはいつも教えたがるので、周りの人はグルジをヨガの部屋に入れていませんでした。グルジは動き回って、知識を伝えるのが大好きなんです。マイソールに行く度に、グルジの愛が自分の中にあるのがわかります。そして、生徒に教える熱意が再燃し、アジャストする時にもっと思いやりや愛を持ってやろうと気持ちを新たにします。これは素晴らしいことです。

ジョアン　シャラートもグルジから受け取った愛や、グルジの周りのオーラに圧倒されると言っています。グルジの元で学びたいと思わされます。

ダルビー　もう少しだけ認めてもらうために、自分のベスト以上の百十%を尽くします。それでも、グルジにはそう簡単に認めてもらえません。

――アーサナの枠を越えてグルジが教えていたのは何だと思いますか？　グルジの教えに表れていたものは何なのでしょう？

ジョアン　グルジにとってアシュタンガというのは名前だけではありません。グルジは「自分のヤマとニヤマをしなさい」と、とてもシンプルな言葉で教えてくれました。グルジにとってはとてもシンプルなことで、人生や生活の一部なのです。グルジにとっては家庭生活がとても大事で、まず最初に家族のこと、それからアーサナをやらなければなりません。プラーナヤーマも大事な教えの一角ですが、グルジからはほんの少ししか教わっていません。アドバンストの練習をしていれば、プラーナヤーマができるとグルジはわかっています。プラーナヤーマができるというのは、三十分座っていられる、自分の呼吸とバンダを保つことができるということです。この練習ができる人は、ヤマ、ニヤマ、アーサナ、プラーナヤーマ、バンダの五つのレベルができるということで、次の段階へ進む準備ができているはずです。しかし、ほとんどの人はそこまでできていないので、プラーナヤーマすらできません。ですから、アシュタンガヨガというのは名前以上のものがあるのです。アシュタンガヨガの練習の本質をつかむには、アーサナのことだけを考えていてはいけません。アーサナは基礎です。少なくとも健康でいられます。ヤマとニヤマがうまくいっていなければ、アーサナに立ち戻ればよいのです。体は強くなり、一生懸命練習をすれば、高いレベルに行くことはできます。アーサナは大事ですが、それがすべてではありません。

ダルビー　特にこの練習においてはね。練習は最初は楽しいです。しかし、毎日やり続けていたら、自分自身と向き合わなければならなくなります。やりたくないと思う日もあれば、やる気がみなぎる日もありますが、毎日やっていれば、その山を乗り越えられます。グルジは信念を持ちなさいと言いました。神への信仰、ヤマとニヤマを守ること、ひたすら信じること、そして練習をします。そうすれば、何かが起こるとグルジは言っています。

ジョアン　何年も練習を続けている真面目な生徒には他に選択肢はありません。ただ前に進むだけです。

ダルビー　自分自身、自分の内面と向き合わなければなりません。そこにある感情や、居座っている恐怖を取り出します。そのようなものを投げ出す信念があれば、スピリチュアルな力が身につきます。

ジョアン　（信念に）自分を明け渡さなければなりません。でなければ、毎朝アーサナを練習している意味がありませんから。これは、簡単なことではありません。毎朝五時、六時に起きて、一時間～一時間半の練習をするのが好きな人はいません。強い自律心が必要とされ、とても強くなります。

ダルビー　早起きしてゴルフに行く方がよっぽど簡単です。

ジョアン　もしくは、自転車に乗りに行くとか。アーサナの練習をするより、一時間自転車に乗りに行く方が楽しいです。

――（アーサナの練習は）常に同じことをしますからね。

ジョアン　いつも新しい発見があります。練習を始めた頃は、ムーラ・バンダがよくわかりませんでした。

ダルビー　私はバンダを発見し続けています。一カ月に三回ムーラ・バンダを発見したこともあります。ムーラ・バンダがわかったぞと思ったら、これがムーラ・バンダか、わかったと思っていたのに……いや、これこそがムーラ・バンダだという調子で。

――毎日同じことをやるのが、どのように自分自身をより理解するのに役立つのでしょうか？

ジョアン　毎日自分は何をやっているのかと心配する必要はありません。これは決まったことです。ドアを入っていくようなものです。毎日自分の内側の小さな部屋に入り、常に新しいものを発見するのです。練習の外見的なものを気にする必要はありません。ですが、プライマリー、インターミディエイト、アドバンストとあるのはラッキーです。選択肢があるわけですから。

ダルビー　選択肢が色々あるよね。マイソールにいる時に、木曜日にココナッツを飲んでから練習に行って「やった、明日は金曜だからプライマリーだけだ！」と言ったら、周りの人に「毎日プライマリーやってるけど」と言われたのを思い出します。

何年も練習をやっていたら、練習以外のものも見なければならなくなります。練習をすることで、何かがやってきます。練習によって浄化されます。

ジョアン　そう、間違いありません。不純なものはいつでもたくさん湧いてくるので、練習で常に浄化するのです。毎日の掃除みたいなものです。毎日歯を磨くのとほとんど同じです。

――アンマについて、アンマとグルジの関係について、当時のあなた方や生徒にとってアンマが

いかに大事な存在だったか教えてもらえますか？

ダルビー　アンマのことを考えると涙が出ます。アンマはとても特別な存在でした。

ジョアン　特別な祭日に食事をつくって、マイソールに私たち二人しかいない時は、家族の一員のように（その特別な）ご馳走を振る舞ってくれました。いつも笑顔で「コーヒーは？」と言っていました。

ダルビー　とても特別な人です。いつも控えめで、男性を立てる女性でした。

ジョアン　彼女は人生すべてをグルジと家族に捧げていました。完璧なインドの妻でした。グルジはアンマなしでは生きられなかったと思います。

ダルビー　アンマが亡くなって、私たちはグルジとまた連絡を取るようになりました。アンマはいつも笑顔で、幸せそうでした。グルジはアンマのことをとても愛していて、アンマに尽くしていました。

――ヤマとニヤマについてはどうですか？

ジョアン アーサナをあまりにも重視して、他のヨガの支則を忘れている人がいたら、私はとても悲しいです。アシュタンガヨガ全体の目的は、人を驚かせるようなショーをすることではありません。自分の人生の何かを変えたい、もっといい人間になりたい、自分を向上させたい、練習を通してもっと高次のレベルの意識に達したいと、自分自身のためにやっているのです。西洋では、運動や体型や外見を求めてアーサナばかりを重視して、それ以外のヨガの支則を忘れている人をよく見ます。

ダルビー ほとんどの時間アーサナばかりを教えています。

ジョアン フィットネスセンターで教えているのはアーサナだけです。

ダルビー フィットネスセンターではなく、ヨガの学校でヨガを始めた人は、もっと学びたいという気持ちがあります。ですから、ヨガを始めるのにはアーサナが役に立ちますが、目的意識があれば、その意識によってより良くなっていきます。哲学の本や『ヨーガ・スートラ』を読むと、理解できるようになっていきます。誰にでも何が良いことで何が悪いことかわかると思います。

ジョアン 本当にそうだと思います。哲学について知ることも大事ですが、練習は心を落ち着かせてくれます。基本的に、誰もが心を落ち着けたいと思っています。心を落ち着かせたり、考えるのをやめたりするのではなく、知的に考えようとすれば、三倍考えることになります。

――他に何か言いたいことはありますか？

ダルビー／ジョアン　信念を持ってください。

ダルビー　私の場合は、シヴァ神を信じるバクティです。時々、心の中でシヴァに願い事をしたりします。

ジョアン　ただし「何を願うかには気をつけて」という有名な言葉もあります。

ダルビー　シヴァは与えてくれますが「本当に欲しかったのはこれじゃない！」ということもあります。しかし、献身と信じる心を忘れずに。スピリチュアルな人生を。神でも何でもいいですが、何か高い次元の力を信じて、自分の練習をしましょう。

ジョアン　そして、時々委ねましょう。

ダルビー　そのような信念と共に自分の練習をすれば、練習を通して望むものが与えられます。他に何も心配する必要はありません。神様がどうにかして与えてくれます。ただし、あまり求めすぎないように。

ジョアン　それに、信じることでも何かが起こります。結果を求めるあまり、合理的になろうとし過ぎて、神様が見てくれていることを忘れることがあります。心配することは何もありません。然るべき時に、然るべき方法で、何かが起こります。私たちはただここにいるのです。〝私たち〟ですらないこともありますが。

ダルビー　ただ信念を持って、練習をしましょう。準備ができたら何かが起こります。

ジョアン　「グルに対する準備ができたら、グルが現れる」と言われています。違うレベルに行く準備ができたら、何かが起こり、その場所に行く道が見つかります。私たちは、いつ始まって、何を求めていたのか、自分でもわかっていませんでした。なぜヨガをするのか？　わかっていなかったけれど、突然グルジが現れました。『マハーバーラタ』のアルジュナと弓矢が良い例です。自分の求めるものを意識し続けると、最終的に矢は的に当たります。その道は私たちが決めるものではありません。ただ起こるだけです。

――ヨガをやってきた中でとりわけ感謝しているものは何ですか？　どういうものに感謝しなければならないのでしょう？

ジョアン　すべてです。グルジは宝の地図をくれました。グルジは金の欠片のようなものを私たちに与えるために神様から送られたのです。それを手にして何をするかは自分次第です。どれだけ懸命にやるか、どれだけ意識を持つか、どれだけ見つけたいと思っているかによります。パッタビ・ジョイスがアーサナを教えたとして、そこから他のものを見ることもできるし、本を読むにしろ、人と会って話すにしろ、扉が開きます。そんなふうに感じます。練習をしていた十年、十五年の間も、家族を持つこと、他の人を理解するために家族として機能することは、私たちのダルマだったのかもしれません。

ダルビー　最初にアーサナの練習を始めた時、私にはとても簡単なように思えました。初めて教えた時は、生徒ができないことが理解できませんでした。でも、自分が一度立ち止まって、また始めたことで、「できない」ことが理解できるようになりました。そして、その経験からわかったのは……

ジョアン　（アシュタンガヨガは）なんと貴重なものなのかということです。私はもう失いたくありません。

二〇〇八年　ケルン

R・シャラート・ジョイス

R. Sharath Jois

グルジの孫であるR・シャラート・ジョイスは、十九年間グルジのアシスタントを努めた。七歳で遊びのようにヨガを始め、十四歳で本格的に練習を始めた。現在は、マイソールにある「シュリ・K・パッタビ・ジョイス・アシュタンガヨガ・インスティテュート」のディレクターであり、世界各国に出向いて教えてもいる。

――最後にグルジに、アドヴァイタ・ヴェーダーンタとヨガの違いについて聞いた時、「違いはない、同じです。アドヴァイタ・ヴェーダーンタは内的な面で、ヨガは外的な面です」と言っていました。アシュタンガヨガ的な観点からヨガについて教えてもらえますか?

まず、アシュタンガヨガはとても独特なものだという話をしたいと思います。アシュタンガヨガではポーズだけでなく、ウジャイー呼吸のような正しい呼吸とヴィンヤサ・クラーマも大事です。クリシュナマチャリアから伝わっているとてもパワフルな練習で、体への効果が特徴的です。ですから、私は(アシュタンガヨガと他のヨガは)まったく違うと思います。練習を通して体全体を活性化するものて、違いを感じることができます。哲学的にも、シャンカラチャリアの本を読めば、アーサナをする時はムーラ・バンダを使わなければならないと必ず書いています。

アーサナは自己認識を築く土台となります。正しくアーサナをすると、心と体が変化し、自分でも変化していることがわかり、違いを生み出すことができます。

ヤマとニヤマの実践が難しい人もいますが、アーサナの練習を通してヤマとは何か、ニヤマとは何か、アシュタンガヨガの他の支則が理解できると思います。たくさんのアーサナができなくても（グルジとクリシュナマチャリアのやり方では変化するための手段としてたくさんのアーサナをやりますが）、正しい練習をしていれば、ヨガとは何かが理解できるようになります。

『ハタ・ヨーガ・プラディーピカー』では、健全な心と体がなければ、ブランマ・ニャーナとは何か、つまり、神とは何かを認識したりするのはとても難しいと言っています。練習を通してのみ、自分の中に神の存在を感じられるようになります。本をたくさん読むことはできても、練習の経験がなければ、その中身を理解するのはとても難しいでしょう。本を沢山読めば、ヨガに関する知識が身についたと考える人は多いですが、実際の経験がなければ、その知識は役に立ちません。

――アーサナの練習はどのように変化を生みますか？　アーサナの練習からブランマ・ニャーナまではかなり離れているように思います。その間にはどんなことが起こるのでしょう？

練習生には二つのタイプがいます。ヨガを健康になるためのスポーツとして考える人がいますが、それでは限界があります。ヨガをもっと大局的にとらえて、スピリチュアルな練習として考えれば、その人には多くの変化が起こります。

アーサナの練習を始めると「私は今アーサナを学んでいるので、アーサナについてもっと知らなければならない。哲学について、真のヨガについてもっと知らなければならない」と言う人がいます。ヨガはアーサナ以上のもので、アーサナはヨガのひとつの支則です。

ヨガとは「チッタ ヴリッティ ニローダハ」、つまり自分の感覚をコントロールし、神とは何かを認識することです。それがブランマ・ニャーナです。ですから、「それは何なのか？」と追求したい欲望にかられます。誰もがヨギーではありません。ヨギーになろうとしているのです。

インドでヨガを練習している人の中にも、ヨガをスポーツとして考えている人はたくさんいます。そういう人たちは競い合います。他の人よりも上手にアーサナをすることだけを考えていますが、それはヨガではありません。ヨガには、神を崇拝するという別の意味もあります。神を崇拝することで競争はできません。

――実際の感覚では、何が変化を起こしていると思いますか？　例をあげてもらうことはできますか？　二十年、二十五年、三十年……何年かわかりませんが、長く練習を続けていますよね。

その人全体が変わり、より柔らかくなると思います。

――身体的な構造における変化のことですか？　それとも練習との関係で自分の心をどのように使うかということですか？

練習です。例えば、大地から金の小さな欠片を拾ったとして、それは純粋な金ではありません。その金を熱すると、金の中に含まれている不純物がすべて分離され、純粋な金を取り出すことができます。ヨガもそのようなことです。練習を始めると、その人の中にあるたくさんの不純物が、アーサナの練習を繰り返すことでゆっくりと分離され、純粋な金のようになります。それまでは哲学の本を読んでいても、実際に練習の経験をしなければなりません。体がさらに浄化され、理解がさらに深まります。

――私にはまだ、練習が自分を変化させる方法が本当に謎のように思えます。

日常生活でヤマとニヤマを守っていれば、迷うことはありません。何年も練習している人でも、ヨガとは何かを理解していない人がいます。ヤマとニヤマのことを理解していないからです。ヤマ、ニヤマ、アーサナ、その次、とすべてはつながっています。そのことを理解していなければ、ヨガとは何かは理解できないと思います。ですから、この三つが最初にあるのです。

アヒムサは非暴力です。人に対してひどいことを考えるのもヒムサ（暴力）です。身体的、物理的にだけでなく、考えることでも暴力をしてはいけません。頭で悪いことを考えていなければ、悪い行動を起こすことはないですから。

ヨガの練習生は、自分の練習でもアヒムサを、ヤマとニヤマの実践をしなければなりません。他の人たちに対して、マハトマ・ガンジーのような良い手本とならなければなりません。ガンジーは「アヒムサは私の最初のダルマ（やるべきこと）です。アヒムサを守り、非暴力でいます」と言いました。ガンジーに影響を受けた人は多く、彼を真似る人もたくさんいました。

ですから、すべての人がガンジーのようになるべきです。それはとても難しいので、誰もがなれるわけではありませんが、やってみなければなりません。それが真のヨギーです。あらゆる文献を読んでいても、偉大な学者でも関係ありません。日常生活でアヒムサを守っていなければ、たくさん本を読んだり、たくさん学位を取得して学者になったことが、一体何の役に立っているというのでしょうか？　ヨガの練習生は少なくともヤマとニヤマを守ろうとしなければなりません。

――ほとんどの人にとって、練習の中で一番大きな障害となるものは何だと思いますか？

障害はたくさんあります。西洋人には、人生や生活に選択肢がたくさんあります。何かをやりたくなくなったら、それをやめて、別のことをすることができます。ひとつのことに全てを捧げません。練習のことだけを話しているのではありません。練習もそうですが、ひとつのことに取り組むことは役に立ちます。家族でも、仕事でも、ダルマでも何でもいいですが、やらなければならないひとつのことに取り組みましょう。選択肢があり過ぎます。

――やるべきこと、という意味ですか？

社会に対してやるべきことです。ヨガを教えることも社会的な仕事のようなものです。このヨガという知恵を多くの人に伝えれば、多くの人がヨガから恩恵を受けます。それから、ヨギーや先生は、自分の先生から学んだことを、自分の生徒に正しく教えることが、自身のダルマ、やるべきことです。ヨガでも、エンジニアでも、どんな人にも自分の専門分野があります。どんな仕事でもそれに専念しなければなりません。自分の仕事や意思は、人に奉仕するものであるべきです。

――身体的なアーサナの練習の観点からすれば、ここマイソールに来ているほとんどの生徒がアーサナの練習に興味があると思います。特にそこに障害があると思いますか？　ライフスタイル、仕事、食事、ブラフマチャリヤの欠如などに障害があるでしょうか？　西洋人の悪い影響という点で、一番大きなものは何だと思いますか？

ブラフマチャリヤ、つまり一人の相手と付き合うことは大事だと思います。これは人生でとても大事なことです。西洋人の生徒には足りないと思います。心が散漫になっていると、弱くもなります。ひとつのことに専心するべきで、それが奥さんや子供、家族だけということもあるでしょう。他の事に気を取られてはいけません。

――精神的に気が散っていることが一番大きな問題だと言うことですよね。

そうです、精神的に強くならなければなりません。心が強ければひとつのことに専心できます。ヨガは、その人が到達したい（するべき）目標に向かって、まっすぐ進むのを助けるはずです。

――パランパラ（師匠から弟子への系譜）の重要性について教えてもらえますか？

まず最初に、ヨガは先生と生徒、もしくは師匠と弟子のパランパラで伝わるべきものです。何年間も自分の師匠から学んだ伝統を、自分の生徒や弟子に受け継ぐべきで、これがパランパラと呼ばれるものです。また、師匠と弟子の関係や結びつきは、師匠と過ごした時間が長ければ長いほど、師匠の知識や教えをより理解することができます。ですから、親子のような関係になります。師匠に対する理解が深まれば、それだけ師匠を信頼することになり、より多くの知識が受け継がれると思います。そして、師匠の言うことをさらに深く理解できるようになります。

一～二カ月間師匠と一緒にいても、その弟子の知識や理解は限られています。私は十七年間グルジと一緒に過ごしてきました。ここ二年はグルジの病気がとても重かったので、教えてもらうことはできませんでしたが、十七年間ずっと私はグルジのことを見てきて、知識や経験、グルジがクリシュナマチャリアから学んだことを、グルジから学びました。グルジの教えは、グルジの知識を理解している人だけが教えられるもので、それが私たちがやっているヨガのメソッドです。

最近は、パランパラや師弟関係のつながりについて知らない人がいます。一カ月で認定証が欲しいとか、一カ月でヨガの先生になりたいとか、みんな簡単なものを求めています。生徒になる前に先生になりたがります。それは不可能です！ヨガは科学のようなもので、あなたの進む一歩一歩が、すべての練習が学びです。一カ月や二カ月でどうやって先生になれると言うのでしょうか？練習について、自分の先生について、自分の先生が教えていることについて理解することはとても大事です。それには時間もかかります。たくさんのエネルギーを注がなければならないし、先生もたくさんのエネルギーを注ぎます。グルジは、自分の師匠のクリシュナマチャリアから学んだのと全く同じようにヨガを教えていると思いました。あちこちに多少の変更はありますが、基本的にはグルジが学んだものと同じ練習をグルジは伝えています。

自分が学んできたものと同じものを教える、これがパランパラです。パッタビ・ジョイス・ヨガとか、ジョイス・ヨガとか、何でもいいですが、グルジは自分独自のヨガをやり、教えるメソッドを開発することもできました。しかし、グルジはそうしませんでした。クリシュナマチャリアから学んだのと同じものを自分の生徒に教え、ほとんどの生徒が同じものを教えています。このように、パランパラとは守るべき系譜です。最近はヨガのことを理解していない人も多いです。ヨガを身体的なものだと考えていたり、自分独自のヨガをつくる人もいます。それは偽物です。ヨガについて間違ったことを世界に伝えています。ヨガ本来の意味は、内なる自分に対する理解を得ること、自分が何者かを認識することです。パランパラによって伝わっていない独自のヨガをやっている人には、そのような要素がなく、より身体的なものです。パランパラで伝わったものを教えている人は、ほんの少ししかいません。

――グルジとクリシュナマチャリアとパランパラ、そしてクリシュナマチャリア以前の人について語る時は、基本的にグルジがあなたや生徒に教えてきたことすべては、グルジのはるか昔からつながっており、これから先そのつながりが途切れないよう、つなげようとしていることを指していますか?

そうです、それがパランパラの本質です。

――では、自分独自のヨガをつくろうとしているなら、つながりを断っているということですね。

つながりを絶っています。インドにはクラン（氏族）があります。私はガウタマシヤ・ゴートゥラ（クラン）で、たくさんの先祖がいるので、私がいきなりそれを変えることはできません。明日「私はガウタマシヤ・ゴートゥラをやめる」と言うことはできないのです。なりたいゴートゥラになれるものではありません。それを可能にする方法もありません。パランパラもそのようなものであるべきです。

また、パランパラは師匠との結びつきという意味もあります。師匠と過ごした時間が長いほど、師匠に注いでもらったエネルギーが多いほど、それだけ師匠の経験や多くのものを受け取ることになります。パランパラは、自分が師匠から学んだことに留まらず、自分の知識を高めることができるという意味で、自分も学ばなければならないという意味もありますが、基本的には同じです。

――グルジが練習であなたにエネルギーを伝え、注いだ方法について教えてもらえますか？　また、それがあなたの人間形成にどのように役立ちましたか？

練習を始めた時、最初にヨガをやり始めた人と同じように、理解に苦しみました。しかし、グルジが私にアーサナを教えたり、アーサナをするのを手伝ってくれたりしているうちに、心も体もすべてが変わり始めました。それまでの自分と同じではなくなり、考え方も変わります。これは練習や学びがとても進んだ状態でもあります。心が強くなると、体もさらに強くなります。

また、教えることでも同じことが言えます。私は、学ぶこととグルジを手伝うこと、両方をやりました。ですから、グルジを手伝いながら、グルジがどうやって生徒を手助けしているのか、どのように生徒に教えているのかを観察しました。また、自分が練習した経験があるからこそ、グルジがどのように私を手助けしてくれていたのかわかりました。グルジは教え方がとても上手く、しかも非常に努力してきました。教えるのには、話すだけでなく身体的なエネルギーをかなり使います。たくさんの生徒のところに行って、持ち上げ、手助けしなければなりません。私がアシスタントになるまで、グルジは一人で教えていました。グルジは七十歳かそれ以上でしたが、教える時はすべての生徒を持ち上げていました。

——グルジは特別な方法で生徒を見ていたと思いますか?

そう思います。先生にとって、生徒を理解することはとても大事です。どの生徒も同じではありません。それぞれに体も違います。体がとても柔軟な生徒もいれば、とても硬い生徒もいるかもしれません。ですから、生徒がアーサナができるようにするには、生徒を理解し、どのように教え、どのように手助けするかを理解しなければなりません。それが重要です。グルジは経験的にそれぞれの生徒にどのようにアジャストをするべきかわかっており、技術も身につけていました。生徒をきちんと見ていたので、適切な方法で手助けをし、日々の練習で上達させることができました。どのように生徒を見て、教えてきたかというのは、私がグルジから学んだ一番大事なことです。

——グルジは生徒の表情もとてもよく読んでいたように思います。

はい、すべて含めて生徒をよく見ていたと思います。生徒を見る時は、体だけでなく、その時の生徒の心や思考も見ていました。先生が生徒を見て何度同じことを言っても、理解力に限りがあると、その生徒は先生の言うことを理解しません。別の生徒は、一度か二度言えば理解することもあります。先生は生徒に伝え、理解させる忍耐強さがなければなりません。グルジは我慢強く、その資質がありました。時に厳しいこともありましたが、厳しさも大事です。インドの伝統ですが、先生がとても厳しいと、生徒は先生を畏れ、そこから学ぶようになります。

——昨日、マンジュとヨガに対する認識について話していました。私たち西洋人は、ヨガを練習してきた期間が比較的短いので、ヨガに対する認識が限られています。あなたやグルジはヨガをどのように見てきたのでしょうか？　大局的なヨガの認識というのはどのようなもので、それはどこからの視点なのでしょうか？　例えば、西洋人はヨガマットの上でのことをヨガと認識していることが多く、そこに注目しています。グルジやあなたはどのようにヨガを認識していますか？

ヨガに対する理解というのは、ヨガマットの上だけのことではありません。それはヨガのほんの一部です。私たちがやっているアーサナもヨガの一部です。パタンジャリのヨガでは、アシュタンガヨガの最初の二つの段階である、ヤマとニヤマがとても重要だと言われています。アヒムサやシャウチャなど、すべて日常生活で実践しなければならないことです。グルジに会ったら、とても気取らない、子供みたいな人だとわかるでしょう。自分がどれほど有名なのかもわかっていません。とても控えめです。どんな人が来ても、明るく話しかけ、いつも笑っています。嫌なことを言う人にも微笑んでいます。何人かの生徒がグルジに馬鹿な質問をしたのを見たことがありますが、グルジは笑っていました。グルジは頭の中で、ヨガを理解するにはもっと練習をしなければならないと思っていたのだと思います。しかし、その質問をした生徒は、自分はヨガをマスターしたと思っていたのです！　それでもグルジは笑っていました。グルジは、その生徒はもっと練習しなければいけないということがわかっていない、と思っていたと思います。インド人の練習生（特にパランパラから学んできた人たち）のヨガに対する理解は、西洋人の練習生のヨガに対する理解とはまったく違います。

この八～九年、西洋に行ってみてわかったのは、西洋人の考え方は全く違うということでした。主に、ヨガをマーケティング的に考えているところです。ヨガは西洋ではよりマーケティング的、商業主義的になりました。しかし、グルジについて言うと、今やグルジはインドでも（私が思うに世界でも）一流のヨガ・グルの一人ですが、グルジにとっては自分がお金持ちでも貧乏でもどうでもよく、精神状態は同じです。これは、特にこの二年間で私が感じてきたことです。グルジは何度も病院に行きましたが、取り乱すこともなければ、恐れることもなくグルジの精神状態は同じでした。手術をすることになっても、怖がるようなことはありませんでした。これこそがヨガです。ヨガの実践と練習のお陰で、グルジの心は常に穏やかで、心の状態は変わりません。ヨガとは、日常生活ではヤマとニヤマのことですが、ヤマとニヤマを生活の中で実践していなければ、アーサナの練習は何の役にも立ちません。

——今、グルジの人生は劇的に変わってきていますが、この一年半グルジにはどのようなことが起こっているのでしょうか？　グルジは健康を取り戻すことに常に前向きなように見えます。

グルジは、ヨガと、自分がこれまでやってきたこと、何年にもわたる練習を信じてきました。頭の中で「自分には何も起こらない。ヨガと神が自分のことを見てくれている」と思っていると思います。つまり、何も考えていないのです。自分に何か起こるかもしれないと思っていると、恐怖心が湧いてくるものです。しかし、グルジは「今この瞬間、私は元気だ。次の瞬間も、私は元気だろう」と今この一瞬を生きており、それを長年続けてきたので、グルジは強さを保っているのだと思います。人間は、一度怖いと思うと精神的に病気のような状態になります。病気になったら怖いと思うと、体が病気になるのです。グルジは昔から精神的にとても強かったので、今でも精神的に強いです。意志が強いのです。今も、グルジが歩く時に誰かが手を貸そうとすると、それを嫌がって「私の手を取るな、一人でちゃんと歩ける！」と言い、キラン（グルジの世話係）も「私に触るな、一人で歩ける」と叱られています。そういう意思の強さがグルジにはあるのです。

――では、信仰や信念の重要性についてはいかがですか？　信仰、もしくは信仰以上の何かを「シュラッダー」と言いますよね？

シュラッダーには信仰以上の意味があります。自分の感覚、体、すべてを明け渡す、練習に明け渡すという意味でもあります。私が毎日二時間以上アドバンストのアーサナをすべてやっていた時、体にはひどい痛みがあり、起き上がることができない日もありました。グルジは「起きて練習をしなさい。何も起こらない」と言うので、練習に行きました。すると、その日はまったく痛みがなかったのです。私はヨガをやっていて腰を何度も痛めたのですが、グルジはいつも「何も起こらない、心配するな。フルプライマリーを一日か二日やって、それからまたいつもの練習をしなさい」と言っていました。そして、特定のアーサナで手助けをしてくれると、すぐに痛みが消えていきました。これが明け渡すということです。とても大事なことです。

昔は、親は子供をグルクーラ（グルの家の近くの宿舎）に連れて行き、子供はそこでグルに仕えて、グルの言うことは何でもやり、グルから学びました。簡単なことではありません。これもグルに自分を明け渡すということです。そこには多くの学者がいました。例えば、クリシュナムルティーに会ったとします。クリシュナムルティーは村を出て、ここに来て、滞在し、サンスクリット大学のこと、自分のグルのことを信頼し、それからヒンドゥーの占星術を学びたいと思って、学びました。グルジも、家族やあらゆるものから離れました。グルジは、アドヴァイタを学びたいと思い、マイソールに行き、あらゆる困難を乗り越えなければなりませんでしたが、グルジには信念がありました。クリシュナマチャリアから学んでいる時も信念がありました。クリシュナマチャリアが教え始めた時は百人ほど生徒がいましたが、クリシュナマチャリアは生徒を痛めつけていたので、最終的には三〜四人しか残りませんでした。何があったのか、どんな大変なことがあったのかは知らないし、言えませんが、ヨガを学ばなければならないというグルジのシュラッダーは、計り知れないものだったのだと思います。グルジはそこに行き、学び、自分を明け渡し、そして今どうなっているのかは、ご存じですよね。

——最初にそのような信念がなければ、知識は……

身につきません。受け取ることができません。

――どんな練習をしていても、まず最初にそれができるようにならなければいけない、その後でそれに信念を持つと考えている人もいます。あなたが言っているのは、信念が先だということですよね。

そうです、信念が先です。誰もがアドバンストのポーズや、シックス・シリーズをすべてできなければならないとは言いません。それぞれの体、心の状態によります。誰もが同じではありません。しかし、強くなるための基礎として、アーサナの練習はしなければなりません。アーサナの練習によって、心やあらゆることが変わります。ですが、グルから学ぶべきことはアーサナだけでもありません。ヤマ、ニヤマなど、あらゆることをグルから学ぶべきです。日常生活で守りなさいとグルから教わったことによって、あなたの態度や行動が変わり、すると、人生全体が変わります。

――ここで文化の衝突は起こっていますか？　身体的な練習はさておき、西洋の生徒にヤマとニヤマの重要性を理解させることは難しいですか？

西洋の生徒が完全に間違っているとは思いません。西洋の生徒から学ぶこともとてもたくさんあります。彼らが私たちから学んでいるだけではありません。西洋人の生徒はとても礼儀正しいです。一般的に、インド人の方が礼儀正しい人は少ないと思います。これもまたヨガの一部で、人間は謙虚でなければいけません。西洋でもそうだと思います。マイソールに来る西洋人は、ここの（インドの）文化がとても好きです。（西洋の文化と）とても違います。西洋人は、家族の結びつきがあまり強くない人が多いです。家族と一緒に暮らしていないし、十八歳になったらすぐに家族と離れて一人暮らしをしますよね。

――西洋人のヨガに対する見方は主に身体的なものだと感じたことはありますか？

身体的な、運動のようなものだと思っている人が、六割かそれ以上ではないかと思います。しかし、西洋人だけではありません。インドでも勘違いしている人が増えています。伝統的なやり方でヨガを教えていない先生がたくさんいます。ただ体を曲げているだけです。体を曲げるだけなら、サーカスに行けばいいのです。

――生徒がヨガを単なる身体的なものだと思わず、ヨガ的な生活をきちんと受け入れられるように、どのようなことをしていますか？

毎週の話の中で伝えるしかありません。このようなことを伝えることはできますが、彼らの日常生活に入り込んで、何をしているかを見ることはできません。私には生徒がたくさんいるので、すべての生徒のところに行って、チェックするわけにはいかないのです。先生は生徒を導くことしかできません。例えば、これがバンガロールに行く道です、この道を行けば、美しい都市に着いて、色々な物が見られますよと……先生は道を示しますが、生徒自身がバンガロールを見つけなければなりません。バンガロールまで一緒に行って、色々な物を見せてあげることはできないんです。

先生と生徒の意思の疎通もとても大事です。私はグルジとかなり長い時間を一緒に過ごし、グルジと、グルジの日常生活や、プージャ（祈りの儀式）や、感銘を受けた考え方などから、たくさんの良いことを学びました。そのスワディヤーヤを守っていこうとしています。誰もが自分のことをしなければなりません。学ばなければならないことはあまりにもたくさんあり、これは始まりにすぎません。すべての段階がヨガの練習のようなものです。

――グルジの人生や生き方を見てきて、あなたも試してみたことで、とても役に立ったことや、よかったことは何かありますか？

基本的なことはすべて同じです。グルジは子供みたいで、何かを妬んだりすることはありませんでした。何があっても、いつもと同じです。人に対して良からぬことを考えることもありませんでした。これはヨガの練習生には特に大事なことです。人に対して良からぬことを考えてはいけないし、もし考えてしまったら、長時間抱えずにすぐに手放しましょう。グルジは心の中や、自分の内側に何かを抱え込んだりしません。人に対して良からぬことを考えて、それを自分の中に抱え込む人もいます。グルジはそういうことはせず、そういうことが浮かんでもすぐに手放します。グルジは怒っても一瞬です。その場で叱ったら終わりで、引きずることはありません。ですから、グルジの頭はとてもクリアなのです。頭がクリアだと、悪い考えや、悪いエネルギーは出てきません。これはヨガの先生とヨガの練習生にはとても大事なことです。

――私が質問しなかったことで、他に何か言いたいことはありますか？

グルジの元でこんなに多くのことを学び、こんなに強い関係を築き、こんなに長年にわたって学べたのは、何世代分かわかりませんが、私の良いカルマなのだろうと思います。特に祖母がまだ生きていた時は想像以上です。祖母のエネルギーはグルジ以上でした。グルジは私にアーサナやすべてのことを教えてくれましたが、祖母のエネルギーはもっと強かったです。

――どのように強かったのですか？

祖母は祖父（グルジ）と家族全員を支えていた人だからです。祖母はとてもパワフルな女性でしたが、とても控えめに見えました。祖母のエネルギーがなかったら、私はここまで多くのことをグルジから学べなかったと思います。ヨガをするだけでなく、良い人になることで周りに良いエネルギーを与えることもできます。祖母はよくグルジに「あなたは孫にすべてのアーサナを教えて、素晴らしい人間にしなければいけない」と言っていました。祖母は私のことをとてもよく支えてくれました。「あなたは学んで、これを自分の中で完璧にしなければいけません。そうすれば、パランパラが続きます」と言っていました。祖母はいつもこのようなことを言っていたのです。私はグルジと一緒に過ごしていましたが、それ以上に祖母と過ごす時間の方が長かったです。祖母も偉大なヨギーでした。いいアイデアをたくさん持っていて、とても賢くて、非凡な人でした。

子供の頃、私は病気がちでヘルニアやリウマチ熱になりました。そのせいで体の一部がとても硬かったので、ヨガをするのは大変でした。私はグルジと共に、体だけでなく生活スタイルも変えなければなりませんでした。友だちがたくさんいて、パーティーによく誘われていましたが、断らなければなりませんでしたが、少しずつヨガの練習に真剣になっていき、私の考えも意識もまったく変わりました。午後五時を過ぎると、頭の中は明日の朝の練習に向かいます。そうなったら、他のことは考えないし、気を削がれることもありません。

二〇〇八年　マイソール

練習、練習

——アシュタンガヨガの広がり

チャック・ミラー

Chuck Miller

チャック・ミラーは一九七一年からヨガの練習を始めた。一九八〇年、アメリカ国内旅行中にグルジに出会い、一九八三年からグルジの元で勉強するためにマイソールを訪れるようになった。ロサンゼルスに住み、十六年間ヨガを教え、パートナーのマティ・エズラティと、後に大規模なヨガスクールとなる「YogaWorKs（ヨガ・ワークス）」を設立した。二〇〇四年にYogaWorKsを売却し、チャックとマティはハワイ島に移住。チャックは世界中でヨガを教え続けている。

——どのようにしてグルジと出会い、グルジの生徒になったのですか？

私はバーモント州にずっと住んでいて、かなり長い間一人でヨガの練習をしていました。練習をしばらくやめていて、またヨガの練習をやりたいと本当に思っていました。二年間アメリカ北部を旅して回っていた時に、私の車がサンフランシスコ北部で壊れ、そこでハワイのデヴィッド・ウィリアムスのところで練習している人に出会いました。その人は、インド人の男がアメリカに来ていくつかの街でヨガを教えており、私たちが滞在している街にも来ると教えてくれました。

最初はそこまで興味はありませんでした。私はB・K・S・アイアンガーの『ハタヨガの真髄』を使ってヨガの練習をしていて、その本にとても満足していたし、本の後ろに載っていた学習要項も役に立っていました。しかし、その道端で会った人はしきりに「このワークショップを受けたほうがいい。この男はB・K・S・アイアンガーと同じ人（クリシュナマチャリア）からヨガを学んでいたんだ」と言ってきました。それが私の興味を引きました。クリシュナマチャリアは本当に素晴らしいと思っていたので、同時期にそこで学んでいた人なら会ってみる価値があるのではないかと思ったのです。それでもまだ、私は二百ドルという金額に躊躇していました。二百ドルは当時の六週間コースのクラス料金と同じでした。

私は丘の上で野宿していました。満月の夜で、その男は翌日から教え始めることになっていました。すると、褐色の肌のスキンヘッドの少し太った男が、微笑みながら「会いに来なさい、来て見てみなさい」と言っているイメージが頭の中に浮かびました。翌日私は歩いて丘を降りました。セカンド・シリーズのクラスがちょうど終わったところで、その男は入口に立ち、笑いながら生徒を見送っていました。それが三度目のアメリカ滞在だったので、そのうちの何人かはよく知っている生徒のようでした。

その男は私を見つけました。その日はワークショップ初日だったので、初めての生徒はたくさんいたはずなのに、私に「おお、君は新しい生徒だね！」と言ったのです。なぜだかわかりませんが、私は（ヨガの練習をしていたので）少し得意気になり「私は新しい生徒ではありません。ヨガの練習を八年間やってきました」と言いました。その男に「誰に教わっているの？」と聞かれたので、「本です。本から学んでいます」と言うと、笑われました。その男は本当に面白いと思ったようで「どんな本？」と聞いてきたので、『ハタヨガの真髄』です」と言いました。私はヨガやヨガの歴史について何も知りませんでした。その男は私の返事に興味を持ち、私のことをB・K・S・アイアンガーの生徒だと思い込み、座って初日のクラスを見学しなさいと言いました。

それで、座ってクラスを見学をしていると、すぐに私がこれまで練習してきたものとはまったく違うレベルだということに気づきました。そのクラスで行われていたのはかなり並外れたもので、学ぶべきことがたくさんありました。翌日何の迷いもなくそこに戻り、二百ドルを払いました。

――グルジの第一印象はどうでしたか？

グルジに初めて会ったのは、一九八〇年にグルジがカリフォルニア州のフェアファックスで教えていて、クラスの合間に入口に立っていた時です。第一印象は、満面の笑顔で、力がみなぎりつつも、面白く、ユーモラスで、気さくで、私は興味を持ちました。グルジが教え始めると、感じていた印象通りの人でした。とても厳しいけれど、冗談を言って笑わせたりもしました。この非常に激しい厳粛な練習に、かなりユーモアを効かせていました。

――アシュタンガヨガは単に身体的な練習ではないということ、アシュタンガヨガの繊細な面についてお話しいただけますか？

初日にベンチに座って見ていた時の印象は、これはとても大変な身体的な練習だというものでした。クラスの後ろの方にいた二人の男の生徒は、グルジの指示で明らかに上級者とわかるジャンプバックとジャンプスルーをやっていました。完全にハンドスタンドをして止まった後で、ゆっくりと十分にコントロールしながら降りて、次のポーズに入っていました。これがギャリー・ロパドータとスタン・ハフナーでした。

ヨガの練習には私が探し求めていたものはありませんでした。私はハードな運動のような身体的なものではなく、もっと哲学的なものを求めていたのです。そもそもヨガに引き込まれたのは、ヨガというのはスピリチュアルな練習以外の何ものでもないことがわかったからです。しかし、グルジが教えているのを見ていたら、私の興味は引き戻され、これは単なる身体的な練習ではないと思わされました。もちろん、間違いなく非常に身体的な練習ではありますが、それ以上のものがあったのです。その時にきちんと理解していたのかはわかりませんが、私が感じたのはグルジの知識の深さだと思います。ヨガにどっぷりと浸かってきて、勉強も練習も明らかにみっちりやってきた人と一緒の部屋にいる、というのをグルジから感じ、そこに本当に興味をそそられました。これまでは、本と、西洋人の先生数人と、何度も自主練しただけでした。

――とても身体的な練習だと感じて、少しやる気が削がれたところから練習を始めたということですが、どのようにして練習のより繊細な側面を理解し始めたのでしょうか？

アシュタンガヨガを見学する人がいたら、私が初日に感じたようにとても大変な身体的な練習だと思うでしょう。翌日戻ってお金を払った時、私は自分のすべてを投げ出しました。初日にプライマリー・シリーズを全部やったのです。マイソールに行って練習を始めるのと違って、レッドクラスから練習を始めると、とてもパワフルです。

旅をして回っていたので、その地域に留まるには仕事を見つけなければなりませんでした。クラスを見学した帰りに歩いていたら、ある家の前に大量の屋根板が置いてあるのを見つけました。私は大工だったので、屋根の葺きかたをよく知っていました。立ち止まって屋根を葺くのに手伝いが必要ではないかと聞いたら、雇ってくれることになり、翌日初めてのグルジのクラスの後の朝九時から働くことになりました。

翌朝、七時からヨガのクラスに参加し、八時半にクラスが終わったので、一度帰って軽めの朝食を取り、少しだけ仮眠をすることにしました。目が覚めると午後一時でした！　完全に疲れ切って、死んだように眠っていたんです！　仕事が必要だったのでパニックになりながら、丘を駆け下りました。幸運なことに雇い主はとてもいい人たちでした。

働かなければならなかったので、屋根の上に登り、照りつける太陽の下、一日中屋根を葺きました。帰り着いたのは夜八時で、ベッドに倒れ込みました。ところが翌日、また同じことをやってしまいました。クラスから帰って、短い仮眠を取って、起きたら午後一時だったのです。自分のリズムをつかんで一息つけるようになるまで、三〜四日間かかりました。体は疲れ切っていました。

スピリチュアルな練習について、どのように話せばいいのでしょう？　はじめの頃は、はっきりとわかるものではないと思います。一〜二週間練習した後、私は一人でやっていたこともあって、グルジにプラーナヤーマと瞑想について聞きました。グルジはフッと笑って、時間の無駄だと言っているように見えました。後に、グルジが瞑想に対してどのように言っていたのかデヴィッド・ウィリアムスから聞きました。デヴィッドは、グルジの発言を「狂った意識《マッド・アテンション》（瞑想《メディテーション》の駄洒落）」と訳していました。ほとんどの人が瞑想としてやっていることは本当の瞑想ではなく、ただマインドを狂わせている「マッド・アテンション」に過ぎないと言うのです。私も本当にそう思います。じっと座るというのは、身体的な制約もあるし、精神的にも不可能で、私にはかなり困難なことでした。私はグルジのメッセージは、しばらくの間はこの身体的な練習をしているだけでいい、ということだと受け取りました。

そして、私はそうしようと思い、身体的な練習に専念しました。ファースト・シリーズを学び、一カ月後にはセカンド・シリーズを学びました。家に帰り、二年間は一人で練習していたのですが、五年ほどして、近くの教会でやっていたある瞑想に参加する機会がありました。それまでは本当に長時間座っていられなかったのですが、驚くべきことに、静かに座っていることができました。快適さと強さが備わった体は、ただ静かで落ち着いていて、エネルギーが体内の経路を巡り、呼吸がその経路をきれいにして開いていきました。

まったく新しい体験でした。以前はまったくわからなかった、瞑想にたどり着く方法がわかったのです。基礎をやるという教えの意味がわかりました。グルジの元で学んできたことは、それまでやってきた他のヨガとは、本当に違うものだと感じました。しっかりとした基礎をつくり、深く根を下ろし、強さを重視したものです。自力で立つために、足をしっかりと大地に下ろし（グラウンディングし）、自分の練習をします。その経験を通して、より深いヨガの側面がわかるようになります。

生徒は、そのようなことが必ずしも自然とわかるようになるとは思いません。もっと強くなりたいとか、もっと柔軟になりたいというような考えから抜け出すことは可能ですが、ただそれだけを追い求めることもできます。身体的なことだけを考えて、それを手に入れることもできますが、本当に恥ずかしいことです。私はそういうことにはまったく興味がありませんでした。強くなることにも、柔軟になることにも、すごいポーズをすることにも興味がありませんでした。ヨガの哲学に興味があったのですが、ハードな身体的な練習が、その哲学的なものを大いに高めることがわかりました。

――長年の練習によって明らかになったのでしょうか？　それとも、哲学の追求やインドを旅した結果として、より深い理解ができたのでしょうか？

きちんと意識していれば、練習の中に知恵や教えがあることがわかります。大事なのは、耳を傾けるようにすることです。練習の形式やメソッドには様々な教えが含まれています。表面的なものの奥にあるものを気をつけて見ていれば、「なぜここから始めるのだろう？」「最初に何をするのだろう？」「次は何をするのだろう？」「シークエンスを通してそれぞれがどのようにつながっているのだろう？」というような疑問が浮かんでくるはずです。何らかの教えがあり、ひとつのポーズが、いかにまた別のことを教えてくれるかわかるようになります。外側から内側に働きかけ、基本的に、体内の経路や身体的なブロックを取り除くことは、頭の中の精神的なブロックを取り除くことと結びついています。

ヨガ哲学は、私たちがやっていること（アーサナの練習）は隠れたものを明らかにし、きれいにすると教えています。何度も言っていたので聞いたことがあると思いますが、グルジは「これは身体的な練習ではなく、精神的なクリーニングだ」と言っています。クリーニングとは、ナディやエネルギー経路の掃除です。私は、これはアシュタンガヨガだけのものではなく、おそらく他のヨガの練習でもそのようなクリーニングの効果はあると感じます。しかし、グルジのメソッドは決められた順番にやることで、とても体系的かつシステマティックにクリーニングをします。自分で選んだポーズをやるだけではそこまでできません。

実際、本当に難しいと思います。自分がやりたいことを何でもやるだけ、先生がその時やらせたいことをやるだけの練習をしていたら、偏らないようにするのが難しいです。自分の好きなものだけになったり、嫌いなものを外したりしないようにするのも難しいです。順番が決まったシークエンスがあれば、好きも嫌いも関係なく、ナヴァーサナも、マリーチアーサナDも、ジャーヌシルシアーサナCも、スプタクールマーサナもやることになります。シークエンスにある、普段一人ではやろうとしないような苦手なものに挑戦することに、大切なものがあるのだと思います。

初めてのクラスで、ジャーヌシルシアーサナCを見た時のことを覚えています。こんなポーズは一生できないと思いました。自分には不可能に見えたのです。同じくクックターサナも一生できないと思いましたが、数週間後にはやっていました。自分の限界は頭の中で思い込んでいただけだと気づくのは、とてつもなく素晴らしいことです。自分で思い込んでいる限界には気をつけなければなりません。人間は、自分の限界を低く見積もることがあまりにも多いので驚きます。

――自分の限界に対する先入観を乗り越えられるようにするのに、グルジがどの程度きっかけなっていると思いますか?

グルジはとてつもない人です。人が自分の限界だと思っているところを乗り越えさせる力が本当にすごいです。(乗り越えるのは)少し怖いと感じることもあるものですが、パニックや完全に恐怖の表情を浮かべている人が、信じられないような突破をするのを見たことがあります。私は十三年間教えていますが、教える側になってグルジを見ていると驚きます。グルジと同じことをする自信はありません。グルジは六十年の指導経験があり、練習を通して数え切れないほどの体を見てきています。私はグルジよりももっともっと謙虚にならなければと感じます。生徒に蓮華座を組ませたり、私ができるわけないと思っているような人に、ガルバピンダーサナやクックターサナを取らせたりするのを見ました。また、グルジが生徒にそれをさせることも素晴らしいですし、グルジにできないことをできるようにさせてもらうことで生徒は達成感のようなものが生まれ、練習に対して自律心や愛着を持つようになります。興味深いことです。

――毎日の練習の大変なところと、そこから得られるものは何だと思いますか？

先ほども言いましたが、初めてアシュタンガヨガを見た時、外からはとてもアクロバティックな体操のようなものに見えました。練習の力強さや極端なところに興味をそそられ、惹きつけられる人もいると思います。一風変わった人になりたいがために、一風変わっているところに惹きつけられる人もいるでしょう。かっこいいとか、面白いからと、見たこともないポーズをするのに興味があるだけの人もいます。私はそれは問題だと思っていて、この練習においては危険だと思います。

おそらく、特に西洋の文化では一般的だと思いますが、アメリカは他国よりも特に、自分の体にお構いなしに自分自身を激しく駆り立てる傾向があります。これはとても力強い練習なので、練習をしていたら、最終的に自分が見なければいけないことを突きつけられ、自分自身を見つめることになります。攻撃的な人であれば、攻撃的な自分を見ることになるでしょう。しかし、人間はそれを無視する能力に恐ろしく長《た》けていて、無理矢理練習を進めることもあります。

個人的に、これはアシュタンガヨガの練習に潜む問題であり、リスクだと思います。無理をしないこと、極端にやり過ぎないようにすることが課題です。微妙な問題であり、実際に賛否両論あると思います。自分に対して挑戦しなければならないので課題は大事です。しかし、どのように自分の課題を乗り越えるかということを意識し、頭を使わなければならないと思います。

グルジは「九十九％プラクティス、一％セオリー」、もしくは「九十五％プラクティス、五％セオリー」と言っていましたが（私はどちらも聞いたことがあります）、その一～五％のセオリーに時間を費やし、アシュタンガヨガの八支則を学ぶ努力をすれば、練習でいかにうまく自分自身の姿を明らかにできるかという知識が得られます。一番の基礎となるのは、最初の支則であるヤマです。そして、ヤマの最初はアヒムサ、つまり非暴力、怪我をしないことです。個人的にこれが本当に大事だと思います。最終的に、私たちは自分自身と向き合うことになったり、自分を壊しそうになったりします。誰にでも当てはまることでしょうし、耳を傾けることを学ばなければなりません。

練習は、個人だけでなく、人類全般にとって恐るべきメタファーだと思います。これこそが、練習から得られる一番大きなもののひとつだと思います。ですから、他人を変えようとする人から大きなダメージを受けたとしても、そのことで自分に働きかけたり、自分を変えたり、自分自身（とその攻撃性）と向き合うことになって、自分を大事にする方法を知る機会を得られます。また、それによって他者への接し方も影響を受けます。これは練習を通して必然的に経験することだと思います。そのことにぶつかり、取り組むことになります。

――では、この身体的な練習には実際にヤマとニヤマの要素が含まれているとおっしゃるんですね？

この練習にはヤマとニヤマの要素が含まれていると思います。本当に素晴らしくよく練られた練習です。他のヨガの練習も見てきましたが、これほどメソッドが洗練されているものは他にありません。

他にも素晴らしいメソッドはありますが、アシュタンガヨガのファースト・シリーズ、セカンド・シリーズ、サード・シリーズなど、メソッドの配列パターンが大事だと思います。グルジが呼吸と動きのシステムと言っているヴィンヤサのアイデア、エーカム、ドゥヴェ、トゥリニというカウントで、特定の動きに合わせて、吸う／吐くの決められた呼吸をすると、さらに他の八支則にも入っていくことができます。シークエンスとメソッドとヴィンヤサの三つを練習だととらえましょう。呼吸と動きをひとつひとつ連携させながら、どこかから別の場所へ少しずつ進んでいくのがまさにヴィンヤサの意味するところです。パタンジャリの哲学、八支則、『バガヴァッド・ギーター』などは、とても古い哲学です。最近のものではありません。

練習は、その哲学を理解するためにつくられていると思います。クラスの最初はサマスティティヒをすることから始まります。じっとまっすぐに立ち、自分自身がひとつになり、心を静め、感謝を捧げ、練習に含まれている教えに感謝します。それから、比較的安全な、体全体の動きに外側から働きかける、太陽礼拝と基本のスタンディングポーズを始めます。練習の中で、足を床に着け、根を張り、脚を強くする感覚を養うのがとても大事です。このような感覚が練習中に明らかになり、このパターンに大事なものがあると教えてくれます。身体的な練習も、プラーナヤーマの練習も、後にやる瞑想の練習も同じです。身体的な練習の中で、自分を大事にする方法がわかるようになります。これが、もっと繊細な練習に進むために重要です。

呼吸を使った繊細な練習を始める前に、体の使い方と自分自身と向き合うことが大事です。生徒は成熟するにつれ、練習から得たフィードバックを練習に反映させることができます。練習のような背中を押してくれるものがあるのは、挑戦しなければならないという感覚を持つのに本当に大事なことです。自分という人間を貫き通すために、自分のやり方を見つけようとし、道にある障害をなくそうとします。それから、自分という人間について、本当の自分はどんな人間なのかという理解が深まります。練習がそうすることを挑んできて、あれこれ考えさせられます。ウッティタ・ハスタ・パダングシュターサナや、ジャーヌシルシアーサナCや、ブージャ・ダンダーサナや、何でもいいですが、そういうアーサナをやりながら落ち着いた状態でいられるかと突きつけられます。心の平静や客観性を保つことができるか、嵐の中で冷静でいられるかというチャレンジを続けます。それがすべて練習の中に含まれていると思います。

――昔のマイソールでの練習はどのようなものだったか、少し教えてもらえますか？

一九八三年の初めてのインド旅行のことを振り返ると面白いです。マイソールには十月に着きました。グルジのところには、西洋人の生徒が十二～十五人、インド人の生徒はかなりたくさんいました。インド人の生徒は朝六時半まで練習をして、それから西洋人の生徒が練習に来ました。面白いことに、それほど違いはありませんでした。グルジはスツールに座り、時々眠りこけていましたが、いつもグルジに来てほしくないと思っている時に目を覚ましました。いつのまにかそこに居て、アジャストしてほしくないと思っているポーズをやらされました。それは今でもほとんど変わらないと思います。

どうやってその瞬間を嗅ぎつけているのかと驚きます。

当時のグルジには今よりもっと時間がありました。ラクシュミプラムの家に家族全員で住んでいて、あまり忙しく働いていませんでした。ここ数年、グルジがあまりにもハードに働いているのに圧倒されます。私は、朝三時間教えるだけで疲れ切っているのに。グルジは、本当に忙しい時は六〜七時間教えていました。八十六歳ですよ！　つくづく感心させられます。

クラスが終わると、グルジは二階の机のところに座って新聞を読んでいました。私たちは、グルジに挨拶をするのに二階に上がって、いつも少し話をしました。グルジとのおしゃべりが数時間になることもありました。

――ヨガ哲学について話したことはありますか？

グルジは、人が話したがることは何でも喜んで話してくれました。ヨガ哲学について話したい人がいたら、グルジは哲学が好きなので喜々としていました。あまり関心のない話題を話してきたら、しばらくすると少し退屈そうにしていました。グルジに哲学の話をしてもらうのは簡単です。少しでも興味がある素振りを見せると、グルジは延々と話します。サンスクリット語のシュロカ（長いマントラのようなもの）をスラスラと言い、時間をかけて片言の英語に翻訳してくれます。

――これはヨガを教えることというより、ヨガの練習自体に関する質問になります。グルジはも

うアーサナの練習をしていませんよね。それでも、今でも素晴らしいヨガ練習生だと思いますか?

グルジが教えているのを見ていたら、今でもグルジなりにヨガの練習生であるのは明らかです。グルジが毎朝やっていることは、身体的にとてもキツく、体の強さもかなり要ります。グルジを見ていれば、あちらに行って、こちらに来て、それを何度も繰り返し、生徒の体を曲げ、持ち上げて、引っ張って、ポーズを取らせて……間違いなく今でもヨガの練習と触れ合っていると思います。途切れたことはありません。人生を通して常に絶えることなくヨガを教え続けてきました。六十年間で一〜二週間以上教えるのを休んだことはないと思います。

――アンマが亡くなった時グルジは一カ月近く休み、その間は老けたように見えました。グルジが教えていなかった時に老けて見えたので、教えることにすぐに戻りたいのかなと思いました。

そうですね、グルジが初めてどこかに教えに行って、飛行機を降りてきたのを見た時に、年を取って見えました。でも、ヨガの部屋に入るとすぐに、十歳は若返って見えました。今でもグルジはとても元気そうに見えます。グルジが元気そうで、あまりにも昔から変わらないのに驚きます。四年ぶりに会いましたが、本当にほとんど変わっていません。

——先生としてのグルジはどのような人でしょうか？

グルジの先生としての本当の強さのひとつは、間違いなく力強くヨガの練習をしてきたことです。クリシュナマチャリアに鍛えられたのは明らかですが、同時に学者でもあったというのが独特だと思います。ヨガの練習生か学者のどちらかという人はたくさんいます。グルジはどちらでもあったので、ヨガのクラスにもその影響があるのでしょう。自分のしてきた練習だけでなく、哲学や生き方もヨガの指導に表れています。

先生としてグルジのもうひとつの素晴らしいところは、伝統やインド古代の教えを伝えているところです。グルジは実際に昔ながらのヨガの指導にも触れてきています。グルジが興味のあることでもあり、深く研究してきたことだと思います。同時にアーサナの練習も追求し、私たちに効果があると感じていると思います。グルジは生徒を楽しませながらも本当に厳しく、また、インドの伝統と深く結びついています。グルジは本当に強く厳しく、ただ「やりなさい！」で納得させられる、グルの力を持っています。生徒はとにかく努力してベストを尽くします。そうすれば、グルジは笑わせてくれます。これがすごいところだなと思います。先生として、このバランスを見つけるのが、私には本当に難しいです。

——それを表すような出来事はありましたか？

個人的には、フォース・シリーズの最初のポーズ、ムーラ・バンダーサナをやった時の恐怖体験です。多分一九八五年か一九八七年だったと思いますが、マウイ島でサード・シリーズをやっていたら、グルジがサード・シリーズの最後にフォース・シリーズのポーズを入れてきたのです。フォース・シリーズの練習をする準備ができていたら、そうするのは当然ですが、私は間違いなく膝が壊れると思いました。このポーズをやったら、絶対に二度と歩けなくなると思いました。しかし、グルジは引き下がりませんでした。多分、グルジに拒否しようとしたのはその時が初めてです。「いや、私にはできません……死んでしまいます……まずいことが起こりますから……」という感じで言ったのですが、グルジは目の前に座って、私を解放してくれませんでした。私のかかとをつかみ、私の膝の上にグルジの膝を乗せて、かかとを引っ張りながら、私の膝を床に押し付けました。すると、全然大丈夫だったのです！　まったく何ともありませんでした。グルジは私にはできるとわかっていたので笑っていました。私は自分も笑ったかどうか覚えてませんが、とにかくできました。

——あなたはグルジにアシュタンガヨガのシステムの由来について聞いたことがありますよね。グルジから満足のいく答えがもらえましたか？

いいえ、満足のいく答えはもらえませんでした。私が練習を始めた頃に聞いたのは、クリシュナマチャリアがコルカタの図書館で『ヨーガ・コルンタ』という本を発見し、それでクリシュナマチャリアとグルジがアシュタンガヨガの練習を再現したという話です。『ヨーガ・コルンタ』を見たことがないので、どういうことが書いてあったのか、私にはわかりません。グルジから色々な引用を断片的に聞いただけですが、素晴らしかったです。たくさんの良い内容が詰まっていました。その本を手に入れたいと思いましたが、間違いなく無理です。

私はグルジから明解な答えをもらったと感じたことはありません。グルジに数々の質問をしてきましたが、答えはいつも少し曖昧なものでした。アシュタンガヨガが古くからのメソッドだというのは間違いありません。「パタンジャリの八支則は古くからあるものと言えるのか？」それについては間違いなくそうです。「『ヨーガ・コルンタ』の中身はどういうものなのか？」それは私にはわかりません。このシークエンスが『ヨーガ・コルンタ』に書いてあったのか、ヴィンヤサのような練習の基本となるものや、ある特定のアーサナが書いてあったのか、私には知る由もありません。すべては憶測に過ぎず、本当にわかりません。謎のままです。

――グルジは、由来がどういうものであれ、アシュタンガヨガのシステムに自分の痕跡を残していると思いますか？

グルジがアシュタンガヨガのシステムに自分の痕跡を残したかどうか、私には何とも言えません。私はクリシュナマチャリアに会ったことがありません。会おうとしたのですが、すぐに亡くなってしまい、会えずじまいでした。グルジは繰り返し、クリシュナマチャリアはグルジにこのメソッドを教え、何も変えないようにと言った、と言っていました。私はグルジはその通りにしてきたと思います。

先生として、自分の教えているものに自分の痕跡を残さないのは本当に大変なことだと思います。先生は自分にとっての真実を教えなければいけません。推測に過ぎませんが、グルジが教えてきたのは、クリシュナマチャリアから学んだことを自分自身が練習し、そして自分の経験を通して真実だとわかったことと、先生から学んだことだと思います。私がやろうとしていることも同じです。

グルジから学んだのは、私が練習し、私の経験と練習から学んだことを教えるということです。そう考えると、誰もが教えていることに自分の痕跡を残していると思いますが、同時にグルジは純粋なメソッドを保つようにとても注意して、自分が教わった通りに教え続けようとしてきたと思います。多くの人が教えることに自分の個性を取り込んでいるのを見たものですから、このビデオ（プライマリーとインターミディエイト・シリーズのビデオ）*を制作した目的はグルジの教え方を守ることでした。伝言ゲームみたいに、何世代も後には原型のメソッドと似ても似つかないものになっていたら、本当に恥ずかしいことです。ですから、必ずしも全員でなくても、私たちグルジの生徒のうち少なくとも何人かは、先生としてグルジの教えたことをそのまま引き継ごうと努力する責任があります。そうなっていけば、より強いものになっていくと思います。衰退することだけが心配ですが、それはないと思います。

*チャック・ミラーはYogaWorKs時代に、グルジのフルプライマリーとインターミディエイト・シリーズのビデオを制作している。今ではYouTubeなどでも視聴可能。

https://www.youtube.com/watch?v=aUgtMaAZzW0

https://www.youtube.com/watch?v=LTKnvzGsGE0

――グルジが亡くなった後にグルジの遺したものはどうなっていくと思いますか？

アシュタンガヨガの成長ぶりを見ていると、グルジが亡くなった後もアシュタンガヨガが引き継がれることが期待できそうです。シャラートがとても興味を持ち、本当に熱心に練習と指導をしているのもうれしいです。シャラートもアシュタンガヨガを引き継いでいくことに興味を持っていると思います。それに、長年練習をしてきて、指導も続けている先生たちがたくさんいます。本当に素晴らしいことです。グルジと二十年以上練習をして、教え続けている先生が少なくとも十人以上はいると思いますし、その先生たちの生徒の数も増えています。グルジの著書『ヨーガ・マーラ』の翻訳書や、今撮っているドキュメンタリー映画（この本はそもそもドキュメンタリー映画の予定だった）など、素晴らしいものもあります。

――他に何か言いたいことはありますか？

私たちが教わったメソッドは信頼のおける仕組みです。グルジはクラスを教える時に多くを語りません。基本的に「サマスティティヒ！」と言って、マントラを唱えたら、「エーカム、インヘール、ドゥヴェ、エクセール」とスーリヤナマスカーラのカウントを数えていく、そういう感じです。つまり、どういうことかというと、ほんのわずかな大事な情報と、そのクラスに埋め尽くされているものを学ぶということです。

私にとって、生徒としても先生としても興味があったのは、常に真実であるもの、練習の核にあるもの、本当に欠かせないものを探すことです。呼吸は間違いなくそのうちのひとつで、指示の中にもよく出てきます。グルジは「呼吸して！」「楽に呼吸をして！」「息を止めない！」とよく言っています。練習で一番意識しなければならないものは呼吸だと思います。何はなくとも呼吸を意識して、音を立てて呼吸をし、自分の呼吸音を聞きましょう。

私がマイソールクラスで一番に教えるのは、スピードを上げて、シークエンスを覚えて自立して練習できるようになり、自分の呼吸を意識し、呼吸を続けることです。これはまさにメンタルトレーニングで、心を鍛えているのです。アシュタンガヨガの六番目の支則、ダーラナ（集中）は、自分の意識を何度も繰り返し自分の呼吸に戻すことです。それは瞑想の基本を学ぶことでもあり、前にも言ったように、練習の中に教えが含まれているということでもあります。学び、力をつけていくと、最終的にじっと座っていられるようになり、集中できるようになります。呼吸をすると同時に、自分に対して挑戦もしています。あれこれ考えさせられたり、バランスを失いそうになったり、またバランスを取り戻させられたり、呼吸のことを思い出させられたり、それでいいのです。

もっと指示があったらと思うこともあります。サード・シリーズを学んでいる時、私が頭を床に着けて逆さまの状態の時にグルジが「これをああして」と言うので、あまりに何の手がかりもなく「どういうこと？」と思いました。グルジは、私が聞いたことのないサンスクリット語を話していました。

グルジは「脚をそこに置いて」と言うのですが、逆さまになっているので、「そこ」がどこかもわかりません。しかし、練習を進めていくうちに、自分のやり方を見つけたり、一人でできた感覚などがわかるようになったりして、うまくいきます。これは本当にすごく良いことだと思います。言葉で多くを説明せず、あまり複雑ではないところに、私は興味を惹きつけられました。グルジが多くの説明や指示をせずにやってきたのは、まさにこういうことだと思います。

二〇〇〇年　ニューヨーク

グラム・ノースフィールド

Graeme Northfield

グラム・ノースフィールドは、自身の抱える珍しい脊椎病変について学んだ後、オーストラリアでヨガを始めた。看護師の研修を終えた後でスリランカに行き、ヘザー・プラウドの母と出会い、マイソールで娘を見てもらえないかと頼まれた。マイソールではギャリー・ローパドータと出会い、グルジに紹介してもらった。

――いつ、どのようにヨガに興味を持つようになったのですか？

まだ学生だった十六歳か十七歳くらいの頃、チベット仏教の僧侶に出会って瞑想を教えてもらい、とてもしっくりきました。チベット僧たちが話していることが何だか聞き覚えがあるような気がして興味が湧いたので、教えてもらった瞑想をするようになりました。それから数年後、正看護師の研修をしていた時に、インドのアナンダマルガ（アナンダムルティ師が設立した社会的・霊的組織）の人たちに出会ったのです。

アナンダマルガでは瞑想とチャンティングをしていて、私は非常に興味を持ち、彼らの生き方に注目するようになりました。しかし、当時の私には、まだキリスト教のカトリックのことも気になっていて、自分探しのようなことをしていました。十四歳の時に父が突然亡くなったので「死ぬとはどういうことだろう?」「生きる目的とは何だろう?」「なぜ人間は死ぬのだろう?」「どういう意味があるのだろう?」というような疑問をたくさん抱えていました。ですから、「どうなっているの?」という疑問に答えてくれるものを探していたのです。

その頃、仏教の僧侶とも出会いました。肺炎になってレントゲンを撮った時に、私の脊椎は特殊な状態だとわかり、医者には「どうすることもできない」、つまり、基本的にあきらめるしかない、と言われたのです。まだ十代だったので、「わかったよ、すべてあきらめればいいんだろ!」という気持ちになりました。

その後、ちょうど看護師の仕事をしていた頃に、脊椎のせいで腰痛がひどくなり、カイロプラクティックや鍼灸などに興味を持ちました。すぐに、そういうことではなくて、自分自身のこと、自分に何ができるのかを知らなければならないのだと気づきました。そして、自分の体を強くする運動を調べるようになりました。体を動かすのは好きだったので、鍛え方や自分の腰に効果がある方法を研究していたら、腰の痛みはなくなりました。

インドに行くことにも興味がありました。私は看護師の研修が終わって、これ以上有効な治療がない人たちが来るホスピスで働いていました。そこの人たちは、死ぬために来ているようなものでした。そんな状況のせいで「どうなっているの?」という疑問や気持ちが、さらに強く湧いてきました。

ある年配の女性の患者さんが、スワミ・ムクタナンダという聖者の写真をロッカーの中に貼っていて、それに私はとても惹きつけられました。写真のことを聞いていたら、その女性の甥がジャーナリストをしていて、スワミ・ムクタナンダがオーストラリア・ツアーをしていた時にインタビューをしたので、その写真を送ってくれたとわかりました。数週間後、その甥が病院に来たので話しかけたら、私にシッダ・ヨガの本を送ってくれました。その本ではシッダ・ヨガの人たちはアーサナをしていましたが、とても簡単なもので、座って瞑想をするための準備だとありました。それで、私もそのアーサナをやるようになり、スワミ・ムクタナンダに会うためにインドに行きたいと思うようになりました。

ホスピスでの仕事を終え、貯めたお金でインドに行きました。一九八二年の初めでした。初めての海外旅行だったので、インドに行くのは少し怖くて、最初にスリランカに行って様子を見ようと思いました。スリランカで、ハワイから来ていたアメリカ人の母娘と出会いました。それが、ダイビング事故で四肢麻痺になったヘザー・プラウド（454頁）の母親と、ヘザーの姉でした。二人はヘザーをマイソールに連れて行き、十二カ月間滞在して、グルジのところで練習をしていました。ヘザーの母と姉は休暇でスリランカに来ていて、私と出会ったのです。ヘザーたちはアシュタンガヨガをやっていると言いました。私は「それはすごく良さそうだけど、まずは（スワミ・ムクタナンダがいる）ガネーシュプリに行くからな……」と思いました。

——ヘザーの母親たちは、ヘザーをグルジのところに託してきていたんですか？

グルジのところではありませんが、数軒隣りの家にヘザーは住んでいました。母親が、インド人の女性にヘザーの面倒を見られるよう教え込んだのです。ヘザーたちが住んでいる家を見つけました。六週間後、私はマイソールに着き、ヘザーの母は途中で電話すると言いました。三月下旬か四月上旬の、暑く乾燥した干ばつ続きの夏でした。ヘザーの母と姉は、またヘザーを残してネパールに行っていたので、基本的にヘザーは一人で暮らしていました。私がヘザーの家に入った時、ヘザーは横になって汗をかいていて周りにはハエが飛んでおり、一瞬ひるみましたが、自己紹介をして、ヘザーの母たちが帰って来るまでここに泊まりますと言いました。

私はヘザーのところに泊まり、マイソールの色々な場所に行きました。そこで、二人のアメリカ人、テキサス出身のギャリー・ローパドータとスタン・ハフナーに会いました。彼らは「アシュタンガヨガの練習を見に来るといい」と勧めてくれました。当時、ギャリーはグルジの愛弟子で、長らく練習を続けていたので、アドバンストのシークエンスをやっていました。練習を見るなり私は「うわ、こういうのをやりたかったんだ！　すごい！」と完全に興奮して「これを練習したいです。明日にも練習を始めたいです」とグルジに言ったら、「ダメ、日曜まで待ちなさい」と言われました。日曜は縁起の良い日だとも言いました。イースターの日曜でした。こうして練習を始めたんです。

当時の練習はとても厳しかったです。少なくとも一カ月は続けなければなりませんでした。「一カ月でどれくらいできるようになりますか？　私はガネーシュプリに行くんですが」と言ったのですが、一カ月間練習をしたら、もう一カ月マイソールにいなければならなくなりました。結局五カ月間滞在しました。月末まで練習を続けると、もっとここで学ばなければ、という気持ちになったのです。グルジがアメリカツアーに行くというので、ようやく私はマイソールを離れ、インドを旅しました。

――ガネーシュプリに行ったんですか？

いや、行っていません。スワミ・ムクタナンダがその年に亡くなったので、行かなかったんです。最初にゴアに行って、その後ネパールに行ったら、マラリアになってしまいました。ちょうど、旅を続けようか、マイソールに戻ってヨガをしようかと考えていた時でした。ヨーロッパに行って、誰かと出会って、旅して回ろうかと思っていましたが、病気になった時に、マイソールに戻ってヨガの練習を続けるべきだと、はっきりとわかりました。

グルジがマイソールを離れている間、一カ月間（シャラは）休みでした。私は一月にマイソールに戻り、グルジが戻って来てからまた練習を再開し、五カ月間いました。

――グルジに初めて会ったときのことや、グルジの第一印象を教えてください。

私はかなり世間知らずだったので、何もかもが新鮮でした。若かったのでとても興奮していて、すべてが不思議で魅力的に見えました。グルジはあらゆる意味で非常に厳しかったです。威厳がすごくて、ワクワクもしましたが、同じくらい怖かったです。それが長い間続きました。

――初めてマイソールのシャラで練習した時のことを話してもらえますか？

ここでの練習は一カ月間だけと思っていたので、できるだけたくさん学ぼうとしていました。私はやる気がみなぎっていて、よく一緒にいたギャリーもとても熱心で経験豊かな人だったので、当然のように彼に倣っていました。とても面白かったです。ものすごい痛みもありましたが、完全にのめり込んでいました。それに、あまり人がたくさんいなかったのも良かったです。ギャリーはとても練習が進んでいたので、私は大体ギャリーを見ていました。そのお陰で「自分にもできる」と思うことができました。例えば、ナヴァーサナをやる時に、ギャリーはそれぞれの合間にハンドスタンドをしていたので、私はそうしなければいけないのだと思い込んでいました。だから、ナヴァーサナをやる時は毎回ハンドスタンドをしていました。

――グルジよりもギャリーの方があなたの先生みたいですね。

ギャリーからは大いに刺激を受けました。それに、ギャリーはとてもエネルギッシュでした。朝練習をして、午後はチャムンディの丘を歩いて登って、降りてきてプラーナヤーマをして、空手やサーキット・トレーニングをして、それから家に戻って来て、マリファナを一本……二本くらい吸っていました。

——最初は、グルジの威厳に圧倒されながらも熱心に練習していたようですが、二回目、三回目にマイソールに行った時は、どのように変わりましたか？

最初は五カ月間マイソールにいて、グルジが「君、やりなさい！」と言うからやる、という感じでした。痛みがあると、何かをやめようとすら考えなくなります。私は体が硬くて、ほぼすべてのアーサナでアジャストされていたので、グルジが来てアジャストをする前に「(次のアーサナに入る）準備をできるだけ速くするにはどうすればいいか？」を考えていました。グルジはいつも「体硬い男、強い男。だけど体硬い」と言っていました。だから私はアジャストされるのがとても怖かったのです。

私は基本的にかなり怖がって練習をしていた上に、頭で考えずにただ身を委ねたり、自分を明け渡して受け入れたりする方法を知らなかったのです。マラリアにかかった後に、それが変わりました。マラリアの症状がとても酷く、かなり体重が落ちたので、これまでできなかったプロセスが頭の中で起こっていたのです。マイソールに戻った時は全然違いました。呼吸ができて、委ねることができるようになっていました。グルジが私にアジャストしてくれる時に、実際に身を委ねることができたのです。例えば、バックベンドの後のパスチモッターナーサナで、きちんと息が吐けました。それまでは、苦しくて息を止めていました。息が吐けるなんて思ってもみませんでした。

——先生としてのグルジにはどのような特徴がありましたか？

グルジのエネルギーは相当なものです。私に自分自身の限界を超えさせました。エネルギーの威圧感がすごくて、とても怖かったですが、グルジはそのエネルギーで私に火を点け、私がベストを尽くしたり、必死に練習したりするようにさせていました。また、痛みがあってもたいしたことではなく、痛みを手放したり、痛みとともに練習したり、息を吐くことで痛みがなくなったりすること、痛みを黙認すること、また痛みに神経質になったり、痛みがあるからとやめたりしないことも教えてくれました。もちろん、それには良い面と悪い面があります。ベストを尽くせるようにしたり、自分の思い込みを超えさせてくれたりする、パーソナルトレーナーがいるような感じでした。とてもワクワクしました。これこそが私の好きなことでした。

――先生としてのグルジに対する気持ちは長年の間に変わりましたか？

そんなには変わりません。多分、私はグルジのことを、スピリチュアルなグルや悟りを開いた人として見ていないので、他の人と違うのではないかと思います。グルジを自分のヨガの先生であり、一人の人間として見ながら、グルジから教えを受けました。もちろん、練習を続けるにつれて、もっと込み入った、微妙で複雑なものがあると気づくものですが。しかし、最初はそういう感じでした。

――グルジはヒーラーだと思いますか？

グルジは伝統のエネルギーを伝えています。ヨガを教えることに関して言えば、エネルギーの経路のようなものがあり、それ自体がヒーリング全体のプロセスだと思います。ですから、そうですね、ヒーラーだと思います。

——グルジはどうやってそのヒーリングのエネルギーを伝えていたのでしょう？

二つの側面があります。委ねたり手放したりする、精神的な側面。それにもちろん、呼吸をするとか、体や痛みとの関係など身体的な側面です。痛みがあっても練習ができるということ、痛みにとらわれないこと、痛みを変化させること、痛みを超えて行くことができること、私の場合は、そのような考え方や向き合う姿勢を教わりました。

——ポーズができなくて苦しんでいる時に「私にはできません」とか「あまりにも痛すぎます」と言ったら、グルジがそれを乗り越えさせてくれた、という具体的な思い出はありますか？

しょっちゅうですよ。

サード・シリーズのアーサナ、ヴィランチャーサナで、私は脚を回すのが怖かったのです。脚を回したら膝の関節全体が飛び出たままになって、その状態でどうやって戻せばいいのかわからなかったのです。グルジはただ私のそばにいて、ずっと「呼吸をして」と言っていました。すると、最終的に飛び出た膝を戻すことができました。ただ、その後は毎日、そのアーサナをやらないどころか、やり続けなくてはなりませんでした。そのアーサナが来ると、毎回崖の端まで行って飛び降りなければいけないような気持ちでした。ですが、グルジは膝が飛び出なくなるまで、私がそのアーサナをする時にそばにいてくれました。

――グルジが教えているのは本物の、もしくは原型のアシュタンガヨガだと言っているのを聞いたことがあります。本物のヨガの先生であるグルジとの経験はどのようなものでしたか？

私から見れば、本物のヨガというのは、その人がやることができ、続けることができ、学ぶことができるヨガのことだと思います。ですから、どんなヨガでもその人がやっているヨガが本物のヨガです。個性も体も違えば、ヨガも違うので、誰にでも合う何かがあると思います。

――グルジが教えているものとパタンジャリのヨガには関連があると思いますか？

『ヨーガ・スートラ』でも何でも、口頭で教えることはそんなにありませんでした。すべて実際にやる、よりリアルな実体験なので私は好きです。自分の体や、動き方、クラスの中で起こっていることが、生活や人生に反映されていることにすぐに気づくはずです。ですから、頭を使った練習となる本や文献を読むよりも、この方が実践的です。私は、ヨガの練習が自分の体験となったり、体と心と呼吸と魂がつながったりするのが本当に楽しいです。

――グルジが、アシュタンガヨガの三番目の支則であるアーサナを、出発点として力を入れていたのはなぜだと思いますか？

アシュタンガヨガの土台となるからだと思います。体を使うので、練習を続けたり、深く関わったりすることができます。頭を使うのでは簡単すぎるし、思考はウナギのようにつかみどころがありません。頭は自分のことを簡単に騙しますが、体は騙したりしません。だから、体を使うのはとても現実的なのです。体があるから人間は変化できるのだと私は思います。実際に誤魔化しがきかないのは体を使う方法なのです。

――グルジは「九十九%プラクティス、一%セオリー」と言っていますが、セオリーとはどういうものだと考えますか？

単純な事実として、実践をしていなければ、この世のすべてのセオリーは役に立ちません。それが一番言いたかったことだと思います。セオリーについて話したり、読んだり、学んだりすることはできますが、練習をしなければ何の価値もありません。西洋人は、セオリーについて話したり、読んだり、頭を使ったりするのは控えめにして、練習をしっかりとすることが大事です。

セオリーというのは、体が実際に経験していることや感じていること、自分のやっていることや動きのクセを意識することを学ぶことです。ですから、特に修正可能な機能的な体のクセがある場合は、セオリーを学ぶことで精神的、心理的なメリットがあります。意識して体を動かすことで精神状態が変わります。私はこれがスピリチュアルな変化をたどる道だと思っています。心や思考はあまりにもつかみどころがありません。

――長年の間にグルジの教えは変わりましたか？

人が増えたことでグルジの教えは変わりました。オールド・シャラの時代は、二〜三人しかいない日もありましたが、大体いつも八人で、最大で十二人だったと思います。部屋の中はとても真剣な雰囲気ながら、親密でくつろげる空気もありました。グルジはとても力強く、常に私たちに目を光らせていましたから、グルジから逃れることはできませんでした。しかし今では、生徒がかなりたくさんいますし、グルジも年を取りました。

――年を取ってグルジは丸くなったと思いますか？

間違いなく。

――アシュタンガヨガを家庭や社会での生活と融合することが、どれくらい大事だとグルジは教えていましたか？

融合することはとても大事です。孤立したり、スピリチュアルな成長をするために洞窟の中で暮らさなければならないと思ったりしないでください。アシュタンガヨガの練習を、家庭や仕事、日常生活や人生のストレスなど、あらゆる生活や人生の中で活かしましょう。孤立して、そのような（俗世の）ことと関わらない世界にいる方がはるかに簡単です。つまり、人生には常に試練があるということです。

――グルジの勤労意欲や典型的な一日がどういうものか教えてもらえますか？　グルジは何時に起きていたのでしょうか？

グルジの一番すごいところは教えることに対する献身です。来る日も来る日も、朝早く起きてシャラに行き、何時間もずっとその場にいて、来ては去るすべての生徒に、常に同じことを何度も繰り返し教え、それをずっとずっとずっと続けていました。毎日同じ問題、同じ恐怖があります。それでもグルジはいつもそこにいます。これは本当に驚異的に素晴らしいことです。

――グルジにアシュタンガヨガのシステムの起源について聞いたことはありますか？

ありますよ（笑）。

――満足のいく答えはもらえましたか？

もらえませんでした（笑）。

――あなたは、このアシュタンガヨガのシステムの起源はどこにあると思いますか？

五千年前のバナナの葉っぱに書いてあったものから始まったとは思っていません。そのように信じている人も多いですが、私は少し眉唾物ではないかと思います。あまりにもたくさんの逸話がありますが、クリシュナマチャリアと北インドの彼の先生が教えたものが大半だというのは間違いないと思います。クリシュナマチャリアが、インドの他の運動、特にレスリングや伝統的な体操、イギリス軍の訓練から影響を受けたのも間違いないでしょう。しかし、私には定かではありません。

――アシュタンガヨガのシステムはクリシュナマチャリアが子供に教えていたヨガだと、多くの先生が言っているのを聞いたことがあります。それが、どうしてそんなに西洋人に合うのだと思いますか？

アシュタンガヨガの練習は激しいです。主に痩せていて柔軟なインド人の少年に教えていたもので、彼らはほとんどのアーサナができたと思います。私たち西洋人の場合、その人に合ったやり方で教わったり練習したりすれば、この練習は合うと思います。先生は、年齢、性別、住んでいる環境、過去の怪我など、生徒の特徴や状態を見て、その人がやるべき適切な練習を教えなければなりません。アシュタンガヨガのシステムの本質はそのままでも、やり方をその人に合わせることはできます。すべての人が恩恵を受けられるように、賢いやり方で教えるのが、西洋の先生である私たちの仕事です。

——どうすれば生徒それぞれに合った方法で教えられるのでしょうか?

例えば、週一度しか練習しない生徒の場合、残りの週六日何もしないのであれば、プライマリー・シリーズすべてを教えることはしません。怪我をしていたり、特殊な条件があったりする生徒の場合、怪我の治癒や体力強化のためにやるべきことを見つけなければなりません。そうすれば、その生徒に合ったやり方でアシュタンガヨガを練習できるようになります。見なければならない要素も、その人に合った練習にするために変更しなければならないものもたくさんありますが、ヨガは練習して初めて効果があるので、その人が練習をして気持ち良くなったり、結果が得られたりするものにしましょう。つまり、大事なのは生徒が練習を続けることです。

——毎日毎日、二十年も三十年も続けている日々の練習の価値とはどのようなものですか？　長年の練習によって生まれる内面的な資質とは何でしょう？

頭を使ってやっていれば、毎日の練習によって体に起こることだけでなく、心の変化や動きも理解できるようになります。怠けているのは本当に体なのか、それとも心なのかわかるようになります。定期的にやっていることが土台となり、継続することがさらなる経験となります。週一度しか練習ができない人がいるのもわかっているので、毎日練習しなければならないとは言いません。まったく練習をしないよりはマシです。

——何度も練習を繰り返すうちに、練習が次第に深まっていく感覚というのはありますか？

人にもよりますし、どのように練習するかという意識にもよります。

——そのような意識や態度で臨まずに日々練習をしていても、深まっていかないということでしょうか？

深まりません。

——では、練習を深めるために必要な意識や態度とはどのようなものですか？

まず、自分の意識や態度を手放し、委ね、柔らかくします。最初は、より多くのアーサナができるように努力したり練習したりします。しかし、そのような態度や、目標重視の練習を完全に手放さなければなりません。それから、今の自分の状態を知らなければなりません。次に、今の自分の状態を受け入れ、その状態とうまく付き合っていきます。そこから、感じることやつながりを意識し、体全体と呼吸が一体化した練習になっていきます。

——感じることと一体化した練習というのはどういう意味ですか？

自分の体を実際に感じるには、体の中の感覚をつかむことです。それぞれのアーサナで、手の指の先から足のつま先までつながっていることがわかります。体のあらゆる部分を感じ、何が起こっているのかを知ることができるのです。それが、自分の体と一体化することです。西洋人はとかく頭で考える傾向がありますが、感じるところを頭の中から体の中へ変えることが大事です。

——おそらく、最終的には頭（思考）に戻りたいということですよね。

違います。思考から抜け出したいんです。

――完全にですか？

はい。

――体を隅から隅まで探求したらどうなるのでしょう？　その後ヨガはあなたをどこに連れて行くのでしょう？

終わりはありません。思考から抜け出すには、体の中に留まらなければなりません。心の中で感じていることとつながれるように、思考から抜け出したいのです。

――それはどのようにして起こるのですか？

思考から抜け出した状態によって起こります。

――体を十分に探求すると心が開くのでしょうか？

心の中で感じていることを意識するようになるには、心に注意を払わなければなりません。

——何かテクニックのようなものはありますか？　もしくは、アーサナの練習において体を意識することはどのようにつながっているのですか？

頭の中の声（雑念）を取り除くことです。

——そうすると、心の中で起こっていることだけに意識が向くと。

そうです、まず体の中、それから心の中へ。

——心の中で起こっていることを感じるようになったら、それで終わりなのでしょうか？　それとも新たな旅の始まりですか？

わかりませんが、私は始まりのような感じがします。心の中では、受け入れ、判断しない、今ここにある感覚、心の中の喜びとのつながりがあります。

——例えば、ヤマやニヤマ、自分とブラフマンの融合（梵我一如）のようなヒンドゥー教の哲学的な考え方、構造的な教えの形式を持つより、内的な経験の道を辿ることの方が西洋人に（おそ

らくインド人にも）適していると思いますか？　それとも、もっと自分自身や自分の経験における内的な旅なのでしょうか？

その人の性質や傾向によって違うと思います。ひとつのやり方だけが正しいと信じないようにしなければなりません。自分がそれを知っているという思考、もしくは外的な思考を、実際に手放す訓練です。その後で、もっと内的なものや、意識、より高次の自分自身、導き、神など、呼び方は何でもいいですが、そのようなものにつながります。しかしそうするには、強いて言えば思考を捨てなければなりません。

――頭の中の声（雑念）を取り除く方法として、体の中に意識を集中するということですよね。そうすれば、呼び方は何でもいいとして、高次の自分自身がどこからか現れ、それだけに注意を向けることができると。首から上の頭が切り取られている感じで。

そうです。体の中の感覚に没入していると、頭の中にはほとんど意識がありません。体の中に入ると、そこで何が起こっているのか感じます。過去や未来に関する外的な思考はほとんどありません。今ここにある自分の存在を感じられます。これがプラティヤハーラの始まりです。

――これは日常生活にどのように引き継がれますか？　練習が終わった後はどうなるのでしょ

う？

常に挑戦です。何の前触れもなく体の中に意識があって、それから心が穏やかになるわけではありません。常に今の意識があります。毎日毎日、ゆっくりと意識を体の中に戻します。外にあった意識を少しずつ体の中に戻して、体の中でリラックスして、それから頭の中がリラックスします。私たち西洋人にとっての挑戦は、常に意識的であることです。一日を通して、呼吸を、自分の体の中にいることを、息を吐くことを、体がリラックスしていることを意識します。これが日々の練習です。

――少し逆説的なように思えます。何かに意識を集中させると、緩和というより緊張が生まれます。リラックスすると眠たくなりますよね。

頭の中の声のせいで眠くなることもあります。本当につながっていると、隙がなく明晰で、他のものとつながっている感じがするので、実際にはとてもエネルギッシュです。本当に疲れていたり、寝不足だったりしなければ、眠くなるのは雑念やストレスのせいです。

――あなたは体や体の中の感覚に意識的になり、同時にリラックスして完全に委ねた方がいいとも言っています。

練習で委ねることができなくても、訓練すれば、何がどれくらい効いているかということや、リラックスしなければならないものなどを意識することができるようになります。呼吸をする時はどうなっているか？　自分の呼吸はどのように動いているのか？　硬くて緊張しているのか？　柔らかくてリラックスしているのか？　それとも深くなめらかなのか？　このようなあらゆる疑問は、体の中にいるということでもあります。自分を無理矢理リラックスさせることはできません。まったく逆です。体の中の感覚に意識的になるだけで、リラックスすることを要求するのではなく、リラックスするプロセスを起こすことになります。

――感覚的には、体をリラックスさせようとするのではなく、頭をリラックスさせようとするということですね。

体の中にいることで、頭をリラックスさせることができます。

――練習のより繊細な側面は、アーサナの練習と何らかのかたちで密接につながっていると考えているのですね。

はい。アーサナでは最初は、呼吸をする時に吸って上がり、吐いて下がるというような、普通の動きのことをとても考えます。練習では、体の動かし方や、何が効いていて、何が効いていないのかなど、体の中で起こっていることをもっと意識しなければなりません。そうすれば、体とつながり、一体化するようになります。ですから、これは練習の融合と微調整の継続的なプロセスです。

——アーサナからプラーナヤーマ、プラティヤハーラ、ダーラナ、ディヤーナ、その先へ……の過程には、どのような進歩があると思いますか？

頭を使い、体の中に意識を入れてアーサナの練習をしていたら、そのような面で多くの進歩をするはずです。アーサナはある意味土台です。もちろん、プラーナヤーマや瞑想にも、アーサナと同じように特定のやり方や練習はありますが、私はそこまであれこれやる必要はないと思います。人によっては、アーサナの練習だけでも十分過ぎます。一方、プラーナヤーマや瞑想の練習をする人もいます。それぞれがサポートし合いながら、すべてが一緒になって作用しますが、現実的には時間やエネルギーの問題があります。

——グルジはこのような内面的なことは自然に無意識のうちに起こる、というようなことを言っています。とても頑丈な土台ができたら、そこまで努力をする必要はないのでしょうか。

マットの上の二時間だけではなく、一日二十四時間を練習だと考えれば、マットの上の特別な時間は、一日中実践を続けるための、鋭敏な意識や集中力を育むためにあります。

——では、ヨガの練習生は早い段階で、一日のうちアーサナの練習以外の時間も、特に体を意識した方がいいのでしょうか？

はい。座っている時、歩いている時、ストレスのある状況や、一日中パソコンの前でデスクワークをしている間も、体を意識します。体には何が起こっていますか？　一日の終わりに肩が重くなっていたり、頭痛になったりしていますか？

バランスと調和のある状態を取り戻すためには、まずは日常生活でやらなければならないことを見極める必要があります。

——グルジの考えるヨガの目的とは何だと思いますか？

この質問の答えになるのかわかりませんが、グルジは最終的に神について話をします。最終的に神とつながること、神とのつながりを感じることではないかと思います。

——グルジは神への祈りについてよく話しますが、時に西洋人には特に難しいのではないかと思うことがあります。

ほどんどの西洋人がキリスト教文化の中で育っていて、「神」という言葉に決まった反応をしてしまうからでしょう。神は天国にいると思っている人もいれば、単に意識やエネルギー、もしくは自然のことだと思っている人もいます。私たち西洋人は言葉にとらわれて、本質を見失っていることが多いです。

――西洋人にとっては言葉が壁になっているということですか？　グルジが「神」と言っている時に、グルジが言っていることを本当には理解していないと。

神がどんなもので、どれほど大きな存在なのか、私たちには知る由もありません。想像もつかないし、参考にするものもありません。だから、わからないし、理解できないのです。

――先生を持つことはどれくらい大事でしょうか？　独学でヨガを学ぶことはできると思いますか？

先生はとても大事です。先生は鏡になります。どうなっているのか、体の中で何が起こっているのか、呼吸では何が起こっているのかというフィードバックをくれるだけでなく、サポートもしてくれるし、練習をする環境も与えてくれます。ですが、練習で先生に依存しないようにするには、先生がいない状態も必要だと思います。西洋人にとっては、これは大きな挑戦です。私たちは、先生や場所や一緒に練習する人たちに依存しがちです。ですから、支え、指導し、意見を言ってくれる先生がいることは大事ですが、無用な困難を避けるためにも、時には先生のいない状態も大事です。

――教えることも練習のうちのひとつだと考えますか？

教えることは何よりもまず奉仕です。しかし、先生になることで教わることもあります。生徒も学びますが、先生も学びます。

人がどのように動くのかを観察することで、新しく学ぶ状況が常に発生します。（先生としての）自分に対する意見をもらうことも役に立ちます。自分の練習に役立てることもできるので、役得のようなものです。つきつめれば、教えることも練習と同じです。

――長年の探求を通して、バンダについてどのようなことを発見しましたか？

ウディヤナ・バンダとムーラ・バンダについて言うなら、ヨガの練習における身体的な面でおそらくいちばん重要なもので、実際に働かせ、つかみ、何かをすることができるものだと思います。バンダのより繊細なエネルギー的な面は、簡単に観察できるものではなく、何が起こっているのか本当にはわかりません。ですから、身体的な体勢と動きが適切であれば、エネルギー的にも機能していると思いますし、逆もまたしかりです。バンダはほとんどが腰の安定にかかっています。腰は、体重と負荷のほとんどがかかる一番弱いところだからです。

練習を通して、内部の筋肉と背骨の位置がどうなっているのかを常に意識しなければなりません。同じく、骨盤底筋や下腹部にある腹横筋を使い、外腹斜筋を少し引き上げる必要もあるとわかりました。負荷がかかった状態で最大限安定させるために、息を吸って体の前面から側面の胸骨の内側を膨らませることで、これができます。運動やウトゥプルティヒなどのアーサナをする時にやっていることです。練習中におへそと胸骨の内側で呼吸を続けることで、ストレスのかかる状況にあります。ウトゥプルティヒの体勢も、肩を落として僧帽筋が上がらないようにします。ですから、色々なことが起こるウトゥプルティヒというアーサナはとても重要です。

――リフトアップやジャンプバックも同じ原則を使っているのでしょうか？

はい。

――アシュタンガヨガの練習は、正しくやっていればバンダを発達させられるように、合理的に設計されていると思いますか？

きちんとバンダに意識を向けられていれば。これが難しいところで、特にいきなりスーリヤナマスカーラをやり始めて、チャトランガ・ダンダーサナ（腕立て伏せの状態）まで行ったら、肩が耳の方まで上がって、肩が身体的に機能しない、すでに負荷の多い状況になっています。きちんと意識せずに、正しくない状態のまま続けることで、体の歪みやよくないクセを助長します。最初から正しい体勢や筋肉の使い方を学ぶことがとても大事です。つまり、少し客観的に見て、自分のやらなければならないことに気づかなければなりません。それから練習を進めていけば、正しく安全にチャトランガができます。

――グルジはいつもムーラ・バンダのことばかり話していました。そのことについてどう感じていますか？

何をもってムーラ・バンダとするかによります。私は、グルジの教えていたムーラ・バンダは、骨盤底から肛門、尿道、会陰部を締める以上のものであり、ウディヤナ・バンダは、下腹部を引き締める以上のものだと思っています。クリシュナマチャリアは骨盤底と下腹部のことをムーラ・バンダと呼んでいたようですが、定かではありません。

――グルジとクリシュナマチャリアの生徒だったB・K・S・アイアンガーは、ウディヤナ・バンダについてより詳しく教えており、ムーラ・バンダはウディヤナ・バンダに自然とつながっていると言っていました。

ウディヤナ（腹部を強く凹ませること）とウディヤナ・バンダを混同していることがあります。練習している時にウディヤナはできないので、ウディヤナはやりません。ウディヤナをする時は呼吸を止めていますが、逆にウディヤナ・バンダをする時は、お腹を引き込み、息を吸い上げます。

――おそらく、ウディヤナ・クリヤと区別しているのでしょう。

そうです。ウディヤナをすると腹直筋をゆるめ、下腹部を引き込みやすくなります。普通はムーラ・バンダも使うことになりますが、そうでないこともあります。

――時間の経過や練習をするにつれて、練習中に自然とバンダがわかるようになると思いますか？

ある程度は。ただし、前にも言いましたが、きちんとバンダに意識を向ける訓練をしていなければ、うまく機能せずに苦しむことになります。

――ファースト、セカンド、サード・シリーズと練習を進めている人は、はるかに速くバンダを見つけられる機会があるということですね。

そうです。サード・シリーズではアームバランスを使うことが多く、斜紋筋を締めることになるので、バンダがわかりやすいです。ですが、ほとんどの人はプライマリー・シリーズか、それ以前の練習をするだけなので、さらに訓練が必要だと思います。

――練習の解剖学的な面について、他に言っておきたいことはありますか？

人間には、体の他の部位に対する支援組織もあります。アシュタンガヨガはとても力強く、上半身を多く使うので、肩を固定する方法を学ぶことが大事になります。というのも、肩関節はとても損傷しやすく、動きの自由度がかなり大きいので、安定させるために筋肉に頼っています。アシュタンガヨガの練習中に、肩を正しい位置にもってくる方法を学ぶことがとても重要です。年を取ったら特に、肩は怪我をしやすいです。膝、股関節など、あらゆる関節も同様です。

――練習生のアーサナの進み具合と意識の進歩には関連があると思いますか？

はい。動きのクセや体の動かし方に関する気づきが、何らかのかたちで意識を進歩させていると思います。世界のある場所で何かが起こると、他の人が同調して、他の場所でも同時に何かが起きるという現象に似ています。体の中の新しい気づきに注目し、それをヨガのためのツールとして使ったり、ヨガの練習を進めたり、安全にヨガをしなければなりません。そうすることで、練習がより楽しくなります。

――アーサナにおける進歩というのは、必ずしもアドバンストのアーサナをやっているということではなく、より意識的にアーサナをやっているということですよね。

そうです。

――アドバンストのアーサナをする機会や能力がない生徒もいます。それで、スピリチュアリティや幸福における進化が限られるということではないですよね？

違います。まったく関係ありません。実際これは大事なところです。私は、アドバンストの練習の特徴やエッセンスを、プライマリー・シリーズやプライマリー以前の練習に取り入れることができると、本当に思っています。

――具体例をあげてもらってもいいですか？

サード・シリーズでは、アーサナの練習の強さや安定性についてより多くのことを学びます。プライマリー・シリーズにその気づきや認識を持ち込むことはできます。

――練習が進んでいる人や先生はこの原則を理解し、初心者の生徒にそのことを教える必要がある、ということですよね？

その通りです。私が情熱を傾けているのはそういうところです。また、年齢や、障害や、怪我の有無、どこを練習しているかに関わらず、誰もが練習の恩恵、喜び、特徴を十分に受け取ることができます。達成することや、アーサナの練習を先に進めることがあまりにも重視されていますが、そうすればもっといい人間になれるとか、神に近づけるというのは間違った思い込みです。

――ヨガの練習やアーサナを進めることで、自分自身のより深い認識や自分の魂の啓示が、必ずもたらされると思いますか？　もしくは、アーサナ以外のもので、次のステージに連れて行ってくれるものがあるのでしょうか？

先へ先へもっともっと練習することではなく、意識の方が大事です。自分が何をしているのか、自分のやっていることの質だと思います。一番大事なのは意識です。何が起こっているのかという意識を持たずに、アドバンストのアーサナをすることもできますが、きちんと意識してスーリヤナマスカーラができる人が、ヨガの練習をしているのです。

——スーリヤナマスカーラや、ひとつのアーサナもしくは体勢が、常に内面的に同じ場所に連れて行ったり、自分自身の深層を明らかにしたりしますか？　それとも、違うレベルの意識にアクセスするには、違うアーサナをする必要がありますか？

より多くのアーサナをする方が助けにはなりますが、適切な意識や態度でスーリヤナマスカーラをするだけでも、内面の奥深くに行ったり、探求したりすることはできます。

——おそらくプライマリー・シリーズやプライマリーの一部だけでも、意識し続けていれば、ほとんどの人が達成できることだと。

大半の人にとって、プライマリー・シリーズと、あと少し後屈系アーサナの練習ができれば、すべて学ぶことができます。起こっていることに対してより意識的になるというのは、生涯をかけてやることです。ひとつのことをするのに飽きたと言っている人がよくいますが、四六時中、毎日、すべての経験で、体の中で起こっていること、頭の中で起こっていること、自分の感情に起こっていることを意識していたら、飽きることはあり得ません。自分の体の中で起こっていること、その一瞬、今ここの自分の存在に本当に意識を向けていたら。

——どうして毎日違うのでしょうか？

練習は毎日違います。気分がいい日もあれば、そんなに気分がよくない日もあります。体が硬いと感じたり、エネルギーがみなぎっている感じがしたり、いつも以上に集中できたり、しょっちゅう注意散漫になるような日もあります。

——では、毎日毎日同じことをする目的は何だと思いますか？

自分の練習がどのような状態にあるのか、毎日観察し、気が散らないようにし、中立的な態度で臨み、決めつけないためです。毎日違う自分の状態を受け入れる練習です。何が起こっていても大したことではないと受け入れ、決めつけなければ、満足につながります。自分のことを決めつけたり比較したりすると、満足できません。

——長い年月をかけてその波のような変動は減りますか？

はい。

——満足な状態に近づくのでしょうか？

そうです（笑）。

――しかし、色々なストレスのある状況に遭遇し続ける人もいます。練習でそのような経験をしたら、影響を受けませんか？

私たちが取り組んでいるのはそれです。いったん土台ができたら、停滞しないために絶えず挑戦をします。

土台を拡張するために挑戦をするのです。鍛錬や自制は土台がすべてです。自分にとって難しいアーサナに挑戦するのは、誠実に練習をするため、呼吸や体や起こっていることに意識を持ち続けるためです。これが練習で進歩し、進化する方法です。

――では、今日の意識を持って土台を確立できれば、明日はその土台に戻り、違う意識で土台にまた挑戦するということでしょうか？

そうです。

――毎日違う視点を持っているから、どんな状況でも土台は本当に強くなれるということですね。

はい。

——そこからどこかに行き着きますか？　次のステップは何なのでしょう？

そうですね、土台に挑戦するのは楽しみでもありますよ。

——永遠に続くのですか？

ええ、そして人生は挑戦の連続です。私は練習と人生は共に進むものだと思っています。人生は経験と挑戦で表されることがよくありますが、練習も同じです。ある意味、私たちは常に挑戦しています。

——だから相互作用だと。人生には潜在的にある種の精神的な苦難があります。練習をする時もそれが頭の中にあります。すると、練習することで少し離れて客観的にそれを見る機会が得られ、適切かどうかわかりませんが、あまり感情的になり過ぎずにその苦難に取り組めると。そして、練習は人生にも反映されるので、双方向の動きだということですね。

まさに。

――若い頃と年を取ってからでは、練習のやり方を変えるべきだと思いますか？

若い頃はそれだけエネルギーがあり、体がより柔軟になる見込みもあります。靭帯も強いです。年を取るにつれて、普通は人生や生活におけるストレスは少しずつ増えます。家族、子供、仕事などであらゆることが起こります。そうすると、より多くのことに対処しなければなりません。練習ではより頭を使い、安全に続けられて、楽しくて、メリットも得られる、自分に合った練習をしなければなりません。やった方がいいと考えていることや、そう言われたことをただ漫然とやらずに、自分の体に合わせて調整を続け、何が適切なのかを見極めなければなりません。体とつながらずに、頭で動いていたら、本当はできないのに、もしくは特定の時期にはやらない方がいいのに、それをやりたいというエゴで動くことになるので失敗します。

年を取ると、関節の安定と筋肉を鍛え続けることがさらに大事になるのは、関節がより不安定になるという単純な理由からです。年を取るにつれて筋肉がやせ細るので、練習のやり方やどのような練習をするかを変えましょう。

――五十歳で練習を始めた人と二十歳で練習を始めた人を比べているのではなく、二十歳で練習を始めて五十歳まで練習を続けている人は、継続できる練習にするために、二十歳の頃の練習を変える必要があるということですよね。というのは、私が思うに、ヨガは何かしら若さを保つものだからではないですか？　若さ、バイタリティ、強さ、柔軟性などを維持するのに役に立っていますよね。

はい。ですが、それでも人それぞれ違うので、自分に合わせて変える必要があります。年を取っても力強い練習を続けられる人もいれば、少し練習を軽くしなければならない人もいます。万人に合う練習をつくろうとしないことが大事です。個性はそれぞれ違うことを認識し、その人に合った安全で継続できる練習に調整しなければなりません。理由は単純で、練習できなければ何の恩恵も受けられないからです。継続できる、練習を続けられるということに尽きます。

多くの人にとって、アシュタンガヨガは困難に直面しがちな、難しいものです。練習を始める人は多いですが、やめる人も多いのは、すべてが行き過ぎるからです。練習を続けている人は挑戦を楽しんでいて、何の問題もありません。しかし、練習を続けるのが難しい人には、個性やライフスタイル、何が起こっているのかを見極め、気持ち良く続けられる練習をつくる必要があります。

——アシュタンガヨガはある特定の人のためのものだという意見もあります。例えば、「本当に初心者なのですが、アシュタンガヨガをできますか？　それとも何か別のものを最初にやる必要がありますか？」とか「私は本当に体が硬いんです」というようなことを言ってくる人がよくいます。このような人に対してあなたの意見は……

適切に教われば、誰にでもできます。

——西洋人はヨガの道のりに関して非現実的な見方をしていると思いますか?

ヨガに多くのものを期待し過ぎていたり、ヨガで達成できるものを少し壮大に考えていたりするふしがあるかもしれません。しかし、体の中や頭の中で何が起こっているのか、という日々の視点に戻らなければなりません。体を動かし、少し強くし、浄化し、健康になり、リラックスすることを学ぶために努力しているのです。あまり期待し過ぎず、日常の中で起こっていることや現実と共にあらねばなりません。

——パラマハンサ・ヨガナンダの『あるヨギの自叙伝』の話を以前しましたが、私はあの本にとても影響を受けて、悟ることはできる、ヨガは真実を明らかにするという考えがより強くなりました。それについてどう思われますか?

幸運を祈ります(笑)。(悟ったら)教えてください。

——非現実的なだけだと思いますか?

私は最初からそのような考えは手放さなければならないと思います。

――では、最初にヨガを始める動機は何なのでしょう?

普通は、もう少し健康になりたいとか、柔軟になりたい、強くなりたいというようなことが動機になると思います。リラックスの仕方を学びに来る人もよくいます。医者に何か(体を動かすことを)やりなさいと言われて来たとか、病気の家族がいて自分もそうなるのが怖いという理由もよくあります。ですから、最初の動機は身体的なものがほとんどで、それでいいと思います。練習を続けるには、意識的になる、気づくという旅に夢中になることでしょう。体の中の感覚や動きに気づくようになると、体の中で喜びを経験します。体に目的があれば、取るに足らないものとして体を切り捨てたり(非現実的なことに傾倒したり)しません。

――手に入らないかもしれない非現実的なものを求めるより、今この瞬間の自分自身に意識的であることが本当に大事で、それに近づこうとしているということですね。

そう、その通りです。私たちにできるのは、今起こっていることと共にあること、それだけです。アーサナをしている時、今ここにいて、将来について考えていることに気づき、アーサナについて考えることに戻る、そしてまた頭の中が昨夜の出来事や、この後朝ご飯に何を食べようかと考えていることに気づく……これがヨガの練習です。また、今の自分の状態を味わい受け入れることでもあります。不快感があれば、その不快感をできるだけ感じ、手放し、そしてジャンプバックをして、練習を続けます。

——これまで話したこと以外で、ヨガに感謝していることはありますか？

旅ですね、ヨガという旅全体にとても感謝しています。人生にたくさんの目的と意味を与えてくれました。ヨガは探求し、成長し、進化し、経験するためのツールです。美しいものです。

——何か言い残していることはありますか？

練習にはあらゆる身体的なメリットがあることを忘れないでください。ヨガを、スピリチュアルな進化をするものだとか、宇宙的な何かだと考えることもあるかもしれません。しかし、現実的には今ここにいるためのもので、健康を維持向上し、身体機能を良好な状態に保ち、病院に行かずにすみ、リラックスする方法を学び、生きる上での緊張をゆるめるツールを持てるなど、ヨガがもたらしてくれるものはたくさんあります。極めて大事なことで、今ここにあることです。ヨガには治癒的な効果がかなり期待できます。ヨガを練習する人が増えれば、病院に行く人が減り、公的医療の必要性が減り、みんなもっと幸せになります。世界が変わるはずです。

――セオリーとは、体の中にあり、頭の中にもあり、自分自身はそのどちらにも属していないということですね。満たされ、幸せで、平穏で、リラックスして、喜びに溢れ、頭の中の声が止み、自分自身が輝き、それがすべてだと。

そう、単純なことです(笑)。単純であり、複雑でもあります!

二〇〇八年　イビサ島

ヘザー・プラウド

Heather Proud

十三歳の時のダイビング事故による重度の脊椎損傷によって、ヘザー・プラウドは四肢麻痺になった。一九八一年にマウイ島でグルジと出会い、その後グルジと共に練習をするために一年間マイソールに住んだ。ヘザーは、重度の障害を持つ人々のために、ヨガやその他のヒーリングを体験できる施設を設立している。

——どのようにしてグルジと出会ったのですか？

共通の友人であるナンシー・ギルゴフや、私とグルジのどちらのことも知っていた生徒から「グルジに会って、絶対にヨガをやった方がいい」と言われました。両親、特に母は、ヨガやサティヤ・サイババや東洋哲学にはまっていたので、私はあらゆる種類の代替医療やホリスティック・セラピーにとても前向きでした。それに、私は怪我をする前は、ヨギーやアスリートとして生まれたような気がしていました。体操をしていて、体がとても柔軟だったのです。前世ではそういう魂を持っていたのではないかと感じていました。大きくなってからは、いつもヘッドスタンドやハンドスタンド、バック転や側転をやっていました。

――グルジに会ったのは何歳の時ですか？

十六歳です。

――あなたもすでにヨガのようなものにはまっていたのですか？

はい、ある程度は。ホリスティック・セラピー、代替医療、鍼灸、経絡、あらゆる種類のエネルギー・セラピーをやっていました。その後、グルジと練習ができることになり、そのような機会が得られるのは本当に有り難いことだと思いました。最初の二～三回グルジと練習をした後、体の特に下半身と背骨に、血がめぐっている感覚を感じるようになったのです。グルジと練習するアーサナや呼吸のお陰で、さらに血がめぐっていく感じがしました。グルジは、基本的にファースト・シリーズのアーサナをたくさんやらせてくれて、少しずつグルジとの練習が心地よくなっていきました。

――グルジはどのように指導していましたか？

マンツーマンで教えてくれました。呼吸をしながら脚や背骨を動かしたり、息を吸ったり吐いたり、違うポーズ、違う体勢をやったりしました。グルジはかなり力強かったのですが、常に私が気持ちいいと感じる範囲でした。やっていたのは、間違いなく呼吸とポジショニングだったと思います。私は怪我をする前から本当に柔軟で、パドマーサナも組めていたので、グルジは私の下半身をサポートし、腕や手などは、私の筋力でできる範囲で動かしていました。

――では、グルジの指示は主に呼吸に関してだったのでしょうか？

はい、それと筋肉を鍛えることでした。グルジは私の血行を良くして、脚と背中の筋肉を鍛えてくれました。そうすることで、かなり体の感覚が戻ってきました。脊髄を損傷した時「脊椎が完全に断裂、または損傷しているので、まったく何も感じないし、動くこともできません」と言われたのですが、グルジと一緒にヨガをやった後、私は感じることができたのです。体全体や下半身や背骨にエネルギーがめぐり、感覚が戻ってきていました。グルジは私の柔軟性や能力をとても入念に見ていました。私のできないことではなく、私のできることを強化してくれたと思います。本当に特別でした。

――体の感覚は、神経システムではなくエネルギー的な何かとつながっていたということですか？

両方です。

――（脊椎の）神経は断裂していたと言っていましたよね？

はい。

――感覚があったり、感覚が戻ってきたりしたけれど、それは違う経路を通っているかもしれないと。

血液の循環を通してだと思います。当時ある程度は感じていました。ティム・ミラーとギャリー・ローパドータが来た頃のことです。

――それはマイソールで、それともここマウイ島で、ですか？

マイソールです。

――初めてマイソールに行ったのはいつですか？

一九八一年の夏です。

――マウイ島でグルジに会ったのですよね？

はい。

――マイソールに行く前に、マウイ島でグルジと一緒に練習しましたか？

一カ月くらい練習したと思いますが、グルジがどれくらいマウイにいたのか正確に覚えていません。（一緒に練習した後で）グルジに「マイソールに一年間来なさい」と言われました。私の母はとても協力的でしたし、それに母はサイババだけでなく、インドの文化やヨガをすることも好きだったので、インドを旅したかったのです。一年間インドに住んで、インドの文化やスピリチュアリティ、昔ながらのエネルギーを体験できたことは、私にはとても大きな影響がありました。

私は強烈な夢を見たり、幽体離脱を経験したり、夢やヨガなどを通じて心の状態が変わるという体験をしました。ヨガをしていなくても、私はそのような体験をしていました。怪我をする前は、常に体を動かすような活動的な人間だったので、体を動かさない理由も、体力の限界を感じる理由もありませんでした。グルジは、私が出会った他のどんなグルや先生よりも、最大限に私の能力を引き出してくれました。

その当時、マウイにヨガの先生はそんなに来ませんでした。ここは私の故郷です。ここで育ち、知り合いもたくさんいます。私たちのヨガコミュニティは、私とグルジを受け入れてくれました。グルジは、私と一緒にやっていることを、これから私と一緒にやるであろう人と共有したいと思っていました。スーザンはインドに来て、グルジや私と一緒に練習をしてくれたので、私が故郷のマウイに帰っても、同じことを続けられました。それで、私はスーザンやステファニー（ナンシー・ギルゴフの姉）と練習を続けました。

――あなたがマイソールにいた間に、グルジは練習を大きく変えましたか？　それとも、その間ずっと同じことをしていたのですか？

ファースト・シリーズのアーサナをたくさん取り入れた、とてもパワフルな練習でした。私の強さと変化を意識しながら、ポーズを取るのをサポートしてくれたので、私は立ち上がることができました。私の目の前にグルジがいて、私の膝を持って脚を固定して支え、立った状態にしました。その時は本当にパワフルでした。その後、様々な状況で腰や背骨や股関節などに痛みを感じるようになりました。だから、そうですね、時間が経つにつれてさらに激しい練習になりました。

――初めてグルジに会った時のことは覚えていますか？

ヨガをする部屋の中でのことでした。（アシュタンガヨガの練習では）あらゆることが同時進行していますが、グルジと一緒に初めて練習した時に、動きと一緒に治療的な（意識的な）呼吸をすることは、誰にとっても柔軟性を保つのに本当に必要なことであり、また血液の循環は健康と幸せに大事な鍵だとわかりました。そのことと、体の疼《うず》くような感覚を覚えています。酸素が体中に行き渡った時の衝撃は、脚がしびれた時に感じる疼きや感覚を、体中に感じているような感じでした。

――グルジと一緒に練習してすぐにその新しい衝撃を感じたのですか？　それは興奮しますよね。

もちろん。

――人として、グルジとはどのような関係でしたか？

グルジと私の関係は明らかに先生と生徒です。とても心地よい関係です。私は、他の人の練習を見てきた経験が多い方だと思います。グルジが他の生徒と練習しているのを見ていたので、グルジとも心地よい関係を築くことができたんだと思います。

同時に、私は完全にオープンで、何かまったく違うことをしたいと思っていました。怪我をした後で高校に戻り、通っていた二年間は、座って勉強をしていただけだったので、頭は活発でしたが体は十分に活動できていませんでした。だから、本当に何かを欲していたんです。インドに住み、瞑想や身体的でスピリチュアルなものに集中する準備ができていました。非常にパワフルでスピリチュアルな体験でした。これほど特別で自分に合ったものはありません。

グルジと同じ通りに住んでいたナンシーの友達と仲が良かったので、マイソールでは私はグルジの家の五軒隣りに住んでいました。だから、グルジとグルジの家族とは本当に親密でした。私はインドの文化と、マイソールでもマウイにいるように感じられる環境が大好きでした。マウイとマイソールを行ったり来たりしていた人たちは、異なる種族から集まった太古の人間のように感じました。そのような異なるつながりを通して、サイババやアンマジをはじめ、ありとあらゆるグルや先生を通して、カルマが私たちを一緒にしてくれたような感じがしました。

グルジは私にそのような経験をさせてくれました。マイソールに住むのはとてもパワフルであり、同時にわが家にいるような気分でもあり、本当に快適なライフスタイルでした。マイソールに戻って、もっと色々な経験がしたいです。人としてのグルジとの関係ですか？　そうですね、間違いなく親密で快適でパワフルでした。

――グルジはあなたの人生に対する見方を何か変えましたか？

もちろんです。グルジとのすべての体験、グルジというパワフルな先生の存在のお陰です。グルジがマウイに来る度に、アシュタンガヨガをする人たちの輪が大きくなり、広がって、増え続けていきました。アシュタンガヨガのコミュニティや家族が成長しているような感じでした。そのような献身と集中力、自律心や鍛錬を見ることで、間違いなく私の人生も、人生に対する見方も変わりました。

――あなた個人についてはどうですか？　グルジはあなたの心を何か別の可能性や、人生の考え方に導きましたか？

そう思います。私の高校～大学時代は、普通ではありませんでしたから。

――これからもスピリチュアルな経験を探し求めていくのでしょうね。

はい。身体と感情が一緒になったスピリチュアルなもの、呼吸と瞑想と集中の組み合わせ、グルジと出会う機会、代替医療、ホリスティックかつスピリチュアルなセラピーの勉強と指導に力を入れる機会を探していくと思います。

――グルジは瞑想を教えてくれましたか？

いいえ、具体的には。呼吸を身体の動きに合わせることだけです。呼吸は間違いなく一番パワフルなツールで、整体やストレッチや呼吸法をやっている時にも使います。呼吸のお陰で人生が変わりました。痛みや苦痛がある時、集中が必要な時に、呼吸が助けてくれました。

――マイソールに一年間住んだ後も、グルジとの練習は続けましたか?

グルジがマウイにいる時に少しだけです。そんなに多くありません、一度か二度です。グルジのクラスはかなり大きくなり、大勢の生徒がいるので、私はただその場にいて、見学というかたちで参加し、コミュニティの一員になっていました。

――では、マイソールでの一年間は明らかに特別な時間だったのですね。グルジと練習する時はヨガシャラに通いましたか?

はい、ほぼ週五日、月曜から金曜まで通っていました。マンツーマンの集中的な時間でした。

――楽しい時間でもありましたか?

練習全体の経験は現れては消えていきます。練習があまりにも激しいので、笑ったり泣いたりする感情の瀬戸際にいるような感じです。違うタイプのヒーリングでそのような体験をしたことがありました。エネルギーがブロックされているところに働きかけたり、特定のアーサナを練習したりしている時、グルジはその状況を明るくし、私がグルジと一緒にいるのがより心地よく感じられるように、笑いを活用していました。あまり多くは語らないし、頻繁にコミュニケーションをするわけでもありませんが、練習をうまくやり切るため、より快適な状態にするために、エネルギーを高めようとしていました。

——どのようにして高めていたのですか？

グルジの在り方、私と一緒に練習する時の働きかけだけです。あまりにも激しいアーサナをする時など、グルジは「もっと、もっと！」と言っていました。「ほら、もっとがんばろう！」と言う個人トレーナーやコーチのようでした。そして、その状況を笑いながら、私の限界までアジャストをしてくれました。誰でも、痛みと笑いの境界線のような状態を経験したことがあると思います。ある種の激しさは、笑わなければ乗り越えられません。

——あなたの経験は、他のみんなの経験と大差がないようですね。

グルジとの練習ではほんとにそうです。

——グルジはあなたにも手加減しなかったんですね。

グルジの観察眼は恐ろしくすごくて、まるで超能力者みたいでした。百人のクラスからひとりを選んで、その人が自分の限界を超えるために、本当に必要なことが正確にわかるような感じです。みんなが感謝しているのは、そのようなある種の限界を引き上げる体験でしょう。私たちは挑戦しなければなりません。それぞれの限界に挑戦させ、呼吸をさせ、限界を乗り越えさせ、限界の向こう側に癒やしがあること、そのような練習は一生ものだということをわからせるのがグルジの仕事です。忘れられない経験になります。そのような忘れられない強烈な経験をさせられるのは、グルジの才能だと思います。だから、呼吸や身体を通した一生ものの価値のある練習となるのでしょう。

私だけでなく、私の母や姉も練習をして、本当に没頭していたので、練習は私の家族をつなぐものでもありました。サイババが偶然にもマイソールのごく近く、プッタパルティにいたのも幸運でした。私がグルジと練習する機会が持てたのは、そういう理由もあるのだと思います。

――サイババにも会いに行ったのですか？

はい、多分四～五回会いに行ったと思います。それがすべての経験に影響しています。間違いなく、私の人生の貴重な一部です。フェイとは今でも一緒に働いていますし、本来の体を取り戻そうとヨガや理学療法、マッサージなどに時間を割いたり、治療を継続したりするために与えてくれたツールを使っています。

様々な障害や問題を抱えた、様々な状態の人たちが来てヨガをしたり、理学療法やスポーツジムのようなマシンを使ったセラピーを受けたりすることができる、治療センターができたらと頭に思い描いています。それが私の本当にやりたいことなので、マウイを離れようかと考えたこともありましたが、マウイを離れることだけが選択肢ではないと思いました。ここマウイでそれをつくらなければと思ったのです。ですから、私の夢のひとつは、ヨガ療法を必要とし、意欲のあるより多くの人に積極的に提供することです。

——インドに戻ったら、何を一番楽しみにしていますか？　何か思い出すものはありますか？

多分、スピリチュアリティとセラピーが融合した、瞑想とヨガのヒーリングセンターです。インドの寺院の、チャンティングや儀式の日常的なエネルギーも本当に好きでした。ずっと心に残っています。

——ヨガでスピリチュアリティを感じたことはありますか？

はい。

——それが伝わった時どのような感じがしましたか？

呼吸と鍛錬と集中を通して伝わってきました。グルジは心や魂をたくさんの人に開いて、自分の存在を共有するのが喜びでした。

――グルジは自分が共有したいと思うような経験や何かを得たことがあると、あなたは感じましたか？

グルジは、この練習や鍛錬は効果があり、何世代にもわたって伝えられ広められていくものだとわかっていたかのように、共有することに対して本当に寛大です。グルジの熱意や喜びを、多くの人やヨガの先生とできるだけ共有することがグルジの目的だと思います。本当にパワフルです。

――グルジはアシュタンガヨガはある程度広まるだろうというビジョンをすでに持っていたんですね。

はい、そう思います。生徒のお陰だと思います。私がマイソールにいた一年の間に、グルジのところで学ぶために、様々な国や地域から生徒が来ているのを見ました。その状況を見ただけでも、グルジには、マンジュ、シャラート、サラスワティなど家族だけでなく、他のヨガの先生たちにも伝えられるだけの熱意と、特別な才能があることがわかりました。

西洋と東洋の文化を融合する経験があったので、グルジの家族は典型的なブラマンの家族とは違う進歩的な感じで、自主性や自由を求めていました。伝統的なヒンドゥーのカースト制度とヴェーダの教えやあらゆるものが融合した、進歩的な哲学を持ちたいと思っていたのです。それがグルジの家族の一番面白いところです。グルジの家族は心が広く、社交的で、西洋のものを経験することに興味があり、それを自分たちの生活やコミュニティに融合させていました。

私は心理学、社会学、平和研究、それに国連のより大局的な視点も学びました。特に、インド文化と社会についてはかなりの時間を費やし、たくさんのことを学んでいます。ヨガを通したスピリチュアリティの価値は、西洋と東洋の関係を永遠に変えました。これもまたグルジの才能のひとつだと思います。

――東洋から西洋にもたらされたヨガのムーブメントは、世界に対する私たちの見方を変えたと思いますか？

間違いなく。私が子供の頃、母はすでにヨガをやっていました。東洋の哲学や練習について学び、日頃から練習する習慣が身についていました。

――確かに昔はそういうものは手に入りませんでした。

そうですよね。それに、セックスとドラッグのカルチャーや、あらゆる革命的なものから始まって、そこに鍛錬的な要素が入り、人々が求めていたドラッグ関連やその他の経験とは正反対の、ドラッグに変わる〝健康ハイ〟のようなものになりました。西洋では一般的に、その他のあらゆる快楽がホリスティックなアプローチに勝ってしまうのが、悲しくも難しいところです。しかし、今ではそれも変わり、（ヨガの）人気が出てきたのは、間違いなくグルジや東洋的なものすべての影響によると思います。グルジは数百人、数千人の人に影響を与えました。

――数万人かもしれません。

そうですね。だから、そのようなものとつながる機会を得られたことはうれしかったです。

――グルジは、あなたが自分の体ともう一度つながったり、自分自身や自分の経験を身体的なものとまったく切り離して見たりするのを手助けしましたか？

はい、どちらもありました。自分の体により深い意識や気づきがあったと同時に、この体で快適でいられるという切り離した感覚も持てました。私が車椅子に乗っているのを見た人の多くは、健康な生活を続けるために毎日挑戦をしていることを知らずに、ごく普通の安定した人だと思うでしょう。そのような経験すべてが、私に愛と喜びを感じ、それが心の中にあり続けるようにしてくれたと思います。ですから、そうですね、体にはそれほど縛られていません。体というのは儚《はかな》いものです。

——グルジは、アスリートとしてあなたが体ともう一度つながるように手助けしましたか？

間違いなく。私は治療的なことに時間をかけていませんでしたし、自分の身体能力が失われたことを嘆くどころか、そのことに対処しようともしていませんでした。「しょうがない、前に進むしかない！」という感じで、自分の人生にくらいついていきました。怪我の後は、「今は身体的なものはないけど、精神的な人間にはなれるだろう」という感じで自分を扱ったり、自分のことを感じたりしてきました。

しかし、ヨガをやった時、私は自分の体を（神様からの）ギフトとして受け入れることができました。それから、私はさらに強さを身につけ、これまでできなかった他のたくさんのことをやってみようという気になれました。何マイルもおんぶで運んでもらったり、何マイルも泳いだり、シュノーケリングやカヤックなど、他にもたくさんのことをやりました。これは私にとって大事な治療だったのです。強さを身につける、そういうことをやってみようとする、続けていく、やる気を持ち続ける、そして体あっての喜びを感じる、その過程で、たくさんの人に助けてもらいました。理学療法や水泳や高温入浴療法など、色々なことをさせてくれるパートナーもできました。

——あなたは身体的な生活から切り離されましたが、また戻ることができたんですね。

本当に。そのような経験や達成によって、刺激を受けたり、やる気を持ち続けたりすることができました。

――それは必要としていたものですか？

もちろんです。でなければ、多くのものを失った悲しみや、運動が好きでとても活発だったのにできなくなってしまったことを、乗り越えられなかったと思います。鬱病や中毒、現実逃避、深刻な怪我による喪失感や痛みから逃れるためなら何でも利用する人たちを知っていますし、そういう人たちを見てきました。だから、若い時にグルジと一緒にいることができて、グルジが私の状態をすべて受け入れてくれたことは、本当にかけがえのない、意味のある貴重なことでした。

このことは、私たちの体と人間関係が、生涯にわたる成長や進化のためにどれほど大切かを、思い知らせてくれたと思います。私はとても恵まれていました。そのような機会がもらえたことは本当に恵まれていたと感じます。本当に信じられないことだし、一生ものの経験になりました。また、怪我をする前、怪我をしている間、怪我をした後の私の人生の自叙伝のようなものを書くことができたのも、同じように大事な思い出です。私の経験を書き、共有して、同じような経験をしている他の人たちを助けるのも目標であり、ビジョンでした。

脊髄は人間の体の中心なので、そこからの課題や教訓も生涯にわたる大きなものになったのでしょう。今年は怪我をして三十年目です。そんなこともあって、怪我のことをいつもより考え意識を向けることになり、うまくいかないものはすべて手放し、自分にとっての健康を受け入れる手助けとなりました。
多分、みなさんグルジがいかに若くてエネルギッシュだったかを話したと思います。自分が今の年齢になって、本当に驚きます！　グルジは、自身の練習とアシュタンガヨガを広めることに本当に身を尽くしました。とてもすごいことです。

二〇〇九年　マウイ島

ブリジッド・ディロセス

Brigitte Deroses

ブリジッド・ディロセスは、一九八三年から二〇〇〇年まで毎年マイソールを訪れた、フランス人生徒のグループの一人。精神的な障害を抱える娘アナベルを定期的に連れて行き、娘もグルジの元で練習した。アシュタンガヨガのスピリチュアルな深い感覚を持つ先生として、フランスのカレーで素晴らしい指導を続けている。

――なぜヨガを始めたのですか？

リラクゼーションやソフォロジーなどの研究に興味があったのですが、満足できるものを見つけられずにいました。フランス北部のリールで、アシュタンガヨガの練習をしている理学療法士フィリップ・モンズに出会い、アーサナをやって、すぐに心を動かされました。これまでやったどんなものとも違い、頭にこびりついて離れませんでした。結局、そのようなものを研究していたきっかけは娘のアナベルが病気だったからで、頭の中では私にはあまり効果がないと思っていたのです。ですから、私は自分の人生を受け入れられるようなものを見つけなければなりませんでした。そして、一瞬で多くのものをもたらしたアシュタンガヨガに夢中になりました。精神分析のように私を助けてくれるものだとすぐにわかったのです。これがアシュタンガヨガを始めた理由です。

――いつ練習を始めましたか？

一九八三年四月にフィリップ・モンズのところで練習をして、ほどなく彼がインドに行くと言ったのだと思います。十一月に出発するというので、私はフィリップと一緒に行くことにしましたが、パッタビ・ジョイスのことは何も知りませんでした。私は練習に魅了されていたのです。最初にマイソールに行った時は、ジャン・クロード・ガルニエと彼の生徒数人と一緒でした。パッタビ・ジョイスとの出会いは、私には天啓のようでした。ここには何かがあると思い、すぐに一人でも練習し、続けたいと切望しました。この先ずっと私を支えてくれるものだと思ったんです。

――マイソールに着いて、グルジと初めて会った時のことを教えてください。グルジの第一印象はどうでしたか？　グルジの性格や特徴について聞かせてください。

私は何も期待していませんでした。頭の中にイメージも何もありませんでした。インドに到着してすぐにホテルにも寄らず、挨拶をするためにグルジのところに直行しました。とても温かい雰囲気で、アンマがいて、グルジは新聞を読んでいました。グルジは私たちにコーヒーをすすめてくれ「明日から練習を始めなさい」と言いました。

翌日、私たちは練習をしました。アメリカ人の素晴らしい生徒が何人かいて、デニスと呼ばれている人もいました。彼らの練習を見た瞬間に、どれほど途方もないものかわかりました。彼らはすでにセカンド・シリーズを練習していました。私たちは座って見学していましたが、何も知りませんでした。グルジは私たちのクラスを午後にしました。私たちが完全な初心者だったので、グルジはアメリカ人の生徒に教えるのを手伝わせました。私たちは何のやり方も、太陽礼拝すら知らなかったのです。

グルジは人が良く、目をキラキラさせて私たちを歓迎してくれました。私は英語がしゃべれませんでしたが、グルジは話す必要がないのだと感じました。私たちは互いに目を合わせるだけで理解できたのです。グルジが触るとすべて理解できましたが、グルジが何を言っているのかは理解できませんでした。グルジは特に私の言っていることを理解していませんでしたが、話す必要はありませんでした。私たちは、体に触れ、目を合わせることで、意思疎通ができたのです。

――グルジのエネルギーが、指導にどのような影響を及ぼしていたかを教えてください。

当時、私はグルジのエネルギーにとても感動していました。グルジは全員に常に気を配っていました。誰かがあるポーズを飛ばそうとしたらすぐに「そこの君！　あのポーズをやってない！」というふうに言いました。あまりにも全員のことによく気づくので、とても驚きました。誰もが自分はグルジのお気に入りだと思っていましたが、グルジは全員に同じように接していたのです。後でわかりましたが、グルジは誰かがポーズをする時に、特にその人を注意深く見ていたので、その人はグルジは自分のことが大好きなのだという印象を持ったのです。みんなが自分はグルジのお気に入りで、特別な生徒なのだと思っていました。これが生徒に練習を進めさせるためのグルジのやり方だということに、かなり後になって気づきました。最初に「グルジは私のことが好きなんだ」と思いましたが、グルジは全員のことが好きだったのです。

――グルジはヒーラーだと思いますか？

体ではなく、魂のヒーラーだと思います。一九九一年に初めてグルジがフランスのシャトー＝ルノー（その後リール）に来た時、私は家族を連れて行きました。グルジは小さかった私の娘アナベルを見て、インドに連れて来なさいと言いました。私はアナベルの病気のことをグルジに伝えていませんでしたが、グルジは感じとったのだと思います。実際、その後毎年アナベルをインドに連れて行き、娘はグルジと一緒に練習をしました。

――グルジは（万人向けの）標準的な練習を教えていると思いますか？　それとも、それぞれの人に合わせていると思いますか？

私はそれぞれの人に合わせていると思います。最初は、グルジは全員に同じことを要求する印象だったので、すぐにはわかりませんでしたが、練習が進めば進むほど、グルジの求めるものは相手によって変わります。

――生徒は練習中に体だけでなく頭や心も、障害にぶつかる瞬間がよくあると思います。心理的な変化の過程において、グルジはどのような役割を果たしているのでしょうか？

グルジは、その人の抱えている困難に向き合わせて、私たちに考えさせます。グルジは、生徒が来る時間に頑固なところがあります。ある時、私はシャラからかなり離れたところに泊まっていて、リキシャで通わなければならず、シャラに着くのが遅れてしまいました。グルジは私が遠くに泊まっていることを知っているから、何も言わないだろうと思っていました。すると「何時だかわかってるの？　遅刻だよ。明日は三十分早く来なさい」と言ったのです。その時まで、何はともあれシャラにいなければならないということがわかっていませんでした。生徒は甘やかされるためではなく、向上するためにそこにいるのです。

――練習中に限界だと感じた時、それを乗り越えるのにグルジはどのように手助けしてくれましたか？

身体的なレベルにおいてですか？　私は本当にそのような経験がないのです。二〇〇〇年まで困難なことはほとんどありませんでした。スタミナという点では問題はありましたが、体に関して大変だった経験はほとんどありません。二〇〇〇年の初めに腰痛になり、身体的に問題があると感じてからは時間が必要でした。しかし、その時は精神的な面で変化があったので、その瞬間から体に問題が出たのだとすぐにわかりました。

――パッタビ・ジョイスが教えているアシュタンガヨガと、『ヨーガ・スートラ』にあるパタンジャリのアシュタンガヨガの関係性はどのようなものだと思いますか？

私は同じだと思います。どちらも同じようなことを要求しています。

――グルジがアシュタンガヨガの三番目の支則を出発点として力を入れたのはなぜだと思いますか？

アーサナということですよね？　自律心を鍛えるために身体的な努力をすることで、粘り強さや意思の強さを身につけられる、ということを理解して欲しかったのだと思います。グルジは自律心を徹底的に叩き込むので、生徒は周りの人や最初の二つの支則にも意識を向けなければならないことを理解するのでしょう。しかし、二つの支則について理解する前に、身体的なアーサナを体験しなければなりません。心が穏やかな状態にならなければ、すぐに最初の二つの支則に行くことはできません。

だから、グルジはアーサナから始めさせるのだと思います。

――他の支則についてグルジと話したことはありますか？

多分、グルジは土曜の午後のカンファレンスでそのようなことを話したのだと思いますが、私にはわかりませんでした（笑）。

――グルジは神に対する祈りや献身をすすめていますが、これが西洋人には難しいことが多いです。グルジがそのことを大事だと考えていたのはなぜだと思いますか？

祈りの言葉やマントラを唱える時は、他のすべてのことから自分自身を切り離した状態に身を置かなければなりません。それが大事だというのは事実ですが、自分の文化ではないので自分の中に溶け込ませるのに時間もかかりました。今は、なくてはならないものになり、マントラを唱えずにクラスを始めることはできません。しかし、最初は生徒に「それは何ですか？」と聞かれるかもしれないと思い、自分のクラスでもマントラを唱えるのが難しかった時もありました。

――グルジはいつも「九十九％プラクティス、一％セオリー」と言っていますが、セオリーはどのようなものだと理解していますか？

一％が何を意味するかですか？　練習をすればすぐにすべてがやってくると思います。もちろん、もっと深く練習したいという気持ちや、セオリーに対する興味も持たなければなりませんが、練習の方がはるかに大事です。毎朝早起きして、練習をする自制心と鍛錬。そこから徐々に成長するにつれて、セオリーは容易に理解できるようになると思います。しかし、セオリーから始めることはまずできません。

——グルジはヨガをどのように定義していたと思いますか？

グルジは「正しくヨガをやっていれば、すべてはやってくる」と言っていると思います。すべての困難を乗り越え、自分の身に起こるすべてのことを受け入れ、変えられないものを認め、変えられるものを変えることだと私は信じています。

——それはどこに向かっているのでしょう？　私たちが向かっている目的地はどこなのでしょう？

サマディに、悟りに向かっているのでしょう。

――アシュタンガヨガの系譜において、家族を持つことが大事なのはなぜだと思いますか？

グルジにとって家庭はとても大事です。孤立することなく、自分のためだけにヨガをするのではなく、何よりもヨガと家庭生活を融合させることが不可欠なのだと思います。ヨガを個人的なことにするのではなく、家族全体や、自分の生徒、すべての人に広げていかなければなりません。さらに、グルジはそれを自身の態度で表しています。グルジを見ると、いつも妻、娘、孫など家族に囲まれていました。それに、グルジは「君の子供はどうしてる？」「アナベルは元気？」など家族のことを話します。グルジは家族全員にとても気を配っています。

――アンマについて、アンマとグルジや生徒の関係について教えてください。

アンマは、グルジと一緒にいる時は特に、並外れて素晴らしい人でした。完全にグルジに尽くしていて、グルジもアンマに大事なことをたくさん任せていました。グルジに何かを聞くと、アンマの方を向いて「多分アンマに聞いた方がいいと思う」と言います。グルジが先生で、アンマはグルジに尽くしているという印象でしたが、実際にはお互いに尽くし合っていました。アンマは生徒に対して、私たちフランス人の生徒に対しても同じで、とてもとても優しかったです。朝はコーヒーを淹れてくれました。とても気が利いて、本当に素晴らしい人でした。

――グルジの倫理的、道徳的な人としての生き方はどうでしたか？

グルジは常にとても質素で、いつも人を温かく受け入れて、長時間懸命に働き、手本のような人でした。先生だったので、たくさんのものを人に与え、少しずつ富も増えていきました。地元の村に多くの貢献をし、基金にも寄付をしたので、今はとてもお金持ちのように見えているかもしれません。しかし、人にたくさんお金を使い、とても懸命に働いて、今でも基金に多くの寄付をしているので、実際の生活は普通だと思います。

――マイソールの生活で経験した特別なことなどを教えてもらえますか？

マイソールではグルジはそのような重要人物なので、グルジの与えてきたイメージのお陰で、私たちも尊重してもらっています。自分たちのお陰ではありません。

――グルジにアシュタンガヨガの起源について聞いたことはありますか？『ヨーガ・コルンタ』、ラマ・モハン・ブラフマチャリ、もしくはクリシュナマチャリア、どれに由来していると思いますか？　それともグルジが一人で開発したものだと思いますか？

聞いたことはありませんが、もちろん『ヨーガ・コルンタ』に由来していると思います。それをクリシュナマチャリアが改良したかもしれませんが、起源は非常に古いもので、すでに確立されていたと思います。誰かによって考案されたようなものではなく、研究されたものだと思います。

――毎日毎日、長年続ける日々の練習の価値とはどのようなものですか？　長年の練習によって育まれる内面の資質とは何でしょう？

否が応でも自律することであり、ポーズに満足することではありません。勝つことは決してありません。別のポーズへと続けていかなければいけません。今日できたポーズが、明日はできないかもしれません。長年の練習は精神力によって支えられるので、精神力が身につきます。

――グルジは練習のスピリチュアルな側面をどのように教えていますか？　アーサナの練習に融合していると思いますか？

私の場合は、アーサナと一緒になっていると思います。精神的なブロックを外すような特定のアーサナ、特にクールマーサナを練習することで。クールマーサナは必要不可欠な大事なポーズだと思います。クールマーサナができたら、その人は少し進化しているのです。スピリチュアルな側面はアーサナの中にあると思います。

――ヤマとニヤマに関してはどうですか？

ひとつのポーズではなく、アーサナ全体と融合しています。日々の練習によって、より意識が磨かれたり、善良になったり、倫理的で道徳的になったりします。日々の練習がもたらすものです。

――先生を持つことはどれくらい大事ですか？

先生を持つことは非常に大事です。意見をもらえ、道に迷わなくなるので、一人の師匠につくことが大事だと思います。最初に誰か先生を信頼して練習を始め、その先生に失望することがなければ、間違いなくその先生について行くべきで、他の先生を探す理由はありません。体がうまく動かない時も、先生を変えたいと思ったことはありません。例えば、他の先生と練習をしていても、その人のことはグル（師匠）だとは決して思いません。私のグルはパッタビ・ジョイスです。私が知った最初の先生であり、その人の元で練習がしたいと思った人です。

――グルジは今はもう自分ではアーサナの練習をしていませんが、それでもヨガの練習生だと思いますか？

はい、本当かどうかわからないし、理由も知りませんが、グルジが五十歳の時に息子が亡くなって、練習をやめたと聞きました。しかし、グルジはすでにアーサナを手放せる段階に来ていて、そのようなことは超越していると思うので、練習しないことが問題だと思ったことはありません。グルジは祈りを捧げていますし、私たちに対する態度でも十分です。私たちを手助けし、練習を進めさせる、それこそがグルジの練習なのだと思いました。私はそのように感じます。

――呼吸の大事な役割についてお話しいただけますか?

サード・シリーズの練習を始めた頃、当時のグルジの方針だったので、私は呼吸のクラスをしましたが、完全に途方に暮れてしまいました。多分まだ準備ができていなかったのだと思います。何が起こっているのかもわかりませんでした。今は呼吸がいかに大事かということがわかりますし、そのことはできるだけ早い段階で自分の生徒には伝えるようにしています。当時私がそのことをもっと良く理解していたら、もっと速く進歩していたと思います。

――ヨガの練習における食べ物の重要性についてはどう思いますか?

健康的で軽い食べ物は、体を浄化したい人には重要だと思います。自分の体を、寺や魂のシェルターのように敬い、体に取り込むものは良質で純度の高いものにしなければなりません。ですから、何でも食べればいいというものではないのです。ある程度は努力して食べ物を選ばなければなりません。

エネルギーをもたらすものを食べなければ、気分もよくなりません。

――あなたにとって体と魂の関係はどのようなものですか？

単刀直入に言えば、つながっていると思います。とても難しいことです。ヨガとは何かを端的に言うと、体と魂を分け隔てしないものです。なかなかそこまで到達できるものではないので、絶えず努力をし続けなければなりません。

――アシュタンガヨガはスピリチュアルな練習だと思いますか？

はい、間違いなく。

――身体的ではない練習の側面とは何でしょうか？

何かを決めつけず、決めつけることなく受け入れることができるようになることです。例えば、たくさん食べたり飲んだりする人を見ても、ヨガをしていると、批判しないように自制して「私はやらない」と言う。そういうことです。その人がやりたいことをやるのを認め、アドバイスはしても批判はしません。批判したり、決めつけたりする気持ちを鎮めることができ、もはや決めつけなくなると思います。

――ヨガの練習とヨガの指導の関係はどのようなものだと思いますか？

どちらか片方をせずに、もう片方をすることはできません。教えるには、自分の練習をしなければなりません。でなければ、それはヨガではありません。理解できるようになるには、困難を乗り越えなければならないのです。困難があればより良い先生になります。例えば、私はファースト・シリーズでまったく大変なことがなかったので、生徒に「ちょっと、それは簡単なことだよ。もっとがんばらないと。意思を強く持って」と無理強いをしていました。しかし、年を取って大変なことが出てきて、特定のポーズをするのは苦痛を伴うことがわかりました。すると、寛大になって生徒を思いやり、もっと配慮できるようになります。

――健全なヨガの練習のために一番大事な要素は何だと思いますか？

練習したいという強い気持ち、練習する気分になること、それも自分の一部だと知ること、練習したいと強く思うことで元気づけられること。

――アドバンストのポーズにとうてい到達できない生徒がいます。そのような生徒は、スピリチュアルな進歩をする可能性が低いということでしょうか?

私も長年そう考えてきました。はじめは「もうひとつポーズをやるべきだ、もうひとつやるべきだ」と、先へ先へと進みたいと思います。ある時点で、体が先に進むことを拒否しても、自分にできる練習をとにかく続ければ、心は進歩し続けられます。

——アーサナの進歩と意識の進歩にはどのような関連があると思いますか?

アーサナは進めば進むほど難しくなり、難しくなればなるほどより集中し、魂に寄生するあらゆるものを切り離さなければならなくなります。ですから当然、意識の進歩とアーサナの難しさには関連があります。簡単にできることがあると、自分の心を満足させるような行動をしがちですが、より難しく、より集中力が必要なものがあると、意識の進歩に関わってきます。

——若い頃と年を取ってからでは練習を変える必要があると思いますか?

はい、年を取るにつれて、練習はより難しくなります。関節炎やエネルギーの減少による問題や困難なことが出てきますから、調整しなければなりません。年配の人に、若い人と同じような要求をすることはできません。若い人には少し遊び心が必要ですが、年配者に同じことを期待してはならず、当然合わせなければなりません。

――グルジやグルジの教えについて、他に何か言いたいことはありますか？

グルジは完全に私の人生を変えました。私がグルジに出会った時、病気の娘がいて人生は不可能なことばかりだと思っていたので、完全に混乱していましたが、グルジは私の人生に平和をもたらしました。今でも何も変わっていません。娘は相変わらず病気だし、大変なこともたくさんあるし、大変でないことはありません。しかし、重荷ではなくなりました。グルジは私の肩の荷を下ろし、重たいものを取り去り、再び軽くしてくれました。グルジには毎日感謝しています。自分のクラスを教える時も、グルジに感謝をします。

思いがけずラクシュミプラムから会いにいけなかったので、二〇〇〇年に新しいシャラになってから、私はグルジの元で練習していません。マイソールに行けるようになったら必ずグルジに会いに行きます。グルジのことを思わない日はありません。私のシャラにはいたるところにグルジの写真があります。グルジはお父さんみたいなものです。私の人生を変え、本当にたくさん助けてくれたとても大事な人です。一緒に練習していなくても、グルジを見るといつも同じ気持ちになります。私の人生を変えてくれて、これ以上ないほどグルジには感謝しています。

二〇〇八年　カレー

トマス・ゾルゾ

Tomas Zorzo

トマス・ゾルゾは十四歳の時に初めて兄からヨガを教わった。アンドレ・ヴァン・リズベスの著書『プラーナヤーマ（Pranayama）』の中の写真を見て、グルジに会いたいという気持ちが生まれ、その願いを叶えるべく、一九八五年にマイソールに行く。現地に着くと、途中で立ち寄ったムンバイで赤痢にかかっていたことがわかった。グルジはその治療を助け、それ以来トマスはグルジの生徒となった。

――最初にどのようにしてヨガに興味を持ったのですか？

私はスピリチュアルな探求をしていました。十四歳の時に、五歳年上の兄が『ヨガ、若さ、輪廻（Yoga, Youth, and Reincarnation）』という本を買ったのです。兄はスペインのトップクライマーで、その本はスペインで紹介されたこの手の最初の本でした。兄はクライミングのために柔軟性を身につけることに興味があっただけでした。私はこの本の写真を見て、哲学について少し学び、練習を始め、兄の真似をして朝一人で練習しました。素晴らしい気分でした。

十八歳の時、個人的でスピリチュアルな危機に遭遇しました。「人生で何をすべきか?」と考えたのです。私は学生であり革命家でもあり、政治的な集会に行くようになりました。ちょうどスペインの独裁政権が終焉を迎えた、フランコ体制の時代でした。この革命的な活動のために、私は一カ月間刑務所に拘留されました。

刑務所から出た後で鬱になりましたが、十四歳の時の素晴らしい気分を思い出しました。

――政治的な傾向とスピリチュアルな志向の関係はどのように考えていますか?

良い人間になりたい、世界を変えたいという願いを持っているとします。しかし、私は政治で世界を変えることはできないとわかり、その世界を変えたいという願いは、私をヨガに導きました。政治的な方法では叶えることはできません。人間が内面から変化しなければならないのです。

私の姉が、マクロビオティックの食事法や禅などの新しい考え方を日本から持ち帰っていました。姉がスワミ・ヴィシュヌ・デヴァナンダのシヴァナンダヨガの本をくれて、私はその本をバイブルのようにしており、その本のお陰で鬱から抜け出すことができました。そしてヨガの練習を再び始めたのです。

一年ほど練習をして、シヴァナンダヨガの先生を探しにバルセロナに行き、そこでアメリカ人女性のラダという人を見つけました。ラダはとても才能ある先生で、シヴァナンダのティーチャー・トレーニングを受けにカナダに行くことを勧めてくれました。そんなふうにして、私の探求が始まりました。現状には満足できず、ヨガの練習を続けたくてインドに行きました。

――どのようにしてパッタビ・ジョイスとアシュタンガヨガに興味を持つようになったのですか?

若い頃は身体的なことにとても興味があり、アーサナ、特に難しいアーサナに魅了されました。アーサナを上達させ続けたいと思っていたのです。その頃B・K・S・アイアンガーの『ハタヨガの真髄』を手に入れて「おお、これはシヴァナンダヨガよりもずっといい」と思いました。それで『ハタヨガの真髄』を読みながら、その練習を始めました。その後、アンドレ・ヴァン・リズベスの本でグルジがプラーナヤーマをしている写真を見つけました。とても本格的なものに見えて、これが私の探し求めていたものだと思い、この写真の人に会いたいと思いました。

初めてのインド旅行の時、リシケシにあるシヴァナンダ・アシュラムでヴェーダーンタ哲学のトレーニングを三カ月間受けました。そこでオランダから来た、ヒッチハイクでインドを旅して回っている男に出会い、その男が私にグルジとマイソールの素晴らしい印象を教えてくれました。グルジの住所ととても良い先生だということ、グルジとB・K・S・アイアンガーは弟子仲間だったことなども教えてもらいました。それで一九八五年、次のインド旅行の時は、まっすぐグルジに会いに行きました。

――グルジの教えには触れていなかったんですね？

何も知りませんでした。スーリヤナマスカーラＡも、何も。

――マイソールに着いて、グルジと会った時のことは覚えていますか？

初めてインドに行った時にひどいアメーバ性肝炎になったのです。医者に国外退去しなければならないと言われ、恐怖におののき、死にかけていました。二度目のインド旅行で、また病気になるのが怖かったです。ミネラルウォーターもトイレットペーパーもなく、インドを旅するのは大変でした。最初にヴィパッサナー瞑想をしにムンバイに行き、それからマイソールに行きました。

しかし、ヴィパッサナーのコースを受けている途中で赤痢にかかってしまい、そのまま続けることができませんでした。高熱が出て、症状もひどく、私はまたアメーバ性肝炎になったのかと思っていました。有り難いことに、スペイン人のキリスト教の神父が助けてくれて、回復するまで数日間そこで過ごしました。それからマイソールに行ったのですが、症状はまだとてもひどかったです。

グルジに会って、私の病気がひどいことを伝えたら「体に残っている薬をぜんぶ出さないといけない」と言われました。病院からもらった薬は、様々な色の錠剤が五十ほどあり、私は全部飲んでいました。グルジは「これを全部捨てて、ただひたすら練習しなさい。練習が肝臓や他の内臓をきれいにしてくれるから、元気になります」と言いました。

それで、私は練習に行きました。体がとても弱っていたので、初めてのクラスはきつかったです。そのクラスで、グルジは私にジャーヌシルシアーサナまでやらせました。クラスを始める前よりも、クラスを終わった後の方がエネルギーが増していたことに惹きつけられました。とてもパワフルで、すぐに治癒的な効果があると感じられました。毎週少しずつ回復していきましたが、病気から完全に回復するまでは一カ月かかりました。

——グルジに会った時に何の疑問も持たなかったのですか？　すぐにグルジを信用しても大丈夫だと思えましたか？

日記をつけているので覚えているのですが、グルジが私に朝六時に来なさいと言ったので、ラクシュミプラムの交番の前のベンチに座って、クラスが始まるのを待っていました。「この男は私を殺すつもりなのか。私へのアジャストがあまりにも強すぎる」と日記には書いています。グルジのアジャストが強いので、骨が折れるのではないかと恐れていたのです。すべてのアーサナで私にアジャストするので「大変だ、殺される」と思いましたが、実際には殺されるのではなく癒やされました。グルジのアジャストはとても良かったです。初めてのマイソールで、グルジは私に愛情と思いやりをもって接してくれました。最高でした。

インドに行った時は、また病気になるのではないかと恐れていました。インドがとても大きく、自分はとても小さく感じられ、食べ物も、触る物も、何もかも汚いような気がして、インドはただただ巨大でした。グルジとの最初の二カ月を過ごしたら、私は自分がとても大きく、インドが小さく感じられました。プラーナが巨大だと感じたので、また病気になるのではと恐れることはありませんでした。

――グルジがどのように教えていたのかをお話しください。

初めてマイソールに行った時は、グルジのことを〝グル〟だとは思えませんでした。ただのいい先生で、私を癒やしてくれた人でした。ですが、グルジには惹かれていました。この練習、アーサナ、シャラの中にあるエネルギー、彼のパワー、何に惹きつけられたのかはわかりません。翌年、私は練習を続けて強くなったので、それをグルジに見せたいと思いました。エゴの塊でした。

グルジはとても乱暴だったので、練習が終わると私は泣いてしまいました。とてもひどい扱いをされたのです。ドイツ人の友だちピーター・グリーヴ（581頁）にそのことを話すと、ピーターは「わかる、そういう時あるよ。グルジはエゴに厳しい時がある」と言いました。私はそんなふうに思いたくありませんでした。覚えているのは、当時私は若く、身体的にはとても柔軟でしたが、バックベンドの後でグルジは決して「いいね」と言わず、怒ったように「君は呼吸が悪い！」と言いました。私はその反応に反抗して、パスチモッターナーサナでグルジが私にアジャストしている時に、グルジが私に前屈をさせられないよう、後ろに押し返しました。グルジは私を前屈させようと、唸《うな》りながら懸命に押していたので、私は涙が出てきたのを覚えています。

翌日「もうおしまいだ、この人は私のグルではない」と思いました。練習には行くことにしましたが、グルジのことは見ずに、存在を忘れようとしました。すると、グルジは私のところに来てアジャストをし、ある時は「良くなった、良くなったよ」と言いました。私は大きな変化を経験し始めました。グルジは私を謙虚にし、私はグルジのことを自分のグルだと感じるようになり、グルジに身を委ね始めました。このように、グルジの教えはかなり心理的なものでした。

――では、二度目のマイソールの時にグルジとの師弟関係を築き、グルジのことを自分の師匠として見るようになったのですね。哲学的、スピリチュアル的なシステムにおいて、グルジはあなたにどのようなことを教えましたか？

グルジはとても実践的ですよね。それまで、実践的ではなく哲学的な話をするグルをたくさん見てきましたが、スピリチュアリティを人間レベルに落としていて、私はがっかりしました。神は天にいる何かではありません。謙遜、勇気、降伏、信頼、このようなものすべてが、グルジの練習と教えにはありました。とても現実的だと感じました。スピリチュアリティはとても現実的なものだと。

私は雲の中のちっぽけな存在です。神を見上げたとしても、視線を落として実際的なことに取り組まなければなりません。私にはそれがわかっていました。グルジは、私が求めない限りアーサナをくれませんでした。それも私にはわかっていました。当時の私はとても内気で、拒絶されるのが怖かったのです。だから、グルジは私が新しいアーサナを求めた時に、決して拒否しませんでした。グルジからは決して言わず、常に私が頼むのを待っていました。

――ほどんどの人はまったく逆の経験をしています。誰かがアーサナを求めると、グルジは「ダメ、君はまだ準備できてない」と言っていました。だからグルジの教えはとても心理的だと言っていたんですね。

そうです。でも、同時にとても身体的でもあります。

――グルジの性格や特徴について何か教えてもらえますか？

私は、グルジの色々な面を見ました。マイソールに行っていた最初の頃は、グルジはただの乱暴な男のようでした。グルジが初めてフランスに来た時に、私はかなりの時間を一緒に過ごし、それまでとは違うグルジの一面を見ました。私は、グルジが教える時に、アシスタントをする機会がありました。グルジのアジャストの仕方を学び、真似ました。自分とは違うフランス人とどのように付き合っているのか、食べ物や喫煙の習慣にどのように合わせているのかを見ましたが、グルジは絶対に相手を決めつけることをしませんでした。ただ笑っていました。その人の表面的なものではなく、その人の心を見ていました。グルジが、それぞれに違う人たちとどのように付き合っているのかわかりました。グルジが私に厳しいと思うような時は、私の心の中にやましいことがあったからです。グルジは私の心の状態を読んでいたのです。

――グルジには超能力的なもの（シッディ）があると思いますか？　それとも、グルジは観察力が鋭いのでしょうか？

グルジはとても共感力が高かったです。グルジは共感を通して教えていて、その人自身（本質）を見ていました。

――グルジはヒーラーだと思いますか？

グルジはとても治癒的な手つきで、私に触ったりアジャストしたりしたのを覚えています。ヒーリングというのが本来の自分に戻すことだとしたら、そうですね、ヒーラーだと思います。色々な人に対して、グルジが本来のその人に戻すところを見てきました。

――グルジは感性でやっていたのでしょうか？

グルジは神とつながっていて、とても自然でした。グルジは奥さんが亡くなった時に泣いていました。パスチモッターナーサナで私にアジャストしていた時も泣いていました。私はグルジのそういう自然なところ、人間臭いところ、グルぶらないところが大好きでした。ただ、お金には執着していましたよね（笑）。

——生徒それぞれに違うやり方で対応していましたか？

人間の性質はそれぞれ違います。グルジはその人の性質を見ていました。一度、グルジが全部の歯を抜いたことがあって、とても機嫌が悪かったのです。誰にもアーサナを与えていませんでした。誰もアーサナをもらえない状態が丸々一～二カ月あって、その時私もマイソールにいました。十一歳だった私の息子アーナンダだけが、新しいアーサナをもらっていました。

——アーナンダを何度マイソールに連れていきましたか？

息子が十歳の時に初めて連れて行き、それから十六歳になるまで毎年、私か元妻のカミーナと一緒に行きました。それから少し練習をしていない時期があり、十九歳くらいで自分からまた練習に戻り、今では一人でマイソールに行っています。私たちの目的は、彼の中に種を植えることでした。親として息子に与えた最高のギフトは、私たちが一番愛しているアシュタンガヨガでした。これが、私が後世に残すものです。アーナンダも今ではオーソライズド・ティーチャーです。

――グルジがアーナンダにどのように教えていたかお話しください。

親切で、いつもとても優しかったです。グルジは息子に次々とプライマリー・シリーズを教えていました。アーナンダが初めてマイソールに行った時は、一カ月間滞在していましたが、バッダコナーサナまでもらっていました。二回目のマイソールでプライマリー・シリーズを終えました。アーナンダは家でも同じように練習していました。グルジは息子にも同じメソッドを教えましたし、息子はとても集中力がありましたが、まだ少年だということは理解していました。

――グルジがそれぞれの生徒に練習を合わせているのを見たことがありますか？

状況によって調整しているのは見たことがあります。例えば、深刻な腰痛を抱えている生徒には、インターミディエイト・シリーズのアーサナを違うように教えていました。まったく柔軟ではない生徒や、フルプライマリーができない生徒でも、インターミディエイトのアーサナでできるアーサナもあります。病気の生徒にも調整していましたが、グルジはシリーズにはかなり厳密だったので、それほど多くはありません。人によります。

――生徒は、身体的にではなく精神的に、練習に行き詰まることがよくありますが、グルジはそのような障害をどうやって切り抜けさせていたのでしょうか？

グルジは生徒に挫折感を味わわせていました。生徒は新しいアーサナが欲しいという欲求など、多くの欲求を抱えてやって来ます。グルジはそのような欲求をいつもはねつけていました。生徒が人として成長するには、このような挫折に直面しなければなりません。

――グルジはどのように生徒を助けていたと思いますか？

アーサナが欲しいという気持ちがあり、渇望していたとします。そして、もっと欲しくなったとします。すると、グルジは「ダメ、明日」と言うのです。新しいアーサナ欲しさに癇癪を起こしている人も見たことがあります。それでもグルジが「ダメだ！」と言うので、怒って出て行ってしまった人も見ました。その人はアメリカでとても有名なヨガの先生ですが、うまく対処できなかったんですね（笑）。

――逆のことはどうですか？　恐怖や弱さに直面することもあります。

そうですね。すべての動きやアーサナを深い呼吸をしながらやると、プラーナが増えます。プラーナが増えると、地に足がついた感覚が増し、強くなった感じがして、人生のあらゆる局面でより強くいられる感じがします。私の姉は、離婚した直後に一度、私と一緒にマイソールに行きました。鬱っぽくなっていたのです。たった三週間の滞在でしたが、パートナーとの別れに耐えることができ、新しい仕事も見つかったので、その三週間の滞在にとても感謝していました。インドでの練習で、姉は内面の強さが備わったのです。

――アーサナにおける恐怖についてはどうですか？

グルジは「怖がらないで。君は悪い女だ！」と言っていました（笑）。グルジが生徒の目の前に座り、アジャストしようとする時「怖がらないで。なんで怖いの？　信頼して」と言います。限界まで行かせることもありますが、限界まで行かせないこともあります。そういう時は本人に限界まで行かせていました。しかし、グルジはそばにいて、その人が自分のことを信じられるようにしていました。練習の激しさは、ヨガシャラでのグルジの存在によるものでした。練習中にグルジを見ると、ヨガシャラのあらゆるものが振動していました。

――ただ本当に励ましていたんですね。誰かが行き詰まったり、限界に達したりしていたら、グルジはその人を前に進めようとする。

いや、前に進めようとするというより、励ますのです。我慢することを教えてくれます。練習、練習、練習です。時間が必要です。生徒の中にはわかっている人もいますが、とても時間がかかるものです。身体的にも精神的にもレベルを上げるには時間が必要です。西洋人にとって、時間というのはとにかく速く進めたいものですが、グルジは「ダメ、明日だよ。時間が必要だ」と言います。

グルジはこのような焦りや不安を取り除きます。生徒が不安に立ち向かえるようにします。内面の変化の一部です。私の場合「サード・シリーズの練習がしたい！」と思っていました。何度もマイソールに来ましたが、一～二カ月以上は滞在できなかったのです。マイソールに戻ってくる度に、また最初から始めなければなりませんでした。ひとつのアーサナを学ぶのに長い時間がかかり、それからやっと別のアーサナです。すぐには進みません。そうこうするうちに帰らなければならなくなります。そして翌年、また同じことの繰り返し、もしくはアーサナがひとつ増える程度です。しかし、結局ただ練習がしたくなると、それ以上気にしなくなり、ただ練習をするようになります。

――グルジが教えていることとパタンジャリの『ヨーガ・スートラ』はどのような関係にあると思いますか？

私はフランスでグルジに「なぜ瞑想を教えないのですか？」と聞いたことがあります。グルジは「西洋人は身体的な練習にしか興味がない」と言いました。しかし、その時は英語が話せる人が少なかったので、私はグルジのかなり近くにいる機会があり、瞑想に関するスピリチュアルな質問や、精神的な質問をグルジにしました。グルジは喜んでそのことを話してくれました。本当に心から質問をしなければ、グルジはスピリチュアルなことについて話しません。グルジが私に「いつでも好きな時に質問しなさい」と言ってくれたのを覚えています。個人的にはグルジはいつでもオープンでした。グルジはパタンジャリのヨガを教えていましたが、とても伝統的なやり方でした。生徒に準備ができていなければ、意欲が十分でなければ、グルジは教えません。しかし、私はグルジが集中や瞑想やマントラを教えていたのを見たことがあります。

――グルジが生徒にはこのような力強いアーサナの練習が重要だと思ったのは、なぜだと思いますか？　生徒が興味のあることだからでしょうか？

グルジが学んだことであり、伝統から来ているからだと思います。グルジは、アイアンガーと同じように力強い練習を経験しています。アシュタンガヨガの支則を段階的なプロセスとして見るのと同じく（特にアーサナとプラーナヤーマ）、これはメソッドだと考えているのでしょう。グルジはいつも「アーサナとプラーナヤーマは難しい。瞑想は簡単」と言っていました。アーサナとプラーナヤーマをやっていたら、体と心は浄化され、瞑想の準備ができます。そして、瞑想とは意識の状態です。この力強いアーサナとプラーナヤーマの練習を、深い深いレベルでやっていたら、ヤマとニヤマも同じようにやってきます。あなたのヤマとニヤマが思考や心に反映されます。

瞑想は意識の状態ですから、練習というのはアーサナとプラーナヤーマでなければなりません。アーサナとプラーナヤーマをやっている間に集中すると、瞑想はアートマンや神をいたるところに見るような、神が現れる状態になります。「ちょっと今から神様を見に行ってきます」ということはあり得ません。見えるか、見えないか、それはあなたが浄化されているかどうかによります。グルジはアーサナの練習でエゴのレベルに働きかけています。これがグルジのやり方です。

――ヤマとニヤマについてもう少し聞かせてください。なぜグルジは最初にヤマとニヤマを教えないのでしょうか？　ヤマとニヤマはどうすれば向上するのでしょう？

非暴力はどのように教えることができますか？　暴力的な人もそうでない人も、エゴや欲望、欲しいものはあります。そして、それを暴力的な方法で手に入れたいと思うかもしれません。暴力的になるために、何かに触れる必要はありません。精神的な暴力、スピリチュアルな暴力など、狡猾なやり方で暴力的になることもあります。様々な方法で暴力的になり得ます。平穏な人は練習も非暴力的です。エゴが減っていれば、ヤマとニヤマの練習ができます。

――エゴはどうやったら減らせるのでしょう？

私の場合は減っていきましたが、破壊されない限り、エゴはまた湧いてきます（笑）。

――どのように減らしたのですか？

特別なテクニックはありませんが、強く願う必要があると思います。マイソールに行った時、私には（グルに出会い）心を聞きたいという強い願望がありました。グルに心を開き、自分に働きかけてもらうのです。私の場合、特に二回目のマイソールで、グルジにとても厳しくされて、謙虚になることができました。グルジは、善なる資質を育てること、ネガティブな思考を手放すというところで、私に働きかけてくれました。

——ヤマとニヤマを育むためにグルが必要だと思いますか？　それとも、アーサナとプラーナヤーマの練習だけで十分だと思いますか？

アーサナをする姿勢（態度）によります。先生の話に耳を傾け、先生を信頼する姿勢が、練習をスピリチュアルなものにします。正しい姿勢で臨まなければ、ただの身体的なエクササイズです。

——アーサナの練習で姿勢（態度）を変えられると思いますか？

助けにはなると思いますが、もっと深い癖のようなものを変える必要があります。精神的な癖、身体的な癖を変えるのに、グルや先生の助けが必要です。アーサナで体の癖を変えることはできますが、共鳴できるグルがいれば、思考の癖も変えることができます。

――次の段階に進むために先生が大事だということを言っているのでしょうか。

先生は大事ですが、そういう先生にするのは生徒です。生徒のいない先生はいません。つまり、一番大事なのは生徒の学習能力です。それがあれば、自分の先生となる人を見分けられます。

――生徒がグルに対して持つべき姿勢はどのようなものでしょうか?

謙虚さと信頼、先生に対して心を開くこと、先生から受け取ること、それが学習能力です。

――ほとんどの人が持っていないと思います。エゴと野心で練習を始めてしまいます。

先生は生徒の学習能力を見て、そのレベルまで降りていかなければなりません。本物の先生は、その人がそのような方法で学ぶ準備ができているかいないかわかります。グルジにはそれがわかっているのを何度も見てきました。グルジは学びたいという気持ちのない生徒には、エネルギーを使いませんでした。グルジの指導はとても厳しいので、生徒には降伏するか逃げ出すかしか選択肢がありません。生徒に対して少しもエネルギーを無駄にしない達人です。だからグルジはとても楽しそうに教えているのだと思います。

――グルジが教えていることで一番大事なことは何なのでしょう?

プラーナを通して生命の源とつながることです。練習を始めるとプラーナを感じます。すると「このプラーナはどこから来ているのだろう?」という疑問が生まれます。自分でつくっているものではありません。呼吸やアーサナや動きによってつくられているものです。この練習をスピリチュアルなものにしているのは何なのか?ということです。「私がこのエネルギーをつくっている!」と言うのはエゴです。「練習をスピリチュアルにしているのはこのプラーナなのか?」と疑問に思った瞬間スピリチュアルになりますが、それは体を通してなのです。

――では、グルジは知識や哲学のシステムを教えるというより、自分の中で起こっているプロセスを観察することを教えていると思っているのですね。後は自力で探求し始めると。

少なくとも、私にはそのように起こりました。

――グルジはいつも神への祈りについて話しますが、なぜグルジはそれを重要だと思っているのでしょうか?

神はすべての源です。結局、神にすべてを明け渡すことができた時に、平和と静けさが訪れます。

ですから、すべてがそこから来て、すべてがそこに還る、源である神に祈るのです。
グルジにドリシティについて尋ねた時のことを思い出します。ある日、グルジが私に「ドリシティはひとつしかない。それは神だ」と言いました。練習の後で、とても強くそう感じることがあります。グルジが階段を降りてきて私を見て、グルジは私がこのような気持ちを内に強く感じていることに気づき、お互いに通じ合った感覚があり、そして、何も言わず、ただ一緒に笑ったんです。私は頭を下げて「ではまた、グルジ。ありがとうございました」と言っただけでした。

――グルジは「九十九%プラクティス、一%セオリー」と言っています。グルジはなぜこのようなやり方を選んだのだと思いますか？　また、この一%とは何だと思いますか？

文字通りに受け取る必要はないと思います（笑）。誰にもわかりませんよ。食べ物の味を知りたかったら、食べなければわからないし、味について語ることもできません。練習は美味しい食べ物のようなものです。セオリーもいくらかは必要です。グルジはとても現実的な人です。セオリーが多過ぎると目標から遠ざかってしまいます。

――どのように目標から遠ざかるのですか？　目標に向かわせるのではないのでしょうか？

練習をせずにセオリーばかりで頭でっかちになるのは、空中に城を建てるようなものです。思いやりと愛と神について語ることはできますが、練習を通してそれを自分の中に感じていなければ、ただの机上の空論です。

――このような身体的なエクササイズが、思いやりや愛や神と何かしらつながっているというのは不思議議です。かなり飛躍しているように思えますが。

そういう姿勢でやるということです。そうすればグルとつながります。

――では、教えているのはアーサナではなく、アーサナをする上での挑戦、それが身体的にどのような影響を及ぼすか、それにグルとの関係がどのようにその挑戦を乗り越え進化するのに役立つか、ということですね。

そうです。しかし、アーサナは現実的なものでもあります。何百年もの間実践されてきたもので、アーサナは、ポーズと呼吸の浄化効果によって、体を変えます。科学的なメソッドなのです。悟ったり、蓮の上に座っているブッダのようになったりするわけではありません。ポーズをするには適切な姿勢（態度）が必要です。

――グルジにとって家庭はどれくらい大事なものでしょうか？　ヨギーは社会と融合するのでは

なく、隔絶している人という考え方もあります。なぜ家族が大切なのだと思いますか？

グルジは、クリシュナマチャリアのように現実的な人間であり、この世から逃避するのではなく、スピリチュアリティを現実の生活に取り入れたいと思っています。おそらく、伝統的なヨガでは、ヨギーはすべてを棄てて洞窟の中に住んでいたのかもしれませんが、クリシュナマチャリアと彼の愛弟子には全員家族がいました。ヨギーになるためにすべてを放棄して生きる必要はない、ということがある意味大事なのです。

――しかし、それはほとんど放棄してはいけない、という意味のようです。グルジは「結婚しなさい、子供を持ちなさい」と言っています。それはヨガの道においてどのような価値があるのでしょうか？

人生の困難に遭遇させることでしょう。『ヨーガ・スートラ』では、ヨガの状態に達するには、手放さなければならない、執着してはいけないとあります。愛情というのは精神的なものなので、矛盾していいます。子供を持ち、執着せずにできる限り愛情を注ぐというのは、かなり大変なことです。子供がいなければ、そのような状況に直面することはありません。ロマンチックに愛したまま、執着をせずにいることができます。子供がいる人は、執着せずに子供を愛さなければなりません。

——執着せずに愛するという考え方は、理解に苦しむことで、多くの人が困惑しています。自分とつながりがあるすべてのものを失うかもしれないので、執着しないというのは、みなが恐れていることです。どうすれば執着せずに愛することができるのでしょうか？

人としてスピリチュアルな人生を送る目的は、人生がもたらす困難を切り抜けることです。そのような困難にとらわれず、切り抜けていくこと、強く執着せず、出来事に対して傍観者のようになり、ただ認識することです。これは難しいです。人生に変化はつきものです。自分の妻も死ぬかもしれません。アンマが亡くなった時のグルジを見るのはとても興味深かったです。グルジはアンマを（執着のように）深く愛していました。グルジがサンスクリット語でこのようなことを言ったのを覚えています。「時間とはネズミに食べられるものだ。それを受け止めなければならない。すべてのものには賞味期限がある」

万物は流転し、かたちあるものは消えてなくなるということを、受け入れなければなりません。グルジは声をあげて「昨日アンマはここにいた。今日はいない。昨日はここに……」と号泣して、取り繕うようなことはありませんでした。自分の妻に対する深い愛情に苦しんでいる真っ只中にいました。もう彼女には会えない、そのことに苦しんでいたのです。そして同時に、その苦しみに完全に降伏していました。グルジが回復する過程を見るのは興味深かったです。

一カ月後、グルジには再び笑顔が戻りました。とても幸せそうでしたが、アンマが亡くなったので幸せではありません。グルジはアンマに対する愛を表現していましたが、物事は移り変わる（無常）

ということを受け入れることができていました。これが執着しないということです。命あるものには、いつか別れを告げなければなりません。それはコントロールできません。人生は、特に家族がいる人には、たくさんのものをもたらします。常に望むものが来る訳ではなく、望まないものが来ることもあります。愛情と嫌悪と欲望とすべてがそこにあるとわかります。

――私にとって興味深いのは、人は大抵愛と欲望をほとんど同じものだと考えていることです。そこに愛があれば、欲望もあります。自然な欲望です。愛着を持たずに愛することは不可能です。喜びが与えられれば、もっともっと欲しくなります。私は愛というのはもっと、行動の仕方、奉仕の仕方ではないかと思います。何かを受け取るのではなく、与えることです。ほとんどの人は「この人を愛している。この人がいなかったら、心に穴が開いたように感じる」と考えます。そうではなく「私はこの人を愛している。この人に尽くし、最高のものを与えたい」ということだと思います。おそらくこれが、スピリチュアルなヨガの道を辿るほとんどの人にとって、一番受け入れるのが難しい考え方ではないかと思います。

だからグルジは「神はいたるところにいる」と言うのでしょう。ウパニシャッドでもそう言われています。苦しみと執着を減らす唯一の方法は、あらゆるもの、あらゆる人、あらゆる状況に、神を見ることです。このようなドリシティを持つと、神なるものや人間を超越した何かがわかるようになるので、人生で起こることをよりうまく受け止められます。これこそが人生の目的のはずです。存在の矛盾にとらわれていると、二元的な思考のとても低レベルの意識にとどまります。すべてのスピリチュアルな教えは同じ解決策を示しています。ヒンドゥーの教えでは、あらゆる人の中に同じもの（神）を見ることについて語っています。キリスト教では、すべての人の心の中にイエス・キリストを見ます。同じことです。同じ真実を見つけるために遠くに行く必要はありません。

――アンマについて何かお話ししてもらえますか？

すべての生徒にとって、アンマはとても大切な人でした。アンマが亡くなった後、マンジュが私に「グルジの気分を変えられる唯一の人間だった」と言ったのを覚えています。グルジの機嫌が悪い時、アンマはグルジを笑わせていました。だからとても大切な人だったのです。グルジとアンマは喧嘩もしていましたが、そんなに激しくはありませんでした。フランスでグルジが私に「トマス、生徒を連れて私たちの家に来なさい。でないと、アンマと私は喧嘩をしてしまう」と言っていました（笑）。だから、夜はみんなでグルジの家に集まりました。

――グルジの教えることに対するエネルギーについて教えてください。

夜ゆっくりしている時にシャラの横を通りがかったら、午前一時か二時頃にグルジの部屋の明かりがついていたことがありました。グルジはとても早起きです。お風呂に入るのに、お湯を沸かすための火を準備します。多分その間にプージャや瞑想をしています。四時から私たちに教え始め、忙しい時は十二時半くらいまで続くこともありました。それから、夕方にはインド人にもヨガを教えていました。グルジは教えるのが大好きで、飽きることなく、いつも熱心でした。

――マイソールと、マイソールという場所が練習をどのようにサポートしているかお話ししてもらえますか？

今は変わってきていますが、以前は、色彩豊かでとてもインドらしい美しい小さな都市でした。質素な部屋や簡素なホテルを利用しなければなりませんでした。今は発展して何でもあります。しかし、当時は部屋には何もありませんでした。シンプルな生活を送っていたので、それが生徒の頭や心にとても良かったのです。

インドとその質素さには癒やす雰囲気があります。マイソールに来て、西洋の生活で対処してきたすべての問題を切り離しました。マイソールで空っぽになりました。そして、水を汲み上げるポンプや、とても小柄で幸せそうな人を目にします。家族は何も持たなくてもとても幸せそうで、歓迎してくれて、自分たちの食べ物がないのに昼食に招待してくれます。知らないうちに、あらゆるものがリラックスさせてくれていました。だから私は、生徒がバイクに乗ったり、豪華な部屋に泊まるようになったりしたのは、非常に良くないと思いました。あまりにも簡単過ぎます。

──地元の生活に溶け込むのではなく、西洋から自分の生活を持ち込んでいると。

そうです。昔は質素で、何もありませんでした。

──長年続ける日々の練習の価値とは何だと思いますか？

まず、体を強く保ちます。人生では強くて健康であることを求められるものです。また、練習を始めると、習慣が健康的なものに変わり、精神的な面では意思力が強くなります。これも人生には必要です。毎日練習をすると、意思が強くなるのです。アーサナでリラックスできるようになると、人生におけるリラックスの質が上がります。アーサナの練習で強さとリラックスが身につくと、内省することもできるようになります。心の状態に応じて、自分の食べた物が練習にどのような影響を与えるのかがわかるようになります。つまり、練習は鏡なのです。たくさんのものを見ることができ、人生や生活が破綻しそうな時も、練習をすればバランスがもたらされます。

──練習の繊細な側面についてはどうですか？　アーサナの練習をするだけで、自然と瞑想状態になると感じますか？

こちらから何かを投入しなければいけません。一度グルジが「まったく学ばない人がいる。そういう人はいつも同じ失敗を繰り返す」と言っていました。学ばなければ練習はいとも簡単に機械的なものになります。

——グルジがあなたの先生になった時、グルジはもうアーサナの練習をしていませんでした。それでもグルジのことをヨガ練習生だと思いますか？

もちろん。ヨガはアーサナだけではないといつも思っていますから。最初からそれが私のヨガへの取り組み方です。インドでは、人生のそれぞれの段階にヨガがあります。若い時はアーサナをして、年を取ったら違う練習をします。グルジは人生の終盤に向けて、マントラや瞑想をし、ヨガを教えるという実践をしていました。

——自分が教える時に、グルジの哲学をどのように取り入れていますか？

グルジの元で練習していた時に感じたことを、生徒に伝えたいと思っています。アーサナの中でグルジの存在を生徒に伝えようとし、グルジのように正直であろうとしています。グルジが私に教えてくれたやり方で、できるだけ本格的かつ誠実に教えようとしています。

——ヨガを教えることとヨガを練習することの関係はどのように見ていますか？

教えることは練習することでもあります。まずヨガとは何かを定義しなければなりません。アーサナとプラーナヤーマだけですか？　飛び回ることですか？（笑）　ヨガとは何か？　私にとってヨガとは、アーサナの練習を通して、自分の中にある生命や神、とても本質的なものに触れることです。それをプラーナと呼んでいます。生命力であり、個人や人間を超越したものです。自分の練習を通して経験しようとしているし、生徒にも感じてもらおうとしています。

練習が進んでいるかどうかは関係ありません。体が柔軟だから練習が進んでいるという人もいます。年齢やその他の理由で、難しいアーサナが自分にはできないと判明する人もいます。しかし、誰もが同じことを感じることができます。練習がどれくらい進んでいるかは重要ではありません。練習が正しければ、呼吸が正しければ、年を取っても、手足が不自由でも、このプラーナに触れることはできます。

――練習が進んでいることと、ヨギーとして成熟していることには関係がないということですよね？　練習を正しく行うことができれば、身体的条件に関係なく、精神的、スピリチュアル的に同じ状態に到達できると。

それに健康的にも。この練習は柔軟性や、体を三十%捻《ひね》れるか、九十%捻れるかということとは、まったく関係ないからです。二人兄弟がいて、ほとんど同じ年なのに、一人はパドマーサナで座ることができて、もう一人はできませんでした。二人の遺伝子が違えば、性質も違います。そのことを理解しなければなりません。でなければ、自分に対してムキになったり、自分を傷つけたりするような、やるべきでないことを無理矢理してしまいます。

――教えることは練習でもあると言っていましたが、もう少し説明してもらえますか？

自分を超越した神のような何かに触れることは人生の目的であり、そのことを自覚していようといまいと、すべての人の目的なのです。ひいては、人生におけるすべてのものがヨガになるべきです。しかし、（人生すべてがヨガではないので）私たちはアーサナの練習や教えることに集約させて、集中します。祈りのようなものです。祈っている時は神のことを考えます。常に神のことを考えているのが理想ですが、練習の瞬間を選び、それを神聖なものとして扱うのです。その瞬間、人生に深い意味が生まれ、二時間だけの練習に強力な意味が見つかります。

――練習している時と教えている時は、ヨガの意識を集中させているという点で似ていますね。その似ている点を伝えなければなりません。

はい、似ています。

――ムーラ・バンダとウディヤナ・バンダについてよく聞きますが、それについてどのように理解しているか、また長年の間にご自身の中でどのように発達してきたか教えてください。

グルジは実践的で身体的な人なので、バンダについて具体的には話しませんでした。グルジは、私が呼吸をしている時に締めなければならないところに、私の手を持っていきました。特に最初の数回は、グルジは私が肛門のコントロールをしているかを調べました。

ですが、私にとってムーラ・バンダは、息を吐く時に下腹部を守り、マッサージし、内臓の浄化を助け、腰の湾曲を安定させる動きです。息を吐く時は下腹部を引っ込めます。動きの効果を高めるために、肛門を締めるアーシュウィニ・ムドラ*をします。ですから、下腹部を背骨の方に動かし、肛門を締めるムーラ・バンダをして、下部脊椎を安定させて保護し、身体的なレベルで腰への効果を生み出します。身体的なレベルではこれが目的です。

*アーシュウィニ・ムドラとは、ムーラ・バンダの位置を締めて、緩めてを繰り返す動き。

――下腹部を締めると言いましたが、ウディヤナ・バンダの時ですか、それともムーラ・バンダですか？

息を吐く時に下腹部を締める動きはムーラ・バンダです。ウディヤナ・バンダはムーラ・バンダの延長のような感じで、息を吐いた状態で腹部全体を引っ込めます。ムーラ・バンダはおへその下の下腹部を締めるというのは、クリシュナマチャリアが教えたやり方だと理解しています。

――グルジはそこまで具体的ではなかったからですか？

グルジは締めるとは言いましたが、呼吸法が間違って伝わっていたせいで、間違って練習している人を見ました。下腹部全体を背骨に向けてとてもきつく締め、腹部全体をきつく引き締めたまま、胸の上部だけでとても浅い呼吸をしていたので、精神的にとても不安な状態になっていました。間違った呼吸で間違った練習をすることもできますが、頭がおかしくなります！　それから、そのような間違った呼吸のままヴィンヤサでたくさんジャンプをしていたら、かなりの興奮状態になります。これも不安神経症と呼ばれるものです。正しく呼吸をしていないと、頭がおかしくなります。

――呼吸の重要性についてもう少しお話ししてもらえますか？

練習をしていて、機械的になることがあります。そういう時は、練習が終わっても平和で穏やかな気持ちになりません。良い練習をしていたら、平和で穏やかな気持ちで終わります。良い練習をしましたか？　平穏な気持ちになっていないけれど、脚を頭の後ろにかけられましたか？　だったら、激しく動いただけです。つまり、良い練習ができたかどうかは結果でわかります。

アーサナには効果があり、呼吸にも効果があります。呼吸とアーサナをどのように結びつけるかが非常に重要です。呼吸の効果はアーサナよりも神経システムにより強く影響します。体に柔軟性があってパスチモッターナーサナができたとしても、激しく呼吸をしていたら、最後には精神的に不安になります。パスチモッターナーサナは穏やかな気持ちにさせるはずですが、とても速く呼吸をしていたら不安になることもあります。

呼吸は常に同じ長さでなければならないと、グルジはいつも言っていました。呼吸には、短い、中間、長いと三つのタイプがあります。アーサナの練習では、熱を保つために中間の呼吸にした方がいいです。そうすると、生み出される熱が良い熱になります。アーサナの練習を速い呼吸でやったら、間違った熱が生まれます。クリシュナマチャリアはとても長い呼吸を教えていました。これは精神状態をとても穏やかにします。とても速い呼吸には、不安にさせる効果があります。

アーサナの練習を機械的にしないためには、呼吸と動きのつながりを意識しなければなりません。できることなら呼吸は動きよりも少し長めにします。そうすれば、練習が機械的になることはありません。新しい練習のようなものだと思って、常に呼吸を動きよりも少し長めにしてみてください。

——練習における食べ物の重要性についてはいかがですか?

食事には適切なバランスが必要です。自分にとって何が良いのかを見極めなければなりません。それぞれの人のタイプや、どんな仕事をしているかにもよります。フルーツが好きな人もいれば、シリアルの方が好きな人もいます。ひとそれぞれ違います。私の場合はマクロビオティックが合っていましたが、合わない人もいますよね（笑）。

何をどのように食べるかが重要です。また、食べ物をどのように調理するか、どれくらい噛むかも大事です。フランスのマクロビオティックのお店に行った時に、五十回、百回、二百回と噛む人がいて驚きました。噛むだけで癒やされ、穏やかな気持ちになっていました。

——食生活が貧しいとヨガの練習にどのような影響がありますか？

アーユルヴェーダでは、病気はうまく消化、吸収されなかった食べ物からきていると言われています。よく噛まず、せわしなく食べていたら、食べ物をきちんと吸収しません。

——それに悪いものを食べたら。

そうです。

——しかし、なぜ練習において食べ物が重要なのでしょうか？

タマス、つまり停滞や惰性を減らすためです。タマスを減らすことで良い癒やしの効果があります。タマスは病気を生みます。タマス的な食べ物を避けてタマスを減らせば、練習でも健康に良い影響をもたらします。

――年を重ねるのに合わせて、練習を変えた方がいいのでしょうか？

調整しなければなりません。グルジは、『ヨーガ・マーラ』で調整することについて書いています。若い時はアーサナをたくさんやります。グルジは、年を取ったら、いくつかの主要なアーサナに力を入れます。これは人生の一面で、若い時は木に登れますが、年を取ったら歩くのも辛いものです。

――しかし、アシュタンガヨガを練習している人は、若さを保っているように思います。

永遠にそうではありません。

――ですが、グルジは五十代、六十代の人に、まるで彼らが若者であるかのように教えていたと思います。グルジはいつも、もっとエネルギッシュで強くあれとけしかけます。

グルジはいつも今の自分を超えさせてくれます。しかし、年を取るとできないことが出てきます。人生の様々な段階に練習を合わせなければなりません。クリシュナマチャリアは次のような素晴らしいことを言っていました。「人生は川のようなものだ。最初は滝があり、川はエネルギーに溢れている。これが若年期。それから川は集まって穏やかになる。最後は強さが失われ、幅広くなり、大海に消える」

練習はこの三つの段階に合わせなければなりません。若い時はアーサナの練習をして、飛び跳ねて、若いうちにあらゆることを進歩させます。その後、練習を続け、より集中して穏やかになりますが、練習からはさらに多くのエネルギーを得ます。そして、川が消えていくように、練習もまた調整しなければなりません。最終的に、グルジは瞑想と祈りだけをやっていますが、それもヨガです。

――グルジは浄化について話します。内臓や筋肉がいかに浄化されたり健康になったりするかを理解するのは簡単ですが、グルジは神経システムや感覚器官を浄化することについても話します。このことについて理解していますか？　生理学的、精神的、それともプラーナ・レベル的なことでしょうか？

浄化された神経システムというのは、落ち着いて、安定して、強いという意味です。リラックスした時や集中する時に表れます。インターミディエイトの練習をしている間に呼吸がうまくできていないと、後屈のアーサナが多いので、刺激が強くておかしくなってしまいます。後屈は神経システムに強烈に作用します。後屈系のアーサナがすべてできていても、興奮した感じがしなければ、神経システムが浄化されて落ち着いているというサインです。シャヴァーサナをするように、つまり完璧に後屈をしなければなりません。

――おそらく、身体的な土台と適切な姿勢（態度）の組み合わせということですね。

それと呼吸です。呼吸は神経システムに直接作用します。

――どのようにして起こるのでしょうか？

前屈をするとリラックスし、後屈をすると興奮します。逆転のポーズは安定とバランスを生み出します。一番価値のあるポーズです。肩立ちや頭立ちが女王や王様のポーズと呼ばれている所以《ゆえん》です。息を吸うと興奮し、息を吐くと弛緩します。速く呼吸をすると興奮し、ゆっくり呼吸をすると弛緩します。前屈でゆっくりと適切な呼吸をすると、落ち着く効果があり、後屈でも同じように適切な呼吸をすると、バランスを得るために適度な興奮状態になります。

ハタヨガというのは、陰と陽、落ち着きのある強さです。しかし、後屈をしている時に狂ったような呼吸をしていたら、過呼吸気味になり、不安な状態になります。呼吸とアーサナの組み合わせによって、治癒的なレベルで神経システムに強力な効果があります。例えば、不安に悩まされている時に、後屈のポーズをたくさんして、速い呼吸をしていたら、よく眠れなくなります。

――神経システムにおける呼吸の身体的な効果というのはどのようなものでしょうか？

息を吸う時は交感神経に働きかけます。息を吐く時は副交感神経に働きかけます。だから常にバランスを取り戻さなければならないのです。すべての活力は交感神経によって引き起こされ、睡眠やリラックスしている間は副交感神経が優位です。

プラーナヤーマは神経システムをコントロールする方法です。息を吸う時は努力をしなければなりません。息を吐くことは自然と起こるので、何の努力も必要ありません。深く息を吸うには努力が必要です。あらゆる努力をする時は緊張状態にあります。「息を吸う」と言うと、目を細めて、肩に力が入って、顎を上げる人がいるかもしれませんが、息を吸うことでそういう行動が起きます。プラーナヤーマで息を吸う時は、顎を引いて自分の胸元を見ます。肩の力を抜いて、ただ穏やかに呼吸をします。パターンを壊しているのです。息を吐く時は、タマスに落ちないように、背筋を伸ばしたまま保ちます。でなければ、息を吐く時は自然と背中が丸くなってしまいます。息を吐く時はムーラ・バンダを引き込み、背骨をまっすぐに立て、タマスに落ちないようにします。このようにすることで、神経システムを変化させ、神経システムのことがわかるようになります。そして、クリシュナマチャリアが心臓の鼓動を止めることができたのは、おそらくこのやり方です。

――三十年にもおよぶヨガの練習の結果として、ご自身の内面的な経験と人生に効果的だったやり方を、それぞれどのように見ていますか？

私は二十四歳の時にアシュタンガヨガの練習を初めて、今は五十歳を過ぎています。練習によって人生の難しい時期を乗り越えることができました。人生はある地点から別の地点まであなたのことを揺さぶるだけで、コントロールできないと感じることもあるかもしれませんが、練習があなたのことを支えてくれます。私は練習に感謝しています。自分では人生をコントロールできません。人生には大変なこともあります。練習はバランスを取り戻させてくれ、落ち込まないようにしてくれます。物事がうまくいっていれば、練習でさらに元気になるのでもっと楽しめます。うまくいっていない時は支えてくれます。

――あなたのヨガに対する考え方は、あなたを変化させるものというより、やらなければならないことをするために助けてくれるもの、というように思えます。

まず支えてくれて、それから人生を変化させます。最初はサポートが必要なのです。それからどのように人生を変化させるかは、大きな挑戦であり、一段上のヨガです。その変化を「変容」と呼びます。最初は気づくことからです。自分の中に強さや力があることに気づかなければなりません。それから、最も難しいのがこの気づきを日常生活に取り入れ、光をもたらし、人生を変化させることです。だから私は「人生に気づきをもたらすと、人生が神になる」というオーロビンドの教えが好きなのです。人生は激しいものなので、サポートとバランスが必要、それから人生を変える、これが上位のヨガです。

——他に何かつけ加えたい大事なことはありますか？

アーサナの練習を目標にすべきではありません。アーサナを目標として練習すると、自分を傷つけてしまうことがよくあります。自分の本質、自分の体、自分の身体的な特徴を尊重しなかったら、他人と比べることになるのでアーサナをするのが難しくなります。股関節が十分開いていないのに、ナヴァーサナをするためにマリーチアーサナDをするのは、自分に無理矢理ポーズをさせているようなものです。

これは先生にも当てはまります。私たち先生は、生徒にアーサナを取らせることが大事だと考えがちですが、そうすると生徒を傷つけます。私にとってアーサナはその人の柔軟性の表れに過ぎません。目標はアーサナではなく、柔軟性と強さを身につけるツールとしてアーサナを使うのです。ただし、体を尊重しなければなりません。そのツールが効かないのであれば、アーサナを少し調節するか、生徒に準備ができるまで待たなければならないかもしれません。パドマーサナで座れるようになったからといって、悟りが開けるわけではないと気づかなければなりません。パドマーサナができるようになったとしても、膝を壊して入院する羽目になるかもしれません。膝を壊して悟りを開く！（笑）自分を守らなければなりません。グルジは「ゆっくりやりなさい」とよく言っていました。この「ゆっくりやる」というのがとても大事です。

——グルジから受け取った一番感謝しているもので、これまであげたもの以外に何かありますか？

たくさんあります。グルジから先生という仕事ももらいました。今は生徒を助け、生徒がそのことに感謝してくれています。アシュタンガヨガの練習とグルジの教え、グルジとのつながりに私は助けられています。グルジの存在、強さ、グルジの力とのつながり、プラーナ、何と呼んでもいいです。私が受け取った健康と幸福に感謝しています。

二〇〇九年　ニューヨーク

リチャード・フリーマン

Richard Freeman

リチャード・フリーマンは、僧侶としてインドに住み、熱心なヨガ練習生となり、哲学的な研究に専念するなど、一九六七年から広範囲に及ぶスピリチュアルな大仕事を終えた後、グルジと出会った。リチャードは西洋にアシュタンガヨガを広めるのに貢献してきた。

――どのようにして最初にアシュタンガヨガを見つけ、どのようにしてマイソールに行ったのですか？

初めてアシュタンガヨガのことを聞いたのがいつかは覚えていませんが、その存在についてはかなり前から知っていました。最初に、クリシュナマチャリアの息子デシカチャーの本を通して、シークエンスの中で物事が同時に起こり、シークエンスの中でヨガのアーサナの練習ができるという、ヴィンヤサのコンセプトを知りました。それから、パッタビ・ジョイスがアメリカのモンタナ州のフェザードド・パイプ・ランチでワークショップをすると知り、すぐに申し込んだのです。グルジに会うと、グルジの輝きや優しさに魅了されました。グルジとの接触は少ししかありませんでしたが、幸いなことにワークショップは隔離された場所で行われていて、毎日二クラスあるクラスの合間に話す時間がありました。とてもワクワクする経験で、会ってすぐにグルジに夢中になってしまいました。

――グルジの第一印象はどうでしたか？

グルジの笑顔と輝き、全体を包む優しさに感動しました。非常に話しかけやすい人だとわかりました。グルジは私が知りたいことは何でも喜んで教えてくれましたが、実際はそのような先生は本当に少ないです。グルジの虜になってしまいました。

――グルジが本物の、もしくは原型のパタンジャリのヨガを教えている、と言っているのを聞いたことがあります。本物のヨガの先生としてのグルジとの経験はどのようなものでしたか？

パタンジャリのヨガ、八支則のヨガを教えていると言う時、それはアーサナとプラーナヤーマだけでなく、サマディや瞑想などを含むすべての支則、解放、それからサマディを通しての自己認識を教えていることを示唆しています。私がグルジとの経験でわかったのは、グルジがそのことに興味があるということです。実際、グルジが人生で唯一興味があるのは、ヨガシステム全体を全うすることです。もちろん、最初に激しいアーサナの練習に力を入れていますが、ヴィンヤサのメソッドを使ったアーサナの練習を通して、プラーナヤーマと瞑想の基礎も教えています。そして、システムの後半でこのような部分を取り出し、磨いていきます。しかし、ある意味グルジは最初からアーサナの練習を通して八支則を教えていて、そのうちのひとつを磨くと、他の支則を実践するのがとても簡単なことに気づきます。ですから、グルジは最初の四つの支則、ヤマ、ニヤマ、アーサナ、プラーナヤーマはとても難しいと言っているのです。しかし、その四つで基礎を作っていれば、残りの内面の支則は簡単で、自然と起こります。

――グルジはアーサナ以外の支則を自然と教えているのでしょうか？　それともアーサナの練習に取り入れていますか？

基本的にはマンツーマンで、グルジが教えたい時に教えています。グルジは、本当に興味があって熱望している人には、内面の支則を教えます。実際にはすでに経験しているはずなので、教えるのは簡単です。教えて欲しくてうずうずしているような場合は、かなり近いところまで来ているので、先生は「そう、それだよ」と言う以外はそんなにすることはありません。

――私たちにとってサマディははるか遠くのものですか？

私の理解では、サマディはとても近いものですよ。ヨガの練習をして、今この瞬間に起きていることを観察する能力が少しずつ発達し、実際に起こっていることをとても注意深く観察している時、それがサマディです。起こっているのは私たちのとても近くです。大抵、私たちは実際に起こっていることではなく他のところを見ています。だから、ヨガのアーサナやプラーナヤーマでは、実際に起こっていることに意識を向けさせるのです。今の感情、今の衝撃、今の思考パターンが神聖なものになり、瞑想の対象になります。

瞑想の練習をしようとする人は多いですが、今ここにないものを観察して練習しようとします。この背後を見ようとしたり、別の場所を見ようとしたり、これ以外の何かを見せようとしたりします。しかし、アーサナの練習を十分にやっている時、瞑想の練習をやっている時、その瞬間の感覚は神聖なものです。ここではないどこかを探すのをやめると、サマディが起こり始めます。

――アシュタンガヨガは、どのようにその経験（サマディ）を目の前にもたらすのでしょうか？もしくは、それはアシュタンガヨガ特有のものですか？　それとも、ヨガのタイプに関わらず、ヨガの教えの一部なのでしょうか？

ヨガの教えの一部です。質問は「そのシステムが効いているのか、それとも、システムとメソッドが融合したものが効いているのか？」ということですね。ほとんどの（現代的な）ヨガのスクールでは、そこまで多く（サマディは）起こっていません。何千年もの間、ヨガは伝統的に先生から生徒に受け継がれてきたもので、その系譜が途絶えることもよくあります。切れたワイヤーのようなもので、それでは電流は流れません。ですから、実際の内面的な教えは伝えられません。

――この系譜について、クリシュナマチャリアの先生からどれくらい遡って知っていますか？ラマ・モハン・ブラフマチャリの先生について何か知っていますか？

いいえ、知りません。もちろん、グルジの家系はシャンカラチャリアの系譜です。グルジはいつもシャンカラチャリアや、シャンカラチャリアの系譜の先生を引き合いに出し、グルジもそこに深く関わっています。グルジのヨガの師匠クリシュナマチャリアも、ヨガの師匠と家族の系譜がそれぞれあります。学ぶには複雑ですが。

――ヨガの練習をする時に先生はどれくらい大事ですか？　また、グルジは光から暗闇を切り離すのにどのような役割を果たしていますか？

実際、先生はアシュタンガヨガのシステム全体の鍵です。非常に知的で、とても幸運で、相当理解力のある人なら、本からヨガを学び、うまく練習もできて、理論的にはとても深いところまで行けると思います。しかし、先生がいて、先生との関係を発展させれば、師弟関係の間にある正しい何かが、練習の本質を伝えてくれます。ですから、様々な技術だけでなく、様々な哲学も学べるかもしれないし、先生がその状況に置き換えて伝えてくれるでしょう。その状況というのは、完全にオープンな人間関係のひとつ、完全な存在で、素晴らしいものです。ですから、素晴らしい先生が周りにいるなら、ぜひ活用してください。先生が周りにいないなら、とにかく練習してください。

――グルジの教え方の特徴はどのようなものだと思いますか?

初めてグルジに会った時、グルジがクラスの間ほとんど言葉を発さないので、禅僧の先生に非常に似ていると思いました。グルジの言葉は禅問答のようだったのです。少なくともほとんどの生徒が、グルジの言葉に困惑していました。また、グルジは自分が何かをすることで生徒の目を覚まさせようとしました。その時のグルジの発言にはあまり深い意味はなく、生徒を惑わそうとしたり、笑うか呼吸をするかの板挟みのような状態にさせたりして、恐怖心が生まれる前に不意にポーズを取らせることもありました。

マイソールでグルジとバックベンドをしていた時のことを思い出します。バックベンドのことを考えていたらとても怖くて、ただ立って、背中を丸めて、膝をつかんでいました。私が胸の前で腕を交差して、バックベンドの準備をして、ドロップバックを始めた瞬間に、グルジは汗びっしょりの私の綿のショーツを見て「おお、良い素材だな!」と言ったので、私はこれから起こることを完全に忘れました。それで、まったく問題なくバックベンドができたんです。

――ポーズに入るのを怖がっている時、生徒の体の明らかにわかる能力を超えて、深くポーズを

取らせる技術がグルジにはありますよね？

グルジは、これから体に起こることや限界を、生徒に忘れさせているのだと思います。生徒はよくグルジに「私はこの筋肉を痛めています」とか「この骨に問題があります」と言います。すると、グルジは生徒を見て「どの筋肉？」と言います。つまりグルジは、そこに本当に何か（問題が）あるのかを調べるために、生徒にも完全に新鮮な気持ちでもう一度見させているのです。そして、その人が持っていた感覚や感情を忘れさせると、痛みや問題を手放すことになります。ほとんどの場合、思考が限界を生んでいるのです。グルジは恐怖や執着がないかを把握する達人でした。そして、とても親切に、時に優しく、時に不意打ちで、限界だという思い込みを吹き飛ばします。

――グルジはそのスキルをシャラートにも伝授していますか？

自然と授けていると思います。それがグルジの生徒との関わり方なので、シャラートも当然身につけていると思います。

シャラートが今でもグルジと激しい練習をしているのは興味深いです。シャラートにはかなり痛みや恐怖の経験があるので、生徒に共感したり、生徒をいたわったりします。シャラートが自分の練習でいたわることを学んだからでしょう。グルジもそうだったと思いますが、今はもうアーサナの練習をしないので、生徒に練習させるだけです。

――グルジの教え方やメソッドについてもう少し教えてください。

グルジの教え方は手品のようでした。グルジは、あるポーズから別の決まったポーズに続かなければならない、ヴィンヤサと呼ばれるメソッドの特定の面に力を入れています。それから、生徒がグルジの言葉を生真面目に文字通りに受け取っているとか、そのことに執着し過ぎているのを見たら、完全にやめさせます。

マイソールで一度、私がグルジとの練習を終えて、一緒にテレビの「ラーマヤナ」を見に別の部屋に行った時のことです。一時間くらいしたら、グルジが私を見て「バックベンド！」と言ったんです（笑）。それで私は「いや、グルジ、もう体が冷えてしまってます」と言いました。特にグルジと一緒には、どうしてもバックベンドをしたくなかったのです。私の体は完全に冷え切って、後は帰って昼寝をするだけのような状態でした。グルジは笑って「大丈夫！」と言い、それから二人で練習部屋に戻って、私を立たせると、できる範囲で一番深いバックベンドをやらせました。グルジは笑うだけでした。私も笑いました。ですから、ヴィンヤサや色々な事に関するルールは状況によります。つまり、他の状況では適用されないということです。

グルジは、練習のメソッドの中で、私に柔軟な頭を育むことを教えてくれました。グルジはメソッドをどのように守るかということにもとても厳しいですが、より深い背景や前後関係からメソッドを見て欲しいと思っているので、実際にヨガを体験すればメソッドからも自由になることができます。

——この厳格なメソッドは依存しやすいものなので、執着しやすくなるようにも思えます。

グルジはそのような執着を促すこともありますが、そうすると、ある日足元に敷いているラグを引っぺがすように、すべてをひっくり返して「そんなこと言ってない」と言ったりします（笑）。

——もしくは、新しいポーズが欲しくてたまらなそうにしていると、まったく寄せ付けなかったり……

何カ月も、何カ月も、何カ月も、そして新しい生徒が来て、グルジがその生徒に、あなたの欲しがっていたポーズをあなたのすぐ隣りであげたりして。それで、グルジは笑うと。だから、練習の大半は思考と呼吸ですよね。

——グルジが伝授してくれたことの本質を説明してもらえますか？

グルジが伝授してくれたことを言葉にできるかわかりませんが、すでに話したことの他には話すべき価値があるものはないと思います。グルジが教えているのは、とても素晴らしいものだから心を開きなさいということです。あまりにも畏れ多くて、時々何と言えばいいのか言葉にできないことがあります。だからこそ、教えるべき価値のあることなのだと思います。

クリシュナマチャリアはかつて私の友だちに「ヨガとは力学ではない」と言いました。私は、グルジは常にとても秩序だったシステムを通してそれを教えていると思います。その形式はとても慎重に守らなければならず、実際、タパスや体内に熱を生み出すために激しく練習しなければなりません。しかし、それにまったく執着しないようにしなければなりません。そして、厳密に形式に従いつつ一体化しすぎない、移り変わるようなところで、真のヨガが表れます。

——グルジが教えているのはスピリチュアルな練習だと思いますか？

もちろん。ほとんどの人がスピリチュアルという言葉を使う意味ではそうだと思います。〝スピリチュアル〟という言葉の意味を超えている、と言えるかもしれません。誰かがスピリチュアリティという概念を持っていたとしたら、そのイメージよりももっともっと興味深いものです。しかし、間違いなく完全にスピリチュアルな練習です。スピリチュアリティというものに興味がない人や、ただ健康増進のために練習がしたいとか、体の生物学的な問題を解消したいという人でも、効果があると証明しつつ、その人の感情のコアなところに触れます。感情のコアなところに触れるだけで、本物とは何かを追求するようになります。「なぜいつも苦しんでいるのだろう？」「何が真実なのか？」という疑問が生まれます。

その人たちは来るべき場所に来ているのです。ヨガとはある意味、泉のようなものです。人は色々な理由で泉に行きます。しかし、泉にたどり着いたら、それを味わい始めるので、なぜそれが好きなのか本当に理解していなくても、何度も泉のところに戻り、しまいにはすぐにまたそこに戻ってくるようになります。

――〝スピリチュアル〟は、ある意味アートマン、魂が明らかになることですが、同時にメソッドもあるので、何かしらこの二つが融合しているということですか？

その通りです。開かれた心の興味を引くものと言えば、表現も言葉も技術も要らないわけですから、最初の反応は「何もしない」です。しかし、練習の魅力的なところは、心と体がつながっていることが明らかになることです。技術もつながっています。だからヨガは実際に、素晴らしいスキルを有する技術を使うもので、その技術を通して、それ以上技術が要らない自由な場所に自然とたどり着きます。

これは『バガヴァッド・ギーター』の主要かつ、とても幻想的なテーマのひとつであり、最終的に真実はすべての形式を生み出すが故に形がないということです。どうすればそこに近づくことができるのでしょう？　どうすればそれを実現させられるのでしょう？　開いた心で形式（アーサナ）を見ること、形式（アーサナ）を完成させようとする体と心の自然な特質を認め、そして形式を手放します。

――では、その背後にあるものを見るには、自分の心が表現したい形式すべてを見なければならず、そのためにあらゆるアーサナをするということでしょうか？

そうです。それぞれのアーサナが神聖で、神聖な図形、曼荼羅のようなものです（ヒンドゥーでは「ヤントラ」と言う）。曼荼羅は非常に独特な形をしており、ヨガのアーサナは外的にも内的にも非常に独特な形をしているので、アーサナができるようになったら、時に細部や激しさに苦しめられることもあると思いますが、神聖なものだとわかります。概念や理論に置き換えることなくアーサナを単に観察できるようになったら、その形式から自由になります。曼荼羅の中心が自分です。シリーズでは次のポーズとして別の形式が登場し、最終的に同じ内面的な原則の表現として、すべての形式を見ることができます。ただ、私たちはいくつかの箇所で混乱し、神聖なもの、スピリチュアルなものとして見ることができないだけなのです。

――グルジは、それぞれのアーサナに関する、それぞれの精神的な形式について、あなたに説明したことがありますか？

いいえ、ありません。ただ練習だけです。グルジは、私がそれに夢中になり、そこから情報を得ることを期待して、学ぶべき多くのこと、読むべき本を与えてくれました。

——アシュタンガヨガのシステムで、アーサナの練習に特に力を入れているのはなぜでしょうか？　毎日同じ場所に戻ることにはどのような作用があるのでしょう？

練習は鏡のようなものです。毎朝出かける前は、身なりを整えるために鏡の前に立ちます。練習は自分の心や思考がどのようになっているかを写す鏡のようなものなのです。内面から練習にアプローチできれば、常に新鮮です。馴染みの同じポーズはいつでも魅力的です。何かを得るためではなく、瞑想の対象としてアーサナを使うことができるからです。そのように練習することは可能で、練習、練習、おそらく一生練習なのです。

——そのような経験を得るためにはどのような姿勢が必要ですか？

アシュタンガヨガの練習の鍵はバクティ、つまり献身や愛だと思います。八支則は、バクティの心のための付属品です。おそらくバクティが、ヨガとは何かに一番近いものです。また、バクティのひとつであるグル・バクティは、先生との直接的な関係や愛のことで、非常に有益です。

——ヨガの本質はバクティだとおっしゃいますが、ヨガはすべての宗教の中心にあるということですか？

ヨガは、自分の根本的な性質を直接経験するものです。神でも、アッラーでも、ヴィシュヌでも、シヴァでも、呼び方は何でもいいですが、その言葉の意味を私たちは本当には理解していなかったり、その言葉が頭の中の他の考えと関連する意味を持たなかったりすることがよくあるので、経験しなければなりません。あらゆる宗教の形式や伝統には経験を与えるために実践があり、その経験の中で自由を見つけます。だから、私はヨガは宗教よりももっと本質的なものだと思っています。

――グルジをゲストとして家に迎えた時はどうでしたか？

グルジをゲストとして迎えた時は、グルジのヨガクラスに初めて行った時のようでした。グルジは具体的な要求がとてもたくさんあるので（主に文化的なことで）、やることがたくさんあります。それに、グルジのことが大好きなので、グルジに本当に快適に過ごして欲しくて、台所をグルジ仕様にしたり、グルジが自宅のように眠れて、くつろげる場所を探したりしました。かなり不可能に近いことをやっていたので、不安な気持ちも入り混じっていました。それから、グルジは自分のおじいちゃんみたいな、会うのがとてもうれしい、とても優しい人です。喜ばせるのが難しいのと同じくらい、喜ばせるのが簡単でもあります。誰か機会があったら、グルジを自宅に招待してみてください（笑）。グルジが到着する直前の自分の精神状態がわかります。グルジが到着すると、信じられないほど安心します。それもグルジの教えの一部です。練習する方がはるかに簡単です！

——グルジはあらゆる面で現実的で、地に足の着いた人のように思います。グルジはどのように毎日の生活にアシュタンガヨガを浸透させていたのでしょうか？

とても現実的で、身の周りの些細な物事に感謝しているところは、グルジの魅力のひとつですね。これはヨガの実践のお陰だと思います。グルジは、あらゆるところ、あらゆるものの中に神を見るようになる、と言っています。これがまさに、グルジの教えの主な目的のひとつだと思います。「日常的なことを忘れるために一時的に体を使おう」というようなものとして、ヨガのアーサナを捉えている人は多いです。体はいいものではないという先入観を持ち、身近な環境や身の周りの存在にも知性や思いやりを持って接しようとしません。グルジは、自分の体や身近な環境に知性と思いやりを持って接しているので、現実に起こっていることと共存しているのです。グルジの周りにいると安心するのはそういう理由からです。

——グルジはヨギーの中でも世捨て人ではなく家族を持つ系譜ですが、そのことはどのくらい重要なのでしょうか？

最近はヨギーでも家族がいる人が多いです。世捨て人も確実にいたと思います。私が思うヨガの練習の本質の良いところのひとつは、今自分の体や心や環境に、現実に起こっていることに目覚めさせてくれるところです。アーサナを神聖なものとして見始めると、そのことに気づくようになります。

この世のすべてのもの、すべての形式を神聖なものとして見ます。そのように見ていると、それと深く関わり合い、完璧にうまくいくようになり、それで本当に自由になることができます。

多くの世捨て人は世界を脅威として見ており、「心を静めるために森や洞窟に行かなければならない」と考えていると、心の平穏は刺激や形式の無い状態でなければならなくなります。しかし、ヨガの練習が深まれば、心の平和や静けさは何にも依存しません。ですから、感覚、感情、家族の危機、事故や災害、どんなものが心に来ても、瞑想の対象となり、神聖なエネルギーとなります。家庭生活、結婚生活、世間と関わる生活を通して、ヨガは本当に力を発揮します。グルジはその良い例です。グルジはよく「家庭生活は第七のシリーズだ」と冗談で言っていました。それくらい本当に大変なものです。

——アンマについて、アンマがグルジの指導の中でどのような役割を担っていたのか教えてください。

成功した男の陰に女あり、みたいなことですか？　アンマはとても賢く、現実的で、必要なものにすぐに気づく女神みたいでした。グルジに完璧に寄り添っていました。特にクラスの後で、二人はあらゆることについて一緒に話していました。アンマは、サンスクリットの文献やインド哲学の歩く辞書でもあったのです。グルジはよく引用をしていたのですが、一節を思い出せないことがあり、そんな時はアンマの方を見るのですが、アンマは次々と詩を復唱することができました。また、アンマはなんでも笑い飛ばすのが得意だったので、抱え込んだり、真剣に受け止め過ぎたりしませんでした。

——サンスクリット語の文献について話が出ましたが、グルジは読むべき本をあなたに教えてくれたのですよね。サンスクリット語で読んだのでしょうか？　一％のセオリーに取り組んでいたのですか？

はい、一％のセオリーに取り組んでいました（笑）。『ヨーガ・スートラ』によると、ヨガの練習において学習の部分というのはスワディヤーヤにあたります。最初は伝統や聖典の研究を通して自分自身を探求します。グルジから教えてもらうのと同じ情報を凝縮したようなものです。また、インド哲学の一％はセオリーで、残りの九十九％はそこから心を解放することです。文献は知性が流れるように設計されているので、セオリーがあればつまずくことはありません。アシュタンガヨガの実践と驚くほど一致しているので、聖典がひとつの考え方から別の考え方に流れるように、最終的にはあなたの知性も、アーサナの練習において特定の哲学やセオリーにとらわれることなく、ひとつのポーズから別のポーズに流れなければなりません。ヨガは哲学からの自由、セオリーからの自由、宗教からの自由だと思っています。

——セオリーを理解するのに、グルジはどのように助けてくれましたか？

グルジは読むべきもの、唱えるべきものを教えてくれ、アーサナやプラーナヤーマの練習と同じように、特定の瞑想のやり方や儀式を教えてくれました。グルジの笑顔を見ていると、グルジはこの難解な哲学的システムの中心に、何か明るいもの、ユーモアのようなものを付与しているのだと思います。当然ながら、グルジと哲学の話をする時に言葉の壁はあります。しかし、グルジは禅師のように隠喩的に話したり、本当に大切なものをどこから見つければ良いのか迷うような話し方をしたりします。

――グルジはサンスクリット語を教えてくれましたか？　それともあなたはマイソールに行く前からすでに学んでいたのでしょうか？

グルジと出会う前からサンスクリット語は勉強していましたが、グルジは私にヴェーダのお経を教えてくれました。グルジは正確に発音すること、正しいイントネーションと拍子を取ることを特に気にかけていました。正確な発音がお経に力を与えると言われていたからです。細かな部分と形式に敬意を払うことで、心を集中させることになり、内的な共鳴が生まれるように口蓋を使うことができます。グルジはお経を唱えることがとても好きで、一人でよく唱えています。

――グルジは自己認識をしていると思いますか？

私はそう思いますが、本当のところはわかりません。誰にもわかりませんが、グルジは間違いなく私の心の琴線に触れました。グルジの周りにいると、グルジの存在が私を目覚めさせ、あらゆるものをより入念に見させてくれます。グルジが自己認識しているかどうかはわかりませんし、知る由もありません。

二〇〇〇年　ボルダー

ディナ・キングスバーグ

Dena Kingsberg

ディナ・キングスバーグは、オーストラリアのグラム・ノースフィールドのところでヨガの練習を始め、やがて一日中ヨガを追求するため、美術を学んでいたスタジオをやめた。アニー・ペイスと共に、グルジの最も練習が進んだ女性練習生となった。夫と二人の子供と共にオーストラリアのバイロンベイに住んでいる。

――どのようにして最初にヨガに興味を持ったのですか？

私は二つの異なる宗教を信仰する家族の元に生まれたので、自分は何を信仰すればいいのか判然としませんでした。私が生まれてから、父は毎年インドを旅していました。宗教的な美術品を収集していて、ヒマラヤも放浪していました。多分、私は父の興味を自然と受け継いでいたのだと思います。初めて「ヨガ」という言葉を聞いた時、その意味を理解していたことに魅了され、自分が探求すべき方向は間違いなくこれだと感じました。

――どのようにして初めてヨガに出合ったのですか？

友だちがヨガクラスに連れて行ってくれました。サッチダーナンダ・スタイルで興味深いアーサナをたくさんやりました。私の興味を本当に惹きつけたのは、先生が長時間パドマーサナで座っていて、とても穏やかだったことです。私は美術の学校で彫刻を学んでいて、生活のためにデッサンのモデルとして働いてもいたので、そのようにじっとし続けているのがどれほど難しいかわかっていました。この複雑なポーズで穏やかでいることに不思議と心打たれました。

――アシュタンガヨガの練習にはどのようにして出合ったのでしょう？

そのクラスに好奇心を刺激されましたが、それ以外の経験はしていませんでした。その年の後半に、父が他界して、私は初めてインドに旅に出ました。ヨガをする機会を探していましたが、どこに行けばいいのか、誰のところに行けばいいのか、どのように始めればいいのか、まったくわかりませんでした。最終的にブッダガヤに着き、チベット僧の団体に会うと、その温かさとにこやかな笑顔に和まされました。そして、そこで私のスピリチュアル心に火が点き、大乗仏教系の実践をしました。不思議なことにインドではなく、オーストラリアに帰る途中で偶然グラム・ノースフィールド（412頁）に出会い、初めてアシュタンガヨガを勧められました。

グラムはマイソールから帰ってきた後で、グルジの教えに本当に夢中になっていました。私は何気なくグラムのところで練習を始めましたが、次第に練習を優先するようになり、ヨガの練習を逃さないために美術学校のクラスに出なくなりました。一年後、グラムが離れ、残された私たちは自主練習をしなければならなくなりました。私は、グラムが離れると決めたことに驚くほど怒りと失望を感じました。自分で思っていた以上に、アシュタンガヨガの練習に愛着を感じていたのです。

その後のある日、川沿いの道で車を運転していたら、水かさが増していた川に流されました。車から脱出する前に、車も私も水没してしまいました。表面的には元気でしたが、その数カ月で私は自信を失い、どんどん内向的になっていました。道を見失い、縮こまっているような気がしました。自分にとって、できそうだけれど一番怖いことは何か考えたところ、それはマイソールにグルジを探しに行くことでした。

——それで手紙を書いたのですか?

手続きのことは覚えていませんが道順は覚えています。マドラス(現チェンナイ)で友だちと待ち合わせをして、一緒にマイソールに行きました。「ラクシュミプラムの交番まで行って、左に曲がる」そんな感じでした。リキシャを家の外に横付けすると、アンマとグルジが玄関先に座っていて、私たちのことを待っていてくれたような感じがしました。私は息苦しくなって、とても緊張しました。リキシャから出ると、グルジは微笑んで、アンマは笑っていました。私たちの先生は誰かと聞かれ、グラムだと答えると、信じられないほど歓迎されました。コーヒーを出してくれて、入口の小さな部屋に座っていると、楽しく寛いだ気分になりました。

――グルジとの練習初日のことは覚えていますか？

初日にシャラに着くと、インド人の生徒のクラスが終わったところでした。階段の小さな窓から中を見ると、部屋に溢れている濃密なエネルギーに興味を惹かれました。

――グルジがどのように教え始めたか覚えていますか？

グラムが「まっすぐ立ち、練習が始まったら、止まらないこと」と教えてくれていました。私は、プライマリー・シリーズは比較的できていたので、初日の練習はプライマリーでした。いくつかのポーズでグルジがアジャストしてくれたかもしれませんが、覚えているのはバックベンドで、チャクラ・バンダーサナ（ドロップバックから手を足の方に移動させ、足首をつかむ）でこれまでやったことがないほど高いところをつかませてくれたことです。本当にすごい初日でした。

――初めてのマイソールはどれくらい滞在していたのですか？

三カ月です。壁にかかっていたカレンダーに、一日終わる毎に印を付けていたのを覚えています。

激しい練習とインドの過酷さが本当にキツかったです。この三カ月を乗り切れたら、理論的にも私という人間は次の段階に行くのだと思っていました。そういう計画でした。当時、これは間違いなく一度限りの経験になると思っていたのです。

——初めてのマイソールの期間中に、グルジとの練習で指導がどのように進んだのかを教えてもらえますか？　また長年のグルジとの関係の中で、指導がどのように変わったか教えてください。

グルジは私にすぐにセカンド・シリーズを教えましたが、かなり激しいものでした。しかし、いったんオーストラリアに戻ると、自分がその激しさの瀬戸際にいる状態を間違いなく求めていることに気づいたのです。ラクシュミプラムの部屋以外の場所ではあり得ないことでした。ですから、マイソールに戻れるだけのお金を貯めました。これから先、少なくとも十年は続くテーマだと思いました。グルジと過ごし、勉強を進めることだけを考えていました。かつては別の夢や計画がありましたが、ヨガがそれに勝っていただけです。

グルジとの関係は、グルジの笑顔から始まります。その後に、グルジの優しさや励ましから、その他にも好奇心旺盛なところや、怒りをあらわにするところ、私にはまったく価値がないように感じることまで、人間的なコミュニケーション表現が続きます。グルジが「君はなんでそんなに硬いの？」と言うと、私は「私ってそんなに硬いの？」と考えます。また、グルジが「練習しなさい！」と怒鳴ると、私は「練習してますけど。いつもしてますけど」と思います。グルジは私を追い込んでいたのです。何年間も、私は自分の意思でそれを胸に秘め、グルジに認めてもらおうとしたり、良い子になろうとしたり、価値のある人間になろうとしたり、受け入れてもらおうとしたりしていました。あらゆることをしてきたんです。ある時、グルジが私を追い込んで、追い込んで、追い込んで、私は肉体的にも精神的にも限界まで追い込まれて、泣き出してしまいました。するとグルジは「君はなんで泣いてるの？」と聞くので、「こうしたかったんじゃないんですか？」と答えたら、グルジはただ笑ったので、私も笑いました。それから、別の段階が始まりました。

――その涙の後、グルジとの関係が変わったのですか？

私の自分自身との関係が変わりました。それから、グルジの意図は単純に愛情が元になっていて、グルジのやり方は練習を通して私たちを動かすために必要なツールであれば何でも使うということが、前よりもハッキリとわかりました。

――では、そのことが明確になる前は、グルジに惹かれる理由についても少し困惑していて、その後、より明解になったということですね。

正しいということはわかっていましたが、正確には、正しい理由がそこまで明確ではなかったということです。グルジの影響力は繊細で、しかも引力のようにリアルでした。多分、無意識のうちに私は父の姿を探していたんだと思います。グルジは長年の間、他の人に対しても同じように、間違いなく父的な役割を演じたり、満たしたりしてきました。親というのは、子供の最高のものを引き出すために、あえて厳しくもし、優しくもします。私はそのメソッドを信頼して、グルジに教えを乞えたことをありがたく思いました。私はただ、いるべき場所にいたのです。

——グルジはどんなことを教えてくれましたか？

グルジは、私たちに不安になる必要はなく、基本的にみんな大丈夫だということをわからせてくれました。練習を続けていれば、真の自己というものは明らかになると教えてくれました。最終的に、本当の自分自身を覆い隠しているベールは剝がれ落ち、明らかになります。あらゆるものに神が宿っているのなら、自分の中にも神が宿っているのです。本来の自分から長い間離れていたら、おそらく自分で離れていると感じるでしょう。私は時々感じます。

——グルジのメソッドがどのように真の自己を明らかにしましたか？

同じ練習を毎日繰り返すことで、行動パターンや自分の個性、心の働きなどに対する洞察を得られます。練習は同じでも、体験は違います。誤魔化しがきかず、本当の自分を見るのは居心地が悪いこともよくあります。メソッドに対するグルジの献身は、自分で決めつけた限界を手放させるだけの信頼を与えてくれます。グルジがアジャストをすると、体と心はそこにあっても離れていても、恐怖を超えて新しい関係を見つけます。
次々と進むシリーズに適応するために身体的な体が変化するにつれ、精神的な体が明らかになります。私は、常に安全な場所に着地できるという揺るぎない信頼が、グルジに対してありました。その信頼のお陰で、身体的な体とそれに連動するすべてが大きな変化を遂げました。

――特定の知識を伝えようとするグルジの意図があるというより、かなり個人的な旅のような感じがします。グルジはあなたの個人的な探求も促してくれたのですか？

どちらもです。グルジは私に全体をよく理解して欲しいと思っています。そのプロセスがすぐに起こらないことは、私には明らかでした。私が初めてマイソールに着いた時、グルジが女性の生徒を全員「メアリー」と呼んでいたのに驚きました。何度もマイソールを訪れ、献身的な姿勢や誠実さを見せるまでは、名前を覚えてもらう価値すらないということでした。そうして、何度も何度もマイソールに行くにつれ、グルジはこちらに愛着をもってくれるようになり、その人の旅に深く関与するようになります。
グルジの意図は単に、グルジが自分の師匠から学んだ〝正しいメソッド〟を伝えることでした。グルジは、生徒のアシュタンガヨガに対する誠実さや献身を認めると、自分が伝えていることを正確に明解に理解しているかを特に慎重に確認しました。今勉強をしている人たちが、その練習をさらに大きなコミュニティに共有する可能性が高かったからです。

――グルジの個性はどのように指導に表れていましたか？

グルジは敬意を払わないことや野心に厳しかったです。機嫌が悪いときもわかりやすかったです。際限なく我慢することができ、初心者には親切で、痛みがある人には思いやりがあり、優しくて、愛情深く、愛すべき人でした。グルジのことを好きにならずにはいられません。たとえて言うなら、グルジは鏡を持っていて、その鏡を正しい角度に持ち光を集めて、生徒に反射して戻しているような感じです。

――グルジのことをヒーラーだと思いますか？

グルジは練習を体現しています。偉大な光と知恵を伝えています。グルジの波動は細かく調節されていて、手はシャクティ（エネルギー）で溢れています。多分、練習が薬で、グルジは何をどれくらい処方するかを知っている医者なのです。グルジの手の中や存在と共にいる時のような素晴らしい気分を、間違いなくほとんどの人は感じたことがないと思います。

――生徒に変化を起こす過程において、グルジの役割はどのようなものなのでしょうか？

グルジは生徒を限界ギリギリのところまで追い込みます。グルジは私たちより前にその道のりを歩いたことがあり、たくさんの人とその過程を共有したことがあるので、そこから見える景色に馴染みがあるのです。グルジの自信と経験が、生徒に自分を委ねさせるだけの信頼を与えます。落ちそうになったら抱え、無事に通り抜けたら優しく抱きしめます。

——そのような極限の瞬間をグルジがどのように助けてくれたか、具体的に話してもらえますか？

私には色々と苦労したポーズがひとつあります。毎日そのポーズの前になると、グルジは「明日、ブッダーサナしよう。少し難しいよ！」と言います。ブッダーサナは、脚を頭の後ろにかけるフォース・シリーズのアーサナです。翌朝、二時頃に早起きをして、スムーズにそのポーズに入れるようにと股関節をウォーミングアップしました。練習でそのポーズの前のところまで来ると、グルジは「あー、ダメだ。ブッダーサナは少し難しいから明日教える」と言うのです。

それで翌日もかなり早起きをして、ブッダーサナがうまくできるようにとウォーミングアップをすると、グルジはまた同じことを繰り返しました。練習で同じところまで来ると「あー、ダメだ。ブッダーサナは難しいから、明日やろう」と言いました。これを何度か繰り返しました。私は寝不足で、不安が募り、イライラして、疲れ果てました。ポーズができないからではなく、ポーズを待たされているプレッシャーのせいです。そして、私はほとんど諦めかけ、ある朝ウォーミングアップのために早起きをしなかった時に、ブッダーサナをもらいました。苦もなくそのアーサナに入れて緊張の糸が切れたので、その部屋にいる自分以外の生徒が、心を開いて応援しつつホッとしているのを感じました。

しかし、その翌日から私はしばらく動けませんでした。体が深いレベルで構造的な修復をしていたのです。自分の部屋と頭の中に閉じ込められました。内面のプロセスは体と同じくらい居心地が悪かったです。グルジはこうなることがわかっていたのではないかと私は思います。この同じ経験をしたことがあった他の生徒は、私が歩いて自分の体を取り戻そうとしているのを見て、気持ちがわかるという感じで笑っていました。時間が経つと、体は調整し、謙虚さと忍耐と共に、この新しい解放を促します。変化し、開き、エネルギーがシフトし、次のチャレンジへと進みます。

――家庭生活や、グルジの教えているヨガのシステムを社会と融合させることは、どれほど大事なのでしょうか？

グルジは、ヨガは修行者や僧侶だけのものではないと教えています。すべての人のための知恵の道です。年月が経つにつれて、私は家よりもマイソールにいる時間の方が長くなっていきました。邪魔するものが何もなければ、練習に集中してもっと深いところまで行けると思ったのです。ですから、オーストラリアの親しい関係も含め身辺を整理し、無期限にインドに移住する計画を立てました。それをグルジに伝えたら、ただ笑って「ダメだよ、それは楽をし過ぎです。オーストラリアに戻って教えなければいけません。夫を見つけて、子供を二人つくりなさい」と言いました。

グルジにとって家庭はどれくらい大事だったのでしょう？ 当時は、私にとっての家族よりもはるかに大事なように見えました。六十年以上連れ添っていても、アンマはグルジの目を輝かせていました。アンマが亡くなった時、グルジは「執着しないというのは、口で言うだけなら簡単だ」と言いました。グルジにとって家族はすべてでした。血の繋がった家族と生徒という家族、その両方に人生を捧げていました。グルジは練習生は子供を持つことが大事だと言っていました。特別な子供になります。私は、世界を癒やすささやかな方法だと感じています。家族を持つことから始めましょう。

――恋愛や夫婦関係がヨガの練習をどのようにサポートするか、少しお話しいただけますか？

私の夫婦関係のサポートの経験は、多くの人とはかなり違う可能性が高いと思います。私は、正しい相手を選べて幸運でした。グルジもそこで少し手伝ってくれました。夫婦関係やパートナーシップは、ヨガの実践をサポートする、欠かせない付加的要素です。この世は私たちの遊び場であり、人生を変化させる舞台で、それを共有する人や人間関係は、最高の先生です。他人とのやりとりの中で、自分の条件付きの思考や行動パターンについて学ぶことがかなりあります。期待や恐れや執着が浮び上がるのです。自分の道について十分に明らかになって、決心と覚悟をするだけでなく、周りの人も受け入れてもらえるよう説得してその道を歩いているなら、旅の道連れ以上に素晴らしいものはありません。

他人のせいで気が散るような状況では、自分がどれほど誠実に練習をやっているか明らかになります。バランスを見つけるのは大変で、時に難しいものですが、そこにこそ真のヨガがあることが多いです。グルジとアンマは、一九九七年に私と夫ジャックの結婚式を執り行ってくれました。グルジが英語で何度も繰り返し言っていたのはこの一言です。「千年変わりません（パートナーは）」また、オーストラリアは広大な国なので、十人は子供を持った方がいいとも言っていました。私たちは二人でしたが。二〇〇〇年に生まれた娘ゾーリに、グルジはラクシュミーという名前をくれました。次に二〇〇三年に生まれた息子アイザックには、イシュヴァラという名前をくれました。そして、ヨガシャラでは毎朝六時に彼らにチョコレートをくれました。

――グルジが指導に注いでいたエネルギーはどのようなものだと思いますか？

グルジは桁外れな人です。新しい生徒がシャラに来たら、その人と一緒に座って、練習の最初の動きを通して話しながら、完全にその人に集中します。グルジは同じことを何度も何度も何度もやります。繰り返しても決して疲れません。部屋にいる一人ひとりを個別に見ています。私たちは、最初の段階か、はるか先にいるかに関わらず、みんな実のなる植物の種のようなものです。毎回新しい生徒が来ると、グルジはまるでプレゼントを開けているかのようです。ほんの少しだったクラスの生徒が数百人に増えても、グルジは一人ひとりを個別に見て、それぞれに専念していました。グルジがすべての新しい生徒に、そのように変わらぬ喜びを持っていたのは本当に驚くべきことでした。

――アシュタンガヨガはスピリチュアルな練習だと思いますか？

本質的には真実を探し求める旅だと思います。神の静かなささやきを知りたいと熱望する人の道です。毎日、呼吸をして、練習を通して体を曲げ、伸ばして、折り畳んで、開きます。翌日もまた、呼吸をして、動いて、少し余計に動いて、また開きます。同じところで何度も何度も、より深く深く染み込ませながら、薄い層を剝がし、手放します。練習は私たちを丸裸にします。その奮闘を通して、条件付きの存在という呪縛を解きます。養成された自己の層を捨てます。あなたという存在は仕事でも社会的な立場でもありません。教育やイメージでもありません。自分自身に付属している人でもありません。単なる心や体ではないのです。私たちを切り離し盲目にするすべてを取り除けば、意識は外側ではなく内側に向き、スピリチュアルな目覚めが必ずもたらされると思います。

――グルジが三番目の支則であるアーサナの練習に力を入れているのはなぜだと思いますか？

最初の二つの支則、ヤマとニヤマは個人の責任です。意識や認知が深まるにつれて進化します。練習は、体の中の不純物や障害物を取り除くことによって始まります。だから、体を動かし、熱を生み出さなければならないのです。溜まった毒素を取り除き、浄化するために、体の中の炎を燃やし、汗をかく必要があります。アーサナの練習を進めることで、強さと柔軟性、心身のバランスが育まれ、その後に続くより繊細な内面の実践への準備ができます。呼吸と感覚的な抑制と集中は、互いに関係し合い、絡み合っており、分かれていません。グルジは過去を解き明かすことから始めるので、私たちは現在に至ることができます。瞑想は魂の解放の入口です。アーサナの練習や他の支則すべては、その入口の扉への道を取り囲んでいます。通り抜けるには、その扉にたどりつかなければなりません。

――瞑想の準備をするために、アーサナの練習がどのように心身を浄化するのでしょうか?

練習は浄化の過程であり、私たちを治癒します。浄化された状態から他のものは開くことができます。自分の意識を内側に向け、感覚を制御することで邪魔なものを排除します。ドリシティでは視線をソフトフォーカスにし、安定した呼吸音に耳を傾けます。このリズミカルな動きの繰り返しに慣れて、なめらかになってくると、心は思考の隙間に消えてなくなります。すると、練習は動く瞑想となり、静けさへと誘います。

私は、知覚は窓のようなものだと思います。この窓には時間の経過が記されてきました。印象は自分の状態によって残ります。人生経験、家庭環境、人間関係、文化によって色づけされます。失望、トラウマ、喪失によって傷つけられ、不安や混乱によって曇ります。練習はその窓をきれいにするプロセスだと思います。毎日バケツにスポンジを浸して、表面をきれいに拭きます。しばらくすると、変化が明らかになります。前は曇っていたところがはっきりときれいになり、曇りのない視界が開けたことによって、さらに光や明晰さがもたらされます。毎日掃除をし続けるだけで十分です。取り除くのが難しい印もあります。練習が難しいところもあります。それはとうてい乗り越えられないように思えるかもしれません。

繰り返すことが大事です。同じところに何度も何度も戻り、期待せず、決めつけもせず、最終的に頑固な、もしくは囚われていた部分から解放され、繊細もしくは劇的なカタルシスが起こるまで、練習と浄化を繰り返します。苦悩、恐れ、トラウマ、秘密、悲しみが一度染み付いた場所に、明晰さや明るさがもたらされると、練習で以前はなかった動きの自由やブレイクスルーが生まれます。その明るさや変容によって、メソッドの知恵を信頼するようになります。何日も、何週間も、何カ月も、何年も経つと、ゆっくりと心は落ち着き、知覚の窓がきれいになります。

――グルジはいつも「九十九%プラクティス、一%セオリー」と言いますが、セオリーとはどのようなものだと理解していますか?

認識的にではなく、理論的に私はセオリーに大いに感謝していますが、おそらくプラクティスの部分から始めた方がいいでしょう。(先ほども言ったように)見ているだけでは窓はきれいになりません。別の喩えで言うなら、ピアノを弾くことにも少し似ています。ピアニストになりたいなら、ピアノで音楽を奏でたいなら、ピアノを弾かなければなりません。ピアノを持っているだけでは十分ではありません。鍵盤に触れ、押さなければなりません。ひとつずつ鍵盤を押せば、誰でも弾くことはできます。ひとつの音から音階へ、音階からメロディへは、練習と努力をすれば生まれます。難なく優美なものが、音楽の魔法が生まれます。

その過程のある時点で、書かれている音楽を理解することが本当に役に立つようになります。しかし、その理解だけでは同じ結果や、魂を癒やす力のある音は生まれません。ヨガも同じです。延々と読み続けることはできますし、その言葉は洞察に溢れているかもしれませんが、練習をしなければ、著者の洞察なだけで、あなたのものにはなりません。自分の音楽を奏で、練習を通して自分だけの発見をしましょう。複雑なセオリーがあなたにも貴重な意味を持つようになります。

これに関する思い出があります。ある生徒がグルジに、立ちのぼるクンダリーニの本質について説明を求めました。グルジはカンナダ語とサンスクリット語が混ざった言葉で講義を進めました。約四十五分後、クラス全体が完全に静まり返り、口を開けたまま畏れ多い気持ちでグルジを見ていると、質問をした生徒が「グルジ、私はサンスクリット語が話せないので、答えが理解できません」と言いました。するとグルジは「私が何語で答えても関係ない。それを体感するまで理解はできない」と言いました。

セオリー部分に関する私の理解は、八支則の実践を通して心を鎮め、神経システムを浄化することによって、プラクリティとプルシャの違いが認識され、自分の本質の光を不明瞭にしていたベールを取り除くことができるというものです。すべては神です。信仰と献身と練習によって、純粋な意識が顕れます。グルジは私に「君はまだ、壁を壁だと思っている。壁は壁ではない」と言いました。そのどこかに私を動かす一%があると思います。

――グルジはなぜ祈りや献身がとても大事だと考えていたのだと思いますか？

グルジは、私たちは考えすぎると言っています。考えると、理解する範囲が限られます。「ここでは考えない、そこでも考えない、ただ神に歌を歌いなさい、それだけです」と言いました。グルジは理解は頭の中では起こらない、深い理解は心の中で起こる、ということを教えようとしているのだと思います。だから祈りや献身を勧めているのです。神に献身している人は、仕事の成果を神に捧げ、あらゆる人やあらゆるものの中に神を見て、神に近づき、離れず、平和の中に宿ります。すべてを明け渡すことや献身によって、心が開き、この真実に近づきます。

ヨガの練習では、タパスだけでなく、スワディヤーヤやイシュワラプラニダーナも求められます。献身的な実践であり、自分の心を見つけ、自分がまだ理解していないすべての感情と一体化します。心で経験したことを、どうすれば言葉で表すことができるでしょう？　おそらく祈りを通して表すのが一番です。

――今でもアートと関わりがあるかわかりませんが、あなたはアーティストでしたよね。私はいつもアートとスピリチュアリティはとても密接な関係にあると感じていました。この二つの関係性について何か思うところはありますか？

アーティストとして、創作の瞬間に関わっていると、自分は完全に今その瞬間にいると、自分を通して何かが動く感覚があります。これが、最も強力に心といわゆる魂をつないでいるように思います。時間が止まります。私はまだアーティストでもありますが、今は「自分」という作品の制作中なだけなのです。

——グルジは標準的な練習の形式を教えていると思いますか？　それとも個別に合わせて教えていると思いますか？

両方だと思います。練習の最初の要素は誰にでも当てはまるものですが、練習をどのように展開するか、どういうペースで、どれくらいの強度で、どのようなレベルで、という点では個人に合わせていると思います。これがマイソールスタイルの長所です。

——人は、この練習はプライマリー、インターミディエイト、アドバンスト・シリーズで構成されていると考え、特定の方法でやることに固執するようになります。しかし、特に古くからの生徒と話した私の経験では、昔はヨガの部屋に入る人数がかなり少なかったので、みなさんグルジともっと個別の関係があり、それぞれの必要に合わせて異なるシークエンスを教わっているように思いました。

私の個人的な経験は前者でした。プライマリーの後でインターミディエイト、それからアドバンスト・シリーズと続きました。ですが、長年の経験から、グルジのやり方には変化があることにも気づいていきます。お話に出た古くからの生徒たちは一緒の部屋で練習していました。グルジの練習の指導は、生徒のことを理解するにつれて進化していきました。おそらく、増え続ける生徒に合わせる必要もあったのでしょう。私はグルジが病気や身体的な構造に制限のある生徒に、その人に合わせたとても治癒的なやり方で個々に教えているのも見てきました。グルジは練習を変化させるので、個々の状況に合わせた治癒的なツールとして機能するのです。グルジは練習を生徒一人ひとりに合わせています。マイソールスタイルとレッドクラスのどちらにも、標準的な練習に確実に変化がありました。長年の間に、ヴィンヤサでもシンプルなものから念入りなものまで様々なやり方がありました。メソッドや、近年のラクシュミプラムからゴクラムの生徒の種類にも著しい変化は確実にありました。私は何かに執着しないことが一番だと思います。特に自分がやっていることだけが正しいと思い込まない方がいいです。時間とともにあらゆるものが少しずつ変化するのです。

結局、どのような方法で学んでも、基本的には全員同じ方向に向かっています。メソッドは道具箱のようなものです。個別に道具をどのように使うかは、それぞれのニーズや理解、気質、生徒と先生の能力によります。おそらく、「このやり方」「これが標準的なやり方」というものは、練習の純度と完全性を守るために強調されているので、薄まったり、解釈によって失われたりはしません。

――毎日毎日、何年も続く日々の練習の価値とはどのようなものでしょうか？　長年の練習によ

って生まれる内面的な資質とは何でしょうか？

日々の練習への覚悟が生まれると、やるかやらないかという葛藤はもはやありません。やらないという抵抗に勝ち目はなくなります。いったん練習を継続するようになると変化が起こり、練習者自身が方程式の変数になります。自分自身のことがわかるようになり、自己との関係を築きます。この練習の繰り返しを通して、変数の観察を通して、自問自答を通して、練習の成果とは何かがわかります。恋愛と似ています。最初はとても甘いかもしれませんが表面的です。時間と共に関わりが深くなって初めて、気づき育まれるのが資質です。

――育まれる内面の資質というのはどんなものでしょう？

長い間前向きな態度で、正しいメソッドを守りながら中断せずに練習をしている人たちは、静かな認識と幸福の感覚とハッキリとわかるひらめきがあります。貴重なものを受け入れ、ひとつになる可能性があります。一貫性と覚悟のある練習は、表面から奥深くまで浸透することができます。長い年月の間に、練習の質は変わります。主に身体的な練習として始めたものが、繊細で微妙なものになります。動き続けていても、ポーズをやりながらも内面には静けさがあります。頭の中に考え事や対話が浮かんでも、慣れ親しんだ快適な動きの繰り返しに体と呼吸を任せている間に消えていきます。かつては大変な努力が必要だったところも、ぎこちない体と我慢強い心を飼いならし、時間が経つにつれて安定し、優美になっていきます。

――練習の繊細な側面とはどのようなものですか？　アーサナの練習と何かしら融合されていると感じますか？　アーサナの練習からより繊細な面、プラティヤハーラ、ダーラナ、ディヤーナ、サマディへと自然と進化するのでしょうか？

そうだと思います。グルジは「練習すれば、すべてはやってくる」と言っています。時間は、集中力を高めながら感覚を内側に向け、心を一点に向けます。その結果が瞑想です。アーサナばかりする人は常にいますが、その人たちは未だに外側を旅しています。すぐに、スピードを落とさせるような何かにつまずき、意識を内側に向けるようになります。すべてが旅の一部です。

――グルジのスピリチュアルな哲学をどのように自分の指導に取り入れていますか？

二十年以上の間、自分がしっかりと理解するために誠実にこのメソッドを練習してきました。私はこの仕事自体が人としての自分、ひいては教師としての自分に何かしら痕跡を残すものだと信じているので、指導の中に自然と（理解したことが）表れてくれればと思っています。

――ヨガの練習をすることとヨガを教えることはどのような関係にあると思いますか？

ヨガを教えることは、それ自体が素晴らしいヨガです。その人の人生、経験、練習が、生徒には生きた手本となります。一度生徒と関わったら、常に冷静沈着でいる課題が出てきます。教えるということは、練習の延長線上にあるもの、目覚めた瞬間から翌朝目覚める瞬間までのヨガの道全体で起こることのように感じます。実際には終わりはありません。教えることは非常に大変な練習のひとつの形式です。教えている間に冷静さを保つこと、客観的で、決めつけないようにすること、師匠から教わったことをそのまましっかりと保ちながら、思いやりと繊細さをもって教えることには、たいへんな努力が必要です。

理想としては、あなたの教えすべてに、パタンジャリが書いた八支則を何らかのかたちで含ませましょう。あなたの呼吸すべてを、すべてのやりとりや選択を、純粋な動機による意識的なものにします。ヨガを教えることは、個人の成長のために素晴らしい形式を提供することだけではありません。責任であり、栄誉でもあります。練習をして、ヨガの道を探求すればするほど、自分の知識がいかに乏しいかに気づかされます。ヨガを教える時は、このことを心に留めておくようにしています。

――教えることがあなた個人の練習にどのような影響を与えていますか？　また練習は、教えることにどのような影響を与えていますか？

誰にも邪魔されずゆったりと練習をして、静けさが凝縮しているのがわかると、つながりが生まれます。このスペースがあれば、教えるのが自然で、楽で、調和的になります。私はこの練習に恋しているのです。教えたり、人と共有したり、誰かの旅の一部になったりするのも大好きです。バランスと喜びと光が私を満たします。生徒には、先生として最高の自分を出そう、手本を示そうと努力しています。私の練習は人生のイベントが許す限り、できるだけ集中して誠実な状態にしています。

練習することは、教えることの安定した土台となります。教えることで疲れることもあれば、疲れている時に教えることでエネルギーをもらうこともあります。年を取ったり、母になったりしたことで、失ったものもあると思いますが、教えることから学んだことや、親になったことで得られたギフトはとても貴重なものなので、家族を持つという道でもらった知恵に感謝します。

ある人に、人生で二番目に難しいのが悟ることで、一番難しいのは人間関係を長続きさせることだと言われました。私は両方やってみたいと思います。私の人生に関わったすべての人との関係をうまくいくようにしたいです。ヨガの道の代表として、ヨガの練習生として、特にヨガの先生として、私の生き方が倫理的に揺るぎなく完全であることが大事なのだと信じています。

——女性と男性の練習は違うと思いますか？　アドバンストの練習を進めると、体が男性的になるのを心配している女性がいます。

私はアドバンスト・シリーズが女性らしさを奪うとは思いません。強い女性ほど美しいものはありません。自分が女性だから、強さや柔軟性に多かれ少なかれ苦しんだとは思いません。優美で優雅なことを示している繊細な男性の練習生もいます。重力に逆らうパワフルな女性の練習生もいます。みんな美しいと思います。

強い女性になりましょう。年を重ね、強い女性になりましょう。選ぶのは自分です。この練習は誰にとっても難しいものです。男性でも、女性でも、若くても、年を取っていても、みんな自分の障害にぶつかります。難しいけれど、やりがいのある道です。強さとは男性的だと思っていると、練習で変化する女性の体を男性的だと感じる一方です。途中で何かを失うとしたら、それはおそらくその人に必要のないものなのです。私はヨガをする自分の体が大好きです。他人にとって魅力的かどうかは大事なことではありません。女性らしさは内面から出るものです。私のヨガ仲間は、威厳と美を兼ね備えた女性ばかりです。

しかし、それぞれの女性が、今やっている練習がどのように自分に適切で、必要で、関係があるかという点において、自分に忠実でなければなりません。アーサナの数が、練習がどれほど強力かということの指標にはならないと思います。練習が難しくても簡単でも、私は男女の違いは気にかけていません。そのような比較は役に立ちません。私たちは自分のジェンダーと共に旅をしなければならないのです。

——長い間練習をしてきた人として、バンダについてどのように理解していますか?

バンダはアーサナの練習で一番大事なものです。バンダを使えば、プラーナの流れをつくり、制御し、維持することができます。バンダを使わなければ、活気もエネルギーも生まれず、体を持ち上げたり、飛んだりすることができず、潜在能力だけでやることになります。バンダは内面の理解への鍵です。バンダを獲得し、維持し、刺激するには時間と集中力が要ります。

——長年にわたって、正しい練習をしていれば、バンダは自然と発達したり進化したりするものだと思いますか？　それとも、何か技術のようなものが要るのでしょうか？

長年練習していても、バンダのことを理解していないように思える人がいます。おそらく、自然とバンダに行き着く人と、そうでない人がいると思います。バンダに少し意識を向けると助けになるはずです。どうしても欲しいと思って手に入るものではなく、後からついてくるものです。少なくとも考え方だけでも、最初の呼吸からバンダを取り入れれば、種を植えたことになります。

——練習における呼吸の役割はどのようなものだと思いますか？

良いヨガ練習生の要素とは何かと聞かれたら、呼吸に集中し続けられることと答えます。良いアシュタンガヨガ練習生の要素は何かと聞かれたら、ウディヤナ・バンダとムーラ・バンダを使い、ウジャイー呼吸をし、呼吸に集中し続けられることと答えます。どちらの場合も、アーサナの練習がどこまで進んでいるかで測ってはいません。呼吸が始まりであり、最初の段階も他のどの段階も呼吸に続きます。

——なぜそんなに呼吸が大事なのでしょうか？

呼吸は一番パワフルなツールです。呼吸があって人生が始まり、呼吸がなければ人生は終わります。呼吸を発達させ、強化し、生命を与え、伸ばせば、人生の質にそれが表れます。練習では、燃料となり、集中力であり、マントラであり、強さであり、献身であり、魂とのつながりであり、あなたの最高の友だちです。

——呼吸との関係はどのように築けばいいのでしょうか？

意識的に息を吸って、親密な時間を過ごしましょう。

——呼吸はツールだともおっしゃいますが、効果的な使い方はありますか？

自然にリラックスしている時も良いですが、特にウジャイー呼吸は最高の道具です。呼吸はあなたの中の魂を動かします。その瞬間のあなたにぴったりの動きをします。

——呼吸には人それぞれの自然な流れがあるように思いますが、難しいアーサナをする時は、頭で意識しない限り、自然な流れが制限されます。

グルジは「自由な呼吸」という言葉を使います。体をきつく締め付けるようなアーサナでは、自由な呼吸をするのが難しいです。だから、難しい状況では自由な呼吸をする努力をします。この練習は、現実世界で居心地が悪かったり、困難だったりする状況の象徴です。困難な状況に遭遇した時、精神的に苦しかったり、実際に息苦しく感じたりした時は、自由な呼吸という道具を使ってなるべく心を開き、深呼吸をしてリラックスしましょう。次に困難な状況に遭ったら、もっと快適なはずです。

——健康や生涯ヨガの練習をするために、最も大事なことはなんだと思いますか？

健康と生涯ヨガの練習をすることは本当の目的です。練習の成果が熟すには時間がかかります。アーサナの練習を始めた頃は、動きはその時点での柔軟性や自由度に制限されるので、自分にできるベストを尽くそうと考えます。いったん制限が進行を妨げると注意が必要です。是が非でもアーサナを獲得しようという態度になったら、怪我をしたり、不快になったり、痛みが出たりして、続けるのが嫌になることがよくあります。

長期間練習する、もしくは生涯練習をすると心を決めたら、忍耐強く、解剖学的な意識を持って練習をしなければなりません。ブロックされていたり、硬かったりする体の部分（特に背骨など）を目覚めさせ、アーサナの練習での負荷を体全体により均等に広げ、弱い部分への負荷を減らした方がいいです。

私が言いたいのは、何をするかではなく、どのようにするかが、練習の寿命に影響するということです。柔軟性は均等な呼吸の賜物だと思います。練習で成熟するには我慢強さが必要です。身体的、精神的なブロックを取り除くために我慢し、練習と変化を日常生活に融合するのに時間をかけ、安全で自分固有の進化のためにホリスティックなアプローチをします。支則は八つあり、ひとつではありません。これは本当に重要です。

——先生の助けなしでは、ほぼ達成できないように聞こえます。ヨガの道のりでは先生はどのくらい大事だと思いますか？

先生がいる人は恵まれています。その先生自身が練習をしていれば、二倍恵まれています。練習をしていて、あなたのことを大事にしてくれる先生なら、三倍恵まれています。神様からのお恵みです。自分が今どの辺りにいるのか、どれくらい進歩しているのか、ハッキリとわからないこともあります。自分の進捗を見誤るのはごく自然なことなので、先生が今のあなたの練習を見る以上の意図を持たない場合は特に、先生はとても助けになります。助言があり、参考になり、間違いを正してくれ、アライメントを直してくれ、サポートをしてくれて、客観的な役に立つ意見をくれるのは、間違いなく理想的な状況です。

――アーサナの進度と精神的な進歩にはどのような関係があると思いますか？

アーサナにはキリがありません。どんどん曲芸のようになり、複雑になり、異様な形になっていきます。浄化のプロセスを促すために、長い間体を引きずるはめになる人もいます。体が頑丈で、うぬぼれがちな性格の人は、一日の終わりに満足するために、もっと体を引きずって、もっと強く捻《ひね》って、もっと深く曲げる必要があると感じます。私たちは自分の意識に集中し、心を開き、静かな場所に還る必要があるだけです。アーサナの旅路で明らかになるのは、貴重な達成、目覚め、あらわになることなど、間違いなく洞察です。それでも、精神的な進歩は、できるところまでアーサナをしようと練習を継続することと関係があると思います。

――他に何か言いたいことはありますか？

感謝の気持ちでいっぱいです。これは驚くほど素晴らしい練習です。暗闇の中のベッドから抜け出し、かたちのないように思えるものを獲得するまで一生懸命やるよう人々を促す、光に照らされた道です。この地球上で絶望する可能性がとても高い時代に、迷子になっていたかもしれないところを、グルジとこのアシュタンガヨガの道のお陰で、光の照らす方向が示されました。グルジも今では年を取り、健康にも悩まされていて、肉体的に私たちと共にいる時間はそんなに長くないかもしれません。

グルジが誇りに思うようなことが私たちにできればと望むだけです。

二〇〇九年　ゴア

ピーター・グリーヴ

Peter Greve

インドを自転車旅行中に、ピーター・グリーヴはグルジの玄関先にたどり着いた。ピーターは、グルジの母国語であるカンナダ語の読み書きを学んだ数少ない生徒の一人で、グルジと貴重な関係を築いた。現在はベルリンに住み、理学療法士をしながらアシュタンガヨガのスクールを運営している。

——どのようにしてヨガに興味を持ち、探求を始めたのか教えてください。

仏教から始まりました。二十一歳の時にブッダと仏教に関する本を読んだのです。当時、私は煙草を吸い、お酒も飲んでいましたが、このドイツ人インド研究者の本がとても明解で、ブッダの哲学が目を見張るものだったので衝撃を受けました。あまりにも完璧で「ワオ！」となりました。知的な上に、人生に関する真実がありました。インドは合理的な面が強いですが、インド哲学はヨーロッパの哲学とは大きく違って、人生のあらゆる面を網羅しています。

当時、ヨガをしている女性と一緒に暮らしていたのですが、私はヨガにまったく興味がありませんでした。タクシーの運転手をしていて、アジアに行くチャンスもお金もあり、当時は大学で哲学も学んでいましたが、そこまで真面目に勉強していませんでした。それで、私はミャンマーとタイに行くことにしたのです。

そこは、西洋の影響がない、あまりにも違う伝統的な世界で、信じられませんでした。ミャンマー北部にある第二の都市マンダレーにいたのですが、電気がなく、移動手段は自転車しかありません。夜になると何も見えないので、人々がリンリンリンと合図代わりのベルを鳴らしている音が聞こえました。アジアで三～四カ月過ごして、自分の人生の変化を待ち望むようになりました。

仏教に関する本を読み続けました。ブッダに関する本を読むと、ブッダがインド人なのでインドに関する記述を読むことになります。仏教の成り立ちや、ヨガに大きな影響を受けていることを知りました。ドイツに帰って、ヨガを始めようと決め、次はインドを旅しようと決めました。私はまたタクシーの運転手として働いてお金を貯め、B・K・S・アイアンガーの著書『ハタヨガの真髄』を買いました。初めてのヨガの練習はこの本から学びました。すると、すぐに両膝の半月板が割れました。片方が割れて医者に見せた翌日、もう片方の脚でやって見せたら同じことが起きました。

――病院で半月板が割れたのですか？

はい。別に無茶はしませんでしたよ。片足を、もう一方の太ももに載せただけです。当時、私はまだ煙草を吸っていました。煙草が体の代謝にとても悪いことがわかりました。それから、私の脚は少し細く、股関節も開いていなかったので、膝にすべての負荷が本当にかかっていたのです。

——半月板が割れるまで、どれくらいの期間アイアンガーの本で練習をしていたのですか？

一時間です！　本を開いて、やってみたら割れました。インドに旅立つ少し前で、私はもう航空券を買っていました。八～十日間病院に通いました。医者は「この部分の半月板を取り出さなければいけません」と言いました。しかし、二～三週間後にはインドに行き、その時には膝は良くなっていました。

——インドに行った時は、先生を探していたのですか？

先生のことは全然知りませんでした。マレーシアやタイでは自転車に乗っていたので、インドも自転車で旅しようと思っていました。ムンバイからゴアに自転車で向かって「どんなことが起こるかな？　どんな人と出会うかな？」と思っていました。

自転車でゴアに向かう途中で、プネーに着きました。そこには西洋人がたくさんいて、私は西洋人がこんなところで何をやっているのだろうと思いました。ほとんどの人がＯＳＨＯのためにそこに来ていましたが、アイアンガーのために来ている人もいました。私は、マイソールで二年過ごしてヨーロッパに帰る途中のフランス人の男と出会い、友だちになりました。

彼はムンバイで三日間過ごすと言い、私にインドのことを少し教えてくれました。彼はマイソール大学で二年間学び、ヨガはやっていませんでしたが、パッタビ・ジョイスのことは知っていました。『ヨガ・ジャーナル』のパッタビ・ジョイスの記事も見せてくれました。グルジがサマスティティヒで立っている写真を見て、アシュタンガヨガに関する記事を読み、「まさにこれだ！　パワフルでダイナミックで、難解ではなさそうだ」と思いました。それで、私は自転車とバスでマイソールに行くことにしました。

マイソールに着いたら、腹痛と下痢に襲われました。ホテルに行き、二〜三日ベッドで横になっていました。どうやってパッタビ・ジョイスを探せばいいのかわからなかったので、回復してから何人かのインド人に聞いてみたところ、電話帳で電話番号を見つけてくれました。そのうちの一人がパッタビ・ジョイスに電話をして「あなたに会いたがっている西洋人がいる」と言ってくれ、そこへの道のりを教えてくれました。

午前中に着き、玄関ドアのベルを鳴らすと、グルジがドアを開けました。私が「ヨガを習いたくて来ました」と言うと、グルジは中に入るように言い、一緒に座って二〜三分ほど話すと、グルジは「わかりました。ヨガを始められますよ。明日六時に来なさい」と言いました。まったく気取らず、とても気さくでオープンでした。そんなに質問もされず、楽しく話をしました。帰り際、最後にグルジが私に「忘れないで、毎月二百五十ドルね」と言いました（笑）。これが私とグルジの最初の出会いです。

翌朝、時間通りにそこに行くと、六〜八人くらいの人がいました。部屋の中でその人たちがすごいことをやっているのを見ました。当時ブライアン・ケストがそこにいて、ナヴァーサナからハンドスタンドで体を持ち上げ、それを五回やっていました。「おお、これが学びたかったものだ」と思いました。グルジは私に、スーリヤナマスカーラAを五回、スーリヤナマスカーラBを三回やって見せてくれました。そして、私がスーリヤナマスカーラBの四回目をやろうとしたら、グルジは「ダメ、ダメ、横になって、休んで」と言いました。私はとても張り切っていたので「えー、残念」という気分でした。

――グルジはパドマーサナをやらせませんでしたか？　いつもは初日にパドマーサナをさせるのですが。

いいえ。初回は十分間だけ練習をして、家に帰って翌日また来るように言われました。

――膝と手術のことをグルジに言ったのですか？

はい、言いました。

――多分それが理由ですね。グルジがあなたにパドマーサナをさせるまでどれくらいかかりましたか？

マイソールに来て約一カ月後、プライマリー・シリーズの途中くらいまでやった頃です。

——その後の旅はどうしたのですか？

自転車で六カ月間旅するという計画でした。私はムンバイのドイツ大使館にお金を置いてきていて、マイソールに残ると決めた後でお金が必要になったので、バンガロールまで電車で行き、それからムンバイまでバスで行きました。バスに乗り換えてからも二十〜二十二時間かかりました。バンガロールでトラブルがあったのです。バスは来ず、みんなとても怒っていて、夜中の一時か二時頃警察に行きました。すごい叫び声でした。バスのチケットを持っている人は全員、ホテルに泊まれることになり、バンガロールの暗い夜道を、警察官を先頭に、歩いてホテルまで行きました。翌朝早く、バスに乗れましたが席はなかったので、真ん中に座りました。数時間して、そんなふうにまっすぐ座るのはとても快適だとわかりました。座席は疲れます。

大使館に行って、お金を受け取り、それからまたバスで戻りましたが、また二十二〜二十四時間かかりました。そして、バンガロールからマイソールに戻りました。夜中の一時か二時にマイソールに着き、二〜三時間寝て、四時か五時には起きてヨガマットの上に立っていたんです。移動がドラッグみたいでした。ほんの少ししか寝ていないと、柔軟でエネルギッシュになるので、とても素晴らしい経験でした。

――初めてのマイソールで、練習はどのようなものだとわかりましたか？　またグルジはどのように教えましたか？

まず最初に、練習でとても気持ち良くなり、練習の後は、自分のパワーや良いエネルギーを感じました。新しい体験でした。数カ月後には煙草をやめました。私は本当に禁煙に悩んでいて、一年間毎日「今日が最後だ」と言っては、結局失敗していて、自分の体のために何かを成し遂げたのは、何年間かでこれが初めてでした。呼吸をして、体を曲げて、体を捻るのは、信じられないほど素晴らしい気分でした。

シャヴァーサナで横になった時のことを強烈に覚えています。「おお！　今から一日が始まる」という感じでした。とてもスッキリとした新鮮な気分で、私には初めての体験でした。プライマリー・シリーズを学ぶのに三カ月かかりました。当時は六～八人くらいでとても少人数で練習していて、十二月／一月になると、十二～十五人になりました。プライマリー・シリーズにはシッティングの前屈のポーズがたくさんあるので、グルジは常に私の後ろにいて、私をひたすら押しまくっていました。私はひたすら〝引っ張って〟いました。

――それはグルジに抵抗していたんですか？　それとも手伝っていたんですか？

グルジは私を手助けして、私はグルジを手伝っていました。私は体がとても硬かったので、自分の足を引っ張っていましたが、それでも前屈ができませんでした。脚をまっすぐにしたままだと、手は膝までしか届きませんでした。グルジは私に教えるのはとても大変だったと思いますが、それが私には必要でした。

みんな私に「グルジはいつも君のそばにいて、こっちを気にしてくれない」と文句を言っていましたが、これが、私がプライマリー・シリーズを習得するまで続きました。私たちはとても良い時間を過ごしました。グルジは決して叫んだり、罵ったりしませんでした。お互いにとても大好きでした。

——グルジは何を教え、どのように伝えてくれましたか?

グルジは「自分の練習をしなさい」と教えています。それが大事なことです。グルジは知恵を与えてくれています。基本的にはアーサナを教えていますが、グルジが伝えているものは凝縮したエネルギーです。部屋の中でグルジの存在を感じるのは、グルジが練習に対してとても真剣だからです。楽しいこともありますが、そうではないこともあります。ただ遊び回っているわけではありません。グルジは、自分のエネルギーと存在と、ほんの少しの言葉を使って教えを伝えています。もちろん、アジャストや体に触れることも使います。アジャストされると、いつもグルジは自分のやりたいことがわかっていると感じます。まさに存在そのものです。何年もグルジが言っているのは「先延ばしするな」です。生徒があくびをしたり、足の爪をいじったりしている時に、何度も何度もこの言葉を聞きました。

——動かずに話している時も「先延ばしするな」と言っていましたね。

生徒に（練習中に）話すなんてことを考えさせませんでした。ヨガの練習をすることに集中させていました。だから、グルジは本当に怒っているのではなく、厳しかったのです。教えはまさに、ヨガをすること、自分の練習をすること、このヨガの練習の経験をすることでした。私の理解では、自分の練習をある一定のレベルまで上げなさいということだと思います。自分の体、感情、感覚、呼吸、思考と向き合うことです。

——そうすれば、その時点から個人的な探求が始まると。そのようなものと向き合い、それに取り組みなさいということですね。

そうです。グルジは私に「これはどんな感じ？」とは絶対に聞きませんでした。言葉で細かいアジャストをすることもありませんでした。呼吸については、私がマイソールにいた数年間は「自由な呼吸」と言っているのしか聞いたことがありません。「クリシュナマチャリアの教えでは、何年もアーサナをして、それからプラーナヤーマに行きます」と言っていました。生徒がプラーナヤーマについて聞くと「何年もアーサナをしなさい」と言っていました。

――「音を立てて呼吸をしなさい」と言っているのを聞いたことはありませんか？

いいや、私は聞いたことがないです。私がそうしていたのは、みんながそうしていたからです。

――周りの生徒からもある程度は学びますよね。

それもとても大事です。グルジはムーラ・バンダや腹部を調整することについても何も言っていませんでした。呼吸の長さを均等にすること以外は、何も言いませんでした。呼吸の長さを均等にするのが大事なのは、自由な呼吸ができるようになるからです。呼吸が自由であれば、自分が正しいと思うことは何でもでき、呼吸に何の障害もなければ、呼吸や横隔膜とつながっている動きは自由になります。他にも同じような経験をした人はたくさんいると思いますが、自分の練習で経験したのは、練習では何種類かのテクニックを併せて使うということです。呼吸を無理矢理あるパターンに合わせているとしたら、それは良くありません。私の場合は、間違いなく良くありませんでした。脳が「こんなふうに呼吸しろ」と言うのは、体には良くありませんでした。感じることができず、呼吸と心と体をつなげませんでした。

――体の身体的な感覚という意味ですか？　それとも感情的な感覚ですか？

間違いなく両方です。自由にうまく呼吸することを学ぶのは、身体的な感覚と大いに関係があります。そして、感覚と関係し、圧迫されている場所（腹部、胸部、喉など）を感じることは、感情とどのように結びついているかということです。呼吸は育ち方や不安と深く関連しています。呼吸のパターンはサムスカーラ（潜在意識に組み込まれた過去の印象による心のあり方・行動）や、過去の経験、願望などと密接につながっています。

圧迫することで、気分が良くなることもあれば、気分が悪くなることもあります。誰もが自分自身で経験しなければならないことです。先生は教えることができません。先生は外から見ることしかできません。感情や感覚とどのように深くつながっているかは見ることができません。だから、身体的な練習はただの身体的な練習ではないのです。身体的な練習は、自分という存在全体、特に過去やカルマ、サムスカーラとのつながりと向き合わせ、耳を傾けさせます。ヨガを始めると、今の瞬間の自分の声を聞きます。今の瞬間というのは過去の蓄積です。

――今の瞬間というのは過去ですか？

はい、ある意味では。サマスティティヒはまっすぐ均等に立つことですが、条件によっては均等に立つことができません。均等に立とうとすると、過去やカルマやサムスカーラとつながります。ですから、これ（アシュタンガヨガ）をただの身体的な練習だと言う人がいるのが理解できません。ヨガはそれ以上のものです。一言で言えば、ポーズ全体の中に見つかるものです。

これはマイソールで学んだことではありません。「体の声を聞いて、効いているかどうか聞いて、もっと繊細にやって」と、自分の体に止められるという苦い経験をしなければなりませんでした。グルジが「自由な呼吸」と言っていたのは、ある意味、今私がやっていることです。

――練習があまりにも強力だったから、グルジが言っていたことを本当に理解するのに十五年、二十年かかったということですか？

そうです。練習はあまりにも強力でした。それに、他の生徒にも影響されていました。経験豊かな人たちは全員、力強いウジャイー呼吸をしていましたが、私はみんなそれぞれに違うやり方でするものだと思います。リチャード・フリーマンは、自分なりのやり方で融合させたので、私のやり方とまったく違います。当時はそのことを理解していなかったし、誰にも聞きませんでした。アシュタンガヨガではこういう呼吸をする、というルールのようなものだと思っていたのです。

――その部屋にいる他の人の真似をしたり、比べたりするのにも限界があります。

今は、先生として見る時はとても簡単です。その人がどのように立っているか？　その人がスーリヤナマスカーラを一回やって、次のスーリヤナマスカーラを始めるまではどうか？　休憩のようなものです。その瞬間、その人は何をやっているか？　その瞬間、その人はどのように存在しているか？　その瞬間、どのように立っているか？　多くの人はスーリヤナマスカーラが終わると、こんなふうに……

――肩が落ちますよね。

ヨガの練習の質は、日常生活に影響するので大事です。ヨガの練習の質は呼吸によります。呼吸はいかに意識をするか、集中するかによります。つまり、身体的、感情的、精神的なものを含めた自分という人間全体と接触しなければなりません。そうすると、そのような素晴らしい気づきが得られ、自分のやり方がわかります。でなければ、自分を止めるものを無理して自分に押し付けているようなものです。あきらめるか、体が怪我をしてやめるか、興味を失うかになります。

――先ほど、呼吸にその人のサムスカーラや歴史がいかに表れるか話していましたが、呼吸がそれを変換する乗り物でもあるということですよね。それは実際にどのように起こっているのでしょうか？

「自由な呼吸とは実際にどういう意味なのか？」というのは確かに疑問です。私は、今の瞬間に本当に耳を傾け、エゴでも〝私〟でもない何かに呼吸をさせるという意味だと思います。呼吸というのはとても昔からあるもので、呼吸の責任者は成長する神経システムにあります。私たちは体と協力し合った時だけ、呼吸を変えることができます。自由な呼吸というのは、本当に今の瞬間に耳を傾けたものです。つまり、私の経験から言うと、ゆっくりなこともあれば、速くなることもあり、長くなることもあれば、短くなることもあります。息を吸った後や吐いた後、呼吸の合間は特に。

子供を見ていると、時々呼吸が止まっていることがあります。もしくは、寝ている間、呼吸が止まって、それから突然とても深く吐き出すことがあります。このようなことが起こっている時は、緊張が緩み、動きのパターンが解放されています。これは、自分が何者か、その瞬間にどこにいるかを受け入れることと大いに関係があります。自由な呼吸とは「私はここにいて、今の私でいいと思っています」であり、「私はこれを達成しなければ」ではありません。今の瞬間の自分の状態を受け入れたら、今の瞬間はカルマの蓄積なので、自然に何かが変わります。

――呼吸を解放することができたら、心も解放され、サムスカーラも変えることができるということですね。

呼吸を解放するというのは、とても簡単そうに聞こえますが、感情や思考など、その瞬間に起こっているあらゆることを受け入れるという意味です。練習している瞬間を生きることです。ネガティブなことと同じくらいポジティブなことを受け入れるという意味です。ヨガや仏教の哲学からきている考え方で、一歩引いて見て「わかった、良い感情と悪い感情があります」と言うような感じです。ただ手放して、その状態を受け入れると、それに固執していないと突然感じるようになります。そして自分が解放されます。

人間はあらゆるものをコントロールしたがりますが、呼吸はコントロールできないもののひとつです。少なくとも、体のことを大事にしていないうちはできません。体が自由に呼吸できないようなことをしているのかというと、そうではありません。自由に呼吸ができるようにするには、緊張をしないようにしなければなりません。呼吸をコントロールする脳幹がオーケストラの指揮者のようなものです。

良い呼吸は、心と体と呼吸が一体化しています。どこが緊張しているのか？　自分の感情とどのように結びついているのか？　自分の感情は本当にそんなに悪いものなのか？　ここでもっと力を入れて、そこで緊張を緩めたらどうなるのか？　すると突然、横隔膜が自由に動けるようになります！

――呼吸というのは、脳の古い（本能的な）部分である脳幹によってコントロールされている自律神経系のプロセスだと言うことですね。ヨガをしている時、硬直を生み出しているものの上に別のパターンを重ねるという意図があります。

それがまさに、古いヨガの文献がプラーナヤーマはあなたを壊すことがあると言っている理由です。抵抗に苦しんでいるだけなら、とても害になることをやっていると言えます。

――一人の人間としてのグルジについて何かお話しいただけますか?

グルジはとても現実的で率直です。いつも笑わせようと、冗談を言おうとしていて、ユーモアに溢れています。

率直で強い性格なので、人に何かをさせることができます。たまに怒ることもありますが、大抵はおおらかないい人です。指導中には、時折怒りを爆発させることがありますが、私はグルジのとても思いやりのある一面を見たことがあります。多くは語らず、ただ「元気?」と聞いてくれるだけですが、グルジがとても気遣ってくれていると感じました。

――アーサナで、あなたが精神的に身体的に限界だと思っているところを、グルジが超えさせてくれた経験はありますか?

はい、もちろん(笑)。

――自分の可能性や限界に対する理解を、グルジが劇的に変えた経験について詳しく聞かせてください。

練習をした最初の瞬間から、グルジは練習で絶対に限界まで行くようにするエネルギーを与えてくれます。私はとても体が硬く、グルジはそんな私の最初の先生でした。人生で初めてのヨガクラスがグルジのクラスでした。ですから、私の最初の経験は自分の限界まで行くことでした。それに、グルジは私に力強いアジャストもしてくれました。初日から私の肉体は完全に限界まで達していました。

――痛みはありましたか？

マイソールに行った時、私はいくつか怪我を抱えていました。怪我をした状態で練習するのは楽しいものではありません。限界を超えようと無理している時は痛みがあります。もしくは、心と体のつながりが見つからなかったからかもしれません。心と体がつながっていない場合、抵抗に対して働きかけることになり、気持ちいいと感じないと思います。ヨガの練習は本当に厳しい訓練でしたが、後でご褒美がありました。シャヴァーサナで横になり、起き上がる時には達成感がありました。

――練習が終わった時はどういう感じでしたか？

自分のエネルギーとさらにつながっている感じがしました。より楽に歩いたり立ったり、体が自由に感じたり、自分の力やエネルギーとつながっているような感じです。しかし、それが長く続かなかったことも覚えています。このつながりはまだ見つかっていませんでした。何日間もエネルギーのアップダウンがありました。ですから、翌日はまたエネルギーが必要になり、その繰り返しでした。練習はエネルギーを感じるために必要なものになりました。今は練習では常に喜びを感じるはずだと思います。いつでも。

――軽い痛みについてはどうですか？　関節が開いたり解放されたりする時に、筋肉に痛みが出ることがあります。シャヴァーサナをする頃には、その痛みはもうありません。一瞬痛くなって、ある程度抵抗はあっても、手放せる痛みです。

呼吸がうまくできている時、体で感じている時だけ起こります。本当の軽い痛みは悪い感情とはつながっていません。別物です。感情的に良くない痛みもあります。軽い痛みを感じているだけなら、ある意味良いことですが、悪い感情とつながっている痛みは、決して良くありません。間違いを増やします。柔軟性や強さが増しても、後で体にしっぺ返しがきます。一カ月後、一年後に怪我をしたり、病気になったりします。ですから、関節や筋肉や結合組織が開いているような時は、常に何かしら軽い痛みがあります。その痛みが良いものだと感じているなら、良い変化が起こります。繰り返しますが、自分と向きあうことです。

――考える時に働いていない脳の部分を使った方がいいのでしょうか？　受け入れがたいレベルの感情的な痛みがあると、単純に開く準備ができていないのではないかと思います。しかし、呼

吸が正しく自由にできていれば、感情は軽くなり、感情の痛みを解放することができます。

もちろん。

――グルジが祈りをとても大事に考えていたのはなぜでしょうか?

そのことについてグルジから言われたことはありません。最初の数年間は、アシュタンガヨガの練習でマントラは唱えていませんでした。マントラを唱えるのは一九九一年に始まったので、グルジは私たちに無理強いしたくなかったのかなと思いました。

――グルジの教えには、グルジ側からの圧力のようなものではなく、生徒からの質問で生まれたものがたくさんあるように思います。練習自体は土台として十分なものがあり、それから後になって色々なものが生まれているような。

そうですね。例えば、生徒がグルジの足に触れ始めた時も、私はやりませんでした。グルジは義務的なものだというような印象は一切与えませんでした。それに、マントラや祈りも、生徒がグルジに「何か(そういうものを)やることはできますか?」と聞いたのだと思います。確かではありませんが、私の覚えている限りでは、最初はやっていなくて、突然やり始めたはずです。生徒がグルジに頼んだから始まったのだと思います。

——グルジは技術を与えたら、後は生徒にそれを任せているように思います。質問をしたら答えてくれますが、そうでなければ、生徒にはただ練習、練習、練習することを期待しています。そして、そうすることで心や思考が変わります。

はい、それはある意味グルジの性格ですね。グルジは非常に直感的で、誰がどこにいるかを感知しています。でなければ、どうやって全員に違うように教えているのか説明できません。グルジはもっと練習したいという人を止めることもあれば、もっと練習しなさいと常に言っている人（私など）もいます。グルジは良い人だと思っている人もいれば、とても乱暴だと感じている人もいます。グルジの教え方は本当に言葉ではありません。生徒がどこにいるかを感じ取り、個々に合った練習をさせています。

もし私がグルジに会っていなかったら、いつヨガを始めたか、ヨガを始めたかどうかもわかりません。グルジは「すべてはやってくる」と言います。私は練習を続けて、訪れた変化を乗り越えなければなりませんでしたが、すべてはマイソールを離れた後のことでした。私の場合、大事なものはマイソールの後で来ましたが、グルジなしでは起こらなかったと思います。

——このアシュタンガヨガのシステムは、家族のいるヨギーの系譜を通して引き継がれてきまし

た。クリシュナマチャリアも、家族を持ち、社会の中でヨガを教えた方がいいと、家族のいる師匠に言われていました。このことについてどう思いますか？

ヨガはほとんどすべての人にとって素晴らしいものです。大半の人は洞窟にこもるような生活はできません。家族との生活が、人間関係や責任について多くのことを教えてくれます。また、「自分が家族で一番大事な人間だ」というような考えから離れ、この世に一人で生きているのではないということを学ばなければなりません。ヨガの世界には、練習で自己中心的になって「私」とか「私の」というものに溺れる人が多いですが、家族がそれを変えてくれます。

――ヤマとニヤマがあることはわかっていますが、グルジはそれはとても難しいからアーサナを最初にやるのだとよく言っています。しかし、ヤマとニヤマは明らかに重要です。アーサナの練習を続けていたら、アシュタンガヨガの他の支則は自然と明らかになると思いますか？　それとも、それとは別に道徳的な進歩が必要なのでしょうか？

道徳的な進歩ではなく、ダーラナ、ディヤーナ、サマディなどの内面的なステップで、準備もグルも必要だと思います。道徳的な側面や身体的な側面は自然と（ただし勝手にではなく）調和します。ヨガをすると決めたら、何かを変えるために準備をするからです。とてもシンプルなことです。世界について考えたら、自分のことを大事にします。そのことを他の人とも共有したら、その人も自分のことを大事にする機会が持てます。こうして、すでに道徳的なことをしているのです。健康のためにヨガをしているだけなら、モラルについてそこまで考える必要はありません。しかし、ヨガを続けていたら、しばらくして変化が起こり始めます。健康のためにヨガを始めても、続けていると最終的にはより深い側面にたどり着きます。

――モラルと言っても、キリスト教的な感覚での善人や悪人になるということを言っているのではありません。自分の行動を潔白にし、サットヴァ的な行動をし、そうすることで本当の自分自身になれるということだと思います。私には、他人から奪わず、他人を傷つけずに、本当の自分自身になる方法はそれしかないように思えます。そのような行動や行為は、自分自身への接触が限定的であったり、不安、恐れがあったりすると生まれます。ですから、道徳的に進歩するには選択肢はほぼそれしかありません。でなければ、自由に呼吸ができません。

ヨガの練習において本当に肝心なことです。クリシュナマチャリアは、呼吸ができていたら、ヨガができていると言いました。これはあらゆるヨガにおいて一番大事なことです。呼吸はできているか？　どんなふうに呼吸ができているか？　呼吸がうまくできていれば、決めつけたりせず、良いことも悪いことも受け入れ、それに対してオープンになれる場所に行くことができます。

――良いことも悪いことも受け入れたら、自分が環境の犠牲者だと感じなくなります。自分にも

責任があると思うので、なんとかして越えようとします。

犠牲者だったら「私には受け取る権利がある。他の人は私みたいに苦しめられていない！」と考えます。そんな考えから脱却するには、今の瞬間に目を向け、未来にも、起こることすべてにも心を開きましょう。そうすれば、責任を取り、ダルマを見つけることになります。これはヨガの大事な側面です。取るに足らないエゴのためにやるのではなく、自分の人生でやるべきことを見つけるのです。「私は医者になる」とか「私は大工になる」ということではなく、苦労して見つけなければならないものです。ダルマは自分のために見つけるもので、「これが最高のダルマで、これは最低のダルマです」というようなものではありません。これは役に立つ、これは役に立たないなど、決めつけないことです。

――そのようなことを実現するためにカルマやサムスカーラの鍵を解除する、自分だけの数字の組み合わせのようなものですね。

そうです。

――アンマはどれくらい大事でしたか？

アンマは錨《いかり》みたいでした。グルジが普通の生活を送れるよう、家族の中にグルジの居場所を見つけるのを助けていました。グルジに父としての姿を見せる機会を与える裏方の仕事をしていました。私にとっては、父のようであり、祖父のようでもありました。二人は素晴らしいコンビでした。家庭を持つこと、子供の父親であることは、アンマなしでは違ったものになっていたと思います。

アンマがつくってくれる料理はいつも本当に美味しかったです。生徒にご飯を食べさせることが、何より好きな人たちでした。グルジは、セオリーの話が終わった時はいつも幸せそうでした。生徒に料理をつくって振る舞い、カーペットを広げて、「もっと食べなさい！」と私たちに食べさせて楽しむのが好きでした。

——グルジの仕事に対する姿勢はどのようなものでしたか？

エネルギッシュで、自分たちのやっていることは遊びではないという強い信念の元に、とても真面目に仕事をしていました。グルジにとって仕事は、人生や社会においてとても重要な位置を占めていました。ヨガは人類に多大な貢献をしており、それがグルジの労働倫理だったのは間違いないと思います。

——最後に何か言いたいことはありますか？

二十年以上にわたって、自分の練習を変えてきたものを学ぶ機会や幸運に恵まれました。本当に心を開くこと、教義として受け取るのではなく、新しい探求のために開くことがいかに大事かということは明らかです。ヨガは、特にクリシュナマチャリアの伝統の、素晴らしい贈り物だと思います。グルジは女性にヨガを教えるなど、多くのことで時代を先駆けていました。それも伝統です。しかし、今度は私たちの番です。私たちにできる適切な調整をしていきましょう。

——あなたにとって一番大事なこの旅の側面は何ですか？

私にとって一番大事なのは共有すること、他人と共有することの一部を担うことです。この国に生きることで、学ぶ機会をもらいました。当たり前だとは思っていません。とても感謝しています。ヨガから理学療法まで、良い組み合わせだと思います。しかし、その背景には、知識や経験を共有してくれた人たちがいたのが大きかったです。グルジは私たちに共有してくれ、他の先生達も私たちに共有してくれ、大学や学校や家庭で私たちはその経験を共有します。心を開き、共有することが、進歩する一番の方法だと思います。この機会を得られたことは、当たり前のことではありません。本当に本当に感謝しています。

二〇〇八年　ベルリン

アニー・ペイス

Annie Pace

アニー・ペイスは、一九八六年からグルジの献身的な生徒である。コロラド州にある自身の寺院「シャクティ・シャラナム」で、グルジの教えの厳格なメソッドを守りながら、長年インドで学んできたヨガ以外のヒーリングや意識を中心とした鍛錬を、ヨガの教えと組み合わせて教えている。

――どのようにしてヨガに興味を持ち、探求を始め、グルジの元にたどり着いたのですか？

一九七〇年代に遡りますが、『あるヨギの自叙伝』を読んだのです。それからヨガクラスを受けるまでは何年もかかりました。そして、七九年にコロラド州のデンバーにあるリクリエーションセンターのヨガクラスに行きました。そのクラスでは、少しずつかいつまんだものやアーサナをいくつか教えていて、六回クラスを受けましたが、習ったのは四つのポーズだけでした。

スーツにパンストとヒールという格好で会社に行く前に、毎朝欠かさずその四つのポーズをやりました。毎日十～十五分ほどでしたが、私の人生に多大な影響を与えていることに気づきました。それで、ヨガクラスを受けるようになり、あちこちで少しずつやってみて、デンバーで受けることのできたアイアンガーのクラスにしばらく通いました。それから、リチャード・フリーマン（531頁）に出会い、グルジがコロラドに来てまもなくアシュタンガヨガに切り替えました。その後マイソールに行って、後はそういう感じです。

——哲学の本を読んでヨガを始めたのですね。

ほんの少し、一冊だけです。いくつかのポーズをやり始めて、アビヤーサ（スピリチュアルな実践）を経験していました。アビヤーサが何なのかも、練習についても何も知りませんでしたが、ほんの少しでも、ある一定期間きちんと意識して何かをすることが、自分にとって大きな助けになることがわかりました。

——グルジとの出会いについて教えてください。

グルジに初めて会ったのはボルダーでした。確か一九八八年です。とても緊張しました。リチャードはグルジを迎えるにあたって、みんなに準備をさせるのに大騒ぎしていて、あれをしろ、これはするなと、あれやこれや言っていました。生徒はみんなすっかり緊張していて、グルジと会ってクラスが始まると、グルジがとても親しみやすい愛情深い人だったので、すごくホッとしました。もうあんなに緊張することはないと思います。同時に、グルジはとても尊敬をされていたので、それがうれしい驚きでした。グルジの人間性も素晴らしいと思いました。

——どのようにしてマイソールに来ることになったのですか？

グルジに初めて会った時に「君は（マイソールに）来なさい！」と言われたので、「グルジ、いつですか？」と聞いたら、「十月に来なさい」と言われたので、「わかりました」と言ってそうしました。

——マイソールに着いて、どのようにそこで練習に落ち着いていったのかを教えてください。

マイソールに到着すると美しくてホッとしました。その前にマドラス（現チェンナイ）で数日間過ごしたのですが、マドラスでは大きな会議があって、各国の首相がいたり集会があったりかなり異常な状況だったので、「なんで私はこんなことになっているんだろう？」と思いました。でも、三カ月のクラスに申し込んでいて、マイソールに来た後でホテル・メトロポールに着いて、お姫様みたいに扱われたら、インドに対してかなり安心しました。

オールド・シャラでクラスに入るまで、カーテンの外で立って待っていました。部屋には六人しか入れず、一九八九年当時そこで練習していたのは十二人でした。カーテンの外に立っていたら、部屋が生き物のように呼吸をしているのが聞こえました。ティム・ミラーやチャック・ミラーや、たくさんの第一世代の練習生たちが、カーテンの向こう側にいました。私は部屋が呼吸しているような、鼓動を打っているような感じがして、少し緊張しましたが、それ以上に興味をそそられました。カーテンを開けて、部屋の中に足を踏み入れると、母親の胎内にいるような感じがしました。

――グルジは何を教え、どのように知恵を伝えていましたか？

グルジは言葉数が少ないです。何よりもグルジのエネルギーが教えてくれます。私は最初から、グルジの思いやりや、どんなレベルの生徒でも無条件に受け入れるところが素晴らしいと思っていました。私は少し練習をして、知識も得てからマイソールに行きましたが、数週間後にヨガをまったくやったことない人がふらりと入ってきて、経験豊かな練習生の隣りでグルジがその人や私にどのように教えるのかを観察しました。グルジはこの初めての生徒に無償の愛を注ぎ、スーリヤナマスカーラAを教えました。そのことは一生忘れません。

――グルジが教えているのはどういうものだと思いますか？

グルジは生き方を教えています。私たちにポーズを教えていますが、人生を教えてくれているのです。家庭のある人がヨガをすること、敬意を払うこと、心の奥にある恐れとの向き合い方。グルジはこんなふうに質問します。それまで私にそんなことを聞いてきた人は誰もいませんでしたが、グルジは私の目を見つめながら「なぜ恐れているの？」と問いかけたのです。そんなことは誰にも言われたことがありませんでした。

――グルジの性格について教えてください。

とても愛情深く、優しく、親しみやすい人で、グルジの人間性、家庭人としての人生、謙虚さ、話しかけやすさは素晴らしいと思います。マイソールに行った最初の数回、八〇年代か九〇年代初頭に、グルジとアンマが食事を振る舞ってくれました。お祭りの時に、床にバナナの葉っぱをお皿代わりに並べて、食事を出してくれました。先生がこんなことをしてくれるなんてまずないと思います。グルジはあらゆることを教えてくれました。

――グルジのことをヒーラーだと思いますか？

はい。

――なぜですか？　グルジを優秀なヒーラーたらしめているものは何だと思いますか？

優秀なヒーラー、先生、ヘルパー、もしくはガイドというのは、どんな人にも影響を与えられる人だと思います。これには様々な形式があると思いますが、グルジはそれぞれの異なる人に合った適切な薬が何かを知っている感じで、本当に驚きます。

――〝薬〟とおっしゃいましたが、グルジは人によってどのように違う治療を施しているのでしょうか？

私の場合の〝薬〟は、焚き付けたり、大声で叫んだり、不安にさせたり、頭がおかしくなりそうなくらいやらせたりすることだと思います。隣りの人の〝薬〟は、微笑んだり、肩を叩いて励ましたりするだけかもしれません。それぞれの人に適切なものを当てはめるということです。経験のある先生は、それぞれの生徒に正しい〝薬〟を提供することができます。

――グルジに対するどのような姿勢が、自分の練習を確立するのに役に立つと思いましたか？

信頼です（笑）。

――グルジは標準的な練習の形式を教えていると思いますか？　それとも、それぞれの人に合わせて変えているのでしょうか？

最近そのことに関して「なぜシステムは変わってきているのですか？」とか「なぜある人にはこのやり方、他の人には別のやり方なのですか？」というような質問を何度もされます。グルジは、ある人にはあるものを、別の人には別のものを教えています。答えは「適応させているから」です。違う生徒には違う薬を出しますが、私たちはみんな同じ場所を通過します。要するに、システムがあり、そのシステムは同じなのですが、システムを当てはめるとその人に適切なものが現れます。システム自体を変えているわけではありません。人によって適切なものが違うということです。その人のエネルギーの使い方、指導スタイルやコミュニケーションスタイル、練習の曜日や時間までも、それぞれの人で違います。

――生徒は練習のある時点で行き詰まることがよくあります。その障害を乗り越えたり、生徒を成長させたりする過程での、グルジの役割はどのようなものだと思いますか？

グルジの役割は正しいボタンを押すことです。グルジは押すべき正しいボタンを見つける才能があります。言葉で押すこともあれば、身体的に押すこともあれば、厳しく押すことも、優しさや笑いで押すこともあります。私の答えにはある傾向があると思うかもしれません。形式の中にある適応性、柔軟性、グルジはその才能があります。私たちはみんな大きく違います。アシュタンガヨガに説明書はありませんが、システムはありますが、説明書はありません。

——グルジが、あなたが精神的、身体的な限界だと思っているところに連れて行ったり、それを乗り越えさせたりした経験はありますか？　その場合は、グルジはどのようにそうしましたか？

もちろん何度もあります。マイソールに二十年間通っていますが、そのようなことは長年にわたって色々な形でたくさんありました。最初は（先ほども言ったように）「なぜ恐れているの？」というように、自分の心と向き合わせるための簡単な質問をするだけでした。身体的なこともあれば、ユーモアだったこともありました。形は変わっていきましたが、常に私が思い込んでいた限界を乗り越えさせました。

ずっと昔、アドバンストBを学んでいた頃に、ブッダーサナ（片脚を背中にかけ、かけたその足首に手をかける）をやろうとしていた時のことです。そのポーズを毎日やっていて、そのポーズのところに来ると、グルジかシャラートが私のところに来て手伝ってくれていました。ブッダーサナではいつも二人の助けを待ってからやっていたので、私は一人でできるとは思っていませんでした。

ある日、私がブッダーサナで二人の助けを待っていました。部屋には六人しかいなかったので、「グルジ」と呼びかけましたが無視されました。私はさらに何度か呼び、うめいたり、唸ったりして、それから「シャラート」と呼びました。シャラートは違う方向を見ました。彼らは私を完全に無視していました。その部屋には隠れるところはありません。私のことが見えなかったり、声が聞こえなかったりすることもありません。ただ私を手伝ってくれなかったのです。そこに座って、呼吸をして、イライラして本当にかなり腹を立てていました。見捨てられたような気分になり、一人ではこれができないのに「私の先生はどこ?」と思いました。

イライライライライラして、とうとう不満が爆発しました。「それならいい、それでいいよ、一人でやってやる!」と心の中で思いました。腕を足首に引っかけて、「ウッ!」と大きなうめき声を上げました。赤ちゃんを産む時にいきんでいるような声だったので、前にいたディナ(キングスバーグ)が私を振り返って「アニー、男の子、女の子どっち?」と言うと、部屋中笑いに包まれました。ちょっとやり過ぎました。でも、私には忘れられません。それから、私は一人でもできるとわかったのです。グルジとシャラートには時が来たことがわかっていたのです。

――グルジの教えるアシュタンガヨガと、『ヨーガ・スートラ』のパタンジャリのヨガは、どのような関係にあると思いますか?

呼吸はプラーナの乗り物だというのと同じように、グルジが教えている練習はパタンジャリのヨガの乗り物です。自分の体を使うのでとても便利です。自分の体はいつでも使えて、私たちがそこから外に出ることはありません。だから同じです。

――グルジはなぜ三番目の支則であるアーサナを出発点として力を入れているのだと思いますか?

今私が言った通りです。アーサナは体を使います。どんな人間にも関わることができるものです。これほど具体的なものはありません。

――他の支則についてグルジが話したことはありますか？

はい、グルジは長年の間にたくさん話をしてくれました。いつもヤマ、ニヤマのことを話していて、カンファレンスで、クラスで、ポーズをしている時に、コーヒーを飲みながら、など状況は様々なので要約するのは難しいですが。ポーズをしている時に、言葉ではなくグルジなりの伝え方で教えてくれました。非暴力、貪欲にならないこと、正直であること、すべての基本事項は、練習をしている時の先生との関係の中にあります。

――グルジの教えの中で一番大事なことは何だと思いますか？

教えの中で一番大事なのは、神はあらゆるところにいるということです。練習をしていれば、そのことに気づきます。

――グルジはいつも「九十九％プラクティス、一％セオリー」と言っていますが、セオリー部分はどのようなものだと理解していますか？

八支則のメソッドをある程度理解することで良いと思います。最終的に大事なことは、練習を通して気づくものです。セオリーについて長時間話すこともできますが、大事なものは何かと聞かれたら、どうやって神に気づくかだと思います。練習は乗り物です。

――グルジのヨガの定義は何だと思いますか？

ヨガとは神について知ることです。

――グルジの教えているヨガのシステムにおいて、家庭や、社会との融合はどのくらい大事だと思いますか？

非常に大事です。もちろん、グルジは自分の家族全体で実証しています。特に今の時代は大事だと思います。四世代の家族と、ひとつ屋根の下で暮らすことを実践しているのを見るのは本当に驚きです。昔でも、家庭を持つというヨガは非常に大事だったと思います。

インドからアメリカや自分の母国に帰ると、グルジの家族やアシュタンガヨガの教わり方をあまり知らない人は、何カ月間もアシュラムにこもりきりだと思い込んでいる人がよくいます。そういう人は「それで、アシュラムはどうだった？　何アシュラム？　マイソールにあるの？」などと聞いてきます。私は大抵、そこは実際にはアシュラムではない、誰も何時に起きて、何時にトイレに行って、何時に食べろと言ってきたりしないと説明しなければなりません。もちろん、そのような場所の良さもありますが、自分のことを自分で考える必要のないプログラムに参加しているわけではありません。グルジとグルジの家族は、家庭を持つヨガを実証しており、誰かがいつ何をしろとベルを鳴らしたりしないところでグルジの教えを融合すると、非常にパワフルで、さらに影響力が強くなると思います。

朝、練習のために起きて、一時間でも、二時間でも、三時間でも、四時間でも、いくらでも好きなだけ練習をして、一日の残りの時間は街に出て好きなことをしているとします。「朝食は何を食べようか?」「誰と遊びに行こうか?」「どこに行こう?」「何をして過ごそう?」「プールで野菜みたいに浮かぼうか?」「世捨て人になろうかな?」ありとあらゆる選択肢があります。もう少し早い段階で「やることが多過ぎる!」と言った人もいますが、毎日決めなければならないことはあまりにもたくさんあります。このように、誰かに何をすべきか言われない場合は、練習や教えを自分の生活にすぐに融合することができるとわかります。そして、より多くの失敗をする可能性もあり、より多くのことを学ぶチャンスもあります。

――アンマのグルジへのサポートはどれくらい大事だったのでしょうか?

とても大事です。アンマはいつも安定していて、協力的で、シャクティ(エネルギー)が相当ありました。どれくらい大事かと聞かれたら、答えは「とても大事」に決まっています。

――グルジの仕事に対する姿勢について教えてください。

仕事はグルジの人生です。ですから私は、これがグルジの仕事で、これがグルジの人生ですと分けて言うことはできません。「仕事＝人生」というのが、おそらく今のところその質問に対する答えです。完全に融合していてひとつです。違いはありません。

――グルジの出自に関して教えてください。グルジの文化的、倫理的背景や、それがグルジの人となりや教えていることにどのように影響を与えているのでしょうか？　また、西洋人との縁ができたことによって、そこからある程度離れたと思いますか？

グルジは厳しい人生を送っていました。若かった頃は貧しく、楽な人生ではありませんでした。グルジの師、クリシュナマチャリアについてここで歴史的な情報を詳しく述べるつもりはありません。ほとんどの人がご存じだと思います。厳しい人生でしたし、グルジは懸命に働くとはどういうことかも常にわかっていました。それに、自分のグルを尊敬していました。良い人生を歩んできましたが、必ずしも楽な人生ではありません。

そこからどのように離れたのかとのご質問ですが、自分のルーツから離れることはできません。誰も自分の遺伝や、自分の過去や、自分のカルマを消すことはできないと思います。ただ、間違いなく現在と融合することはできます。グルジは西洋人との関係をつくるのが上手かったです。グルジにできた西洋的なコミュニケーションが、同世代のブラマン全員にできるわけではありません。最初に少し西洋人とコミュニケーションした時は、ここまで深く関わることになるとは思っていなかったと思いますが、全体を通して見れば、グルジにはそれができ、いい仕事をしたということでしょう。

——グルジにアシュタンガヨガのシステムの起源について聞いたことがあると思いますが、満足のいく答えはもらえましたか？　ラマ・モハン・ブラフマチャリやクリシュナマチャリアから来ているのか、それともグルジが作り出したのか、どう思われますか？

グルジは作り出していません。グルジは、自分が作ったというようなことをほのめかすことも決してありませんでした。グルジのことや、アシュタンガヨガのことを知らない人たちがそう思い込んで、あまり正確ではない情報を広めたのです。グルジがアシュタンガヨガのシステムを作ったというようなことは一度もほのめかしたことがないので、私の頭にはまったくありません。『ヨーガ・コルンタ』、グルジのグル、そのまたグル、大昔に起源があると思います。

——では、アーサナの基本的なシステムやシリーズは、グルジが自分の先生から伝えられたものだと考えているのですね？

私はそうだと思いますし、それに対して何の疑問もありません。

——グルジはそこに自身の痕跡を残していると思いますか？

いいえ。

——このアシュタンガヨガのシステムは、クリシュナマチャリアが若いブラマンの少年に教えていたものだと、多くのヨガの先生が言っていたのを聞いたことがあります。そういうものに私たち西洋人がここまで惹きつけられているのはなぜだと思いますか？

そうですね、私たちの心や体が若いのは、西洋的な考え方に関係していると思います。西洋的な考え方は、神や悟りのような、ヨガの繊細な側面には簡単に共感できません。体はとても大雑把なものだし、体なしではどこにも行けない、誰にでもあるものなので、西洋人は共感しやすいのでしょう。アクセスしやすいものなのです。

——毎日毎日、長年にわたって続ける練習の価値というのは、どのようなものなのでしょうか？長年の練習を通して育まれる内面の資質とは何だと思いますか？

純粋な目的で長年継続する練習や実践が「アビヤーサ」です。どんな練習や実践であれ、どんな些細なことであれ、継続的にやっていれば大きな恩恵があります。練習のある側面が融合される瞬間が来る、それは十二年後だとグルジは私に言っていました。十二年後に練習は確立され始めます。その段階は三カ月から始まり、六カ月、九カ月、一年、三年、六年、十二年と続きます。かなりの時間です。

長い間練習を続けていると、家族のためにやらなければならないことや様々な理由で練習から離れても、すぐにまた練習に戻ることができます。短期間の練習では練習に戻るのが少し難しいです。どんな練習でも実践でも、何年も、何十年も、一生をかけて確立されるものです。内面的な資質というのは、その融合から生まれる安定です。

――練習の繊細な側面についてはどう思われますか？　アーサナの練習にある程度融合されていると感じますか？　アーサナの練習から自然とヨガの繊細な側面に進化するのでしょうか？

ウジャイー呼吸を伴うヴィンヤサ、バンダ、ドリシティ、すべてを使って本当に練習をしている場合は、繊細なレベルでの融合や拡張はおのずと起こるでしょう。呼吸もバンダもドリシティも無しで、エクササイズとしてアーサナを練習している場合は、身体的なレベルに留まったままだと思います。しかし、よく言われているように、体と心は常につながっているので、毎日エクササイズとしてやっていても恩恵はあるでしょうし、精神面についても同じだと思います。ただ、このアシュタンガヨガの練習の成果は、呼吸・バンダ・ドリシティすべての要素によって、長年の献身的で継続的な練習によって、何度も何度も何度も増幅されるものです。

――私たち西洋人がヨガの目標を達成するのに、どのような障害があると思いますか？

そうですね、凝り固まった頭、凝り固まった体、テレビ、パソコン、携帯電話、車……この物質的世界にはたくさんの障害があります。「ヨーガ　チッタ　ヴリッティ　ニローダハ」。ヨガが心の揺らぎを静止するとしても、心にはあまりにも多くの選択肢やチャンスがあって、西洋人や同じような文化で生まれ育った人には、かなり不利な条件だと思います。信じられないほどたくさんの選択肢がありすぎて、心の揺れが増幅し続けています。選択肢が少なくなれば、それだけ心の揺れも少なくなり、そのプロセスは、練習を通してよりシンプルに、よりスリムになります。棚に八百十六種類のブランドの歯磨き粉があったとしても、すべてを見る必要はありません。つまり、心の中の選択肢が減るのです。

――先生を持つことはどれくらい大事でしょうか？

非常に大事です。先生がいないと危険ですらあります。本を読んで、いくつかのポーズを学んで練習をしても、いくらかは恩恵があるでしょう。しかし、見てくれている人がいない、信頼できる人がいない状態は危険です。先生を信頼すること、その先生との師弟関係を築くことは、練習の大きな部分を占めます。西洋人はそのような師弟関係を持っていないことが多いので、自分の先生がいれば練習にまた別の一面が加わることになります。

――呼吸の重要な役割についてお話ししてもらえますか？

呼吸はプラーナの乗り物なので、呼吸は重要です。呼吸は運転手であり、体がどんなに壊れても、体内に呼吸がある限り、人間は練習の成果を体験するチャンスがあるというのが素晴らしいところです。バンダを教えてくれるのも呼吸です。体と心とつないでいるのが呼吸です。呼吸を通して心を落ち着かせることができます。

――バンダについてお話しいただけますか？

バンダは非常にとらえどころがありません。本当にバンダを経験している人はごくわずかだと思います。ですが、探しているのがどういうものかわかっている場合は、本当に近づいた時にわかると思います。

――あなたはわかりましたか？

わかったと思いますが、それも（本当にわかっているのかどうか）わかりませんね。

――ヨガの練習における食べ物の重要性についてはどうお考えですか？

食べ物の習慣は非常に大事です。アビヤーサ、練習、継続性と共に、いかに自分の人生を生きるか、いつどのように眠るか、何を食べるか、練習が教えてくれます。練習をしていると、マリファナを吸う、肉を食べるなど、練習を妨げている習慣というのは、誰かにやめろと言われなくても、自発的にやめることが多いです。それでもそういうことを言ってくる人がいますが、アーユルヴェーダや体質に関する基本的な理解や、グナ*と要素に関する理解があれば、自分でわかるようになります。そのような理解がなくても、試行錯誤することで、自分には何が合っていて何が合っていないのかわかります。

*グナとは三つの自然の要素やエネルギーの性質のこと。サットヴァ：調和、知恵、ラジャス：行動、激しさ、タマス：怠惰、無知。

――自分の食べたものが、アーサナや他の練習になぜ重要になるのでしょうか？

そうですね、ヨガの練習の状況で考えると、ヨガの状態というのは、サットヴァ的なエネルギーが自分のシステムの中で優位になっている場合にのみ可能になります。したがって、ラジャス的またはタマス的な食べ物を摂取したり、ラジャス的でタマス的な活動に関わったりするという反対のことをしていたら、なかなかサットヴァ的な状態に到達できないのは明らかです。ですから、役に立つことをする、役に立たないことはしないというのは、当たり前のことです。食べ物、睡眠、何をどのように使うのかは、すべて日常生活の一部です。

――アシュタンガヨガは明らかにスピリチュアルな練習だとおっしゃっていますが、そのような繊細な側面についてお話ししてもらえますか？　アシュタンガヨガをスピリチュアルにしているのは何なのでしょう？

アシュタンガヨガの魔法は、肉や骨や筋肉や構造といった一番粗いレベルから、ナディやエネルギーの流れ方のような最も繊細なレベルまで、人間のありとあらゆるレベルにまたがる融合です。ウジャイー呼吸とドリシティとバンダに対するいくらかの気づきと共に練習をすると、この統合が自然と起こるようになります。ですから、本当にきちんと練習をしていれば、最初からそのようなものを求めていなくても起こるものです。

――なぜそれをスピリチュアルと言うのでしょうか？

私は、スピリチュアルというのは、神に近づけてくれるものという意味だと思っています。心が穏やかになると、それだけ揺れ動くことが減り、より神に近づきます。自然の成り行きです。

――心の落ち着きはアーサナの練習の結果だということですよね？

バンダやドリシティや呼吸など、すべての要素が備わった練習です。

――グルジの家系のグルである、シャンカラチャリアの哲学はどのくらい大事なのでしょうか？グルジがアドヴァイタの哲学をどのように自分の教えに融合していたと思いますか？

それを疑問に思ったことはありません。融合されていた、以上。

グルジの人生に融合されているものであって、「これは教えに入れよう」というような、分けられる行動や考え方でもなければ、現実の教えの中でどのように効果があるかということでもありません。融合されて、すべてそこにあるのです。セットになっているようなもので、分けることはできません。すべてがひとつです。

仏教やそれ以外の思想、二元的なものや非二元的なものについてグルジに聞いたことがありますが、すべて同じでした。自分がどのように見るかということです。自分を神に近づけるものは、すべて穏やかな心に帰結します。方法が違ったり、違う色の眼鏡をかけていたりすると言ってもいいと思いますが、すべて同じだと私は信じています。

——そのようなグルジのスピリチュアルな哲学を、どのように取り入れて教えていますか？

できる方法であれば、どんなやり方でも、教えている生徒に適切なやり方で取り入れます。

先生として、私の目的は三つあります。系譜の純度を維持し、自分の能力を尽くして純粋な伝統を教えることです。二つ目は、ヨガのすべての支則や側面をライフスタイルで実証することです。三つ目は、どんな人（練習生）にも、練習の過程や、練習の成果の片鱗を体験させることです。私にとっては、この三つがセットです。

「今日は生徒たちに何をすべきか？　ジェーンには何を教えるべきで、ジョンには何を教えるべきか？　何を言うべきか？」というような考え方はしません。そのような思考プロセスはありません。この練習はシステムなので、教える側の人間は完全に解放されています。練習を経験して、融合されたら、生徒とのコミュニケーションの方法が見つかります。説明書もなければ、ティーチャー・トレーニングのプログラムもなければ、ヨガを教えるための試験もありません。自分の人生自体で試されます。

——西洋人はヨガの道に対して非現実的な見方をしていると思いますか？

ほとんどの場合、ヨガとは何かをかなり勘違いしているのだと思います。西洋で十人に質問をしたら、十の違う答えが返ってくると思います。

――西洋人は練習を通して何を求めているのだと思いますか？

健康な体を求めている人もいれば、自分を治療してくれる人を求めている人もいれば、スリムな体型を求めている人もいれば、神を求めている人もいます。もう一度言いますが、大いなる誤解と、異なる考えがあります。

――先ほど、ヨガは神を探すことだと理解しているとおっしゃっていましたが、多くの西洋人は神からかなり離れていると思います。おそらく、あなたもすぐに理解したわけではないと思います。この身体的なアーサナの練習から、そのような繊細な何かまで、どのように進歩していくのでしょうか？

本当に練習をしていたら自然と進歩します。生徒は神様までの特急券を求めます。健康になり、気分が良くなり、心の平穏を与えてくれる、効果のある何かを見つけたがります。そして、おそらくある時点で、練習生は「自分の心の中で何かが起こっている！」ということに気づくはずです。（心の中に）満足感や平和があり、身体的なレベルで起こっていることよりも多くのことが起きています。

心の中に揺らぎがたくさんある状態で、サマディや神を経験することはありません。ですから、心が穏やかになればなるほど、神に近づきます。融合であり、自然な進歩です。

――それでも、体からはかなり遠いような……もちろん、心が大きな障害だというのはわかりますが、神に近づくというのはかなり大きな一歩ですね。

必ずしも大ジャンプではなく、ジワジワ近づくこともあると思います。

――それはどういうことですか?

練習がうまくいっていれば、あらゆるレベルでうまくいきます。セットみたいなものです。ですから、人はそれぞれ違うように、受諾、否定、承認のレベルも違うので、何らかの方法でゆっくり近づくこともあります。

――神と心と体の関係はどういうものか?ということではないかと思うのですが。

それがヨガです。呼吸は人間のシステムの中で、心と体を結びつけています。ナディのシステムのお陰で、サットヴァ的なエネルギーを優位にすることができます。ですから、何を食べ、どのように眠り、どのように練習し、どのように呼吸や様々な側面を使うかという、あらゆる練習を通してサットヴァ的なエネルギーが育まれていたら、ナディはそれを流します。融合されていき、つながります。システムの中で結びつける力があります。その乗り物が呼吸なのです。つまり、どんな人間でも、ヨガができる状態とは、生きて呼吸をしていることとなります。

——心の揺らぎはどのように減るのでしょうか？　神の姿が明らかになる手順はどのようなものですか？

ほとんどの人には練習が必要です。幸運なことに私たちには練習があり、システムがあり、系譜があり、かなり明確に説明されている一式があります。なんと素晴らしいギフトでしょう！　だから練習をしましょう。今は、導いてもらえるのを待つような時代ではありません。カリ・ユガという時代に生まれました。西洋の文化に生まれた人もいます。それが、私たちが何者でどんな時代を生きているかということです。ほとんどの人にとって努力や練習が必要な時代です。科学の時代であり、科学は技術という意味でもあります。技術が必要で、助けが必要で、それを持っているのだから使いましょうということです。

——生涯にわたって健康的にヨガの練習をするために、最も考慮すべきことはなんだと思いますか？　また、年を重ねながら練習を続けるにはどうすればいいと思いますか？

成長するにつれ、年を重ねるにつれ、人生のステージが変わるにつれ、練習の形式を変えることは避けられませんが、本質は変わることなく、そのままです。

――何を考慮し、何について考えなければいけないのでしょうか？　もしくは、自然と変わると思いますか？

良識的な判断と自分に適したものにすることです。

――おそらくあなたはできていると思いますが、良識的な判断ができない人もいます……

ゆっくりと、じっくりと、練習を進めてください。練習をしながら、実際の練習自体のことを考えたら、自分のグルや先生がいない時は、私は呼吸に従うべきだと思います。最初は先生がいます。西洋人の先生から教わる人もいるでしょう。私はほとんど一人で練習していますが、一人で練習していても、呼吸が教えてくれます。呼吸には知性があります。きちんと耳を傾ければ、わかるようになりますし、明らかになっていきます。呼吸が速かったり、不自然だったりしたら、明らかに無理をしています。呼吸は一番のガイドであり、バロメーターだと思います。

――アドバンストのポーズに到底たどり着けない生徒もいます。そのような人はスピリチュアルな進化もそこまでは望めないと思いますか？

練習やシステムや、心の中でエネルギー的に起こっていることの本質は、信じる力がある人なら誰でもできると思います。

――では、アドバンストのアーサナの機能というのは何なのでしょうか？

体が強く、熱意やエネルギーもある人に、適切なところで課題を提供するためです。アドバンストの練習は誰にでも適しているものではなく、（むしろ）ほとんどの人に適していません。しかし、人間として持っている強さや優雅さを間違いなく実証しています。

――最後に何か伝えておきたいことはありますか？

私は、グルジとグルジの家族や系譜に最高に感謝しています。もっと広く言えば、メソッドがなければ苦しむ人がたくさんいる時代に、練習するべき、従うべき、システムやプログラムがあることに感謝します。自分の信じるメソッドやシステムがあると、心の中の揺らぎは勝手に減っていきます。「今日何をするべきか？」「どのヨガクラスに行くべきか？」「今日は生徒に何を教えるべきか？」と考える必要がありません。私たちには明確にわかっています。常に愛し尊敬する両親はいますが、人生の大半で持っていなかったシステムやグルがあり、信じるべきものや人もいることに感謝します。

会社勤めをしていた時代に、管理職のリーダーシップ・セミナーのようなものを受けたことがあります。ブレインストーミングをしていた時の質問のひとつが、「あなたのヒーローは誰ですか？」というものでした。自分の両親以外で、現存している人を答えなければなりませんでした。私がグルジに出会う前のことでした。このワークショップで答えを白紙で提出したことは、一生忘れないと思います。

私にはヒーローがいませんでした。両親以外に、本当に見倣い、完全に信頼し、ガイドとして尊敬できる存在はいませんでした。その時は大海でさまよっているような気分でした。しかし幸運なことに、その状態は永遠には続きませんでした。最後にもう一度、私の人生にシステムがあること、グルがいること、先生がいることに感謝します。私を励まし、決断を認めてくれ、私の人生の目的と役割をとても明確にしてくれました。

二〇〇九年　マイソール

シャミーラ・マヘシュ

Sharmila Mahesh

シャミーラ・マヘシュは、ヨギーの家族に生まれるという貴重な特権を得て、弟シャラートと共に十二歳でヨガの練習を始めた。一九九一年に結婚し、バンガロールに移り住み、自身のヨガスクールを開いた。今も、大都市バンガロールのいくつかの場所で、多くの地元民や外国人生徒にヨガを教えている。

――ヨガの練習を始めたのは何歳の時ですか？

八歳の時にヨガの練習を始めました。他の生徒たちの練習をすべて見ていたので、自分もヨガの練習を始めました。

――ただ真似をしていたのですか？

はい、最初のうちは。その後、確か十二歳になった時に、真剣にヨガの練習を始めました。

――グルジと同じ家に住んでいたのですよね？

父がドバイで働いていたので、グルジの家に住んでいました。グルジはとても素晴らしい祖父でした。私はグルジと祖母アンマに育てられました。私の昼食をグルジが学校によく持って来てくれたものです。グルジは私の洋服を洗濯するなど、私と弟の面倒をとてもよく見てくれて、きちんと食事をしているかを確かめました。私の結婚式もすべて取り仕切ってくれました。グルジは私の人生の屋台骨です。

――グルジがヨガの練習をしているのを見た記憶はありますか？

素晴らしかったです。グルジは家の事もヨガを教える仕事もすべて終えて、それから自分の練習をしていました。

――グルジの練習と生徒の練習はどのように違いましたか？

スタイルは同じですが、グルジがやるポーズは素晴らしかったです。当時六十歳でしたが、それでも体はとても柔軟で強かったです。

――男女で違う部屋で練習していましたか？

いいえ、みんな一緒に同じ部屋で練習していました。ただ、朝は二階で女性のクラスが一つか二つありました。男女混合のクラスもあれば、女性だけのクラスもありました。

――グルジが師匠のクリシュナマチャリアと一緒にいるのを見たことがありますか？

一度、クリシュナマチャリアに会ったのを覚えています。クリシュナマチャリアが九十一歳の時に、外国人の生徒が会いたがったので、生徒を連れて家族全員でマドラス（現チェンナイ）のクリシュナマチャリアの家に行きました。私がとても小さかった頃のことです。

――グルジはクリシュナマチャリアの話をしていましたか？

はい。クリシュナマチャリアがどんなふうに教えていたか、練習中にどれほど厳しかったかなど、たくさん話してくれました。

――グルジはクリシュナマチャリアの足に触れていたのでしょうか？

グルジはクリシュナマチャリアに会うとすぐに足に触れて、師匠から恵みをいただいていました。

――グルジは素晴らしいサンスクリット語の学者でしたが、サンスクリット語の知識を家庭にも持ち込んでいましたか？

プージャはすべてサンスクリット語でやっていましたし、マントラも全部サンスクリット語ですが、家族の間ではサンスクリット語で話したりはしません。

――プージャは毎日するのでしょうか？

朝起きて、お風呂に入って、プージャをします。ギーのランプを点して、マントラを唱えながらお花を供えるというのが、私たちがやっている日課としてのプージャの基本です。インドではすべて女性がやっています。

――グルジについて話しておきたい、特別なエピソードなどはありますか？

若かった頃グルジは、サンスクリット語を学びたいと思っていましたが、自分の村にはそういう場所がなかったので、自分のウパナヤマ（聖紐式）の後で、なけなしのお金を持ってマイソールへと逃げ出しました。村にずっといても、農家や家畜の面倒を見るしかなかったのです。グルジはマイソールに逃げ出して、無料のホステルに泊まり、無料の学校に通って、サンスクリット語を学び始めました。

クリシュナマチャリアと出会ってからは、サンスクリット語の勉強と共にヨガも学び始めました。ある日、王様が宮廷で競技会を催し、グルジはヨガを披露するはめになりました。王様はグルジのデモンストレーションにとても喜び、住む場所と食事を提供し、サンスクリット語の勉強にもっと時間を費やせるようにしてくれました。グルジの人生はこのように始まりました。

——アンマが亡くなって、あなたの家族はまた一緒に住むようになりましたね。

グルジは祖母のことをとても愛していました。祖母の写真を見ては泣いていました。六十年以上連れ添ったので、一日や二日で悲しみは癒えません。私たちが一緒に住んだ方が、グルジも自由にできるし、私たちも祖母がやっていたようにグルジの世話が十分にできるし、いいアイデアだと思ったのです。それでみんなでグルジの家に引越しました。

——グルジがあなたに教えた一番大事なことは何ですか？

まず最初に、アシュタンガヨガのすべての支則をどのように守るかを教えてくれました。正直でなければならない、盗んではいけない、謙虚でなければならない、それぞれの支則が、どのように人生を導くかを教えてくれました。そのことが、先生としての私のキャリアも助けてくれました。グルジは「鍛錬し、自制しなければならない、自分の人生に集中しなければならない」と言っていました。一番大事なことは、自分のやっているどんなことでも、鍛錬し、自制し、集中しなければならないということです。

——グルジは、故郷カウシカにシャンカラチャリアを祀る寺を建てましたが、家族の礼拝において、シャンカラチャリアはどのような役割を果たしているのでしょうか？

シャンカラチャリアは私たちのグルです。寺は、祖母と、シャンカラチャリアにとても傾倒していた叔父のラメーシュに捧げられたものです。二人を偲んでのものです。

——叔父であるマンジュとラメーシュは、あなたの幼少期やヨガの練習に影響を与えましたか？

ヨガの練習はグルジとしかやっていません。最近は弟のシャラートも手伝ってくれています。マンジュは、私が八歳か九歳の時にアメリカに行ってから、十年近く帰ってきませんでした。ラメーシュは私たちと一緒に住んでいて、とてもいい叔父さんでした。ヨガの練習も素晴らしくて、どんなアーサナも上手くできて、神様にも献身的でした。日課のプージャにも本当に熱心で、とても謙虚でした。

――グルジがこんなにも西洋に関わるようになると思っていましたか？

もちろん。グルジは完全にヨガに身を捧げていました。ヨガだけに集中していました。グルジがどれほどヨガに身を捧げていたかを表す事件があります。ある日、グルジがスクーターに乗っていて事故に遭ったのです。額をかなり大きく切ってしまい、額を縫ってもらうために、私と友だちでグルジをお医者さんに連れて行きました。顔中血とあざだらけでした。それが夜の七時頃だったので、私たちは「明日は休んだ方がいいよ」とグルジに言いました。「明日はヨガシャラに行かないでね」と念を押しましたが、私が翌朝早くに起きると、グルジはすでに朝三時に起きて、ヨガを教えていたのです。

シルシャーサナ（ヘッドスタンド）で生徒を手伝っていると、生徒の足がグルジの顔に何度も当ったり、歯が三本欠けたりもしましたが、グルジは気にしませんでした。その翌日もクラスを教えていました。グルジがどれほど献身的かわかると思います。私は、グルジは世界中にヨガを広めると思っていました。グルジの献身さのお陰だと確信しています。

――グルジは意思がとても強いですよね。

グルジは、マイソールにスクーターが登場する前は自転車に乗っていて、時々自転車で私を学校に送ってくれました。しかし、スクーターが登場すると、七十歳になってもスクーターに乗りたがりました。どうしてもスクーターを運転したいというので、生徒の一人が七十歳のグルジに運転の仕方を教えたのです！　今は車も運転したがっていますが、多分免許はもらえないでしょう。

――グルジとアンマは結婚当初はとても貧しかったんですよね。

グルジは貧しくはありませんでした。村の中では裕福でした。村の人はみんな農家で、私の曽祖父は僧侶でした。しかしグルジはその村から出ました。自分の人生を生きたかったので、村を離れたのです。自分の城を築くのがグルジの人生の目標でしたが、自分の城はなかなか築くことができず、食べ物すらないこともありました。しかし、祖母は食べ物がなかったことを決して他の人には言わず、洗い場に茶碗を置いて、食べたふりをしていました。グルジは貧しくはありませんでしたが、最初はかなり苦労をしました。

――グルジのどのようなところが先生として特別だと思いますか？

グルジは非常に厳格で自律心がありました。すべての生徒を同じように扱い、差別をしませんでした。アーサナが完璧にできるよう、生徒がヨガについてもっとわかるように教えていました。グルジの人生はいつも同じです。簡素で、誰かを憎んだりせず、みんな平等に接します。私はそれが好きです。有名になってもグルジは変わりませんでした。私たちに「〝私は何でも持っている〟と言って、傲慢になってはいけない。さもないと、神様がすべてを持ち去ってしまうよ」と言い、いつも変わらず同じ人間でいるようにと教えていました。月に二十ルピーしか収入がない時のように慎ましくいて、満足しなければなりません。それもグルジの素晴らしい考え方です。

——グルジは家庭でも人生をどのように生きるか教えていたのですね。他にもグルジがくれたアドバイスや教訓はありますか？

グルジは私たちに素朴なままでいることを望み、家族が有名だと思ったりしないようにしていました。みんな同じように、親戚や友だちもすべて昔と同じように接しています。

——ひとつであること、あらゆるものが神であること、あらゆるものが同じであることは、アドヴァイタ哲学と関係していると思いますか？

はい。長期間ヨガの練習をしていると、人はとてもシンプルになり、八支則のすべてがうまくいくようになると思います。ヨガを教えていてそのように感じます。多くの人がシンプルになり、ほとんどの人がベジタリアンになります。ヨガは心や体、あらゆるものをコントロールするのを助け、睡眠や食事のバランスが良くなります。体の浄化です。自分で気づいていなくても浄化は起こっているのです。グルジはアンマが調理した、純粋なサットヴァ的な食べ物を食べていました。私はそれが光だと思います。グルジの中に悟りを見ます。アシュタンガヨガの練習をしてしばらくすると、あらゆるものがこのようになります。私はそういう生徒も見てきました。煙草をやめた人がたくさんいますし、お酒も飲めなくなります。練習の後は体が受け付けなくなるのです。浄化の兆候です。

――家族はどのくらい大事ですか？

グルジにとって家族は非常に大事です。グルジが生きていく上で考えていることは二つしかありません。ひとつは生徒のことです。グルジはヨガや哲学と共に、生徒に完全に深く関わっています。そして、グルジは、息子、娘、孫、ひ孫など、家族にもとても献身的です。夢中になってしまうこともありますが、グルジには家族はとても大事です。グルジは家族とヨガにすべてを捧げています。

――グルジはクラスの外でも生徒のことを考えていたのでしょうか？

はい、いつも生徒のことを話しています。この生徒はこれをやったとか、そういうことです。生徒はポーズが上達しなければなりません。また、クリシュナマチャリアのことも、彼の教えや、どのように一緒に教えていたかなど色々と話します。

——クリシュナマチャリアとグルジは一緒に教えていたんですか？

グルジはクリシュナマチャリアと一緒に北インドに行って教えていました。ヨガを広めたいと考えていたので、一緒に組んで、インド北部に教えに行っていました。

——クリシュナマチャリアと一緒に学んでいたことで、他に何か教えてくれましたか？

クリシュナマチャリアは非常に厳しい人でした。ある日、生徒が「なぜバンダをしなければいけないのですか？」「なぜこれをやらなければならないのですか？」とたくさんの質問をしたら、クリシュナマチャリアは怒って「なぜ口で物を食べるのですか？」「なぜ体の他の器官からは食べないのですか？」と返していました。非常に強い先生でした。グルジは二十六年間クリシュナマチャリアと一緒にいて、エネルギーを与えてもらいました。

——クリシュナマチャリアもグルジのことを非常に強いと思っていたのですよね。クリシュナマチャリアがアンマに「気をつけなさい、彼はとても強い男です。あなたをチャムンディの丘に連れていきますよ」と言ったとか、言わないとか？

アンマがグルジと結婚したいと思った時、占星術ではグルジとの相性が良くなかったので、アンマの父が「お前が幸せになれるとは思えない」と言ったのです。アンマはお金持ちの別の人からも結婚を申し込まれていました。しかし、アンマは「そのお金持ちとは結婚しない。私はパッタビ・ジョイスと結婚する。彼には強さがあるから、私は絶対に飢えることはない。彼は私を幸せにするために、日雇い労働者みたいに懸命に働くはず」と言ったのです。そう言ってグルジと結婚した時、アンマは十四歳でした。二人の結婚式はアンマの誕生日でした。

――グルジとアンマが夫婦として一緒に暮らし始めたのはいつなんですか？

結婚の二～三年後です。

――グルジはどのように年を重ねていると思いますか？ 加齢の影響を受けているでしょうか？

グルジは精神的にとても強いです。ヨガのお陰で、骨やあらゆるものがとても強いです。希望を捨てず、前進を続けています。外に出かけて、野菜を買って家に帰って来たり、銀行で用事を済ませたり、車に乗ったりしています。一九九三年からは入院もしていません。問題があったのは、去年（二〇〇八年）だけです。

――グルジはどのように先生として認められていったのでしょうか？

昔、グルジがヨガを教えていた時は、地元の人を呼んで、ヨガをするように言っても、ほとんど人が来ませんでした。ある日、グルジがマハラジャの宮廷でデモンストレーションをして、グルジのアーサナがとても上手かったので、マハラジャから五ルピーを賜りました。五ルピーは、今で言うと五十万ルピーくらいです。グルジはその五ルピーを長い間ずっと持っていました。マハラジャは感動して、グルジに無料で家と食事を与え「君は王宮に住んでサンスクリット語を学んでよろしい」と言いました。マハラジャは、グルジにサンスクリット大学に部屋を与えてくれたので、そこでヨガを教えることができました。グルジはサンスクリット大学で何年にもわたってヨガを教えました。昼も夜も懸命に働いていました。

地元の人はそんなにたくさん学びに来なかったので、グルジは西洋の国々に教えに行かなければなりませんでした。西洋人はインド人よりもヨガに興味を持っていました。一人の生徒が融資してくれたので、グルジは家の裏に自分のシャラをつくりました。地元の人に教えはじめましたが、あまり人は来ませんでした。少しずつ西洋人が来るようになり、西洋人の方が関心が高く献身的なことがわかったので、グルジは西洋の国々で教えたいと思うようになったのです。西洋人の人生が変わっていくのを見て、グルジは西洋に教えに行くようになりました。今では世界中に広まっています。

西洋人の生徒は、グルに対してもヨガに対しても献身的なので、グルジは本当に彼らが大好きです。

今では世界中から生徒が来ます。最初はアメリカだけでとても人気がありましたが、徐々にイギリスでも人気が出ました。今は日本やヨーロッパ諸国、フィンランド、デンマークなどでも人気がありま す。アシュタンガヨガをする人はあらゆるところにいて、国際的になりました。

――アシュタンガヨガは将来的にどのように続くと思いますか?

質の高い生徒がいなければいけません。生徒はサーティファイド・ティーチャーを見つけ、どの先生がいい先生かを見極めなくてはなりません。アシュタンガヨガはただの商売ではないのです。伝統的な学び方を守らなければなりません。そうやって学べば、自分の中に充足感を得られます。お金を得るためにヨガを学ぶべきではありません。自分のために学んでいると感じるべきです。そうすれば、充足感が得られ、人生が変わります。

一カ月間練習をしてみて、自分の体がどのように変わるか見てみてください。エアロビクスのようにやるのではなく、伝統的なマイソールスタイルでやってください。

――グルジは、この教えはクリシュナマチャリアから受け継ぎ、自分が教わったのと同じ方法で教え続けていると言っています。しかし、グルジのように教える人は他にいません。クリシュナマチャリアはやがて違うように教え、その息子のデシカチャーはある方法で教え、アイアンガーは別の方法で教え始めました。

クリシュナマチャリアは、グルジに何も変えて欲しくないと言っていました。グルジが唯一変えたのは、太陽に礼拝する、スーリヤナマスカーラAとBを開発したところです。それ以外は昔の設計で、呼吸とヴィンヤサのシステムを取り入れました。クリシュナマチャリアが教えたあらゆるものを取り入れています。しかし、グルジは教えながら研究し続けました。

グルジはすべてを伝統的な方法でやりたいと思っていました。生徒が来て、ヨガをして、グルと一緒に学ぶ。グルが認めた人のみ、教えに行くことができる。最近では、ヨガはとても商業的になってしまい、誰もが一～二カ月で認定証を欲しがります。アシュタンガヨガではそのようなことはあり得ません。何年にもわたって勉強と練習をし、理解を深めてから、教え始めなければなりません。

――最近は、早く教え始めたくて焦っている人が多いです。未熟なまま教え始めたら、自分の練習のためのエネルギーも奪われ、自分の生徒を傷つけることになります。長く待つことができれば、それだけいい指導ができますよね。

少なくとも七年は練習を続けなければなりません。

――他に何か言いたいことはありますか？

ヨガは妊娠中の女性にも非常に良いです。多くの生徒が妊娠中もアシュタンガヨガを練習しています。グルの指導の元、妊婦もヨガをすることができます。私は、妊婦はヨガをした方がいいと思います。

二〇〇九年　バンガロール

世界的なコミュニティ

ジョセフ・ダナム

Joseph Dunham

マイソールに定住するつもりのなかったジョセフ・ダナムは、グルジが世界中で教える海外遠征に同行し、十一年間共に旅をするうち、グルジとアンマとの関係を通して人生が変わった。ジョセフはマイソールに住み続け、新世代のヨガの生徒たちに自身の快適な家を開放している。

――どのようにしてグルジと出会ったのか教えてください。

一九九二年の五月……いや、十二月にグルジのところで一カ月間勉強をしようとマイソールに行きました。

――どういうきっかけでマイソールに行くことになったのですか?

世界を旅して回っていて、アシュタンガヨガの集中クラスを受けるためにクレタ島に立ち寄りました。その時私は、アシュタンガヨガのことはまったく知らず、他のタイプのヨガの勉強をしていたので、初日は練習が嫌になりました。二日目は疲れすぎて何も考えられませんでした。そして三日目に、アシュタンガヨガと恋に落ちたんです。二週間のプログラムでしたが、結局もう一週間延ばして、三週間滞在しました。デレク・アイルランドがグルジの住所を教えてくれたので、ネパールにトレッキングに行く途中、マイソールに寄り、グルジの家のドアをノックして、ここで練習できますかと聞きました。

——デレクはどうしてグルジの住所をあなたに教えたのですか？

私が、ネパール方面に行く予定だったので、インドにも行こうと思っていたからです。

——なるほど、それでグルジの家のドアをノックして……

グルジにここで練習できますかと聞きました。四週間は自分にとっては信じられないほど長い期間です。私はマイソールで四週間も耐えられないだろうと思っていましたが、グルジに練習できるかと聞いたら、グルジが「どれくらいいるの？」と聞いたので、「一カ月間滞在します」と言ったら、「それでは足りない」と言いました。すると誰かの声がして「二カ月ですか？」と言ったら、グルジは「君には三カ月必要だ」と言いました。それで「三カ月滞在します」とまた誰かが言って、グルジは

「いいでしょう。明日から練習に来なさい」と言ったんです。

――その誰かの声というのはあなた自身ですよね？

その部屋には他に誰もいませんでしたが、私ではない誰かのような感じがしたのです。自分がそんなことを言うなんて信じられませんでした。グルジの家から出ると、友だちのアニーに「信じられない、こんな小さな街に三カ月滞在すると言ってしまった」と言いました。アニーは「大したことないよ」と言いました。

三カ月後、私はグルジに「良いニュースと悪いニュースがあります。良いニュースは私が三カ月間やり終えたこと。悪いニュースはもっと滞在したくなったことです」と言うと、グルジは「いいね、すごくいいね」と言いました。それで私は五カ月間滞在し、その後、グルジとグルジの奥さんを連れて六カ月間世界中を案内して回ることになりました。そして、その後十一年間、グルジの海外遠征をすべて手配し、案内し、グルジ家族と同行する役回りになったのです。

――海外遠征の話をする前に、グルジとアンマの印象について教えてください。初めてグルジに会って、一緒に練習を始めた時はどうでしたか？　他のヨガの練習をしていたと言っていましたが、インド人の先生に習っていたり、インドで練習をしたりしていたのでしょうか？

なぜかわかりませんが、グルジとはすぐに通じ合うことができました。私はグルジにとても親近感を覚え、グルジとアンマのそばにいると落ち着きました。礼儀正しく、尊敬に値する人で、楽しくもありました。私は「グルジ」と呼ぶのに何カ月もかかりました。何カ月間も、ただ「先生」と呼んでいましたが、お互いに一緒にいて心地よかったです。

――練習はどのように進んだのですか？　最初の三カ月はとても早く感じて、もっと滞在したいと思ったのですよね？

私は練習に圧倒されていました。それまで、このようなものを体験したことがありませんでした。当時は数週間以上続けて練習をしたこともなかったのです。集中クラスを受けて、二～三週間練習をして、その後は練習をしていませんでしたが、アシュタンガヨガの構造と激しさに夢中になりました。クレタ島で初めてアシュタンガヨガのクラスを受けた時は、ハードな練習だと思っていました。しかし、しっかりと練習をして進歩したら、大好きになりました。間違いなく、進歩したから夢中になったのだと思います。

グルジとの練習初日、私はスーリヤナマスカーラAとBをやりました。グルジが「今はそれで十分、パドマーサナをして」と言ったので、私が「それは何ですか？」と聞くと、シャラートとグルジが私にパドマーサナを組ませてくれました。練習を始めた時、私は四十四歳だったので、パドマーサナができるようになると思っていませんでした。二～三週間後に、自分でも力ずくでできるようになりました。私は、そこにいる人たちにとても惹きつけられ、とても心地よく感じ、とても生き生きとして、自分の人生を十分に生きていると実感しました。

――五カ月間滞在して、それからグルジの海外遠征に同行したんですよね。どういう経緯でグルジに同行することになったのですか？

グルジを招聘している海外の先生たちと連絡を取っていた女性と、しばらくマイソールで一緒にいたのですが、ある日、彼女が私の家に来て「グルジが行かないと言ってる……」とショックを受けていました。この時の海外遠征は六カ月間の予定でした。「なんで行かないの？」と聞くと、彼女は「わからない、グルジが行きたくないと言ってる」と言いました。たくさんの人から電話がかかってきて、みんな泣いてお願いしていました。一週間後、グルジは行くと言って、その一週間後には、また行かないと言い出しました。

前回、彼らがこのような海外遠征を組んだ時、グルジは出発日に行かないと言って、実際に行かなかったと聞いたことがありました。それで私が「誰かグルジに同行する人はいるの？」と聞くと、彼らは「いない」と言いました。もちろん、誰かがグルジを空港まで送り、現地では誰かがグルジを迎えに行くことになっています。しかし、私は一人旅をした経験があったので、税関を通過し、自分のフライトを見つけ、そのゲートまで行き、飛行機に乗って、（ブラマンのつくったもの以外、つまりほとんど）何も食べないというのは、かなり大変なことだとわかりました。

グルジは私たちにとってはとても重要な人ですが、他の人にとっては英語が上手く話せない小さなおじさんが飛行機に乗っているだけです。グルジがどれほど大変な思いをしてきたかわかりました。その時私は、一年かけて旅行をする予定だったので時間がありました。最初にクレタ島に行き、次にネパールに行って、その次にここマイソールに来たので、まだ時間に余裕があったのです。それでグルジのところに行って、「必要であれば、私が遠征に同行しましょうか？」と言いました。グルジはとてもうれしそうでした。

今にして思えば、グルジはそう言われるのを待っていたのだと思います。インドの文化では、あまり直接的に何かを頼むことはせず、間接的に物事が行われているので、そのことを理解していなければなりません。誰かに一緒に来て欲しいと言わない文化なのです。グルジはそのことをわかってくれる人を待っていて、そこで私がたまたま気づいたのだと思います。それから、グルジとアンマと私は六カ月間旅をしました。その後、海外の人がグルジに来て欲しいと言うと、グルジは「ジョセフが行くなら、私は行く」と言いました。このようにして、この役回りは確立されていきました。

――グルジとアンマと数年間一緒に旅をしてきて、そのような時間を一緒に過ごすのは貴重なことだと思いますが、同時にストレスもあるのではないかと思います。グルジと一緒に旅行をして、色々な準備をするのはどのようなものでしたか？　グルジは機内ではどんな様子ですか？　グルジはどのように旅の準備をして、海外でクラス以外の時間はどのように過ごしているのでしょうか？　グルジが認めてくれなければ、同行役は続けられないと思います。

大事なのは、十一年という人生のまとまった時間を、ドサッとテーブルの上に置いて、何も考えずにこのようなことをしたりはしないということです。しかし、グルジもアンマもとても感謝してくれました。グルジが海外に出向いて生徒と会うには、このような役目を担う人が必要なのは間違いありません。グルジは自分一人だけではそんなことはしないし、できません。

グルジはアシュタンガヨガの練習そのもののような人でした。アシュタンガヨガについて色々と耳にすることがあると思いますが、実際に自分でやってみるまでは、人から聞いていたことは本当にはわかっていません。とても経験的なものです。それがパッタビ・ジョイスです。グルジは会ってみないとわからない人です。グルジについて色んな人からあれこれ聞くでしょうが、実際に会ってみると聞いていたのとは全然違います。パラシュートを着けて飛行機の外に飛び出すような感じと言えばいいでしょうか。そのことについて一日中話していても、経験をしない限りは、本当のことはわからないということです。

海外遠征で、インドに来たことがない生徒たちがグルジに会った時の反応を見ていますが、グルジがその人たちにインドに来るように勧めると、その人たちはインドに来ます。だから、グルジが海外に出向いて生徒たちに会わなければいけないというのは、当然だと思います。

初めて私がインドに来た時、ここには十二〜十四人の生徒がいました。十五人が最大で、それは十年前から変わらないと友達が言っていました。つまり、十年間変わらなかったということです。しかし、グルジたちが海外に出て、新たな生徒たちと会うと、大きな波が押し寄せるようになりました。

グルジが生徒と直接会えるようになって、すべてが始まったのです。教える下地ができつつあったところに、グルジ本人が来たので、アシュタンガヨガは世界に広がり始めたのです。今ではマイソールには数百人の生徒がいることもあります。

——しかし、一九七〇年代や八〇年代にもグルジは海外に行っていました。九〇年代になって何が変わったのだと思いますか？

九〇年代には指導者として認められる人たちが出てきて、新しいグループが育っており、グルジが大人数の生徒と会ったからだと思います。以前グルジが海外に行っていた時は、とても小さなグループが散在していただけではないか、というのが私の見解です。アシュタンガヨガの指導が進み、基礎ができていたところに、グルジが実際に行って生徒に会ったことで、すべてのタイミングがちょうど良く、完璧な嵐が起こったということだと思います。グルジはほんの数回海外に行っただけで、たくさんは行っていないと思います。

——グルジは、七九年、八〇年、八二年、八五年、八七年、八九年に海外に行っています。

そうです。グルジは基礎を築いていました。私がグルジと一緒に旅行するようになってからは、年に二回はないと思いますが、毎年海外に行きました。オーストラリアに行って、そのままアメリカに行ったこともありました。色々な形態で、たくさんのところに行きました。海外に行き始めた頃は、一カ所につき一カ月だったのが、一カ所に二週間になり、それから一回の旅行で十三都市を十五週間で回るようになりました。しかし当然ながら、それが最後の遠征でした。私の知る限り、あらゆる旅行を含め最後の旅でした。

――グルジとの旅のエピソードを少しお話しいただけますか？　グルジたちはレストランに食事に行ったりしましたか？

いいえ、グルジたちはレストランで食事はしなかったので、アンマが食事をつくるために、食材をたくさん持って行かなければなりませんでした。ブラマンは、ブラマンの用意した食事しか食べられないのです。私の覚えている範囲では、レストランに行ったのはロンドンとシンガポールの二つだけです。どちらもブラマンのレストランでした。グルジはレストランの食事があまり好きではなく、家庭料理が好きでした。

――飛行機の中ではどんな様子でしたか？

機内では、グルジは食事が取れないのでいつも大騒ぎします。私は、フルーツとチョコレートを詰めた大きなバッグを常に持ち込んでいるのですが、フルーツはもちろん、チョコレートも完全になくなるので、スイスのチョコレート職人は間違いなく全員ブラマンなのでしょう（笑）。

――アンマもチョコレートを食べましたか？

アンマも食べましたよ。

――いいですね。

機内で私が「この二人は食事をしません」と言うと、CAさんはやりにくそうな感じでしたが、グルジとアンマは快適そうでした。私は、二人と旅をする時は、常にスーツを着てネクタイをしていたので、物事はすんなりと進みました。グルジと旅をした十一年間で問題は何もありませんでした。すべてがうまく運んだことを神様に感謝したいです。

――グルジは自分で旅の準備をしますか？　直前に荷造りをしたりするのでしょうか？

いやいや、グルジはいつでも旅に出られるような状態でした。インドにいたら、出発する当日でもクラスを教えていました。夜のフライトでも、朝五時のクラスをかなり急ぎ足でやりました。グルジは、空港には常にものすごく早めに着くように行きたがりました。

初めてグルジと一緒にジュネーブとニューヨークに飛行機で行った時、私はアメリカに帰国していたので、パリでグルジたちと落ち合いました。何人かの生徒がグルジたちをフランスまで連れて来てくれたので、私は彼らと合流して、スイスのジナルのヨガ・カンファレンスに行きました。私と一緒にカンファレンスに来たデンマーク人の女性は、私たち一行がニューヨークに行く前日に発たなければならなかったので、グルジに「私は三時間かかるジュネーブの空港まで彼女を送って、飛行機に乗せなければならず、私たちの出発はその翌日です」と説明しました。ニューヨーク行きのフライトは午後一時発で、私はグルジに私が泊まるホテルの名前と電話番号を教えて、「ジュネーブの空港で午前十一時に会いましょう」と言いました。その時のグルジがあまりうれしそうではなかったのは覚えています。

それが木曜日のことです。私たちのフライトは土曜日でした。グルジは金曜日に私のところに来て、土曜日はどういう予定なのかをもう一度聞きました。私は同じことをまたグルジに説明しました。すると、グルジは私が空港に送る女性のところに来て、一日中彼女のことを見ていて、最後に彼女のところに来て、彼女の手を握り「明日、ジョセフは私と一緒に行くから、多分その後でジョセフはデンマークに行くと思う、その後であなたはインドに来るかもしれない、だけど明日はジョセフは私と一緒に行くから」と話していました。グルジはとても優しいなと思いました。

それで、最終的に何もかもやって、車で彼女を空港まで送り届け、私はホテルに行きました。翌朝六時に起きて、コーヒーのルームサービスを頼み、髭を剃りに行こうとしたとたん、電話が鳴りました。きっと私が頼んだコーヒーのことで何かあったのだろうと思い受話器を取ると、リノ（ミエレ）

からでした。

「おはよう、ジョセフ」

リノはジナルからグルジを車に乗せて空港に来ていました。

「ジョセフ、僕たち空港にいるよ」

「リノ、まだ朝の六時だよ。空港で何してるの？」

「うん、朝二時にグルジが僕の部屋をノックして〝起きなさい〟って言ったんだよ」

「だけど、飛行機は午後一時まで飛ばないよ」

「わかってるけど、グルジは今すぐ君に空港に来てほしいと言ってる」

「今起きたところだよ。今から練習して、それから空港には午前十時に行くから。昨日の夜空港に行ったけど、素敵な空港だから、グルジたちに〝楽しんでください、後で行きます〟と伝えて」

なんとも可愛らしいと思いました。十時に空港に行ってグルジたちに会い、ニューヨークに行きました。すべてうまくいきました。グルジは私が空港に来ることがわかっていなくて、デンマークに行ってしまったと思っていたようでした。


——昔あなたが話してくれたエピソードを思い出しました。詳しい状況は忘れましたが、練習後に誰かに会いにどこかに行った時のことです。服を着替える時間がなくて、汗で濡れた練習着のまま行ったら、エレベーターでグルジと一緒になって、グルジは上から下まであなたを見て「そんな格好で行くの？」と言ったんですよね。

それはロンドンでの話ですね。私たちは綺麗な邸宅に泊まっていて、バッキンガム宮殿に行こうとしていたんです。みんな急いでいて、私はやることがたくさんあって走り回っていたので、服を着替える時間がなかったんです。そしたらグルジが私を見て「そんな格好で?」と聞くので、「はい、大丈夫です」と言ったのです。

五十代にもなって、洋服を着替えろと言われていると思いました。そしたら、シャラートが「いやいや、グルジはそういうつもりで言ったんじゃなくて……」と言うので、私は「いや、グルジはそういうつもりで言ってるよ」と言いました。それで、走って着替えに行って、ジャケットを羽織って戻ってきたら、グルジは「良いね、かなり良くなった」と言いました。私が「良くなりました?」と聞いたら、グルジは「かなり良くなった」と言ったんです。

――グルジは身なりにはうるさいタイプですよね。

ですね。たしかに私も見苦しい格好でしたが。女王様に出くわしていたかもしれないしね。何とも言えません。

――あなたの役目が基本的に終わった時はどうでしたか?

十一年間は長いです。人生の大きな一部です。その役割を担うのは喜びであり光栄でした。グルジとアンマが私を受け入れてくれて、色々なことが動きました。そのような機会をもらい、そのようなことが起こった人生に感謝しています。変化が起こるタイミングだったのだと思います。本当に厄介なこともありましたが、適切なことだったのだと思います。だから私は役目を終えることにしました。これからは間違いなくシャラートが家族の世話をする役目になると思います。シャラートには私が手引きをする必要はありません。

——今は何をされているんですか？

今は、一カ月間も住めないと思っていたこの小さな街で、とても幸せに暮らしています。旅をしながらヨガを教えることもありますが、実際の仕事はオンラインで株式投資をしています。

——マイソールでの生活はどのようなものですか？

マイソールでの生活は、充実していて、心地よくて、シンプルです。私には十分です。好きなだけ集中できます。アシュタンガヨガを練習する人たちが世界中からたくさん来る、素敵で変わった環境です。長年の間に友達もできました。みんなここに来るので、私はいつも友達と会って、とても親密な友情を築いています。

私にはわかりませんが、グルジのところに来る人たちは前世からヨギーだとグルジは言っていました。そういうことなのかどうかわかりませんが、私は初めてグルジたちに会った時から、彼らのそばにいるのがとても心地よかったです。独特な生活環境で、ニューヨークやマウイのように、誰もが何か理由があって行くところだと思います。ここにはたくさんの人が集まるので、私はとても豊かな経験ができます。非常に魅力的です。すべてがポジティブな経験です。

――この一年でグルジは何カ月間か病気をしていますが、どのような印象をお持ちですか？ グルジが最初に病院に行った時もここにいたのですよね。入院中のグルジを見舞ったり、入退院に付き添ったりを何度もしていると思います。

私たちはみんな夢を生きられてとても幸運だと思います。九十二歳のグルジは、安心して、くつろいでいて、それでいてとても儚《はかな》いという印象です。しかし、グルジのユーモアのセンスは鋭くて、私はいつも注目していました。瞳の奥に光はありますが、体は九十二歳らしい動きになり、とても脆《もろ》くなっています。毎晩、寝室で座ってテレビを見たり、おしゃべりをしたり、呼吸法をやったり、呼吸に苦しむこともありますが、今は可能な範囲で一番快適な環境にいると思います。ただグルジは弱ってきていて、間違いなく年相応の動きになっています。家族はとても良くグルジの面倒を見ています。

――グルジの魂はどうですか？

グルジの魂は健在ですよ。

――途方もない知識と、途方もないヨガの練習と経験をしてきた人です。そのような人が、助けが必要な人生の段階に移り、自身の衰えをグルジがどのように感じているのか、何かヨガ的な感覚があると思いますか？

衰えは年齢によるものだと思います。私はグルジとの経験、グルジと過ごした日々がたくさんありますが、「九十九％プラクティス、一％トーキング」でした。私たちのコミュニケーションは、一％が話すことで、あとはとても楽しいレベルの九十九％の経験でした。お互いの目を見ていました。グルジは笑ったり、笑わせたりが好きで、特に口頭でのコミュニケーションはなく、目でのコミュニケーションが多かったです。

ひとつ思い出しました。私たちがオールド・シャラにいた時、グルジが知らない生徒からの手紙を持って入ってきたのです。その手紙の送り主は練習に来ていたことがあるのですが、グルジは部屋中を「この人知ってる？」と聞いて回っていました。そこにいた生徒は誰もその人のことを知らなかったのですが、最終的に誰かが「はい、その人のこと知ってます」と言いました。

この話を聞いて、グルジはその人がヨガの先生かどうか、どんな練習をしたのかを知りたがっていると思うかもしれませんが、グルジがこの人の手紙から知りたかったのは「この人は幸せ？」ということだけでした。その人のことを知っていると言った人は「はい」と答え、グルジは「ならよかった」と言いました。グルジが知りたかったのはそれだけです。それが一番大事なことなのです。

グルジと一緒にいる時、グルジは私が物事を軽く扱って、グルジを笑わせようとしているのがわかっています。私はグルジの精神状態がどうなのか、その冗談にどのように返すのかを見ています。そのようなレベルの軽いコミュニケーションをしていますが、グルジはそういうものを大切にしていると思います。部屋に入ってくる私の姿を見ると、いつもグルジは微笑みます。多分私の練習のことを考えているんでしょうね（笑）。そういう人です。

二〇〇九年　マイソール

ジョン・スコット

John Scott

ジョン・スコットは、ニュージーランドでインダストリアル・デザイナーとして研修を受け、一九九八年に亡くなったグルジの献身的で熱心な生徒であったデレク・アイルランドを通してアシュタンガヨガと出会った。世界中に広まっているプライマリーとインターミディエイトのチャート図はジョンが描いたものである。また、ジョンのアシュタンガヨガの本はイギリスでベストセラーになった。

――最初にアシュタンガヨガに惹かれたのは何がきっかけですか?

私は総合的な健康とフィットネスの施設で働いていました。当時の私はウィンドサーフィンに夢中でした。その施設のウィンドサーフィンや太極拳以外の、数ある選択肢のうちのひとつがヨガでした。デレク・アイルランドに出会うまで、ヨガには興味がありませんでした。私は最初、デレクのことをアメリカンフットボールの選手だと思っていましたが、イギリスのサッカー選手でした。とにかく、施設に来る前からデレクはとても有名で、写真でもすごい男だというのがわかりました。

私は、デレクの個性と同じくらい身体的な存在感に圧倒されました。デレクが練習しているのを見た時、彼みたいな体格の男がやっていることに驚きました。その頃、筋骨隆々の男に開脚ができるなんて信じられなかったのです。デレクの練習を見て、私はヨガに夢中になりました。「うわ、あんなことができるんだ！　やってみたい！　あんなふうになりたい」という感じでした。最初は、健康になれるエクササイズのシステムだと思い、完全に自慢するためのものでした。

練習を始めると、呼吸と呼吸に合わせた動きに興味を持ち、その感覚に惹かれて練習を続けました。デレクは私の最初の先生で、インスピレーションを与える人でした。彼はパッタビ・ジョイスにとても感謝していたので「ジョン、なるべく早くマイソールに行って、パッタビ・ジョイスのところで学んだ方がいい」とアドバイスしてくれました。

十八カ月後、私は、パッタビ・ジョイスのところに行きました。デレクとの練習は実際には三カ月だけで、デレクに「パッタビ・ジョイスのところに行って、まったくの初心者だと言いなさい」と言われていたので、「私の先生はデレクですが、最初から教えてもらいなさいと言われました」と伝えました。練習初日は、とても緊張していて、興奮しながらも怖かったのを覚えています。部屋の雰囲気は非常にパワフルで、そこにいた先輩練習生たちはとてもすごかったです。

グルジは、練習についてそんなに説明はしませんでしたが、最初から私に必要なところで指示をしました。グルジのエネルギーも目も手も私に向けられていたので、アドレナリンがみなぎっていて、私はスタンディングのポーズの途中から震えていました。すると、グルジが「座って、休憩しなさい」と言ってくれたので、とてもホッとしました。

パッタビ・ジョイスと共にこのように練習を始められたのは、とても特別なことだったと思います。

グルジは今ではとても忙しいので、特に最初に別の先生から練習を教わっている場合は、最初の数日間は見過ごされるかもしれません。しかし、数は減りましたが、完全な初心者であれば、グルジの目や手は初心者に向けられ、とても集中した練習になります。ですから、私が初期の練習をパッタビ・ジョイスのところで始められたのは、本当に運が良いことでした。最初にスーリヤナマスカーラをして、それからひとつずつ増えていくという伝統的な指導方法で、パッタビ・ジョイスは私の練習全体を通して、ポーズをひとつずつ教えてくれました。私はこれをグルジ自身から実際にやってもらいました。

――初めてマイソールに行った時の印象やヨガシャラのことを教えてください。

ヨガシャラは、マイソール郊外のパッタビ・ジョイスの家の中にありました。リキシャの運転手全員が行き方を知っているので、どこにあるか知らなくても行くことができます。裏道と呼ばれるような場所を歩いていると、牛がきままに歩いています。ヨガシャラに近づくと、自転車や様々な移動手段が外に停めてあるのですぐにわかるでしょう。玄関を入ると、靴が山ほどあって、色々なことが起こっているのを感じ始めます。ここまで来ると、いわゆるウジャイー呼吸の音が聞こえてきて、壁が呼吸をしているようだと言う人もいます。中を見ると、その場にいる人たちの熱とエネルギーに打たれます。呼吸とパッタビ・ジョイスの鋭い指示以外の音はなくなります。

――グルジの教え方は長年の間に変わったと思いますか?

私が練習してきた約十年間は、本質的にはパッタビ・ジョイスの教えは同じです。時間の制約や生徒の増加などの理由で、少し変えなければならなかったとは思いますが、基本的にパッタビ・ジョイスの教えはとても伝統的で、常に昔ながらのやり方です。

――グルジがどのように教えたか少し詳しく説明してもらえますか?

パッタビ・ジョイスの教え方では、初心者を迎えたら、練習をしながら初心者に説明をし、サンスクリット語のカウントでヴィンヤサをさせます。グルジが言ったことは、生徒は翌日も覚えているものとされます。つまり、グルジは常に同じことを繰り返して言うことはしません。覚えていなかったら、グルジの機嫌が悪くなります。生徒にそのようなプレッシャーをかけることで、生徒の自制心が試され、向上し、自分の練習に対する責任感も生まれるので、グルジは見守るだけです。生徒はグルジのシャクティやエネルギーとつながります。

生徒が間違ったことをしているのを見たら、グルジは口頭で指導をします。例えば「まっすぐ」「腕を上げて」「頭を上げて」や、ドリシティの位置などです。それでも間違っていたら、グルジが来て、生徒にポーズを取らせるために身体に触れて調整する、いわゆる〝アジャスト〟をします。マイソールでグルジにアーサナを取らせてもらうと、家に帰っても体が覚えています。

パッタビ・ジョイスのメソッドでは、体が熱くなり、汗をかいてアドレナリンの分泌が増している状態で、グルジは生徒にポーズを取らせます。生徒はそれに従わなければなりません。色々な状況で、私はグルジのアジャストに抵抗しようとしたり、アジャストが強すぎると感じたりしましたが、長年の間に生徒はグルジの目を見なければならないと学びました。それは間違ったドリシティではありますが、グルジの目を見て従えば、あなたが行ける以上にはグルジは連れていかないと信じることができます。グルジのプレッシャーに従うだけで、長年の間に私の体は変わってきました。今ではグルジにアジャストされるととても安心します。

——グルジの教えにはスピリチュアルな要素があると思いますか？

グルジは、ヨガのとても伝統的なメソッドを教えており、生徒に説法はしません。私は〝適切な質問で進む指導〟と呼んでいます。グルジに何か質問をしたら、グルジは答えます。必要としていない限り情報は与えません。スピリチュアルな面ではグルジ自身が手本です。その手本によって、ヨガの八支則の（アーサナ以外の）他の支則も学びます。朝グルジを見ていると、グルジは部屋に入って来てチャンティングをし、お香に火を点し、自分の父親や先生や子供を拝み、それから自分の儀式的な日課に取りかかります。それを観察することで、一日の始まりには儀式的なパターンが必要だということを、少しずつ学びます。

どのように部屋に入って来て、どのように働き、どのように部屋を後にするのか、グルジのスピリチュアルな教えはこの手本の中にたくさんあると思います。しかし、グルジとの関係を長年続けることや、何年にもわたってその手本を見ることでしか、アーサナ以上のものはわからないでしょう。あなたに問題がある時にグルジがどのようにその問題に対処するか、他の人に問題がある時にグルジがどのようにその人たちの問題に対処するかを観察します。何か意図があるように感じる時もあります。しかし、後になって考えると、グルジは自然とその人がどういう人かを見極め、その個人に対して働きかけていることがわかります。ですから、十二人のグループで練習をしていても、あなたは個人としてそこで練習しており、グルジが伝える情報には一般的な指導というのはありません。グルジは非常にスピリチュアルな人間です。無理矢理ではなく、自然と伝わってくると思います。

——アシュタンガヨガへの批判のひとつに、(万人向けの)標準的な形式のヨガだという受け取られ方がありますが、あなたのお話では非常に個人的な教えだということになりますね。

アシュタンガヨガの練習は非常に普遍的な、非常に標準的なシークエンスです。誰もが、様々な能力レベルで同じシークエンスを練習しますが、シークエンスに対する個々の考え方や解釈は違います。多くの他のタイプのヨガは、みんなが同じことをするという点でシステムを批判しています。もしくは、このようなことをしたら、体が燃え尽きてしまうという批判も何度か聞いたことがあります。

私のような見方をすれば、どんな種類のシステムにも間違いはありません。どのように練習するかという姿勢や態度の問題です。システムの素晴らしいところは、ある一定の不変の形式があるということです。心が落ち着かない時も、その不変の形式に戻ることができるのです。長年教えながら、基準やガイドラインとなるそのシステムを使って練習する、すべての生徒を見比べたら、個々の心や思考がどれほど変化するか、個性がどれほど違うかがわかります。

大事なのは一貫した練習をすることです。システムを変えたらすぐに、そちらに変わってしまうからです。パッタビ・ジョイスは、クリシュナマチャリアから受け継いだ形式を長年続けているところが素晴らしいと思います。パッタビ・ジョイスに質問をしたら、この一貫した練習を通して、生徒各個人を理解できていたと言うのではないかと思います。

――アシュタンガヨガの練習はどのように効果があるのでしょうか？　練習を通してどのような変化が起こっていると思いますか？

アシュタンガヨガの練習生に対する効果は、非常に個人的なものです。呼吸と動きを連動させる、このシステムの練習を始めると、呼吸とバンダのコントロールができるようになります。そうすると、誰もが自分の内面で呼吸が常に解放されることに気づきます。スピリチュアルな問題に戻ると、パッタビ・ジョイスは息を吸うことは神を受け入れることで、息を吐くことは神に与えることだと言います。息を吸うこと、息を吐くことは、誰もが本能的にやっているので、アーサナのシークエンスに取り組んでいる時に、呼吸を一貫して連動させることで、それぞれの練習生の問題や障害が明らかになることが多々あり、個々の練習生は学ぶ機会を得ることになります。アシュタンガヨガのシステムはこのように機能しており、私たちは、自分個人の成長と向き合っているのです。ですから、アシュタンガヨガをやっている人は成長し、毎日練習を続けていれば非常に早く成長します。

最初に私がアシュタンガヨガと出会った時は、見せびらかすものだと思っていましたが、呼吸に夢中になってからは変わりました。外部の世界よりもはるかに大事な、自分の内面の旅だと気づいたのです。それから十年経った今では、自分の練習や体が外からどのように見えているかは、まったく大事ではありません。今大事なのは、呼吸に感謝すること、練習している時のリズム、呼吸がどこに導いてくれるかです。私が初めてデヴィッド・ウィリアムスのところに行った時、「今私が教えているのは、ウジャイーの呼吸法とムーラ・バンダだ」と言っていて、当時の私は笑っていました。しかし今では、すべての先輩練習生や先生たちに感謝しています。最終的に獲得しようとしているのは呼吸とバンダです。ですから、練習の真の本質に取り組むことから始まります。真の本質というのは、呼吸によって到達できる個々の成長です。

――自分が教える時にグルジの教えをどのように取り入れていますか?

私は、パッタビ・ジョイスからアシュタンガヨガを教えるのを認められる前から、教え始めていました。グルジは生徒にこの練習を広めて欲しいと思っています。つまり、いわゆる〝オーソライズド〟をされる前に、教え始めてもいいと思います。私が初めて教えた時は、最初の先生のデレク・アイルランドを参考にしました。デレクから大いに影響を受けていたのです。デレクの教え方はパッタビ・ジョイスとはまったく違って、プライマリーの〝レッドクラス（ガイドしながら教える）〟でした。最初は無我夢中で教えていましたが、経験不足でした。十年間見習いで教えていた感じがして、このレッドクラスのスタイルから、パッタビ・ジョイスのマイソール（自主練習）スタイルのクラスに変えるまで七年かかりました。もっと何年も前からマイソールスタイルで教えていればよかったと思いました。

レッドクラスだけを教えていたら、それぞれ違う個性の人に同じ方法で伝えることになるのでとても危険ですし、その教え方では効果がありません。同じものを教えていても、それぞれの人に合ったやり方で教えた方がいいです。マイソールスタイルで教えていれば、それぞれの生徒と直接関係を結ぶことができるので、同じメソッドを使って、それぞれに合った練習を伝えることができます。ですから、今はマイソールスタイルで教えていますが、私は最初、お金稼ぎのためのビジネス的なヨガの先生でした。今は幸運なことに、パッタビ・ジョイスを参考に生徒の数は十名まで減らして、練習を通して個々の指導ができるシステムを本当に尊重しています。

——今ではグルジも、海外ではいわゆる〝レッドクラス〟を教えています。グルジの教えるメソッドにどのように調和していると思いますか？

私は参加したことがありませんが、パッタビ・ジョイスが海外で教える時はレッドクラスです。すでに何年間も練習経験がある、標準的な練習をしてきた人たちなので、そのようなレッドクラスを受けられるのでしょう。エネルギーは間違いなく非常に高く、カウントは正確で、とてもキツいと思います。私もそういうクラスを受けたいです。グルジは実際に指示はしませんが、呼吸や正確なカウントのヴィンヤサを通してクラスを導きます。

グルジがニュージーランドに来た時は、生徒たちがそのようなクラスができるレベルではなかったので、初心者向けのハーフプライマリーのクラスをしました。グルジはずっと初心者を受け入れませんでしたが、大人数の商業ベースのヨガクラスを教える場合は、一度に三〜四人以上の初心者と一緒にクラスをすることもあり、その人達も導かなければなりません。どれくらいまで導くかというのが問題です。レッドクラスでは説明しながら練習を進めることができますが、どれくらいまで初心者に練習をさせるかということを本当に厳格に考えていれば、大丈夫です。しかし、レッドクラスのようなやり方で、大量の初心者と練習をするのであれば、それは無責任です。パッタビ・ジョイスは、ある一定レベルの練習生だけをレッドクラスに受け入れました。

――練習することと教えることの違いは何だと思いますか？　練習と指導の関係はどのようなものでしょうか？

練習生にとって、教えることが一番大きな犠牲を生みます。個人の練習の時間としては朝が最高なので、特に朝マイソールスタイルで教える場合は、自分の練習時間が大幅に奪われます。ですから、教えることで自分の練習時間をあきらめるのは、最大の犠牲だと感じます。それから、アジャストは大変な肉体労働です。すでにしっかりと練習をしていなければ、体にはかなりの負担になります。

しかし、教えることは別の練習でもあると思うので、先生になるのは大きな特権だと感じています。私は、ヨガの練習をしてヨガを教えるというサイクルがあり、教えることから多くを学んできました。自分の練習をしている間に学んだことを消化吸収して、それをクラスに注ぎ込みます。また、十〜十五人、ワークショップの場合は二十〜三十人の生徒が、教わった情報とどのように関わっているかを観察することで、クラスからもエネルギーをもらいます。

クラスを見る（教える）ことは、自分の練習を再処理しているようなものなので、自分のクラスというのは自分の練習との対話です。対話という意味で言えば、激しい日もあります。自分個人の集中した練習ができないということと、内的な呼吸や内的な瞑想的資質を得ることを、分けなければなりません。ですから、内なる混乱に直面しなければならないこともあります。自分の練習はとても科学的なプロジェクトです。自分の心もまたクラスのようなものなので、そこにもジレンマがあります。練習もするし、教えもします。同じ人間がやっているので〝ただのジョン〟として練習しようとする日もあります。

しかし、エネルギーが循環するサイクルは、自分の進化という点で私には非常に重要でした。私は自分のクラスからたくさんのことを学んできました。自分がどのように伝えてきたかという点では、たくさんの怪物を生み出してきましたが、それを正すこともできたし、自分の練習の中でそれを正すこともできました。しかし、練習することと教えることには葛藤があるとも思います。

——怪我をしたこともあると思いますが、怪我や痛み、もしくはオープニング（体が開くこと）の役割はどのようなものだと思いますか？

怪我の話になると、私はいつもグラム・ノースフィールド（412頁）のことを思い出します。私が激しい膝の痛みに悩まされていた時、グラムは「ジョン、それはただの急激な気づきだよ」と言ったのです。その日以来、これまで〝怪我〟という言葉を使ってきたものは、怪我ではないと思いました。会話の中で、自分の今の状態を説明するのに、〝怪我〟という言葉を使うことがありました。しかし、ヨガの練習で怪我＝損傷というほどのものはありません。

ヨガをやっている間に怪我をしたというのであれば、アシュタンガヨガの一番目と二番目の支則、ヤマとニヤマが守れていません。自分に対して暴力的ですし、強欲で、物質的でもあります。〝怪我〟ではなく〝急激な気づき〟と呼んでいると、障害やエネルギーのブロックが起こっているのを教えてくれていることがわかりました。

また、いわゆる〝怪我〟と呼んでいるものを引き起こしたのは何かを理解する必要があります。〝急激な気づき〟と呼んでいると、何のせいでそれが起こっているのか、なぜ起こったのか、それを治癒したり、それを超えて成長したりするには何ができるのかを学ぶようになります。

もちろん、私は怪我をしたことがありますが、ほとんどが自分のエゴによるものでした。どう見えているか、どうすれば先に進めるかという、自分の練習の外側の面にばかりとらわれていると怪我をします。しかし、怪我は何かを教えてくれているのです。最初は謙虚さを教えてくれます。実際これは良いことです。私たちのほとんどが、エゴのせいで怪我をするからです。私は、グルジの足に触れるようになる前、しばらく膝に問題を抱えていました。その後、膝が前に行こうとしたり、方向を変えようとしたりするのは、自分のエゴが別のエゴと対立していたからだと、今では理解しています。

グルジに「私が（グルジの）足に触れていないのに気づいていますか？」と聞いたら「もちろん」と言いました。「触れた方がいいのでしょうか？」と訊いたら「もちろん」と言いました。「なぜ触れた方がいいのですか？」と聞いたら「理由は三つ。ひとつは私は君より年上だということ」だから敬意を表しなさいと。「二つ目は、私は君の先生であり、グルだから」これも敬意を表しなさいということです。そして「三つ目は、グルの足に触れたら、すべての悪いものが去り、良いものだけがやってくる」と言いました。私がグルジに質問をして、やっとグルジが答えをくれて、足に触れようという敬意が湧いてくるのを感じました。その時、片方の膝があまりにも腫れていたので、片膝をつくことしかできなくなっていました。

また私は、最初の先生デレクともエゴの衝突がありました。膝の問題がすべて解決して、私は両膝を床につけられるようになりました。謙虚さを教えてくれたわけですが、その〝急激な気づき〟はあらゆることに結びついています。膝の怪我を引き起こしたのは、何をしていたからでしょうか？　最終的にそこに戻ります。グルジは「硬い体、硬い心！」と言います。壊れた膝は壊れた心！というわけです。体は心に起こっていることを表しています。心が硬い問題を解消すると、すべては解剖学的になります。動きはそもそもどこから来ているのか？ということに戻ります。動きはそもそも股関節から来ているので、あらゆるエゴ的な行動よりも、蓮華座をどのように組んでいるかということを、もっと鋭く意識しなければなりません。つまり〝怪我〟という言葉は、他の人と意思疎通をするために使っている言葉なだけで、内部で起こっていることは〝急激な気づき〟だということです。

——アシュタンガヨガはある特定のタイプの人を惹きつけると思いますか？

間違いなく、とても偏執的な性質や、中毒的（ハマりやすい）性質の人を惹きつけると思います。練習自体が非常に中毒性があると言えるので、うまくできていると思います。ですから、例えば、ドラッグ常習者は、ある中毒からヨガの練習中毒に乗り換えられるので完璧です。今、ヨガの中毒になり始めているのであれば、ヨガをしていないことがヨガそのものです。私が五年間、一日も練習を休まなかったと断言できるのは、私が中毒だったからで、（積み上げたものが）なくなってしまうかもしれないという恐怖のせいで、ヨガをやらないのが怖かったのです。ですから、練習において、もっと、もっと、もっと遠くに行くために目の前に人参をぶら下げていると、常に人参が目の前にあるわけで、常にシステムに試されていることになります。パッタビ・ジョイスが、なぜ満月と新月を練習しない日にしているかという理由もそこにあるのではないかと私は思います。偏執的な性質のある人には、練習をしないことも練習課題になります。さて、そろそろ私もパドマーサナから自分の身体を解放しなければなりません（笑）。

（ジョンはインタビューの間ずっとパドマーサナで座っていた）。

——長年の間にあなたとグルジの関係はどのように変わっていきましたか？

私はグルジとはとても特別な関係です。初期の生徒のほとんどが、自分はグルジととても特別な関係だと思っているはずです。私の場合は、グルジは少しお祖父ちゃんのようであり、父親のようでもあり、まさしく師匠のようでもあります。それまでも、スピリチュアルなグルのような、シッディ（魔法のパワー）を持っているグルを探していました。西洋人は、魔法のようなわかりやすいものを見せてくれる人が好きですが、まったく馬鹿げています。私はグルジに出会った時に「彼こそグルだ！」と思いました。

グルジは私のグルです。途方もない愛と尊敬の念を抱いています。私はグルジとグルジの生徒との関係も見ています。グルジは生徒一人ひとりを愛し、気にかけ、マイソールに来たことのあるすべての生徒に素晴らしい思い出を与えます。私とグルジの関係は、最初からずっとまったく変わりません。私はグルジをいつも尊敬し称賛してきました。最初は、自分の文化や習慣になかったせいで、グルジの足に触れられませんでした。しかし、西洋的に交流するにしても、グルジと握手をするのは違う気がして、私はグルジにハグをしていました。グルジとハグをすると、グルジも私にハグを返してくれました。よそよそしいハグでも、力一杯のハグでもなく、グルジは父親や友達のようなハグをしてくれました。

グルジは私に何も期待したことはありませんが、グルジは私にベストを尽くさせる方法を知っています。グルジは私に厳しいですが、同時にグルジなりの方法でたくさん励ましたり褒めたりしてくれます。グルジはたくさんのボタンを押してきましたが、グルジが私のボタンを押す時は攻撃的でもなく、悪意も意地悪もありません。グルジが私のエゴのボタンを押した時は特別でした。グルジがやったのは私の姿を映すことだけで、それでグルジは私の鏡になっていた、私の姿を写していたのだと気づきました。それからは、グルジのことをさらに尊敬するようになったと思います。

今では、私が電話をかけたら、グルジは私が誰かわかり、会話もします。グルジとそのようなつながりができたのはとても特別なことです。グルジは私に「家族は元気?」「子供はどうしてる?」と聞きます。生徒のことをアーサナのようには思っていません。人生や家族のある、人として見ています。その家族とは、生徒もグルジの家族に含まれているということです。私に言えるのは、グルジはとても温かく、愛情深い人だということです。

――グルジとのエピソードは何かありますか?

一番面白いのは、サード・シリーズのことでグルジに一杯食わされた時の話です。私がマイソールに戻ると、グルジは「戻ってきたな、サード・シリーズを始めよう」と言いました。ちょうど(グルジの孫娘の)シャミーラの結婚式の前でした。シャミーラの結婚式にはとてもお金も時間もかかって、グルジはかなり疲れていました。結婚式の前は「新しいアーサナは無しね」と、生徒全員に言っていました。「結婚式、すごくすごく忙しい。新しいアーサナは結婚式の後」と言っていたのです。

グルジは私にも個別に「ジョン・スコット、結婚式の後、サード・シリーズを始めよう」と言っています。ですから、結婚式の期間は結婚式の朝食を食べて、グルジは「ジョン・スコット、甘いもの食べなさい。もっと甘いもの食べなさい。サード・シリーズのために甘いもので体を強くして」と言いました。とにかく私は甘いものを全部食べました。結婚式が終わった最初の週に、グルジに直接サード・シリーズを始めたいのですがと言わないくらいには、私は賢くなっていました。ここまで来るのに、私はグルジに新しいポーズが欲しいと言ったことがなかったのです。

二日目か三日目になり、そろそろサード・シリーズを始める頃だと思いましたが、まだグルジは始めませんでした。結局私は業を煮やし、グルジに「サード・シリーズはいつ始めますか？」と聞きました。するとグルジは「おー、まだ準備できてない、まだ準備できてない」と言いました。そこで「グルジは〝結婚式の後でサード・シリーズ始めよう〟と言ってたし、結婚式の間も〝体を強くするのに、甘いものをもっと食べろ〟と言ってたじゃないか」と私のエゴが爆発しました。すぐに私は機嫌を損ね、グルジに挨拶もせず、微笑みかけもせず、ただ練習に行って帰ってくるだけになりました。グルジは完全に私の鏡になっていました。それで、結局私はシャラートに「なんでグルジは私にサード・シリーズをやらせないのかな？」と聞くと、「グルジはあなたがまだ十分じゃないと思っている」と言われました。このようなやり方でグルジに焚き付けられたせいで、エゴをこじらせていたのです。

これは、グルジが当時やっていた土曜午後のセオリーのクラスに行くまで続きました。グルジはいつも「アシュタンガヨガとは、ヤマ、ニヤマ、アーサナ、プラーナヤーマ、プラティヤハーラ、ダーラナ、ディヤーナ、サマディ……」とヨガの話をしてくれるので、私はそのセオリーのクラスが好きでした。その日、グルジはシッディを持った少年が、どのようにヴァラナシ（インド北部の都市）に逃げて、瞑想をしたのかという話をしました。最初、私はグルジのアクセントのせいで、少年はバナナを買いにマーケットに行ったのだと思っていました。長年の間に、私は何度かその話を聞いていたので、他の人もグルジがヴァラナシと言っているのをバナナだと勘違いしているのがわかりました。

ともかく、そのセオリークラスの後、私はグルジと目を合わせると、グルジは私に「ジョン・スコット、元気？」と言いました。グルジに何週間も会っていなかったような気になり、私はグルジを見て「元気です、グルジ」と言いました。グルジがにっこりと微笑んでくれたので、私もグルジに微笑み返しました。その翌週から、サード・シリーズが始まりました。とても不思議なことに、私がポーズを要求しなかったので、グルジが私にポーズのことを要求させるようになりました。それは、私のエゴを取り除くグルジの賢いやり方だったのだと思います。私が、エゴがあるくせに見せないようにしていたのが、グルジにはわかっていたのです。私はいつもその時のことを愛おしく思います。

一九九九年　ペンザンス

リノ・ミエレ

Lino Miele

リノ・ミエレは、グルジの助言を元に制作した、プライマリーとインターミディエイト・シリーズのヴィンヤサの解説本『アシュタンガ ヨガ』の著者としても知られる。妻と息子と共に住むイタリアのローマでヨガの学校を運営しながら、フィンランドやノルウェーにも多くの学校を設立した。

——どのようにしてグルジを知ったのですか？

グルジのことを見つけたのは、実は私の妻のティナです。ティナは、自分のグルを見つけるのに必死で、ずっと探していました。二人で色々なところを探して、最終的にアンドレ・ヴァン・リズベスの本の中にグルジの住所を見つけ、二人でマイソールに行きました。

クリシュナ寺院でグルジはとても有名なヨガの達人だと聞き、「そこに行った方がいい」と言われ、グルジに会いに行きました。シャラのドアにかかっているカーテンを開けると中が見えました。ティナが「ここでは何をやっているの？」と言ったのを覚えています。汗をかいた人が少なくとも六～八人見え、とても力強い呼吸をしていて、グルジはひとりひとりを手伝っていました。ティナは少し怖がって「あんなふうに押されたくない！」と言っていました。ティナはそれまでゆるいヨガをやっていたので、みんながとても難しそうなポーズをやって、それをグルジが手伝っているのを見て、軽い衝撃を受けていました。

しかし、グルジと話したら恐怖心はなくなりました。ただ、私はこのアシュタンガヨガのシステムを理解するのに数年かかりました。自分に言い聞かせ、それから他の人がやっているのを同じように繰り返し、システムを理解したと思っていましたが、一九九三年にフランスのリールでグルジに再会するまでの四〜五年は、理解していなかったと思います。

それまでは、グルジにも十分敬意を払っていませんでした。私はすでにマイソールでアドバンスト・シリーズの練習を始めていましたが、リールで会った時にグルジは私を見ると「明日、君はプライマリーから」と言いました。私が「いや、グルジ、明日私はインターミディエイトからです」と言ったら、グルジはまた「君はプライマリー！」と言いました。それでも私が「グルジ、こういうことを言うのは何ですが、信じてください。私はインターミディエイトからです」と言うと、グルジは怒り始めました。

グルジの横にいたアンマが、カンナダ語で話しかけてグルジをなだめようとしてくれました。アンマが何と言ったのかはわかりませんが、グルジは怒りで唸り声のようなものを出していました。私は「グルジ、私にインターミディエイトに参加するチャンスをください」と言いました。そこでは、朝五時にインターミディエイト、六時三十分と八時にプライマリーと、三つクラスがあったからです。

私が「明日は五時に来ます」と言うと、グルジは怒りましたが、「違うんです、グルジ、私は数日間しかここにいないんです」と言いました。その翌日、結局私は八時のクラスに行き、座っていたら、ルンギー（筒状に縫われた腰衣）を着たグルジが部屋に入ってきました。グルジは何も言わずに私を見て、クラスを始めました。クラスが終わると、グルジは私の前に来て「明日は何時にやる？」と言いました。

私はグルジを見つめて、何も言いませんでした。するとグルジは「五時」と言いました。もちろん、グルジは私に少し腹を立てていましたが、私のことを見てくれていました。この時から、私は自分のグルというものを理解するようになったと思います。グルジは私の練習を見て満足してくれたのだと思いますが、何も言いませんでした。一週間後、スイスのジナルにデモンストレーションをしに行きましたが、それも良かったです。そこから私とグルジの関係が始まりました。

そこにはフランス人の生徒がいて、私に「リノ、君はグルジの言ってることを理解してる？」と聞くので、私は「もちろん」と答えました。自分では理解していると思っていたのです。

「グルジは〝エーカム、ドゥヴェ、トゥリニ、チャットワリ〟と繰り返してるけど、あれは何なの？」

「数字だよ。グルジは常に同じ数字を繰り返してる」

「違うよ！　書きとめたけど、同じ数字じゃなかった。これは何？」

「わからない」

誰もがグルジにアシュタンガヨガを教える認定証について聞いていました。アンマは「ああ、認定証！　試験を受けないと。私やグルジのように」と言いました。

「どの試験ですか？」

「私たちは（グルジの師である）クリシュナマチャリアの試験を受けたの。だから、あなたも認定証が欲しいなら試験を受けないと」

「どういう試験ですか？」

「アーサナにはそれぞれヴィンヤサがあるから、私たちがクリシュナマチャリアの訓練を受けていた時は、クリシュナマチャリアがアーサナの名前、例えば〝パシャーサナ〟（セカンド・シリーズ）と言って〝アーシュト〟と言ったら、私たちはすぐにパシャーサナの八番目のヴィンヤサをやるの。息を吸うのか、吐くのか、ポーズ自体なのか、動きなのか、それが何かを答えるの。その試験がシックス・シリーズすべてにあったのよ」

昔、グルジは夜寝ている間に目を覚まして番号を言っていた、とアンマは言いました。「クランチアーサナ（セカンド・シリーズ）、十六！」という感じです（笑）。グルジは試験の夢を見ていたんです。アンマがこの話を教えてくれた時、グルジはただ笑っていました。

私はそのフランス人の生徒に、アンマがしてくれた話をしました。「それは面白い。僕達も調べなければ」と言って、それから私たちは研究を始めました。グルジと一緒にファースト・シリーズ、セカンド・シリーズ、サード・シリーズとやって、一年後にフォース・シリーズを終えました。グルジがアシュタンガヨガのシステムについて説明してくれたので、当然ながら私はとてもうれしかったです。

しかし、ヴィンヤサ・システムは息を吸う／吐くだけではなく、それぞれのポーズにどれくらいヴィンヤサの数があるか、などもあります。本はできましたが、本というより、グルジと一緒にやった私の研究でした。その後、実際に本として出版しようと決めると、グルジは「一万部刷りなさい」と言いました。

「わかりました。一冊いくらで売りましょうか？」

「百ドル」

「グルジ、一冊百ドルですか？」

「そう、この本は百ドル」

私はちょっと高過ぎると思いましたが、当時はグルジの言いたいことがよくわかっていませんでした。グルジが百ドルと言ったのは、実際に百ドルで売りなさいという意味ではなく、その本は百ドルくらいの価値があるということでした。しかし、その本は百ドルで売れるようなものではありません。最初の本を覚えていますか？　ヴィンヤサだけですよ。ポーズについて書いてなかったのです。

――サードやフォース・シリーズについてはどうしたのですか？

それにはまた別の話があって。

――本が出るんですか？

いやいや、本はもうあるんです。新版を見たことありますよね？

——はい。

ジョン・スコットがサード・シリーズのチャートを描いて、フォース・シリーズも描くことになっているので、ファーストとセカンド・シリーズの本にアドバンストAを加えることにしました。パソコンに本の写真を取り込んで、いつものようにグルジに送りました。すべてにグルジの許可をもらうようにしているのです。二週間後、私はグルジに電話しました。

「グルジ、本は見ていただけましたか？」

「うん」

「本はどうでしょうか？」

「良い、よくできている。だけど、最後の部分は取りなさい」

「どの部分ですか？」

「アドバンストA。載せて欲しくない」

「アドバンストAは載せたくないんですか？」

「載せて欲しくない」

「わかりました、グルジ。そこは取ります。ありがとうございます」

電話を切り、二日後に私はかけ直しました。

「シャラートと話がしたいのですが」

「シャラートはここにはいない」

「グルジ、前回話した時に、アドバンストAを載せたくないと言っていましたが、本からアドバンストAは取らなければいけませんか？」

「載せて欲しくない」

「わかりました、グルジ」

電話を切った私は、その一週間後にまた電話をかけました。

「グルジ、アドバンストAを載せたくないというのは、間違いありませんか？」

「載せて欲しくない。この話はもう終わり！」

「わかりました、グルジ。そこの部分は取ります」

私は電話を切り、アドバンストAを取りました。

ジョン・スコットが、その時マイソールにいたエディ・スターンにメールを送り、グルジがどうしてアドバンストAを載せて欲しくないのか聞いてもらいました。私たちが誤解していることもあるので、念のための確認です。グルジは「この本を見た人が、アドバンストAのアーサナを真似する。それは良くない」と言ったのでした。グルジは正しく、良い答えでした。本にアドバンストAのアーサナを載せたら、それを見た人はやりたくなります。エゴがとても大きくなり、怪我をしてしまいます。そんなことをする必要はありません。グルジは「載せて欲しくない。将来的に、人々にアシュタンガヨガの理解がもっと広まって、準備ができたら、載せてもいいかもしれない」と言いました。だから私は本は持っていますが、それは引き出しの奥にしまってあります。

――スイスのヨガ・カンファレンスにデモンストレーションをしに行った時に、グルジがそこで行われていることを見て「よし、本物のヨガを見せてやろう」と言ったと聞きましたが。

そうです。グルジはそのカンファレンスで一週間ヨガを教えるのに、招待されていました。グルジはカンファレンスでどういうことが行われるのか、よくわかっていませんでした。それで、グルジに「私たちも一緒に行きます」と言ったのです。

グルジと一緒にスイスに行って、グルジはそこで教え始めました。しかし、主催者から提供された部屋は、部屋とも言えないもので、実際はみんながお酒を飲むバーでした。大きなバーでしたが、お酒はすべてバーのところに置いたままでした。そのバーでグルジはヨガを教えたんです。

なぜこの話をしたかというと、グルジの人間味がわかるからです。「私は気にしない、ここで教える。主催者がこの部屋を与えてくれたなら、私はそれを受け取る。問題ない」グルジは自分を売り込んだりする人ではありません。ただ「ベストを尽くすだけ。そのバーを使えばいいんだよね」と言うだけです。私たちの方が気まずい気分になって、少し腹を立てていました。「私のグルを呼んで、バーで教えてくださいって、どういう了見ですかね？」と文句を言いましたが、グルジは何も言いませんでした。

二日後、私は別の大きなグルを見かけました。その人は二十五年間まったく口をきいておらず、筆談をするだけでした。その人が「あなたは何がしたいですか？」と参加者に聞きました。五十人くらいはいたと思います。「何がしたいですか？　何を始めたいですか？　プラーナヤーマ、瞑想ですか？　教えてください」

誰も答えなかったので、私は立ち上がって「アーサナをやりたいです。体を温めましょう。何か見せてもらえますか？」と言いました。その人はシャツを脱ぎました。すると、おへそが片側の下の方にあったのです。右か左かは覚えていませんが、真ん中にはありませんでした。私の友達の、別のヨガの先生が「この人どうなってるの？　おへそ見てよ。このエネルギーを見て！」と言いました。私はおへそを見ていましたが、立ち上がって部屋を出ました。それが午後二時くらいだったと思います。午後四時頃、その友達が「ちょっと来て！　グルジが君と話したがってる」と私に言いました。それで、私はグルジのところに行きました。

グルジに呼び出されたのはそれが初めてでした。部屋に入るとグルジに「今日は何をしてたの？」と聞かれました。

「自分の練習をした後、午前中はグルジが教えるのを手伝っていました」

「違う、違う、その後、午後は何をしてたの？」

「仕事をしました。サード・シリーズをやりました」

「違う、そうじゃなくて、カンファレンスに行ったよね？」

「あー、はい。行きました」

「それで、何があったの？」

「男の人を見て、好きじゃなかったので、立ち上がって、部屋を出ました」

「なんで部屋を出たの？」

「なんで部屋を出たか、ですか？　おへそが片側の下の方にあったんです。その男がどういうエネルギーを持っているか知っていますか？　私が部屋を出たのは、おへそは真ん中にあるものだと知っているからです」

それはある種のテクニックで、エネルギーとのつながり方を知っていれば、おへそを動かすことはできます。数年前に、インド北部の偉大な先生が、同じ位置におへそを動かす方法を見せてくれました。すごく奇妙でした。

すると、グルジは「おへそは下にある。明日来なさい！」と言いました。

カンファレンスの部屋に行くと、グルジは歩いて中に入り、床に座りたくないのか、椅子を持ってこさせて、その男の目の前に椅子を置いて、座ってその男を見ていました。アンマは床に座ってその男を見ていました。その男が始めると、グルジはとても真剣に見ていました。先生の一人がグルジの通訳をしていたので、グルジが行くところには常にその通訳が隣りにいました。グルジが「リノ、ちょっとトイレに行きたい」と言いました。

グルジは立ち上がり、アンマはグルジが外に出ていくのを見ました。私はアンマが出ていくのを見て、後に続きました。部屋の外に出ると、アンマは笑い出しました。一分後には、アシュタンガヨガのグループは全員外に出ていました。グルジも笑いながら歩いていました。

「みんな、私の部屋に来なさい」と言うので、私たちはグルジの部屋に行きました。グルジは通訳に「下の事務局に行って、これから二日間、私たちが他の先生たちにデモンストレーションをすると伝えなさい。私たちがヨガとは何かを見せます」と言いました。こうして、デモンストレーションをすることになりました。このデモンストレーションはビデオに撮ってあります。私はこのビデオを自分では見たことがありませんが、アメリカでは売っています。

これは非常に良いビデオだと評判だったと聞きます。グルジがこのカンファレンスで最高の自分を見せ始めたからです。私たち六人がデモンストレーションをして、それを百人以上の先生たちが見ており、グルジはサンスクリット語と英語で説明をしています。

これが、パッタビ・ジョイスがフランスもしくはスイスでやった、初めてのデモンストレーションのはずです。そこから私は、自分がわかっていなかったことに気づき始めました。今でもわかっていません。パッタビ・ジョイスに聞かなければならないことも、パッタビ・ジョイスについて書かなければならないことも、あまりにもたくさんあり過ぎます。こうやって、私とグルジの関係が始まりました。

――アンマはすべて理解していたと思いますか？

アンマはアシュタンガヨガをやっていたので、わかっていたと思います。マイソールでは練習を終えると、アンマは私がコーヒーを飲まないと知っているのに、いつもコーヒーをすすめてきました。

そして「元気?・」と聞くのです。アンマは本当にいい人でした。アンマが亡くなったのは、生徒や家族だけでなく、すべての人にとって大きな喪失でした。アンマは、グルジと私たちをつないでいました。

グルジは、ヨガシャラの中では、こうやれ、ああやれで、私たちは質問はできない空気を感じていました。しかし、外でのグルジは人間味があります。笑ったり、一緒に料理をしたりもします。アンマが亡くなったのは本当に悲しかったです。

アンマが亡くなった時、みんながマイソールに行くと、グルジは泣いていました。「この先、私はどうやって生きていけばいいんだ?」と言っていました。

——私は、グルジは今は生徒により一層力を注いでいるように感じます。毎日シャラに行って話をし、とてもオープンで、とても愛情深いです。変わってしまったものもありますが、グルジがアンマに注いでいたものを、今はより生徒に注いでいるように思います。

わかります、たわいのない質問をたくさんするようになりましたよね。ですが、グルジは具体的な質問が必要なタイプの先生だと思います。グルジの知識を理解するためでも、そうでなくても、「グルジ、元気ですか?」「あなたはベジタリアンですか?」「何を食べていますか?」「私は何を食べるべきですか?」というような感じです。アシュタンガヨガの本と『ヨーガ・マーラ』をグルジと一緒に制作している時、グルジは話し始めると、とにかくよく話します。グルジからは次から次へとあらゆることが出てきます。

――アシュタンガヨガの教えで一番大事なことは何だと思いますか？

私は明らかにヴィンヤサのシステムだと思います。私にとってヴィンヤサはグルジの教えの本質です。システムのことを忘れていても、呼吸と動きを連動させるヴィンヤサ自体が大事な部分だと思います。ヴィンヤサには、スピリチュアリティという別の意味もあります。動き方、内面での感じ方、それもヴィンヤサであり、呼吸です。グルジはとても正確なので、それを科学的メソッドと呼んでいます。考えてもみてください。科学だと呼ぶ人がいますか？ 証明できるのかと言われたら、グルジは証明できると思います。科学的メソッドなのです。グルジが非常に正確だということをわかっていない人が多いですが、ファースト・シリーズ、セカンド・シリーズのビデオを見ていると、息を吸う時、吐く時、動き方など、グルジがとても正確にクラスをリードしているのがわかります。

――その正確な指導とグルジの教えのスピリチュアルな側面は、どのようにつながっているのでしょうか？

アシュタンガヨガのシステム、呼吸の仕方、動き方を知っている人は、どんどん深く内面に入っていき、自分の本質や魂に触れます。そのようにつながっています。昔、何かで読んだのですが、誰かがクリシュナマチャリアに「ヨガとは何ですか？」と質問をしたそうです。答えは「呼吸と動き」でした。

――このアシュタンガヨガのシステムと八支則はどのような関係にあると思いますか？

グルジはいつも八支則について話す時、一番目のヤマと二番目のニヤマは達成するのがとても難しいと言っています。だからアーサナがあるのです。アーサナの練習を通して体を浄化し、神経システムや心をきれいにします。

ヨーガ・チキッツァ（プライマリー・シリーズ）から始めるのは、すべての病気を取り除き、予防するためです。だから、アーサナの練習を教えることから始めるのです。本を読んで「ヨガのことは全部わかった」ということはあり得ません。このシステムを使って、自分自身を浄化し、自分の態度を変えます。これは私の経験であり、私の生徒の経験でもあります。だからアーサナから練習を始めるのです。本を読めば色々なことがわかりますが、それは完全な真実ではありません。

浄化とシステムとグルジによって（練習を続ければ）、何年後かに周りの人に「いい感じになったね、目が違うよ」と言われるようになります。「いい感じにならなければ」と考えていたところで、そうはなれませんよね。練習をすれば、すべてはやってきます。グルジは正しいからです。それをパワーと呼ぶとすれば、グルジのパワーとシステムの強さだと思います。他には何もありません。ヨガは経験です。実際にやってみて、どうなるか見てみてください。ヨガは万人のものですが、誰もが

（特に内面に深く働きかけるようには）アシュタンガヨガができるわけではありません。アーサナからゆっくりと始めましょう。グルジがよく言っていたことで、最初はわかっていなかったことが、十年以上経った今、よくわかるようになってきました。

グルジは『ヨーガ・マーラ』の中でヴィンヤサ・システムについて話しており、瞑想（ディヤーナ）、ドリシティ、呼吸、動き、アーサナ、そしてもちろん、エネルギーに関する技術であるバンダについても話しています。このような要素があればヨガをやっているということです。でなければ、ただのエクササイズです。グルジは正しいです。自分で経験するのが最高の方法です。

――練習を通してあなた自身はどのような変化を経験しましたか？　また、あなたの生徒にはどのようなことが起こっていますか？

ご存じのように、私は練習ではとても傲慢でした（笑）。自分のエゴをコントロールできませんでした。練習は、精神的な意味で私の鼻をへし折ってくれました。この練習は本当に大変な努力が必要です。誰かが書いていましたが、生き残りたいなら、練習をしてください。そして生き残ったら、確実に変わります。私の考えも変わってきています。ほとんどの場合、家族や友達や生徒のあなたへの見方が変わります。（普段から）微笑みを浮かべている人はあまりいませんが、二年くらいでみんなが微笑むようになります。いいことだし、素晴らしい効果です。しかし、そうなるためにアドバンストA、B、C、Dのポーズをする必要はまったくありません。

——では、アドバンストのアーサナはどのように役に立つのでしょうか?

私の経験では、アドバンストのアーサナは頭脳をより明晰にし、より理解を深めさせてくれます。アドバンストの練習をしていると、何か問題を抱えていても、頭がクリアになり、気分もはるかに良くなるので、問題は解決します。

しかし、グルジはアドバンストのアーサナにはより深い効果があるとも言っています。人間の内面は(得がたい)果実のようなものです。より深い内面に行ってみましょう。もちろん準備をしなければなりません。準備をせずにやる人が多く、アシュタンガヨガのせいにして「アシュタンガヨガをやったらこんなことに……」と言います。違います! やったのはあなた自身です! 多くの人が痛みを抱えて、「こんなに痛いのはなぜですか?」と聞きます。呼吸はとても大事です。呼吸の質も、呼吸の長さもとても大事です。それができれば、心は落ち着いた状態になります。

——吸う息と吐く息の長さを同じにするのですよね。

そうです。吸う息と吐く息を動きと連動させることは、霊的呼吸とも呼ばれています。内面に効くからです。肋骨と体が開く時間をくれます。動きを意識し、吸う息を意識し、吐く息を意識すると、心が落ち着きます。

――〝霊的呼吸〟という表現は聞いたことがありませんでした。あなたが作った言葉ですか？

とんでもない。

――どこで聞いたのですか？

『ハタ・ヨーガ・プラディーピカー』を読めば、ウジャイー呼吸の二つの意味が載っています。ひとつは勝利の呼吸、もうひとつは霊的呼吸です。私はサティヤーナンダの翻訳した『ハタ・ヨーガ・プラディーピカー』を読みました。

このような本を読むと、グルジが教えていることの価値がさらによくわかります。私の経験では、グルジは長い呼吸を教えています。私は練習で、十秒で吸って十秒で吐いていましたが、それをやるとプライマリー・シリーズに三時間かかります！（吸うのと吐くのを）同じ長さに保つのもとても大変です。バンダや他のものもすべてを使っていれば、体と心に非常に効果があると思います。

――グルジが吸うのと吐くのを各二十秒で、と言っていたのを聞いたことがあります。

二十五秒と言われたこともあります。グルジに「長過ぎると思います！」と言ったら「長くない」

と言われました（笑）。しかし、もちろん家で練習をする時は、時間もそんなにないので、スピードを上げてやります。

――先生としての自分の役割をどのように見ていますか？

まず最初に、生徒に呼吸について理解させます。私にとって呼吸は一番大事です。それから、動きやアーサナが来ます。いわゆる完璧なアーサナと呼ばれるものには長い時間がかかります。五～七年かかるものもあります。ヴィンヤサ・システムと呼吸で心を落ち着けるには、何年もかかります。私は呼吸がどのように機能しているのかを理解してもらうために、パッタビ・ジョイスと本を作りました。それだけですが、それが私の役割です。同じことをしている先生は他にもたくさんいます。私の場合は、最初によりヴィンヤサ・システムに力を入れます。呼吸、動き、どこを見るか、バンダの使い方、先生によって力を入れるところは違うと思います、それは先生の個性によるものです。

――練習は二十年前にやっていたのと同じやり方だと思いますか？

グルジの教えを守っていれば、同じだと思います。問題は私たちにあります。長期的に見ると、生徒だった人が先生になり、色々と変えたがり、これはいいけど、これはいらないとやり始めます。「パッタビ・ジョイスの教えていたやり方では」と本に書いていますが、それが事実ではないことがあります！　しかし、誰にもわかりませんよね？　「これはパッタビ・ジョイスの教えていたやり方ではない、どうしてこんなことを書いたんですか？　なぜ彼の名前を使うのですか？」と言われたら、何と言えばいいんですか？　このことをグルジと話した時、グルジは「リノ、生徒に準備ができた時に二つ本があって、その本に向き合えばどちらに価値があるかわかる。最終的には生徒は理解するようになる」と言いました。

――二つの本ですか？

グルジの著書『ヨーガ・マーラ』と別のアシュタンガに関する本があったら、本当にきちんと練習をしていれば、どちらが価値のある本か、長い目で見て理解できるようになる、とグルジは言っているのです。五十年もすれば、グルジと一緒に練習することはできなくなると思いますが、生徒や先生が「これは違う、あれも違う」と言うような混乱が起きていないことを祈ります。今は、みんながグルジの言ったことを守っています。この本もそれと同じです。しかし、みんな「グルジはいつも言うことが違う」と言います。

――グルジは人によって教え方が違うと思いますか？

最初はそうだと思います。もちろん、先生としてシステムは変えていません。特定のアーサナやドリシティができなかったら当然変えます。しかし、それはシステムを変えるという意味ではなく、調整するということです。

――グルジはあなたに教えている時に変えていましたか？

調整していたかという意味ですよね？　グルジが私に何かを教えていた時、それを受け入れる準備ができていない人が近くにいて（だけどグルジのリノへの指示は聞こえている）、その人が私と同じことをやることがありました。しかし、それはその時点での私への指示であって、ポーズやドリシティの完成形ではないかもしれません。しかし、近くにいた人は「リノがやっているから、私もやるべきだ」と考えます。だから、本を作る時は、それが正しいことなのかを何度も何度も確認しました。なので、この本に載っていることは（ある意味）正解、完成形です。

しかし、グルジが練習中に言うことで、アーサナをしている生徒が混乱することもあります。その生徒は「グルジは足を見ろと教えてくれたけど、あなたの本には鼻を見ると書いてあります」と言います。なるほど、では足を見てください。準備ができたら、鼻を見ましょう。しかし、何事も常に進化するので、本は正解ではないかもしれません。長年保たれてきたシステムを変えるのと、ドリシティを変えるのは別の話です。

――正しいドリシティから何に気づいたのですか？

エネルギーを導き、エネルギーを動かすことと関係があります。私はいつも、グルジの教えは繊細で、エネルギーを動かすことや、意識を向けること、ある特定のものに注力していると感じていました。しかし、必要な時しかグルジは正してくれません。

グルジはしばらくの間、特定のことをやらせることがあり、グルジが必要だと感じた時に何かしらのアジャストをします。グルジは決して急ぎません。少しずつ変えます。半年間でひとつかふたつしか指示をくれないかもしれません。徐々に調整していくのです。一日でやろうとはしません。グルジはある特定のものを見ており、時が来たと思ったら、他のものを導入します。

二〇〇〇年　コヴァラム

ピーター・サンソン

Peter Sanson

ニュージーランドの農場で生まれ育ったピーター・サンソンは、アシュタンガヨガの経験もなく、一九八九年にマイソールに行き、グルジの元で数年間練習をした。ピーターはグルジの古くからの生徒の一人であり、常に落ち着いて、自分の練習を冷静に見つめている。

――どのようにして最初にヨガの練習を始めたのですか？

大学時代、友達の家にオーストラリア人の女性が泊まりに来ていた時に、その友達が私に電話をしてきて「今家に泊まっている女性は、豆のスプラウトやピーナッツバターをライスウェハースにのせて食べたり、ヨガをしたりする」と言ったのです。一週間後にその友達の家に行き、友達と私はガレージでその女性のヨガクラスを受けました。私は彼女のクラスを二回受けました。その時が初めてで、それ以来ヨガをしています。

――それはアシュタンガヨガだったのですか？

いいえ、彼女はインドのプネーから来ていた、B・K・S・アイアンガーの生徒でした。

――そのガレージでヨガをした時、あなたは何歳でしたか？

二十一歳でした。マイソールに行ったのが二十四歳の時です。大学を卒業して、毎週水曜の夜六時から、週一回ハタヨガをやっていました。マイケル・ジョーンズと一緒に毎週行っていました。大学の先生は、シドニーの学校に行くのを勧めてくれましたが、結局クイーンズランド（オーストラリア）に行ったのです。健康食品の店にいた時に、ニッキー・ノウとジェームズ・ブライアンのヨガクラスの貼り紙を見て、彼らの元で学びました。ニッキーとジェームズはアイアンガーヨガをやっていましたが、雑誌『ヨガ・ジャーナル』でアシュタンガヨガのことを知ったのです。一九八七年のジェーン・マクマラン執筆の記事でした。

ニッキーとジェームズは一九八八年にインドに行くことを決め、グルジに手紙を送って許可をもらったので、私に一緒に行かないかと言ってきました。それから私もグルジに手紙を書きました。返事が来るまで少し時間がかかり、それからビザを取らなければいけなかったので、私は結局一九八九年一月にインドに行きました。

——インドに着いてどうでしたか？

インドはワイルドでした。チェンナイに着いて、チェンナイから電車でマイソールに行ったのですが、軽い衝撃を受けました。グルジとはオールド・シャラで会いました。

——グルジとシャラの第一印象はどうでしたか？

シャラで初めて会った時、グルジはドーティ（腰衣）を着ていて、肩から紐をかけていました。私に手紙について尋ね「座りなさい」と言いました。それからしばらくグルジが何も言わなかったので、私はとても不安になって、生徒として認められないんじゃないかと思い始めました。結局、グルジは翌朝六時に来なさいと言いました。

——アシュタンガヨガのことは本当に何も知らなかったのですか？

当時は何も知りませんでした。太陽礼拝すら知りませんでした。

——グルジはあなたにどのように教えましたか？

グルジは、朝六時から二階の部屋でインド人女性と私に教え始めました。レギュラーのクラスは一階でやっていました。当時は上級者ばかりだったんです。窓から一階の部屋を覗き込むと、練習生たちの呼吸音が聞こえて怖かったです。グルジが私を二階に連れて行ってくれて良かったです。マイソールには六カ月間いました。

――練習はどうでしたか？

じれったかったです。グルジは私に太陽礼拝を教えて、それから一階に行って、しばらくするとまた戻ってきました。太陽礼拝を二十四回やったのを覚えています。最初に太陽礼拝Aをやり、翌週は太陽礼拝AとBを各十二回、それから座って呼吸をしました。それが私のプログラムでした。それから、グルジは少しずつスタンディングのポーズを教えてくれました。パダングシュターサナを二つ、それからトリコナーサナを二つという具合に、ゆっくりとしたペースでした。

――インド人女性の練習もあなたと同じようなペースでしたか？

同じようなものでした。私より少し進んでいました。その女性は柔軟でしたが、私は体が硬かったのです。

――どれくらい二階にいたのですか?

少なくとも一カ月間はいたと思います。しばらくの間、一階に行った記憶がないので。でも、その後一階のクラスの人数がかなり減ったのです。四月、五月の暑い時期は生徒が減るので、生徒が半分くらいになり、十二人ほどになりました。それで、グルジは私を一階に連れて行きました。

――色々な他のヨガをやった後で、アシュタンガヨガを始めた訳ですが、どのようなところに惹かれたのですか? 実際に練習をやってみた印象はどうでしたか?

練習は大好きでした。かなり運動量があったし、グルジの教え方も好きでした。最初は練習時間もかなり短く、三十分くらいしか練習していませんでした。以前はオーストラリアでもっとたくさんのアーサナをやっていました。最初は少ないアーサナを何度も繰り返していましたが、その最初の瞬間からそれが本当に楽しかったです。

――ヨガは身体的な練習、もしくはスピリチュアルな練習だという考え方についてはどう思いますか? それまで疑問に思ったことはありましたか?

身体的かスピリチュアルかと考えたことがなかったので、そのような疑問が浮かんだことはありません。ただ練習をして、練習を楽しみ、グルジと一緒にいることを楽しみ、本当に気分が良かったです。深いレベルで心を動かされました。グルジと一緒にいる時のような経験は、それまでにしたことがありませんでした。

――昔、グルジの教えはとても繊細だとおっしゃっていましたよね。

とても繊細です。グルジはその瞬間の相手と完璧に一緒にいるので、その瞬間、生徒はグルジとつながっています。生徒の個性、感情、身体的もしくは精神的なブロックなどの点で、生徒への働きかけ方がとても繊細なのです。生徒のエネルギーの動かし方を知っていて、繊細な層に移動させていました。

――あなたが、膝が硬くてアルダ・バッダ・パスチモッターナーサナができなかった、という話をしていたのを覚えています。

最初は膝がまったく曲がりませんでした。ヨガを少しやっていたのに、できないアーサナがたくさんあったんです。グルジは手取り足取り、私を押さえてくれたり、アーサナの形にしてくれたりしました。グルジのアジャストに身を委ねなければならず、そうすれば安全でした。抵抗しようとすると、深刻な問題になります。私の体の中で、布が破れるような、何かが裂けるような音を聞いて、もうダメだと何度も思いました。しかし、グルジにすべてを委ね、グルジがアーサナを取らせようとするのに任せると、安全でした。

――グルジは相手がこうなっているべきだ、というところを感じることができます。

まさに、その通り。

――マイソールで西洋人があなた一人だけの時はありましたか？

初めてマイソールに来た年、五月の終わりには西洋人の生徒が他に一人もいなくなったので、それからは私は朝五時のインド人のクラスに参加しました。モンスーンの時期で、私は自分だけの時間を満喫していました。

――西洋人とインド人のクラスのエネルギーは違いましたか？

ものすごく違いました。インド人の生徒は、練習のやり方がかなりゆるかったです。特に、グルジがコーヒーを飲みに部屋を出た時は、しょっちゅう止まったり、インド人同士でおしゃべりをしたりしていました。

――インド人の練習のやり方が、あなたの練習方法に影響を与えましたか？

インド人の生徒は、そんなに無理をしたり、気を張り詰めたりしていませんでした。他の人が何のアーサナをやっているか、ほとんど気に留めていませんでした。彼らの練習は、もっと穏やかな日常的な儀式のようでした。私は彼らの練習のやり方が本当に好きで、その印象はずっと私の中に残っています。

――アーサナをする度に、立ち上がって髪の毛を直す男の人がいたのを覚えています。

そうそう（笑）。あちこちでアーサナを飛ばしたりもしてましたよね。

――グルジはどうでしたか？　西洋人とインド人のクラスで教え方や教える姿勢が違いましたか？

グルジはインド人の生徒にもとても厳しかったです。私の覚えている限りでは、グルジはほぼ同じでした。ただ、インド人の生徒はグルジに対して私たち西洋人よりも、もっとざっくばらんで気さくに接していました。

——インド人は主に健康に問題があって来ていたのですか？　それとも単に練習をしに来ていたのでしょうか？

当時は、西洋人でも治療をしているケースがいくつかありました。

——どのような問題か知っていますか？

脊髄麻痺や心疾患の人がいました。インド人の生徒は年を取っていて、健康に問題を抱えている人が多かったです。

——グルジが治療をしているのは見たことがありますか？

はい。グルジはそのような人たちも同じクラスで教えていました。プログラムをシンプルに変えて、その人に合わせていました。相手の潜在的な能力に合わせて調整し、一緒に少しずつ練習を進めていました。あらゆるものが簡略化されていましたが、それでもアシュタンガヨガでした。

——ニトログリセリンの錠剤を飲んでいた男性がいましたよね？

アレキサンダーですね。彼は深刻な痛風と心疾患を抱えていました。ナーガアラッナのところに向かう通りで軽い心臓発作を起こして、確か幸運なことにその場にグラム・ノースフィールドが居合わせたんです。グラムは看護師資格を持っていたので、クラスの最中にアレキサンダーが心臓発作を起こしても対処法がわかっていたんです！

グルジはアレキサンダーに食事制限をさせて、とても優しい太陽礼拝をやらせていました。すると、一カ月でニトログリセリンの錠剤を飲まずに済むようになりました。食事制限というのは、自分の両手で持てるだけに限られていました。アレキサンダーは本当に回復しました。マイソールに十二〜十八カ月以上滞在して、グルジと練習していたと思います。

――アンマについてはどうですか？　アンマは練習に対してアドバイスをくれましたか？

はい、一つか二つ、ムーラ・バンダーサナで。アンマはヨガの生徒のことを常にチェックしていて、ヨガの学校に深く関わっていました。生徒の人数も少なかったので、全員のことを知っていましたし、しょっちゅうコーヒーを飲まないかと声をかけてくれました。時々、グルジの家で食事をご馳走になることもありました。とても美味しかったです。アンマは本当に素敵な人でした。グルジのことを叱りつけていた唯一の人でした。

――アンマは誰が腰が痛くて、誰が膝が痛いか、常に把握していましたよね。

とてもよく把握していました。常に軽くチェックしていました。

――あなたは最初はヨガの先生になるつもりはなかったけれど、結局ヨガを教え始めたのですよね。

私がニュージーランドに戻った時に、ジュディ・コルバートというギズボーン（ニュージーランド北島の都市）に住む女性に、私のやっていることを見せて欲しいと頼まれたのです。それで、ジュディにグルジから習ったことを少し見せました。当時、そのようなヨガに興味がある人が二～三人そこに来ていたと思います。私は太陽礼拝を数回と、簡単なアーサナを少しやって見せました。そして、月曜の夜にその人たちの練習を手伝うことになりました。それが私のヨガクラスの始まりです。その月曜の夜のクラスを約十年間続けました。

――グルジから教えるためのアドバイスをもらったことはありますか？

いいえ、そんなには。私は怖くて、グルジにそういうクラスで教えていることを言うこともできませんでした。そのことをグルジに話したことはありませんが、一度グルジにヨガを教えることについて聞いたことがあります。グルジは、まずはフィフス・シリーズを修了して、サンスクリット語を学んだ方がいいと言いました。それで私は恥ずかしくなって、ただ自分の練習に集中しました。

――自分の人生や他の練習生の人生で何が変わったと思いますか？

グルジとグルジの教えは私の人生を変えました。私はニュージーランドの大学を卒業して、財産査定の仕事を始める予定でしたが、グルジとの練習を始めてから、私はヨガに専念しました。お金が底をつくまでマイソールに滞在し、その後はニュージーランドに戻って、実家の農場で雑多な仕事を手伝って働きました。

練習を始めると、その人の体型が劇的に変わると思います。顔つきまで変わることもあります。それは、とても深いレベルでの変化が起こっていることの現れではないかと思います。また、アシュタンガヨガを始めたばかりの練習生が、すぐに食生活を変えるのも興味深いです。

――グルジのことをヒーラーだと思ったことはありますか？

私は最初からグルジに全幅の信頼を置いていました。グルジは先生であり、ヒーラーであり、心理学者であり、ヨガの先生に欠かせないすべての資質を備えていました。生徒とすぐにつながり、生徒の経験を理解し、生徒が体験することなら何に対してもとても協力的でした。練習中に起こったことも、グルジは助けてくれます。それはアーサナに直接関係のあることばかりではなく、もっと人生に関わることでした。すべての生徒が自分についてたくさんのことを学んでいるところだったので、賢明な誰かからのアドバイスというのはとても役に立ったと思います。

――他の支則についてはどうですか？　ヤマ、ニヤマ、アーサナの後に続くものに対して、どのように考えているのか教えてください。グルジの教えに融合されているのでしょうか、それともそうではないのでしょうか？

私にとっては、グルジはアーサナの後に続くすべてを体現していました。最初からすべて融合されていました。私は、すべてのヨガの支則が練習に融合されていると思います。これは今の私の理解であり、実際には練習をするにつれて、呼吸とどのように融合されるかをより理解していくと思います。グルジは最初の瞬間から、呼吸にとても集中したやり方で教えていました。非常に瞑想的な経験で、行動に関する支則や食事など他の支則も、最初から自然と入ってくると思いました。私はグルジに深い畏敬の念を抱いていましたが、グルジの足に触れる勇気が出るまで一年近くかかりました。

――グルジがヒーラーのようだと感じたり、生徒の性質に心理学的な洞察があると思ったりしたことはありますか？

そういったものは、とかくヨガの先生には欠かせない資質だと思います。グルジはすぐに生徒と直接つながり、どんなことも一緒に経験することができますが、それはグルジの非常に特別な資質だと思いました。まさに今その瞬間の生徒と共にいて、生徒が経験しようとしているどんなことにも協力的でした。

――何か具体的な状況を覚えていますか？

具体的には覚えていませんが、練習中は何度もそういうことが起こり、グルジはいつも助けていました。起こっていることがアーサナと関係があることはあまりなく、人生について学ぶ教訓のようなものが多かったです。自分本来の性質について少し知ることにもなります。

――練習自体に対してはどうでしたか？

グルジは細かなことに気づく達人でした。そう思う人はいないかもしれませんが、グルジは、つま先を伸ばすこと、手の位置など、あらゆる細部にたいへんな注意を払っていました。最初の瞬間から、グルジが常にとても意識している特定の細部があります。特に力を入れていたのは、ドリシティ、呼吸などの細部です。グルジが意識している特定の細部は、グルジにアジャストされる前にやらなければなりません。それぞれのアーサナで、ある程度習熟することを求められます。生徒が想像する以上に、グルジは細部にこだわっていました。

――グルジから学んだ一番大事なことは何ですか？

グルジから学んだ一番大事なことは、忍耐力が必要だということです。グルジは、私に七年間同じアーサナで留まらせたことがあります。そのお陰で、たくさんの身体的、精神的な障害を乗り越えました。グルジはすべての人に個別に、直感的に、心から教えていました。最終的にグルジが次のアーサナをくれた時、私は特定のアーサナが問題なのではなく、練習に向ける意識のレベルに注意することが大事なのだと気づきました。

――グルジは当時カンファレンスやレクチャーをやっていましたか？

はい、週末に時々カンファレンスをやっていたので、生徒はそこに来て、特定のことについてグルジと話していました。そんなにしょっちゅうではありません、時々です。最初の頃は、私にはちっとも理解できませんでした。もっと個人的なレベルだと、グルジの部屋に呼ばれて、アーサナの名前をテストされたことがあります。私は最初はアーサナの名前を知らなかったので、アーサナの名前を覚えなければならないのが嫌でした。ヴィンヤサも覚えなければいけませんでした。

――グルジはアーサナもやらせましたか？

初期の頃に一〜二回。時々、グルジにサンスクリット語を勉強しなさいと言われていました。私は主にアーデッティヤ・ハレッダヤン（祈り）を学ぶために、少しはやっていました。それから地元の学者の元で少しずつ学ぶようになりました。

――グルジ自身の練習や、『ヨーガ・コルンタ』、グルジのクリシュナマチャリアとの練習について、何か知っていることはありますか？

グルジが教えてくれた話だけですが。グルジは師匠クリシュナマチャリアのことを時々話してくれました。クリシュナマチャリアを非常に尊敬していて、最大の敬意を払っていました。『ヨーガ・コルンタ』のことも時々話してくれました。グルジは一部を覚えていて、特にヴィンヤサや呼吸、ドリシティについて知らなければならないこと、ムーラ・バンダやウディヤナ・バンダなど、教えていることに関係のあるところを引用したりしていました。カンファレンスでそのようなことについて話すこともあったのです。

――そのようなことがグルジの練習で一番大事なものだったと思いますか？

間違いありません。グルジはいつも正しい呼吸とドリシティ、バンダを使うことに力を入れていました。

——正しい呼吸における一番大事なものは何だと思いますか？　もし生徒に「呼吸について教えてください。どうして呼吸しなければならないのですか？」と聞かれたら、何と答えますか？

正しい呼吸が練習全体の中心となるものです。正しい呼吸をしていなければ、ヨガの練習ではありません。あらゆるレベルですべてが呼吸と連動します。

——ムーラ・バンダやウディヤナ・バンダについてはどうですか？

エネルギーレベルではそれも非常に重要です。バンダを使っていなければ、それはヨガの練習ではありません。グルジとバンダを使った練習を始めてから、私の体は軽くなり、エネルギーがスムーズに流れ始めました。グルジは、練習を始めてすぐ、アップワードドッグやダウンワードドッグでもバンダを使わせようとしました。アップワードドッグでは肛門を締め、ダウンワードドッグではおへそを見て、股関節から下腹部の辺りを引き上げることを強調しました。常にではないですが、時々バンダを使わせるようにしました。グルジはドリシティもいつも直していました。

――正しいドリシティによってどんなことに気づきましたか？

ドリシティはエネルギーの方向を指示し、動かすことに関連しています。グルジの指導は繊細で、グルジは常にエネルギーを動かすことを意識し、特定のものに意識や注意を向けていると私はいつも感じていました。しかし、グルジは必要な時だけ直します。グルジはしばらくの間特定のことをやらせて、それから必要があると感じた時だけ調整（アジャスト）します。グルジは決して急ぎません。一日ではなく、徐々に変えます。半年の間にひとつかふたつ指示を出すだけで、少しずつ調整するのです。グルジは特定のものを見て、時が来たと感じたら他のものを取り入れます。

――グルジは年を取るにつれて教え方が変わったと思いますか？

最初の頃は、グルジは信じられないほど強かったです。二年前まではグルジは驚くほど強かった記憶があります。グルジの教え方という点では、私はそんなに色々なことが変わったとは思いません。教える上では、グルジは年齢を感じさせません。ほとんど変化はありませんでした。年を取っても、グルジのエネルギーは尽きることがなかったので、昔とほぼ同じでした。アンマが亡くなった後に変化があったとは思います。アンマの死はグルジに大きな影響を与えましたが、指導という点では、グルジは変わらず厳しかったです。

――二年前に病気になった後も、一時的に入院しただけのことと考えていたようで、しばらくは休まなければいけませんでしたが、すぐに指導に復帰しました。

去年のレッドクラスでも、少し疲れやすくなった以外は、グルジはまだ力強かったです。主に身体的な変化でした。

――グルジの性格や個性について教えてもらえますか？

いい加減なところはありませんでした。とても自律心があり、力強い性格で、人生や生活全体を通して非常に信心深かったです。同時に、とても遊び心があって、ユーモアのセンスもありました。グルジが言ったことで、長い間ずっと私の心に残っていることがあります。グルジは自分の胸を指差し「ここには小さな箱がある。箱の中にはアートマンが座っている。ここに意識を向けなさい。それがヨガです」と言ったのです。私はこの言葉を忘れないでしょう。グルジは常に心が中心にある人だと感じていました。生徒に愛情を注ぎ、私たちの旅路においてできる限りのサポートをしてくれました。

二〇〇九年　マイソール

ロルフ・ナウジョカット

Rolf Naujokat

一九七〇年代にインドにたどり着いたロルフ・ナウジョカットは、サドゥ（修業者）と共に生活し、托鉢僧として旅をしながら、インド古来のスピリチュアリティに熱中した。すべてを変えたのはグルジとの出会いだった。ロルフは、二十年前にゴアに移り住み、今も愛と情熱をもってアシュタンガヨガを教えている。

――インドに至るまでのストーリーを教えてもらえますか？

一九七三年か七四年のことでした。私はヒッピーロードをたどっていました。イスタンブール、アフガニスタン、それにパキスタン、インド。ヨガのことはほとんど知らず、どちらかというとヒッピートリップに興味がありました。インドに入ったのち、ハイデラバードのとある場所にたどり着き、人生との向き合い方を変えることになったのです。「ヨガ」と呼ばれるものに出合い、その道はどんどん深まっていきました。そこで私は自分にとって最初のグルに出会いました。そのグル、ババジがヨガの道へと導いてくれたのです。そこからすべてが始まりました。七五年にはすでに日々の練習が習慣になっていました。アシュタンガではなく、プラーナヤーマ、いくつものクリヤ、座位の練習を含む伝統的なスタイルのハタヨガです。何日にもわたる断食や、ヨガの道の様々な修練を行うことで、私自身のちょっとしたサダナを始めていました。そしてそのサダナは今も続いています。

練習のスタイルは時を経て変わっていきました。七年間ほどアイアンガーヨガを練習したのち、アシュタンガヨガに変えたのです。私がアシュタンガに出合ったのは、八〇年から八三年にダニー・パラダイスとクリフ・バーバーと暮らしていたころです。そのとき私はアイアンガーを、彼らはアシュタンガを練習していましたが、彼らが私をアシュタンガヨガとその四つのシークエンス（プライマリー、インターミディエイト、アドバンストA、B）に引き込んだのです。そうして私は練習を始めました。でも日常的にではありませんでした。私はまだアイアンガーの練習をし、アイアンガーを教えていました。私がやっていたのは伝統的なアイアンガーヨガで、プロップス（補助具）は少なく、ジャンプするような流れがたくさんありました。とても楽しいものでした。

しかしゆっくりと、アシュタンガに傾倒するようになり、アシュタンガの練習をして、アシュタンガを教えるようになりましたが、私にとってこれはとくに問題ではありませんでした。なぜならヨガとは「一つになること」であり、システムが違っても、それほどの相違はないと考えているからです。大切なのは、人の本質と、それにどのように適合するか、ということだと思います。九〇年代初めに、ついにグルジと出会いました。グルジと出会った瞬間、とても明確に、疑問の余地なく「彼が私の先生だ」とわかりました。それは今も変わりません。彼にはグルシャクティ（スピリチュアルなエネルギー）があるのです。彼の中にはシャクティがはっきりと現れています。そのときから私は彼の元にとどまり、毎年彼を訪れました。少なくとも年に一回、だいたい三カ月から六カ月滞在しました。経済的にゆとりがあるときには年に二回彼を訪れることもありました。当時すでにゴアに住んでいて、マイソールまではバスで十五時間ほどだったので、彼を訪れることは難しいことではなかったのです。

だから私はかなりの時間をグルジの元で過ごすことができました。私が過ごしたのは主に（ラクシュミプラムの）スモール・シャラです。私が行き始めたころは、一度に八人くらいが練習していました。そして翌年には十二人、それから十二人が二回シフトで入るようになり、しばらくはそんな感じで続いていきましたが、その後もっと多くの人が来るようになりました。このスモール・シャラでの時間が私にとって今もとても大切なものです。そこにはグルジの徹底的な観察眼がありました。彼はいつもそこにいて、身も心も一瞬たりともその場を離れることはありませんでした。常に私たちのうちの誰かをアジャストしていました。シャラートも教え始め、グルジとシャラートの二人体制になりました。私たちはできるだけアジャストを受けなくてすむように練習し、彼らはいつも私たちの練習を観察していました。彼らは私たちの練習を熟知していて、それが私たちと彼らとのつながりでした。そのつながりは、言葉や声に基づくものではなく、もっと体で感じるものです。グルジがその日どんなふうにさわるか、そして翌日はどうか、ということです。グルジはいつも違うやり方で私たちの体を開いてくれました。グルジは、どのアーサナを練習しているか、私たちの練習がどの段階にあるかを見て、私たちを次のレベルに導くようなアジャストをしてくれました。シャラートはグルジの恩恵を受けて育ち、先生になりました。そして何年もかけて素晴らしく成長し、今はすべてを引き継いでいます。それでも私にとって本当に貴重なのはこのスモール・シャラでの時間です。大きなシャラも素晴らしいですが、スモール・シャラとは別物です。私はオールド・シャラで多くの恩恵を受けたと感じています。そこではグルジと家族のような関係でした。アンマが淹れてくれたコーヒーを飲み、生徒はみなお互いを知っていました。午後になるとみなで一緒に料理をしました。それはとてもとても素晴らしく特別な時間でした。グルジは彼から溢れるグルシャクティの伝達者でした。時が経ち、私自身の準備が整うにつれて、より多くのエネルギーを受け取ることができるようになりました。簡単ですが、これが私のインドへ来るまでとマイソールでの時間についてのお話です。

――グルジについて、彼の人柄、教え方、彼のエネルギーがどのようなものだったか、そして彼が個人的にあなたとどう接していたか、などを聞かせてもらえますか？

グルジはいつも、私が必要だと感じる方法で接してくれました。グルジに出会ったころ、私には少し、というか、かなり強いエゴがありました。ある意味、彼がそれを壊してくれたのです。練習中、彼はいつも私を怒鳴りつけていました。いつも怒鳴って、正してくれました。でもそれは悪意のある言い方ではなく、不必要な何かを取り除くような言い方でした。練習以外での彼はいつもとても親しみやすく、愛に溢れ、包容力がありました。マーケットで果物や野菜を買っている彼に会うことがありましたが、そんなときはとても優しかったです。でも練習のときは、ものすごく堅固で、率直で、いい加減なことは一切なしです。そのころの彼の教えは、生徒それぞれに合わせたとても個人的なものだったと感じています。彼が色々な人のアーサナやシークエンスの一部をアジャストしたり教えたりするのを見ていると、たとえ同じアーサナや同じシークエンスを練習していても、それぞれの人が理解して、学べるような方法で教えていました。だからあのころの教えは、シャラで練習しているのが八人であろうと十二人であろうと、とても個人的なものだと感じたのです。シャラートとグルジは二人とも私たちの練習を熟知し、どこで助けが必要か、どこでアジャストをし、どこでアジャストをしないかを完全にわかってくれている、というのを感じることができました。私が本当に好きだったのは、当初、生徒は八人だけで、私は最初のシフトで練習していましたが、そのあと人数が増えてシフト数も増えたとき、自分の練習のあとの二シフトくらいの間、シャラに残ってグルジとシャラートがどんなふうにアジャストしているのかを見せてもらえたことです。私はそこで本当にたくさんのことを学びました。そこで学んだたくさんのことを今、自分が教えるときや、自分に生徒がいるときに実践しています。そうですね、それは本当に大きな学びでした。

――グルジの教えとは何なのか、少し説明してもらえませんか？

アーサナの面は、ご存じのとおり、今もだいたい同じように練習されているシステムです。重要なのは、それがどのように個々に伝えられたのか、ということです。私の場合は、練習によって自分の中の障壁、あるいは自分の中にある不快感、いわゆる「エゴ」に直面させられました。練習を続けていくと怒りや執着なしに進むことができないというところに到達し、そうしてやっとエゴが抜け落ちるのです。無理矢理引き抜くというのではなく、何というか、ただ抜け落ちる。それこそグルジが今も昔も変わらず教えていることです。ただ、ほかの生徒たちは私とは全く違う体験をしていると思います。

私はグルジを、自分の「目覚め」ともいえるような過程においてとても近くに感じていました。そして、マットの上での練習、とくに自分の呼吸に繰り返し集中しているときのことを思い返すと、彼の存在がいかに私の意識を集中させてくれていたかを感じます。まるでマットの上で汗をかいているまさにその瞬間、彼の腕の中でアジャストを受けて、愛というのか、彼から溢れ出るものを感じている瞬間に連れ戻してくれるような存在感です。とても繊細で、言葉にすると軽く弱くなってしまうようで、言葉で表すのは難しいのですが。

彼は一人の人間として特別な人物でした。彼から感じるのは、彼の体と心を媒介して伝わるシャクティです。シュリ・K・パッタビ・ジョイスは、シャクティを媒介する〝ツール〟でした。しっかりと熟し、準備万端整った状態の〝ツール〟である彼を通してシャクティが人々に伝わり、それがみなをそれぞれの練習の道へと導くのです。グルジの教えとは、私たちを私たち自身の練習へと導くことであり、ある特定のスクールや先生にただ依存させることではなかったと思います。これは私の考えであり、私の受け取り方ですが。だから私は三～六カ月間の練習のために彼の元に行き、またゴアに戻ってきて少し教えながら自分の練習を継続しました。翌年準備ができればまたすぐにグルジの元へ戻りました。だから私にとっての彼の教えとは、それぞれの練習への道へ進ませることだったと感じています。それがすべてではないでしょうか。

ヨガというのは、私たちがすでに神と一体であり、これまでも離れることなく常に一つであったということを思い出すことです。心の幻影が私たちの存在を分け隔て、二元性へと引き込んでいくだけなのです。私が教わったすべての先生がそれを教えてくれたと感じています。グルジと過ごした時間の中では、それを伝えるグルシャクティが絶え間なく彼から溢れていました。私はそういうふうに思っています。ほかに表現しようがありません。そして歳を重ねていくと、あるとき、ヨガとはもっと繊細なものだと感じるでしょう。頭のうしろに足をかけたり、足首をつかんだりするだけではない、と。このシステム全体の練習はアーサナの面を超えたところにあります。アーサナと呼吸のシステムは、ただ本で読むだけではなく、実際に自分の内側で経験することによって、神との非二元性というところに導いてくれるツールです。そして何度も言っていますが、「手放す」ということにも導かれるでしょう。なぜなら、歳を重ねていくとただ簡単にカポターサナに入れなくなる時がくるからです。アーサナに入って体が開くまでに、そしてアーサナに入るまでの過程に、いくつかの呼吸が必要になります。その中でいつか、ヨガとはアーサナよりもっと深いことであるというメッセージに気づくでしょう。それこそグルジが私たちに教えたかったことだと思います。そして彼自身がそれを体現していたと思います。

――グルジはいつもアシュタンガヨガのスタート地点は、アシュタンガヨガの三つ目の枝、アーサナの練習だと話していました。これはなぜだと思いますか?

アーサナの練習をしてたくさん汗をかくこと。とてもシンプルです。これによって多くの毒と障壁が体から取り除かれ、乗り物であるこの体、生命体である肉体と意識が心地よく感じるようになります。そしてエネルギーであるプラーナが自由に流れるようになります。意識の波も、どんどん静かに、静かになっていきます。そしてある時点で、自分の内側にその静寂の核心を感じます。それは静止した静けさではなく、動いている静けさ、それは呼吸の源とも言えるかもしれません。練習はそういう方向へと向かい、実際にそれを自分で感じることになるでしょう。だからある意味ではアーサナが最初のステップであるというのは、私も同じ考えですし、良いと思います。アーサナの先にあるものが見えるまでにかかる時間は長い人もいれば、短い人、とても長い人もいて、それは人それぞれだと思います。

――グルジにとって家族を持つ者としての生活スタイルはどれほど重要だったと思いますか？

家族がいてもヨガの生活を送ることはできるのだと示す、という意味で大切だったのではないでしょうか。

もしかしたらもっと深い意味があったかもしれません。でも家族がいてもできるということ、ヨガの生活というのは極端な苦行の生活に入ることではないと知るために大切だったのだと思います。

――長い間、北インドのサドゥ文化の中で過ごしたあと、南インドでブラマンの、そしてアドヴァイタ（非二元性）の考え方の中で過ごされましたね。この二つの異なる文化の中で、ヨガの練習に関して何か違いを感じましたか?

まず私が思うのは、多くのサドゥ、とくにシヴァ派のサドゥは、完全にアドヴァイタの非二元性の考えをもっていました。そして彼らの多くがもともとブラマンだったか、高いカーストの家系に生まれながら、それを捨てた人たちでした。カーストシステムに生まれ、それを捨てた人々です。さらに彼らのほとんどがアーサナとプラーナヤーマの練習をしていました。私たちが練習するアシュタンガのシステムではなく、パタンジャリが説くところの〝原型の〟アシュタンガヨガを実践していました。だから私はヨガの練習に関してそれほど相違を感じません。クリシュナマチャリアの系統と、クリシュナマチャリア自身の生活をみると、その多くは家族を持つ者としての生活を営んできた人たちですが、それはご存じのとおり、たくさんある側面の一部でしかありません。さっきお話ししたように、家族がいても自己への気づきを深めるヨガの生活を送ることは可能であること、もしくは修行者として、最終的にそれは問題ではないと示している、それだけのことです。この点に関して理解すれば、家族を持っている人か、ジャングルのババ(修行者)か、ということは問題ではなくなります。理解が起こるとき、それはただ起こるのであり、相違点も二元性も存在しないのです。

――家族を持つというのは、より困難なことだと思いますか?

人それぞれのサムスカーラ(潜在意識に組み込まれた過去の印象による心のあり方・行動)による

と思います。何の苦もなく家族を持つことができる人もいるでしょう。そういうものだと思います。

家族を持つことは、川沿いに一人で座る人やアシュラムで暮らす人よりも大変かというとそうではありません。それはただ、外側の環境にすぎません。例えば、マットの上で隣り合って立ったとき、ニューヨークから来た家族持ちの人でも、イングランドから来たヒッピーでも関係ないのです。どちらも同じように汗をかき、同じ過程をたどります。その過程こそが自分の内側で起こることなのです。表面的には異なるように見えますが、真実の一体性の中では、みな同じであると最終的に気づくでしょう。私はそう思っています。必ずしも正しいとは限りませんが、それが私の考えです。だから外側の違いだけを見て、これはもう一つのものよりも難しい、とは言いたくないのです。この世界で何を選ぶかは、それぞれのサムスカーラ次第だと思います。

――グルジの教えと彼がアシュタンガヨガと呼ぶもの、そして『ヨーガ・スートラ』のパタンジャリヨガの関係をどう見ていますか？

グルジが教えるシステムに関して、私たちはほかの部分を忘れてポーズのことだけ考えてしまうことがとても多いように思います。多くの人がアヒムサを自分自身の練習の中で実践しなければならないということを忘れてしまいます。そのポーズが今日できなくても良いこと、ポーズをとるために変化する時間を自分の体に与えること、そしてアヒムサの側面、自分に対する愛と優しさを持ってそのポーズに取り組むこと。これらに少しの敬意を持つことを忘れてしまいます。この側面が忘れられることは多く、そういう時にケガをしてしまいます。そして「アシュタンガヨガのせいだ」と言うのです。それは違います。たいていの場合、マットの上に日常の生活のすべての問題を持ち込み、日々の生活や仕事でやっているのと同じやり方でものごとをやろうとする自分自身に原因があるのです。近づくこと、手に入れること、目標指向であること。私はグルジが教えるアシュタンガヨガと、パタンジャリが教えるヨガの間に違いはないと思います。同じものだと思います。その違いは人々が勝手に作り上げたものであり、大きな誤解で、それは誰の目にも明らかだと思います。

――なぜ私たちがこのような間違いをするようになったと思いますか？

　私たちのこれまでの日々の生活によるものだと思います。私たちは何年かごとに練習の仕方をどんどん変えていきます。その過程で自分自身を傷つけざるをえないことがあるかもしれません。時々そういうことがあるものです。というか、頻繁に起こるのです！　でもそれは必ずしも必要ではありません。グルジは私たちを止めようとしたり、深刻にならないように、ちょっといたずらっぽくしたりしていました。いたずらっぽく、というのは、愚かなことをするとか怠けたりするという意味ではありません。それよりももっと、楽しみを与えるという感じです。笑うことで気づかせようとするのです。笑うことで、人々はポーズから倒れてしまうかもしれません。そしてそのポーズを深刻にとらえるのをやめるかもしれません。また一方で、マットの上に立った瞬間からすでに怒っていて、隣りの人が誤ってマットに足を踏み入れようものならその瞬間に怒りだす、という人たちもいます。

私たちはすべての問題を練習に持ち込んでしまいます。グルジは、自分がよく知っている人たちであればなおさら、そこに光をあてるのがとても上手でした。プライマリー、インターミディエイト、もしくはアドバンスト・シリーズを、多かれ少なかれすべての人が同じように練習するアシュタンガというシステムの中で、個人個人それぞれに働きかけるのです。この練習システム全体が目覚めるためのツールです。そうなり得るものです。その可能性を持つものなのです。

――もしもそこで目覚めることができなければ、何かほかの選択肢はありますか？

遅かれ早かれそんなことは考えなくなるはずです。

――グルジがシャンカラチャリアとアドヴァイタ・ヴェーダンタ（不二一元論）の教えを取り入れたことについてどう考えますか？
一般的にパタンジャリヨガは二元的だととらえますが。

パタンジャリヨガは本当に二元的なアプローチでしょうか？　それともただ二元的な幻影を見て、それを手放そうとしているのでしょうか？　神もしくは神性なものの非二元性の面を見る準備をさせるために、二元性をあえて幻影として見せて理解させるのではないでしょうか。人それぞれ異なる方法でその理解に達します。人それぞれグルジの教えの受け取り方が違います。私は自分が消化できるだけのものしか食べることができません。それ以上のものを食べようとすれば具合が悪くなってしまいます。少しだけ食べて、それをすべて消化できれば、一度にたくさん食べてしまおうとするよりも多くのものを吸収することができます。メッセージは大きく、それを受け取るには時間がかかります。だからきっとグルジは私たちが長期間滞在し、そして定期的に訪れることを好んだのでしょう。そうすることで私たちは自分が変わっていき、ヨガと言われるものに対する私たちの取り組みが変わっていくことがわかるでしょう。

――グルジはいつも九十九％の練習と一％の理論だと話していました。この理論の部分についてどのように理解されていますか？

その通りだと思います。九十九％の練習と一％の理論というのは完璧だと思います。そしてまた、九十九％の練習とはアーサナ練習だけではなく、すべてにおいて言えると思います。世界は理論で溢れています。人生の様々な側面で、理論はたくさんあるけれど、実践の部分はほんのわずかです。ほんの少しでも実践があれば、すべて理論で固めるよりもずっとましです。例えばある人が毎日三十分沈黙して座る、もしくは三十分ジャパ（マントラを唱えること）やクリヤを行う、または三十分マットの上で練習をする、とすると、この人は一日三十分の間だけでもこのようなライフスタイルを送っているということになります。何百冊もの本を読んで、頭の中に理論的な知識をつめこんで、何も実践しないよりも、ずっと良いと思います。私はたくさんの経典の知識を持っている人たちを知っています。多くの標語を知っていて、それについて話し、考えることができますが、日々の生活の中で彼らは何も実践してはいないのです。それで彼らをジャッジするつもりはありませんが、ただ私はそういうふうに思います。だから人生の色々な側面で九十九％の練習、実践というのはとても役立つと思います。あとはそれを言葉にするための少しの理論ですね。

——どちらが重要かをはかりにかけるというよりも、練習についてどのように考えるべきかという提案だとお考えなのですか？

あるときグルジがカンファレンスでこう言いました。「ウジャイー呼吸。これを二十四時間続けなさい」と。自分の呼吸を意識しているとき、その呼吸は私たちを今のこの瞬間に引き戻してくれます。常に今のこの瞬間にいることは、私たちの内側の本質、つまり私たちに呼吸させているもの、植物を成長させるもの、瞑想を可能にするものへの一番の近道なのです。本質への一番の近道、もしくはいくつかある近道のうちの一つ、というのが呼吸だと思います。だから「ウジャイー呼吸を一日二十四時間続けなさい」というのは、マットの上での二時間の練習だけでなく、九十九％の実践のようなものです。仕事場でも、庭でも、ダンスをしているときでも、バスに座っているときでも、旅をしているときでも、常に自分の呼吸と共にいることができます。ということは、二時間の練習だけでなく、日々の生活の中で、様々な状況への対応の仕方、そして私たちが経験するすべてのことにおいて、練習ができるということです。もしかしたらこの私の考えは間違っているかもしれませんが、私はこのように理解しています。

——なぜヨガにおいてそれほど呼吸が重要だと思うのですか？

呼吸は私たちが最初にすることであり、最後にすることでもあるからです。生まれてきて呼吸をしなければ、この人間の体にとどまることはできません。そしてこの体を離れるときにも、最後にするのは呼吸です。

——それはどのようにサダナの一部、練習の一部になるとお考えですか？　なぜ呼吸は練習の中でそれほど役立つツールとなるのでしょうか。

呼吸というのは肉体の死に一番近いものです。食べ物がなくても、一カ月は生きることができます。水がなくてもかなり長い間生きられます。しかし呼吸がなければ、ほんのわずかしか生きられないでしょう。私は長い間呼吸もなくいられる何人かのヨギーに会ったことがあります。呼吸こそが、自己への気づきと、瞑想への一番の近道の一つなのです。とてもシンプルで基礎的なことのように感じるかもしれません。呼吸が均等で、その呼吸と共に練習をするとき、自分の内側に「動いている静けさ」があり、ある種の至福がわき起こります。それは拒否できるものではなく、ただわき起こるものです。もし呼吸がなければ、「マリーチアーサナで手をつかまなければいけない！」となってしまうでしょう。そんなことは考えないでください！　ただ呼吸と共に入り、呼吸と共に出るのです。ただしそれには時間がかかります。あるときグルジが言っていました。「一つのアーサナを理解するには一万回は練習しなければならない。」彼がそう言ったとき私は心を打たれ、そしてそれが真実だと感じました。何年か練習を継続し、同じポーズに取り組んでいると、何かが変わります。それはとても個人的なもので、それぞれが自分で見つけていかなければならないものなのです。

——グルジはいつも献身、バクティ、そして神に祈ることについても話していました。なぜそれがそれほど大切だと思いますか？

ヨガは献身なくしてできるものではありません。バクティなしでは不可能です。「たくさんの種類のヨガがある。どのヨガでも自分で感じられるものが、自分に合っているものだ」と言われています。献身、バクティがなければ始まらないのです。ミュージシャンは、献身と音楽への愛がある特定の状態になったときに音が聞こえて、音楽を作ります。そうでなければ音楽は生まれないでしょう。これはすべてにおいて言えることで、ヨガにおいてはとくにそうです。献身のないヨガは、オイルのないランプのようなものです。

——では何に対して献身的であることが最も大切だと思いますか？

インドの人々はある特定の神、例えばクリシュナを信仰し、その神を崇拝します。彼らは神を形（物質としての形）の中に見るのです。そしてある時点で形は消え失せ、形のない神への献身となります。私たちはそれを練習の中で実践することができます。アシュタンガヨガにおいても、献身的であれば同じところへと導かれるでしょう。

――グルバクティについてはどうですか？

グルバクティというのは育つものです。私たちの内側で育ちます。それは自分で作ることはできず、ただ自然に育つものなのです。まるで種子が発芽するように、小さな芽から大きな木へと育つように。それは言葉や、花を捧げることや、お金を渡すことなど、他のあらゆることを超越したものです。師匠に向けて心の中でただ育つものです。感謝の気持ちよりももっと大きいものです。そしてグルバクティが育ったとき、グルはそれを感じるのだと思います。あるクリシュナの信奉者が、クリシュナにバナナを捧げる代わりに、バナナの皮を捧げてしまいました。彼女はクリシュナへの愛を学ぶことに没頭しすぎて、気づかずにバナナの皮を捧げてしまったのです。するとクリシュナは黙ってその皮を食べてしまいました。ほかの信奉者が、「あなたが今食べたのはバナナの皮ですよ！」と叫ぶと、彼はこう言いました。「いいえ、私が今食べたのは私の信奉者のバクティです」と。

――グルジは一つのシステムとしてのヨガを教えていると思いますか？　それとも一人ひとり個

別に教えているのでしょうか？

一つのシステムの枠組みの中で、彼は一人ひとり個別に教えていました。スモール・シャラでは、同じポーズでも人によって異なる方法でアジャストし、一つのポーズのやり方を人によって異なる方法で教えていました。でもやっているのはみな同じ構造のシステムです。この一つのシステムの中に、多くの個別性と個人的なアプローチがありました。

——何年もの間、毎日の練習を継続することの価値はなんですか？　それはどのように内側の経験を変化させるのでしょうか。

毎日の練習というのはタパスの一種です。インドではタパシャと言います。ヨギーの中には十二年間片足で立つ人や、十二年間ファラハリ（果物のみの食事）の人もいます。アーサナの練習にしても、長い間ひたすら練習し続ける人もいます。私は八十代後半や九十代でもまだ力強いアーサナ練習を続けているババを知っています。これはタパシャであり、タパシャは心と肉体を浄化するだけではなく、グルバクティを育てます。グルバクティとは実際には神性、または神、あるいは何であろうともそれに対するバクティ（献身）であり、ある瞬間に私たちを一つにし、多くの不安や障害を燃やしてしまうものです。燃やす、とよく言われますが、私はそれよりも、抜け落ちるというように感じます。そしてそれを促すのが日々の練習と、ある特定の規律です。多くの人が「それでは型にはめられて動けなくなってしまう」と言います。ある意味ではそうかもしれませんが、それは自然に芽が出るように土を肥やすことなのです。この状態で日々の練習を続けると、ナディ（神経経路）はいつもきれいな状態が保たれ、体の異なるコーシャ（さや）も純粋な状態になり、そしてそれはアートマンとパラマートマン（大我）との統合、つまり自分自身と神との統合を認識するための肥沃な土壌となるのです。練習を何年も続けていると、日々の練習が「マットの上に行かなければ」から「やった！　マットの上に行ける」に変わってくるでしょう。

――先生を持つということは、どのくらい大切ですか？

もし音楽を学んでシタールを弾きたければ先生につくのは良いことでしょう。音階を学び、その楽器について知ることができます。アーサナを学ぶこと、ある決まったポーズをとること、そしてそれをやりやすくしていくこと。これらのことも、音楽を学ぶのと同じように考えてみてはどうでしょうか。そういう点では先生を持つことはとても大切です。ただ、先生は指導し、アーサナのやり方、練習の深め方を提案しながらも、生徒に対して常にセルフプラクティスを勧めていくべきだと思います。教わっている先生が偶然自分のグルとなる人であったなら、グルバクティというのは植物のように、次第に育っていくでしょう。アシュタンガにおいては、グルジがいて、長年グルジの元で練習している生徒たちがいて、彼らが始めたばかりの生徒たちを教えています。私は実際には古い生徒も新しい生徒もみな同じだと感じています。私がよく感じるのは、教えているというよりも、私に与えられたものを伝達している、そして人々が理解できるような方法で伝えようとしている、ということです。私は何かを伝えてはいますが、それは私が創り出したものではありません。私は自分が受け取った何かを伝達するだけなのです。

——音楽との比較を何度かされていますね。ヨガとアートはつながっているとお考えですか？

ヨガはアートです。私にとってそれは疑う余地はありません。

——より微細な面の練習に関してはどうですか？ アーサナの練習だけで内面的な部分と一つになれると思いますか？ あなたの場合はアーサナの練習だけでプラティヤハラ、ダーラナ、ディヤーナ、サマディへと自然に進展していきましたか？ それとも何か他の方法が必要でしたか？

内面的な部分はアーサナの練習から育っていきます。多くの人々は、ある程度アーサナの練習を続けていくと、遅かれ早かれ、だいたいの人はしばらく経ってからですが、座りたく（瞑想したく）なってきます。その次のステップはプラーナヤーマの練習です。本当に素晴らしい、最後の仕上げのようなものではないでしょうか。痛みのない状態で座ることができて、努力せずに呼吸を導くことができるということ。コントロールを手放すこと、愛だけで呼吸をある一定の流れに導くこと。それはアーサナ練習の延長です。第一章、第二章、と段階を踏んでいくものではありません。すべて一つのことであり、次の枝へと自然と融合していくのです。プラティヤハラ、ダーラナ、ディヤーナ、そして最後はもしかしたらサマディへ。これは私たちが成長していくプロセスなのです。

――グルジの教えにおいて、最終的なゴールとは何だと思いますか？　この練習は私たちをどこへ導いていくのでしょう。

「ゴール」という概念は忘れた方がいいでしょう。ゴールという概念があるうちは、まだエゴの力が強く残っているということです。グルジがいつも言っていた「心配しないでただ練習を続けなさい。そうすればすべてやってくる」。「すべてやってくる」とは何でしょうか？　「すべてやってくる」とはきっと、自分はすでにそこにいるということ、もうどこにも行く必要がないと気づくこと、これまでもずっとどこにも行く必要がなかったことに気づくことではないでしょうか。それはいつもここにあり、自分は常にそこにいる。この肉体と意識の生命体を通して神聖なものを受け継いでいるのです。ゴール。この言葉が好きではありません。誤解を生み出す可能性があります。

――あなたが先生であり、生徒がいるのであれば、先生として何かしたいのでは？　もしかしたら彼らのしたいことを少し手伝うだけかもしれませんが、そこには何かしらゴールがあるのではないでしょうか？　どこか彼らを導く行き先のようなものが？

自分一人で練習できるようにポーズのやり方を見せて練習をガイドしていくことはできますが、ゴールという概念を押し付ける必要はありません。みなすでに十分すぎるほどゴールと目的をもっています。マリーチアサナDの練習をしながら、カポターサナのことを考えています。それをサポートする必要がどこにあるのでしょう？　今のこの瞬間に連れ戻し、そして次のステップへと成長させるだけです。たいていの場合、それほど簡単にはできませんが。

――生徒の頭にそのような概念を植え付けるという意味で言ったのではありません。ただ先生の頭の中で何かしらの意図があるのではないですか？

私にはまったくそういう考え方がありません。先生によってそれぞれ教え方も違います。ある程度時間を経て生徒の練習を知るようになると、どこで手伝い、どこで止めて、どの方向に進ませるべきか、というのがわかってきます。ときには生徒の方から必要なことを示される場合もあります。

――ということは先生の方が生徒について行っているのであって、その逆ではないということですね？　興味深い考えです。

もしくは並んで歩いていて、難しい場面では手をにぎる、という感じかもしれません。私はグルジがそうだったとよく感じたものです。難しいところを通るときに手をにぎってくれる。ただこれもそれぞれ個人の気質にもよります。そしてどんなやり方であれ結局はどうでもいいことなのです。どんなやり方でもそれが機能して、気づくことができれば、それでいいのです。

――あなたが教えるときグルジの哲学をどのように取り入れていますか？

彼と同じようなライフスタイルをもつことだと考えています。彼の方がもう少しヨガと深く関わる生活をしていたかもしれません。その道を生きると、その道とコミュニケーションをとることができるようになります。グルジが教えるときは、早起きして自分の練習をしてから教えていました。教える前に彼自身の修行、サダナを行っていました。それは彼の日々の生活の一部でした。生徒を導くこと、教えることというのは、自分自身の練習と切り離せないものなのです。溢れ出して一つになっていくように。私はそういうふうに感じています。グルジは一度、彼の部屋と、鹿革がひいてある、お祈りとプラーナヤーマの練習場所を見せてくれたことがあります。とても気持ちの良い空間でした。私の小さな朝の練習場所と似たものを感じました。

――練習と教えることの関係はどのようなものでしょうか。

練習なくしては、多くの教えは生まれません。グルジは六十年、七十年と練習を続けていました。最終的には主に座位のポーズとプラーナヤーマだけでしたが。練習することがいかなる教えにおいても基礎となります。それがなければ、私はその教えを信じられないと思います。

――グルジが長い間練習していない期間もありましたね。

でもそれ以前に彼は五十年間練習していました。私は三十年ほど練習していますが、すでにしっかりとした基礎ができていると感じています。地下水があるレベルに達して溢れ出し、豊かな井戸ができているように感じています。グルジはたまにシルシャーサナなどを見せてくれることがありました。彼の練習は主にプラーナヤーマと座位のポーズでしたが、ある時がくると、これが練習の真髄となってくるのです。アーサナの多くは座れるようになるためにあるようなものです。快適に座れるようになるために。

クリフは七十五歳ですが、今でも練習を継続しています。多少変更を加えるところもあるかもしれませんが、今でも練習をしていて、それはとても素晴らしいことだと思います。彼も主に座位の面を大切にしています。彼は清浄で純粋だからこそ座ることができるのです。彼はただ座るということができ、練習を重ねることでそうなるのです。

――自分の水源を見つけ、水が溢れ出すとおっしゃっていましたが、とても良い喩えですね。とても美しい表現だと思います。

そうです、いつか地下水に達するのです。

——練習における食べ物の重要性についてはいかがですか？

とても重要です。練習をしているすべての人、たとえ数週間練習しただけでもその重要性に気づくと思います。とても明確なことです。スクーターやバイクのように、何を入れるかによって、どう動くかが決まります。もし灯油を入れたとしたらどこにも行けないでしょう。食べ物においてもそれは同じです。たとえ質の良いガソリンであっても、たくさん入れすぎれば、溢れてしまって動きません。私たちの体もそれと同じです。バランスのとれた食事、多すぎず少なすぎず、そしてクリーンであること。ベジタリアンとして生活することは良いことだと思います。これは強制されるべきではありませんが、それについての情報を得て試してみることは大切だと思います。私の経験からすると、たくさんの動物性食品を食べる人が練習を始めて、一年か二年経つと少しずつ動物性食品の消費量は減っていき、ある時点で一切いらなくなります。日々のアーサナの練習だけで自然と変化していきます。長い時間かかるかもしれませんが、変化は起こります。そして時がくると、こちらから話さなくても、彼らの方から食事について聞いてくるでしょう。そのときには彼らの変化の準備はもう整っているはずです。そのとき彼らに食べ物に関する情報を与えれば良いのです。中国の少林寺で武道を練習している伝統的な仏教僧は、みなベジタリアンです。現代の私たちはたくさんの情報を得ることができます。できる限り色々な情報を得て、それが自分、つまり肉体と心の生命体としての自分に、また自分の状態と体内の構成にどう働きかけるのかを知ると良いと思います。ローフードがいいのか、調理されたものがいいのか、一日のうちにあまりたくさん食べない方がよい時間帯はないかどうか。すべての人がそれぞれ自分に合うスタイルを見つけることができるはずです。ヨガの練習をしていなかったとしても、すべての人間にとってベジタリアンの食生活が適していると思います。

――不適切な食べ物が練習に与えるネガティブな影響についてはどうですか？

消化不良、膨満感、それから心の乱れ。胃と腸がいっぱいで、きれいではなく、排泄がされていないと、心が曇り、そうなるとすべてのことが少しずつ難しくなります。

――生涯にわたる健康的な練習のためには何が重要だと思いますか？

練習のための環境を作ることです。まずは自分の居場所に、練習に適した空間を見つけます。そして練習が自然と生活の一部となるように、その小さな空間にマットをひいて、日々の練習をするための場所にするのです。それだけで十分です。特別な場所として扱えば自然とそういうふうになっていきます。旅行をしていたとしても同じです。いつもと同じように練習することができます。自分で環境を整え、そして練習できることに感謝します。ときには場所を変えなければならないこともあるかもしれません。しかしそれもまた練習の一部なのです。

——あなたも歳を重ねるにつれて練習を変えていくのでしょうか？

あと二カ月で五十五歳になります。私の練習は変わってきています。ポーズによっては、体が温まっていないとできないものもあります。以前と変わらず、入るのも出るのもスムーズにできるポーズもありますが、バックベンドに関しては、しっかり体が温まってから、そしてポーズをとるまでにいくつか呼吸が必要です。それが歳を重ねるということの一部であり、そのことに感謝の気持ちを持って、気持ちよく接していくべきだと思います。このように歳を重ねていくことに感謝すべきです。あるとき自分がもう二十五歳ではないと気づきます。そしてそれでいいのです。日々の練習をしていれば、その練習がこれから起こる変化に何らかの形で備えてくれます。そして物事がうまくいくような気づきが起こるでしょう。そうなれば、それほど大きく練習を変える必要はありません。少し速度が落ちるかもしれません。それでも練習は続けられますし、それに対して深く感謝できるでしょう。そして最終的にはできることだけ続ければいいのです。何が残ったとしても、それがその時の完璧な状態なのです。

——インド人と欧米人は異なる方法で練習すべきだと思いますか？

そもそも人それぞれ練習は違うと思います。たとえ同じようにやったとしても、私の練習と同じにはならないし、練習とはそういうものだと思います。インド人は練習に対して私たちよりもう少し気軽に接しているように思います。外国人にもそういう人たちはいます。多くの重荷をおろして色々なことに深刻になりすぎず、ちょっと冗談っぽく接しているというのでしょうか。結局、練習というのは人それぞれ違うものなのだと思います。

――インド人の練習へのアプローチをポジティブなこととして見ているのですね。そんなに重くとらえる必要はないと。彼らはある意味、欧米人より自由であると。

先ほどお話ししたように、練習は勝手に育っていくものです。もし今日手が届かなくても、来週届くかもしれないし、それはそれでいいのです。今日やるべきことをやり、今日できることをやった、ということが素晴らしいことなのです。たとえマットをひいて、スーリヤナマスカーラを何度かやるだけだとしても、そのスーリヤナマスカーラが静けさと喜びに溢れていれば、素晴らしいことです。数回のスーリヤナマスカーラは、時間が経てばアドバンストAやBになっていくでしょう。内側の姿勢は同じです。まずはアヒムサありき、です。自分自身に優しく愛情深くあること。そして仲間に対しても同じです。

――多くの生徒はアドバンストのアーサナをすることができません。その場合、精神的な成長の機会は減ると思いますか？

冗談じゃありません。全くそんなことはありません。

――アーサナを先に進めることと、その意味についてお話しいただけますか?

グルジはあるときこう言いました。「プライマリーとインターミディエイトを練習すると、良い状態を維持し、座れるようになるための基礎ができる」。アドバンスト・シリーズの練習は素晴らしく、私はアドバンスト・シリーズの練習を愛していますし、それをできることに感謝しています。でもときどき若い人や、もう少し歳を重ねた人たちが、ハーフプライマリーだけ練習しているのを見かけます。感覚は研ぎすまされ、今の瞬間だけにいる。呼吸の流れと共にポーズに入って、ポーズから出る。とても素晴らしい練習だと思います。また一方で、ニンジンを目の前にした馬のようにアドバンスト・シリーズを急ぎ足で進める人たちがいます。理解というのはアーサナの練習から起こることもあれば、アーサナの練習なしで起こることもあります。なぜなら、すでにそこにあるものだからです。一日中台所で働く女性が、絶えず没頭し愛を注いで仕事をすればそこに気づきが生まれます。庭で働きながらその気づきを得る人もいれば、ヨガという道を選ぶ人もいます。その瞬間には神への献身があり、最初の一歩が直接気づきへと導いてくれます。ヨガはとても役に立つツールで、愛を持って、そして清らかに気持ちよく取り組むべきです。ヨガは、私たちの内側にあるものの曇りを取り除くためのツールであり、それは数あるツールの中の一つです。ある古い経典の中にこういう言葉がありました。シヴァ神が妻パルバティに言った言葉です。「この地球上にいる生き物の数だけ道がある」

――グルジの人生においてのアンマの役割と、彼女の死が彼にどのような影響を与えたかを聞かせてもらえますか？

アンマ、彼女は母親のような存在でした。グルジだけではなく、スモール・シャラで練習していたころのすべての生徒にとって。彼女はシャラで起きた明るく楽しい出来事を映し出したような人でした。彼女の存在はシャラで起こるすべてのこと、とくにグルジに安定をもたらしていました。そして彼女が亡くなったとき、彼女が彼女の肉体を離れたとき、それは本当に悲しいときでした。グルジがあんなふうになったのを見たことがありませんでした。グルジの具合が悪いときでさえも。彼女がこの世を離れたとき、グルジもこの世を離れる準備ができていたように思います。彼が身体的に病気だったからではありません。彼自身もこの世を去ろうとしていると感じました。そこから立ち直ったとき、彼はまた元気になりましたが、あれは本当につらく悲しいときでした。

――何が彼の立ち直りを助けたと思いますか？

教えることと、たくさんの生徒や彼の信奉者と愛をわかちあうことだと思います。もしかしたらアンマが彼に生き続けてほしいと願うだろう、という気持ちもあったのかもしれません。

——最も感謝していることはなんですか？

すべてのことです。グルジと出会ったこと、彼の教えを受けたこと、彼の存在の元で時間を過ごさせてもらえたこと。そして最も感謝していることの一つは、今でもそれが自分の練習を続ける糧にもなっていますが、私の人生において、私がグルジから学んだことをシェアさせてもらえているということです。それはとても大きなことです。そしてまた、私自身がとても愛していることで生活させてもらえていることにとても感謝しています。これがとても特別なことであるということを忘れてはいけないと思っています。生活のために自分が嫌いなことをせず、何か自分が愛せることをして生活に必要なものを得る。それがグルジの教えであり、それがまた練習も育むのです。

二〇〇九年　ゴア

（訳・石倉美衣那）

ニック・エヴァンス

Nick Evans

珍しい型の癌を患ったニック・エヴァンスは、治療をしながらヨガを学び始めた。最終的にマイソールにたどり着き、グルジの元で数年間ヨガを学んだ。ニックは健康と自己発見の旅の間に、ヨガの練習のあらゆる面にどっぷりと浸かっていった。

――いつ、どのようにしてヨガに興味を持つようになったのですか？

最初に、とてもスピリチュアルな志向のある母に育てられたというのがあると思います。まだ子供だった頃、多分七歳くらいの時に、母がトランセンデンタル・メディテーション（超越瞑想。通称ＴＭ）をやっていたので、私もＴＭ（の子供版）を学ぶというような家庭環境でした。ＴＭを、十三歳か十四歳まで七年間ほど続けたあたりで、パンクロック音楽に目覚めてやんちゃになり、瞑想のことはすべて忘れました。

その後、ロンドンの音楽業界で十年間過ごし、瞑想やスピリチュアリティとはかけ離れた生活を送っていましたが、二十八歳の時に珍しい型の進行性の癌にかかり、化学療法や放射線治療や再建手術をいくつか受けました。極度の恐怖と悲しみに襲われていて、劇的に生活や生き方を変えなければならないのは明らかでした。病気の間の経験で、人生に対してこれまでとは違うアプローチをすることにも慣れてきたところでした。

癌の治療が終了した後、六カ月間ほどジムに通って太極拳を少しやりました。太極拳の先生がギリシャのクレタ島にある「ヨガ・プラス」のことを教えてくれたので、一九九九年にそこに行くことにしました。そこでは、動き続けるタイプの独特なヨガを教えており、太極拳は動き続ける練習なので、私はそのヨガにも興味を持ったのです。クレタ島のヨガ・プラスに行くと、ラダとピエールが基本的なスタンディングのシークエンスを見せてくれました。練習を始めてから二週目のどこかで、癌治療の本当につらい体験から抜け出すことができるという、はっきりとした希望を感じ始めました。運が良ければ人生で一度か二度は来るかもしれない、可能性の新しい世界を垣間見たような感覚でした。

アシュタンガヨガで教えてもらった、呼吸、動き、一点を見ること、締めること（ムーラ・バンダ）が、計り知れない効果を生んでいたのは間違いありませんでした。いわゆる生き方のパラダイム・シフトのようなものが起こりました。私は癌が再発するのを恐れていたのです。癌を患っている間、恐怖と不安があまりにも大きく、身体の基本機能がうまく働かなくなった時期がありました。恐怖におびえていたせいで、化学療法の薬をトイレで体内から排出することも困難で（排便をしようとするとひどい痛みがあったため）、体に溜め込んでいたことがあります。

トイレに行く時だけでなく回復する時も、努力するのをあきらめたことがあります。ある種の天啓のようなものを受けたのです。「見て！　心臓は鼓動を打っていないし、血液は酸素を吸収していないし、食べ物は消化していないし、耳も聞こえない、脚で歩くこともできない。自分の乗り物をこんなふうに設計しなかったのに、その中に自分がいる。この状況に自分がいる。回復するか、それともこんな状態に設計された自分の体に戻るか、決断を下さなければならない」。そして、どういうわけか個人の責任の放棄の感覚が、私をリラックスさせてくれました。「こんなふうに考える方が気分が良い。このアプローチは私の体を解放してくれるようだ。だから私はトイレに行ける」という感覚を味わう瞬間があります。実際、私が本当に心配していたのは、焼け付くような痛みを感じずにトイレに行けるかどうかだけでした。

ですから、私はクレタ島に行って罪悪感を覚えました。病気になる前、私の行動は神経症的で、中毒的で、ヨガ的用語を使うならタマス的（無気力）になっていたからです。罪悪感や痛み、人生の間違った方向に行っているという感覚もありました。若い頃にスピリチュアルな考え方に出合っていたので、自分が間違った方向に向かっているという圧倒的な感覚があったのです。神経症的な行動に対処するために診てもらいに行ったゲシュタルト療法のセラピストが、いくつかのアイデアを教えてくれました。セラピストが言ったことの中でも覚えているのは、私は話す時にジェスチャーをかなり多く使っており、太極拳で腕を動かしている時のように、かなり生き生きとしているということでした。セラピストはとても優秀な人で、彼女がクレタ島のヨガ・プラスのデレク・アイルランドがプラサリータ・パードッタナーサナをしている写真を見せてくれました。その写真を見た時、デレクはとても筋肉質で髪がふさふさで、私に似たボディランゲージを使っていました。治療を終えた時、私は当時のパートナーと休暇に行くのに、リラックスできる場所を探していました。そのパートナーはインド人のミックスで、家系的にもヨガやこの手のことに関わりがあったので、クレタ島のヨガ・プラスに行くのに賛成してくれ、ヨガ・プラスでは太極拳もやっていたので、まるでできすぎた物語のようでした。

――人からの勧めがあって、あなたはそれに従っただけですよね。

私はただ、放棄して、降伏して、アドバイスを受け入れるという考え方に従いました。私はずっと管理したい方の人間で、かなり傲慢で、うぬぼれていました。とても重要なところで現実的な結果が出ていたので、この手放す感覚に身を委ねたのです。

――その後は、手放したり、リラックスする能力がより身につく、ヨガや太極拳をしたり、新しい生活様式を続けていますね。

その通りです。太極拳はフローするものですが、アシュタンガはそういう意味ではもっとフローするので、さらに洗練されていました。太極拳は呼吸や動きの感覚を推測する感じで、「鼻先を見て、捻《ひね》る」というように具体的に説明されていませんでしたが、これは基本に戻るための非常に明確な指示です。それに、もう一度言いますが、指示に従うというのは、誰かが「ここに、あなたが何をどのようにやればいいかを示します。簡単です、複雑に考えないでください」と言ったことを守るということです。「この感じを覚えてる！　これは癌の時にトイレに行けるようになったやり方だ」と思いました。

ただ手放し、誰かがやりなさいと言ったことに従い、それを実際にすることは、私の性格にはあまり無い一面だったので、すぐに私の心に響きました。それに、あまり備わっていなかったり、馴染みがなかったりする自分の一部とつながる時は、一般的にスピリチュアルな不思議な感じがすると思います。毎日ヨガの練習をし始めてから、二週目の半ばになったところで、私は子供みたいな気分になりました。

その後、休みの終わりにグラストンベリーのロック・フェスに行って、何日間もぶっ通しでパーティーをしているロックな人たちばかりを見ましたが、みんなひどい顔をしていました。「かっこよくて、エキサイティングで、ロックだ」という気分にならず、あらゆるものが冴えない醜いものに見えました。それで、私の興味はもうここにはないことに気づいたのです。セックスやドラッグやロックよりも良い、つながる感覚が得られる新しいテクノロジーを発見したからです。以前は貪欲で、どうしても欲しいと思ったらそれを手に入れていたのですが。

——あなたが癌で亡くなったデレク・アイルランドの写真を見たというのが興味深いです。当時、デレクはまだ存命でしたか？

いいえ、亡くなっていました。

——デレクに影響されたのに、あなたは彼が癌で亡くなったとは知らなかったんですよね。

知りません。まったく知らなかったです。ライオンみたいな男だと思っていました。

——どのようにしてグルジの元で練習することに興味を持つようになったのですか？　そして、いつグルジに初めて会ったのですか？

ヨガ・プラスで、みんながグルジのことを話しているのを聞きました。ラダから、グルジは「あらゆるものに神が宿っている」とか「自分の練習をしなさい。すべてがやってきます」と言っていた、と聞きました。それに、グルジは金《きん》が好きだったり、女の子にキスしたりする、というような面白い話も聞きました。私には母親のスピリチュアリティのイメージがあったので、グルジがいわゆる型にはまったスピリチュアル・マスターのような人ではないと思い、興味をそそられました。そこには謎があるように思いました。

——グルジがスピリチュアルな伝統において、普通ではない変わったタイプに思えたところに特に惹かれた、ということですか？

そうです。それに練習自体にも惹かれました。

——練習にはすぐに夢中になりましたか？

はい。練習に夢中になったら、神のところに行ったような気分になります。何かの核心に行く、音楽に完全に没頭していた時のようでした。本物と本当にかっこいいすべてのものを手に入れるような感じだと思います。

——真実を求めていたんですね。

もちろん。

——本物の経験を。

その通り。

——スピリチュアルな探求だということも知らないうちから。

そうです。それに、先ほども言ったように、動きのシークエンスやそのやり方に何かがあるのは私には明らかでした。その動きのシークエンスには、自分以外の何者か、外部のシステムやメソッド、自分が理解していないもの、自分自身について知らないことに対する降伏が求められるので、それらに降伏しなければなりませんでした。

——なぜそれがあなたには大事だったのでしょうか？

制御したり、努力したりすることは、私の本質と正反対だったからだと思います。

——そして、このやり方なら……

治ると思いました。

——生活や生き方を変えて、違う人間になれると。

まさにその通りです。最初にロンドンの、私の職場のあるワンズワースと自宅のあるウェスト・ロンドンの間で教えている人のところに行きました。伝統的なアシュタンガヨガとは少し違い、レッドクラスを軽く音楽をかけながら教えていました。その先生もちょっとしたロック・ミュージシャンだったのです。その先生のところに週二〜三回、六カ月ほど通いました。そして、リノが南インドのコヴァラムでアシュタンガヨガをやっているビデオを見て、ビデオの中の呼吸やサンスクリット語のカウントを聞いて、次に行くべきところはここだと思い、リノに会いに行きました。

リノは面白いことを言っていて、本人も味わい深く、とても魅力的で興味深かったです。それに、リノが話していたやり方も聞きました。ロンドンに戻って、自分の会社を畳み、恋人とも別れて、五週間後にマイソールに行きました。私はまだ練習を始めたばかりでした。

——何年のことですか？

リノのところに行ったのが二〇〇〇年で、マイソールに行ったのが二〇〇一年一月です。

——マイソールに着いて、グルジに初めて会った時の第一印象はどうでしたか？

私はある少女に恋していて、彼女は私の付き添いだったはずなのに、私よりも深くヨガの練習にハマりました。彼女は『ヨーガ・スートラ』を読み、すでにアシュタンガヨガに夢中になっていて、私は彼女を信用していたので、彼女の方が私の最初のグルみたいでした。彼女が私を導き「今度はマイソールに行く。あなたが来るなら向こうで落ち合ってもいいよ」と言われたので、「わかった」と行って、電車で落ち合ってグルジに会いにいきました。

それでもまだ私は、完全に自分を誰かに明け渡すことに対して懐疑的でした。グルジやシャラートに会ってもかなり用心をしていて、簡単に鵜呑《うの》みにもしないし、本当には理解もしていませんでした。グルジは太っていて、昔写真で見たヨギーはやせ細っていたので、少し意表を突かれました。グルジはカルバン・クラインの下着を履いていたので「この人変わってるな」と思いました。ヨガ・プラスで聞いていた違和感が、ある程度裏付けられました。

グルジは誰にでもいい顔をしようとせず、とてもぶっきらぼうな態度で、私の払ったお金を数えました。だから、最初はグルジに身を委ねることや、グルジの権威を受け入れることに興味が湧きませんでした。グルジは私にこのシークエンスや一連の動きを教えてくれるのだと思っていて、身体的なものを超えた方法論を学ぶという感覚は私には本当にありませんでした。しかし、最初の三カ月の旅の後半で、グルジとシャラート両方から、私の性格について非常に洞察のある興味深いことを言われたのです。

グルジは「君は危険な男だ！」と言いましたが、これは本当に鋭い言葉でした。私は手術を受けていたので、胃壁の筋肉を再建していて、弱っていました。バックベンドの時にかなり歪んでいて、シャラートに「私はここが弱いんだよ」とお腹を指したら、シャラートは「いや、あなたがとても弱いのはここだよ」と言って、私の頭を指しました。私の頭、私の心、なんと！　かなりショックでした。

最初にグルジから「君は危険な男だ」と言われて「大変だ、昔喧嘩したり、凶暴だったりしたからだ。どうしてわかったんだろう？　そんなにバレバレなのかな？」と思っていました。二人ともふざけているわけでも、お高くとまっているのでもなさそうでした。あまりにも率直で、残酷とは言いませんが、かなり傷つきました。二人とも建前は言っていないのです。自分がイギリスという建前や礼儀を重んじる国から来ているせいか、ショックでした。この最初の出来事で私の懐疑主義的な態度は和らぎ、そして二度目のマイソールで、大きな変化と事件がありました。

――シャラでの練習の経験はどうでしたか？　最初のマイソールと、その後のマイソールはどのように違いましたか？　最初に持っていた印象が、二回目の旅行でどのように変化しましたか？

最初から、表面で起こっていることは本当に起こっていることではないという感覚が、かなりはっきりとありました。シャラは小さかったので、階段には行列ができていました。階段には緊張感が漂っているように思えて、そこにいるのは全員ヨギーだと思うと変な感じがしました。

――練習部屋に行くのに並んでいたんですか？

はい、練習のために並んでいました。十二人でいっぱいの部屋で、グルジは隅のプラスチックのスツールに座って、時々すごくよく動いて働いたかと思うと、しばらくしたらまったく何もせず寝ていました。寝ているように見えたのですが、実際にグルジは何もしていなかったんです！　とても奇妙でしたが、私はそれでもグルジは見ていたことに気づきました。非常に注意深く見ていて、グルジが見ていることをほとんど物理的に感じました。グルジの視線には、実際に見ていない時でも、ほとんどスポットライトを浴びているかのような熱がありました。「君は誰かな？　何をしようとしているのかな？　君は誰かな？」という感じで、グルジの関心が少し注がれるのです。

――グルジが興味を持ったということですか？

はい、ほんの少し。私の場合は二カ月半か三カ月いて、興味が大きくなってきたと感じました。それに、ロンドンから来たヘイミッシュ（ヘンドリー）や、他にも私が話した列に並んでいた人たちも、面白いことを言っていました。ここで行われていることや、一番興味深いことは、この身体的な動きのシークエンスを完璧にすること、きれいな見た目でやること、すべて適切にやることではない、というのが明らかになってきたと言うのです。しかし、部屋の中にはグルジやシャラートだけでなく生徒もいれば、集中した練習の激しさなどもあり、他の人たちも同じように言っていました。

――どういうことが言いたかったのでしょうか？

存在の深さ、集中、少しずつ気が散らなくなっていくことなどができるようになります。また、目撃者、証人という考え方について話しているのも聞くようになりました。それでひらめいたのです。ひどい痛みや恐怖があった瞬間、見つけた平穏、委ねること、そのようなことが起こった時、それを観察することで調整したり、確認したりしていたのを思い出しました。この練習の目的は〝見られていること〟だということです。

――では、他の生徒もあなたにとっては重要だったと。

グルジとシャラートはあまり多くを語らなかったので、私はこのようなことを実際に誰かと話してわかってよかったです。

――グルジとシャラートが多くを語らなかったのはなぜだと思いますか？

今はわかります。当時はわかりませんでした。沈黙の中に、呼吸の音の中に、多くの知恵があるからです。先生は、呼吸の音の中や、トリスターナ（集中するための三つのポイント）で集中に埋没でき、練習の基本要素から気が削がれないようにするスペースをつくります。そのようなスペースは、生徒がとても貴重だとわかっていなくても、とても貴重なものを与えてくれます。今ではほとんどの人が知っているように、価値のつけられない貴重なものです。沈黙と献身と練習に対する感謝の気持ちがある中で練習を続けている人は、すぐに深い深い瞑想状態を経験することができます。

――もう一度戻りますが、二回目のマイソールで実際に変わったことについてお話しいただけますか。

まず、最初にマイソールに行った時は、私はまだ練習に恋しているような状態でした。練習に恋をしたのであって、グルジは別問題という感じでした。二回目にマイソールに行った時は違いました。滞在して二カ月目にパートナーが去り（別れました）、私はとても悲しくて不安でした。同じ頃、バイクレンタルの人が来て、私が乗り慣れていたバイクを、慣れていない別のバイクに変えました。

翌朝、私は二カ月目の月謝を払う予定でした。インドルピーの札束を持って、この慣れないバイクに乗り、彼女がいなくなって自分でやらなくてはいけないこともあり、世界が変わってしまったような気分になりました。ラクシュミプラムにいて、少し情緒不安定だと感じながら、インターミディエイトの練習を少し始めたというのも関係したかもしれません。グルジが最初にお金を払うように言ったので、私はお金を払い、グルジはお金をとてもゆっくり数えました。その間私は階段のところに座っていました。早朝で、練習が始まるのを待っている、みんなにもとても尊敬されていて、私も尊敬すべきだとわかっている、昔からの生徒が何人か私の前にいました。

すると、グルジが部屋から出てきて、誰かに叫び始めました。私はヘッドフォンをして、チャンティングか何かを聴いて、自分の世界に入っていたので、グルジが誰に叫んでいるのかわかりませんでした。グルジが私に関心を持っているとも思っていませんでした。誰かが私を突いて「グルジが話しかけてるよ！」と言いました。ヘッドフォンを取ると、グルジは「君の練習場所がなくなるぞ」と言います。「私の練習場所がなくなるということは、他の生徒がその場所で練習をして、私には練習場所がないということだ」と思いました。私はシャラのそのような仕組みについてまったく知らず、見られはしても、何も聞かれないように、ひっそりとすることにベストを尽くしていました。「君！来なさい、来なさい、場所がなくなるよ！」グルジは激怒して「君はなんで人の話を聞かないの？来なさい！」と言いました。

グルジの話していた場所とは、グルジのプラスチックのスツールの目の前でした。「ああ、はい、はい」とヨタヨタと階段を降り、何とか心を鎮め、そこに行って、グルジのまさに足元で練習を始めました。そして、この見られるということ、視線を注がれるということで、私の心の中にまったく違ったレベルの真剣味が生まれました。それ以外のことは自分の心の中になかったかもしれません。よくわかりませんが、グルジに持ち上げられ、丹念に調べられ、身体的な動きやポーズを、まるで私が自分ではやっていないみたいに感じる経験をしました。私の行動、魂、本質を観察されました。とても深く観察され、見られているのを感じて、衝撃を受け、少し怖くなりました。すると、グルジもグルジの顔も、とても違って大きく見えました。実際にはグルジはとても小さく、年を取っていたのですが。当時のグルジはすでに八十代だったと思います。

――その体験は二回目のマイソール滞在中ずっと続いたのですか？　それともその一瞬だけでしたか？

私の中のアシュタンガ神話では、かなりの物語になっています。私がもし占星術に興味があったら、私のチャート図ではおそらく極めて重要なポイントになっていたはずです。月謝の支払い日だっただけでなく、バイクが変わった日でもあり、彼女が去った翌日だったのです。しかもその後、その日はその小さなレンタルバイクに乗って、友達が住んでいたシュリランガッパッナーに向かいました。その途中で、バイクごとバスに跳ねられて、足にひどい怪我をして、ナーザルバードの病院で手術を受け、つま先を縫って元に戻しました。雨が降っていて、とても暗くて冷たくて、震えていました。

——それは同じ日の出来事ですか?

そうです、グルジに見られていたその同じ日です。私はバスの下に入り込み、バイクはぺしゃんこになりました。十人くらいのインド人の男が私を引っ張り出して、道路の反対側に渡って、カルナタカ州の骨接ぎのできる整形外科医がいる病院に連れて行ってくれました。私は「つま先は大丈夫ですか?」と聞きました。重症だったんです。最終的に、何人かの友達が来て、連れて帰ってくれました。

その日の朝月謝を払ったので、シャラに戻ると「そうだ、お金は全部払ってしまったんだ、どうすればいいんだろう?」と頭に浮かびました。お金はグルジが持っているし、そのグルジはとても変わり者だし、グルジは「こうなると思っていたよ」とは言いませんでしたが、何か予期していたのではないかと思いました。これはひとつの物語で、グルジはそれに対して何かしら準備をしたり、関係したりしたという、デジャヴュのような感覚がありました。ですから、これはとても壮大な物語なんです。

――グルジがあなたのためにお金を準備していたと聞きましたが。

グルジは一クラス分だけお金を取って「一クラスやったから」と言い、残りを私に渡しながら「休みなさい。一カ月休みなさい」と言いました。

その時には、すべてが違いました。インドは人に強力な影響を与えると思っていましたが、この先生はただ動きのシークエンスを見せたり、アジャストをしたりする人ではなく、もっと認められている人だと思いました。ここでは理屈は通用しないように思えました。ただ本当に、とてつもなく変わっていました。この男と生徒がいる小さな部屋で起こっていることは本当に不思議で、それに対する答えを私はまったく持ち合わせていませんでした。

――〝不思議〟と言うのは、あなたに起こったことに対してある種の洞察を持っていた（予期していた）と感じたということですか？

そこには連動しているエネルギーやパワーのようなものがあると感じていました。少し神秘的でした。子供の頃にTMをやっていた時、与えられたマントラを何度も何度も頭の中で繰り返していました。マントラの波動が深いレベルで体全体をマッサージしているようで、光の音、耳の中ですすり泣く音、何かの波動のような感じの、瞑想の不思議な状態に入り込んでいきました。そして、そこにいる感覚がわかるようになりました。

表面的に何が起こっていたかというと、フィニッシングの部屋で泣いている人がたくさんいました。よくあることです。友達ととてもオープンで親密な感情に入り込んだら、言うこともできる、感じることもできる、簡単にわかるものです。論理的な思考で計れるものでも、言葉で説明できるものでもありません。しかし、優しく開放された気持ちがあり、子供の頃以来触れていなかったその何かに触れた人もいるかもしれません。私が感じたのは間違いなくそれで、沈黙と孤独、心が動かされる内面の場所に再びつながっていました。

例えば、がっかりさせない感動するものです。とても大事なものですが、単純な機械的な練習や知的な理解のように、それを伝えることはできません。誰かが誕生日にプレゼントをくれると、相手がそのことを考えてくれたという感覚がわかります。相手はあなたのことをわかっていて、とてもよく見てくれているので、それがあなたを感動させるのです。私は、説明せず暗黙のうちにグルジが支配していた何かを、グルジの家で感じたのです。

――先生としてのグルジについて教えてください。

グルジはオーケストラ全体のようです。一つのやり方だけでなく、全員に違うやり方を見つけることができます。グルジはあなたと、あなたの魂と、有能だったり、いい人だったり、欠けていたり、とんがっていたりするかもしれない性格を見ています。それをすべての人に対してやることができると思います。必要以上に複雑にすることなく、常にシンプルです。呼吸と連動した動きとドリシティとバンダという、本当にパワフルな三つのテクニックがあります。グルジは極端に技術的でもなく、解剖学の話もせず、複雑なエネルギーのコンセプトも話しません。驚くほどシンプルです。情報を必要とする西洋人は特に魅力を感じないかもしれませんが、勇敢な人です。ご存じのように、情報といっても、驚くほどシンプルですよ。「呼吸!」「呼吸をしなさい!」「やりなさい!」「ダメ、ダメ、考えない、やる!」本当に効果的です。

――なぜ効果的なのでしょうか?

私たち西洋人は、やるべきことを指図されるのが好きではないし、降伏するのも好きではないからです。「私はそれについて考え、思いを巡らせ、立ち向かって、自分の意見を言いたい」からです。そんな態度ではどこにも行けませんが、「グルジは本気だ」というのはわかります。グルジが本気なのは間違いありませんが、傷つきやすく、なかなかうまくいかない人には、グルジは寛大な人物で、優しい父親像のような人です。だから、グルジは生徒の注意と尊敬を集めるために強烈な権威を振りかざすのではなく、とても親切で協力的で、多くを語らずただそこにいて、すべてを包み込んでいるのです。バランスの取れた能力であり、グルジが正しいので、グルジの生徒も正しくなります。膨大な数の個性と身体をグルジは何度も正しています。グルジの声のトーンとアプローチは毎回適切に思えます。間違いなく正しいとは言い切れませんが、私の見てきた限りではそう思います。

――グルジが情報を制限するのは、それが正しいやり方なのであれば、何か意図があると思うのですが。

はい、そう思います。使い古された表現ですが「レス・イズ・モア」*だと思います。カンファレンスで誰かが「グルジ、煩悩や、ヴァーユ（インド哲学の五大要素の一つで「風」「空気」あるいは「気」という意味）について教えてください」と聞いたり、難解な質問をしたりすると、「説明しても、あなたは理解しない」と言いますが、グルジは教えてくれます。聖典から引用したり、自分の記憶にあり、理解し、経験したりした証拠を繰り返し言います。求められている証拠に応じて、八千年も続く知識体系や、自分の意見を元に、わかりやすくまとめて説明することができます。ですから、グルジはそのようなことを誰が質問をしているかによって、直接話したり、答えたりします。

＊建築家ミース・ファン・デル・ローエの提唱したアイデア。「余計なものがなければないほどいい」というような意味。

しかし、ほとんどの場合グルジは「練習しなさい、そういうことを話さない、考えない。ヨーガチッタ ヴリッティ ニローダハ（ヨガは心の動きを静止する）」と言います。心が落ち着くとヨガを味わうようになります。難解な質問をたくさんしたところで、求めている答えは得られません。だから、そのような質問をしても「あなたは質問する。私は説明する。あなたは理解しない」と言われるのです。

私はマイソールに行った時に、いくつか質問をしたことがあります。ヘルニアになったので、グルジにヘルニアのことを聞いたら、やるといいヨガのアーサナの処方箋をくれました。外科手術は必要なく「私が言ったことをやれば、それはなくなる」と言いました。ご存じのように、グルジは極めて正しいです。完治はしていませんが、何年もの間ほとんどヘルニアの問題はありませんでした。

私は毎年マイソールに行きました。長く行けば行くほど、グルジに対する信頼や愛はどんどん大きくなりました。今はグルジのことが本当に大好きです。跪《ひざまず》いて、グルジの足に触れて、お礼を言うのも好きです。グルジが私の手を取り、暗闇から連れ出してくれたような気がしています。洞察や刺激、癌という問題を解消するのに人生を変えるための励まし、グルジのメソッドや存在、足に触れるというようなグルジとの接触、自分にはガイドがいるような気になりました。お金では買えないほど貴重なものです。今になってみれば、グルジの使ったテクニックを理解するのはかなり難しいです。言葉を超えたテクニック、つまりは愛だったと思います。とても厳格な父性的な愛です。しかしグルジは、私が私自身を信じる以上に、私のことを信じてくれたと本当に感じています。

一昨年、ラクシュミプラムにいた時に、私のパートナーが床に落ちていた新聞『マイソール・スター』を見つけました。ヨガ特集の記事にマイソール在住のヨガの先生一覧が載っていて、グルジは有名なバスケットボール選手と一緒に大きな写真で表紙を飾っていました。シャラートやマイソールの他の人たちのインタビューと、四ページにわたって写真があり、基本的にパッタビ・ジョイスの特集号でした。もちろんグルジのインタビューもあり、「このヨガは糖尿病を治癒すると思いますか？糖尿病はどうすれば治癒すると思いますか？」と聞かれていました。グルジは師匠のクリシュナマチャリアが教えてくれた、ヨガを通して病気を治癒した人の話をしていました。そして「病気を抱えたくさんの人が、私に会いにマイソールに来ます。私の生徒の一人、ニックも毎年来ています」と言っていたのです。私は信じられませんでした。

時々、私がグルジの足に触れても、グルジは私を気にもとめていないような、その日私がいたことすら覚えていないように感じることがありました。しかし翌日、家に持って帰ってきた新聞を読んで興奮し、みんなに伝えて、内心誇らしく思った後で、グルジの足に触れに行ったら、グルジは私をじっと見て、大笑いし始めました。何が起こったのかわかりませんでした。多分私があまりにも大事なことのように思っていたからだと思います。グルジは敏感だと思いました。

――多分、グルジはあなたが誇らしく思っているのを見て、可笑しかったんでしょうね。

そうだと思います。

――グルジのことをヒーラーだと思いますか？

はい。

――グルジのどのような資質がそれを表していると思いますか？

グルジの顔を見て、存在を感じた時に、グルジは永遠の無限の力が私たちの中にあり、すべての成長や動きを起こしているとわかっていると思いました。太陽を昇らせ、銀河のあらゆるものが落ちて来ないようにしています。インドの伝統では「イーシュワラ」と呼ばれているものです。グルジやそのまたグルだけでなく、グルジの家族も何代にもわたってこの力を受け入れ、実在するものだと理解しています。私たちが現実だと知覚しているのは、この力を覆っているものです。この力や神的な存在との初めての接触は、親や、そのまた親、ひいては文化全体で受け継いだ生命の営みのようなものです。私たちは皆、自分だけのために努力をしているわけではありません。光はあなたにもグルジにも射していると思います。だからグルジは「あらゆるものが神だ」と言っているのだと思います。

グルジはそのことを率直に話しており、『ヨーガ・マーラ』の中でも語っています。正確に文章を覚えていないので、間違って引用したくないのですが、確か「宇宙には個人の意志だけで行われているもの、決められているものは何もない……すべては神である。練習、練習、そうすればすべてがやってくる」というような文章だったと思います。

――グルジはヒーリングの力をどのように発揮していると思いますか?

グルジがあなたに手を置き、微笑みかけ、そばにいる時、グルジの力はあなたに向けられています。確固たる信念、確立された知識や理解は、グルジから溢れ出ているものです。そしてもちろん、それはいつでもどこにでもあるものですが、私たちは身体や歴史や抵抗や恐れにとらわれているので、それに触れたり、つながったりできません。しかし、グルジが私たちに触れると、光がグルジから私たちに流れ込むように、癒やしの愛、知識、力、許し、優しさが流れ込んできて、完璧になります。グルジは間違いなくわかっていますが、私たちはわかっていません。グルジは間違いなくそれが事実だとわかっていて、私たちに触れます。私たちは「ああ、はい」と言いますが、傲慢さや自己防衛本能が邪魔をしてわかりません。

――グルジはどのようにしてそれを貫くのでしょうか？

そうですね、ある意味貫いてはいません。グルジは、称賛を受け取ったり、個人的な利害関係を持たないようにしています。「私はグルです。悟っています」と言ったりしません。グルジはとても面白くて、素朴で、優しいです。グルジの学者として、学術的で真面目な先生としての重々しさを、過小評価したり軽視したりしたくありませんが、グルジのやり方はチャーミングで軽妙で遊び心があって優しいです。グルジは大きな子供みたいです。グルジはいつも面白いことを考えています。「元気？　何かニュースある？」「グルジ、ニュースはありません」という感じです。いつも面白いことを考えて、その明るさが生徒にも伝わります。

しかし、正反対のように思える時期もありました。私は苛立っていて、あらゆることで迷っていました。窮屈に感じて、すべてのものに抵抗し、グルジの対応も違ったように思います。グルジもかなりぶっきらぼうで、とてもきつい意地悪なことを言うか、まったく何も言わなかったと思います。何カ月もずっと無視されて、グルジの中では存在しない人のように感じられました。当然、先生に気にかけてもらえないのは悲しいことなので、その状態に対処しなければなりませんでした。すべてがそのような調子で、そのような瞬間は私にとって意味があるのではないかとよく考えました。私は何かしらの関心の的、特別な存在として選ばれたかのように思っていました。しかし現実には、私はマイソールでかなりの時間を過ごしており、何年間もただ完全に無視されていただけなのです。私は完全に無視されたと感じていました。

――自分が受けてしかるべきと感じているだけの関心を払われないことは、無視されているということではないと思いますが。

そうです、その通り。ありがとう。この件がそう教えてくれました。

――グルジがシャラで教えていた最後の期間、一人か二人の生徒を選んで集中的に一緒に練習をしていました。あなたが無視されていたと感じていた期間、あなたの彼女のエヴァはグルジのお気に入りの一人でしたね。

グルジはエヴァのことが本当に好きでした。エヴァは明るい光のようでした。それにしても「なんでグルジは私の彼女をそんなにかまい、私にはますますそっけなく、冷たくなっていくのだろう?」と思っていました。グルジはエヴァにかなり注意を向けていて、彼女には多くの光や温かさや愛を注ぎ、私のことは軽蔑しているように思えました(笑)。私は「なんてことだ、グルジはエヴァを愛していて、私のことを嫌っているんだ!」と思っていました。それが何カ月も続きました。

グルジはエヴァに大量の関心とポーズを与え、私にはほとんどくれなかったのに、よく罵《ののし》られました。レッドクラスで「ガリガリの男! 間違ってる!」と言われたり、そんなことがたくさんあって、本当に「自分はダメ人間だ」という気分になっていました。

その頃、父が腫瘍の病気になり、私がマイソールを離れることになった時、グルジにお別れを言う機会が本当になくて、シャラートを見かけたのでコーヒーを飲みに二階に一緒に行きました。シャラートは私を座らせて「ニック、この練習を完全に信用していいですよ。心配する必要はありません。練習はすべて引き受けてくれます」と言いました。そして自分が言ったことを再確認するかのように、私を見つめました。私の人生と私の練習でのシャラートの存在が増した瞬間でした。ほとんど誓いや約束のように、とても明確だったからです。

父の癌は致命的で、数カ月後に亡くなりました。最後の数カ月を父と過ごした後、私はパートナーと一緒にイギリスのブライトンや、スペインのバルセロナでヨガを教えました。私は身体にひどい痛みがありました。その痛みは心因性の反応のようなものだったのかもしれませんが、私にはわかりません。悲しみと喪失感を感じていました。肩甲骨の下のしこりや焼け付くような痛みを押して積極的に教えていたので、体には何カ月間も痛みがありました。私は痛みというものをとてもよく知っていました。痛みは動かず、長い間そこにあります。腰や仙骨はこれまでもずっと痛かったのだと思うことで、やり過ごそうとしていました。

そしてバルセロナでの指導を終え、早めにマイソールに行きました。グルジたちはワールド・ツアーに出かけていたので、私は七〜八カ月間くらい会っていませんでした。その前には、私は長期で一年間ほどマイソールに滞在していたので、こんなに長くグルジたちに会わなかったのは初めてでした。私は本当にすごくグルジたちに会いたくなったので、誰もいないと思わず、マイソールに早めに行ったのでした。

私たちはゴクラムに小さな家を持っていて、マイソールにいない時は貸していました。グルジたちはフランスから帰って来て、コーヒーを飲まないかと声をかけてくれ、二階に行きました。私はシャラートに、大変な状況で父が亡くなったことを話し、父を見送るのにプージャをやってみたいと言いました。私は遺灰を持ってきていて、シャラートは私のために、彼らの家族の僧侶にカーヴェリ川でプージャをするように取り計らってくれました。私はガンジス川に遺灰を撒こうかと思っていましたが、シャラートは「いや、いや、私たち家族が遺灰を撒いているところに撒いた方がいい」と言い、カンナダ語でグルジに「おじいちゃん！」と話しかけました。私は、ヘルニアの件以外には一度か二度くらいしか、グルジと話をしたことがありませんでした。

グルジは私の向かい側に座って、私にフランスの牛乳と他の国の牛乳の話をしました。グルジはフィンランドに行っていたので、フルーツや牛乳の話をしていました。グルジのことを見ていたら、グルジの見た目がいかに素晴らしいかということに気づき始めました。その時「グルジはすごく見た目が良い」と思ったのです。輝いているように見えました。私は恍惚として頭がクラクラし、ハイになって、グルジに「グルジはすごく見た目が良いですね、信じられないほど美しいです」と言ったのを覚えています。グルジは私を見て笑いました。この美しさを何と言えばいいのかわかりません。ふさわしい言葉があるとしたら愛だと思います。不機嫌でいつも私を罵っていたおじいちゃんが、光り輝く人に変わったのです。

とにかく、それが全部で八分間は続いたと思います。私は目が覚めました。グルジの足に触れると、体に痛みがありませんでした。頭からつま先まで完全に痛みがなく、二〜三週間経っても痛みがなかったのです。いくらか痛みが出ることもありましたが、ほとんどありませんでした。これは本当に奇妙で、現実的で、具体的で、身体的な、アクセスできない何かとの出合いでした。他の人のためにもできないと思うし、グルジがどうやったのか、そもそもグルジがやったのかどうかも、何が起こったのかもわからない。私がつくり出したものなのかもわからないけど、とにかく間違いなくそういうことが起こったんです。

――グルジや練習が、ヒーリングのプロセスでどのように役立ったと感じましたか？　なぜこれが効果的なメソッドだと思うのでしょうか？

他の人にはどうかわかりませんが、私には効果的でした。グルジは私を求めており、私は直感的にグルジのことを信頼していたと理解しています。人は自分の心に従うべきです。自分が信頼できると感じる先生と練習をするべきです。私の場合、少なくともとてもうまくいきました。他の人は人生のアプローチの仕方や見方が違います。完全に降伏するのはその人の道ではないかもしれません。

また、優れた判断力という別の道もあります。異なる性格には、異なる旅、異なる教訓を学ぶ身体があります。誰もがうまくいくひとつの方法などありません。しかし同時に、私にはわかっていることですが、他のアプローチを試してみるのが本当に良いことなのかわかりません。

数年前に発売された、ドミニク（コリリアーノ）とロブが制作したグルジのドキュメンタリーのDVDを見ました。DVDのおまけで、パッタビ・ジョイスのインタビューがありました。シャラートが聞き手と通訳もしていたと思うのですが、「いい生徒に一番大事な資質は何だと思いますか？」という質問に、グルジは「従順さ」とだけ答えていました。

グルジはこの時かなりハッキリと答えており、一人の生徒に向けて話すのではなく、このDVDを買って見ているすべての人に向けて話していました。これが、グルジが私たちに生徒として求めているものです。私には簡単にグルジに対してできることですが、そうではない人もいるかもしれません。それでもいいと思います。

――グルジは生徒によって異なる方法でアプローチしていますか？ それとも、アプローチは同じでも、生徒それぞれのグルジに対する感じ方が違うのでしょうか？

私は八年前からグルジのことを知っているだけなので、このような場でこのことについて話すのは控えたいと思います。

——ですが、何百人もの生徒を見てきたはずですよね？

はい。でも、オールド・シャラにはそこまでいませんでした。オールド・シャラにはグルジと極めて個人的な関係を築いている生徒がたくさんいました。私が見てきたのは、かなりの先入観と、おそらく期待を持ってグルジに会い、グルと練習をしにマイソールに来た大勢の生徒へのグルジの対応で、誰もが理解することを求められる「落ち着いて、自分を乗り越えて。しー、静かに！」というような一般的な戒めです。

——生徒の数は多過ぎると思いますか？

個人的な、個別の関係を築くには。

——グルジは万人向けの標準的な形式の練習を教えていると思いますか？　それとも生徒によって個別に調整していると思いますか？

個別に調整された標準的な形式だと思います。モーツアルトの曲のようなものです。同じ曲でも、指揮者によって強調する場所は違います。だから、ポーズをもらう速度が違ったり、練習で強調される部分が違ったりします。先ほども言いましたが、人によってエネルギーも波動も違います。グルジはそれを見て、慎重に練習を進める速度を管理していると思います。その人の身体や練習方法、呼吸の仕方などによって、グルジがその人にかける声の調子も違います。穏やかに話しかける人もいれば、「君！　戻って、戻って！」と鋭く声をかける人もいます。そういう意味ではアプローチに幅があります。

シークエンスは、薬のようでもあり、処方箋のようでもあります。人間はみな同じ臓器があり、体内を流れているのは同じ血であり、同じ手足を持っています。一般的には、誰もが基本的には身体構成は同じですが、昔からある問題には幅広い違いがあります。ヨーガ・チキッツア（プライマリー・シリーズ）は昔からある問題であり、昔からある処方箋です。人間全体の処方箋としては、血液を薄め、臓器を浄化することで、それを人によって異なる速度（進度）で適用します。

――速度（進度）だけですか？　それともそれ以上のものがありますか？　例えば、まったくアジャストしない人もいれば、かなり力を入れて、くまなくすべてアジャストしている人もいるように思います。

確かにそうだと思います。グルジが放置していた人もいれば、かなりアジャストしていた人もいます。ですが、一般的な処方箋が、いつポーズを与えるかによって中和されたり、強化されたりしていると感じました。また、グルジの向ける関心の量や、関心の向けられ方もあります。だから、激しく練習させたい人には叱り、リラックスして練習させたい人には励ましたりしていたのだと思います。あなたの言うように、アジャストされる人もいれば、されない人もいました。

――グルジが身体的な限界や精神的な困難を乗り越えさせてくれた経験はありますか？

セカンド・シリーズのカランダバーサナをやっていた時のことを思い出します。先ほども言いましたが、私はお腹の筋肉が弱いので、隣りでスプタ・クールマーサナの練習をしていたエヴァの上に落ちてしまったのです。グルジが来て私を落としたり押したりした……とは言い難いですが、とにかくビックリして、落ちた後でグルジを見上げたのは覚えています。エヴァの上に落ちたのは、マイソールのちょっとした惨事でした。少なくとも当時は惨事のように感じました。

グルジを見上げたのは「ごめん、押してしまった」と言うかなと思ったからですが、グルジはうんざりしたような顔をして「君！　なんで？　悪い男だ！」と言ったのでした。ショックでした。謝られるかと思いきや、うんざりされたのです。私は「はいはい、わかりました。あなたがボスです。以上」という気持ちになりましたが、とにかくショックでした。

私はバックベンドも苦痛でした。痛みがひどい時期に、サラスワティが（バックベンドの時）私に踵を取らせようとしていました。痛みがある時に何度もシャラートに「休みなさい」と言われました。グルジたちが大きなシャラに引越してから、生徒の数が増えて、グルジにアジャストされることも減り、特に私に対してはどんどん減っていった感じがしました。

――グルジの特にあなたのパートナーに対する行動によって、あなたが精神的にかなり困惑した出来事を教えてくれましたが、「このアーサナができる気がしない。死んでしまう！」と感じたような、本当に疲れ果てたり、次の段階に進める気がしないというような状況で、グルジがそれを乗り越えさせてくれたことはありますか？

グルジが私に対して、特定のアーサナで乗り越えさせてくれたことはないと思います。シャラートはあります。私がアドバンストのアーサナをやっていた頃には、グルジが私にアジャストすることは、以前よりもかなり減っていました。しかし、グルジは私にコメントをして影響を与えてくれていた気がします。例えば、少しいい加減な（セカンド・シリーズの）ナクラーサナをやっていると「君！ジャンプしなさい！ ほら！」と言われたりしました。「悪い男だ！」という言葉が直接私に向けられていることもたくさんありました。（セカンド・シリーズの）カランダバーサナで降りて、止まって、また上がるのが苦手だったのですが、「ガリガリ男、もっと食べなさい！ 食べてないだろう、食べなさい！」と言うためにグルジはカランダバーサナの時は私の方を見て、さらに頑張らせました。

私は、もらったアーサナや、受けたアジャストのことを考えようとしています。当時は、大きなイベントをのぞき、オープンな場所でそのような叱咤激励をされましたが、すべて曖昧です。そんな感じの曖昧な八年間で、時々罵られたり、私のそばを通り過ぎたり、私のマットに立ったり、身体的なアジャストを何もしなかったり。私が痩せたことに気づかなかったり、私が痛みを感じるポーズのことを覚えていなかったり、グルジが私に何か言うか、何かしてくれるかすることもあまりなかったですが、近くでじっくり見られていた時は、私ももっと多くのことに気づいたと思います。グルジとニックという個人的な関係においては、そんなに多くのことは起こりませんでした。このような細々した出来事やエピソードがあるだけです。

——不二元的なアプローチに対する興味を考えると、グルジとあなたのコミュニケーションが具体的でないことで、グルジが伝えている一般的な哲学を吸収することができたのは、とても適切だったように思えます。

そうですね、光、愛、調和。まさに。

——グルジが本物のアシュタンガヨガを教えていると言っているのを聞いたことがあります。真のヨガの先生としてのグルジとの経験はどのようなものでしたか？

グルジは個人的な称賛は受け取りません。「私」や「私のもの」という主張をあまりしません。常に文献の証拠について言及しており、まるで自分は単にヨガのグル（クリシュナマチャリア）や家族のグル（シャンカラチャリア）から受け取った教えの容れ物だと考えているようです。グルジが、自分が受け取ったメソッドや技術を変えずに教えているのは明らかです。

また、西洋人が自分のところに現れるような人生になっても、「私はインド人やブラマンにしか教えません」と言うのではなく、「わかった、これは人生が私に与えているものなんだな。ヨガを広める方法なのだ。この教えが自然と受け入れられる方法なのだ」と考えます。そして、個人的に関わった意識がなくても、そのような機会に恵まれます。グルジの個人的な意見をほとんど聞いたことがありません。伝えることを重視しているように思います。世界をより良くしたい、何世代も変わることなく守られてきたメソッドを伝えたい、本当に教えることに対して奉仕したいという気持ちであって、その逆ではありません。

――グルジがアシュタンガヨガの三番目の支則であるアーサナを、出発点として力を入れているのはなぜだと思いますか?

硬く閉じて淀んだ病気の身体だったら、神や真実を知るというヨガの目的を理解できません。心配していたり、不快だったり、痛みがあったりしたら、身体が不安の源になるからです。エネルギー豊かな酸素や、生命エネルギー、特別な呼吸法で濾過した酸素の活き活きとした構成要素で身体を満たし、伸ばします。それから、身体を動かし、熱を生み出し、内臓や血液を浄化し、関節を開き、エネルギーや血液が、昔の身体パターン（癖や状態）に妨げられずに体中にめぐるようにします。体のすべての身体パターンを再編成し、手放し、解放します。神に与えられた体の中で、快適になる可能性がはるかに大きくなります。

体が快適であれば、体の動きがよりなめらかになるので、精神的にもリラックスできる可能性が高いです。身体的に制限されずに、臓器や血液の停滞や、身体的な停滞の可能性が低ければ、精神的な停滞の可能性も低いです。ですから、身体的かつ精神的な習慣を浄化することで、人生の経験がより一貫して心が平穏な状態になります。人生の経験がより一貫して穏やかになると、あまり抵抗なくヤマ・ニヤマの考え方と結びつき始め、よりリラックスした人間になります。いつも快適な状態になり、そうなると日常生活で困難が現れても受け入れられるようになります。

人間には体があり、そのことを知っています。誰も否定はできません。心についてじっくり考えることはできますが、心をクリアにするのは難しいです。しかし、体との一体感無しに人間を理解することはできないと思います。ですから、精神的な作業に入るために、体を通して心を穏やかにすることは、とても具体的な身体的アプローチであり、そこに異存はまずないと思います。誰もが健康な体を求めています。それだけです。始めるには本当に天才的に素晴らしい場所だと思います。アシュタンガヨガの練習をすると、元気で健康な体になります。結局はどういう傾向があるかです。そこに至るまでに途方もない痛みや困難を味わいますが、一般的な傾向として、体はよりオープンで強くなり、柔軟で安定します。次に心にもそれが反映されます。また、毎朝自分に良いことをやっていたら、その日の残りはとても気分が良いですよね。

——これがさらに先の練習にどのような役割を果たしていると思いますか？

私が聞いた説明で一番共感できたのは、私たちの体の各部分というのは電線のようなもので、体内の器官や神経システムをきれいにすればするほど、体はより多くの生命力やプラーナや電気エネルギーや気を流し、受け取り、共に生きることができます。私はグルジのプラーナヤーマのクラスを受けてから、体にはもっと多くのエネルギーがあり、もっと効率的にエネルギーを操ることができると感じました。そんなに病気もしなくなったし、大人数のクラスも疲れずに教えられるようになりました。増加するエネルギーのレベルに体が対応できるようにしているようなもので、アーサナはその準備です。細い銅線にあまりにも多くのエネルギーが流れたら、銅線は燃え尽きます。アーサナを最初に教える理由は、準備をしていない体に膨大なエネルギーが流れたら、エネルギーや行動や身体の問題を引き起こす可能性があるからです。だから、より高いレベルの生命力に体を慣らすために、順番にやっていくアプローチになっているのだと思います。

――グルジの教えにおける一番大事なものはなんだと思いますか？

イシュワラプラニダーナ、神への献身、壮大な体系の中に自分の体や心の居場所を認めることだと思います。人間は環境の産物です。環境から切り離して存在することはありません。酸素、食べ物、愛など、あらゆるものを完全に環境に依存しています。現在の瞬間と環境に存在しています。自分は環境から切り離されていると考えたり、切り離したりしたら、苦しむことになります。ヨガは融合して全体に戻すものです。ヨガ的な責任というのは、融合すること、分離されている感覚を全体の感覚に結びつけること、表面的に存在するのをやめず、上向きや外向きなどあらゆる方向に拡張すること、具体的で直接的な感覚を持つことです。これが、グルジが絶えず言い続けていたことです。

――グルジは祈りや神への献身を重視していますが、なぜそれほど重要なのだと思いますか？

グルジの師匠であるクリシュナマチャリアが「ヨガの実践で一番大事なものは何ですか？」と聞かれた時に、パタンジャリに言及して「イシュワラプラニダーナが一番大事だ」と言っていたと聞いたことがあります（私が答えを要約しているとは思いますが）。だから、このヒンドゥーの文化では、順番にやっていくやり方で降伏させるようなアプローチや技術があるのだと思います。生命の神なる力に無理矢理降伏させ、まったくコントロールできないような大惨事が身に降りかかっているのではなく、神を受け入れ、物理的な象徴や偶像を崇拝したり、話しかけたり、歌ったり、物を供えたりすれば、神との関係を築けるようになります。使い古された言葉ですが、神とは愛です。キリストでもクリシュナでも、神というものを愛し始めるまで、そのことは理解できません。

例えば、シヴァやヴィシュヌなど、インドの神様は個性的で識別しやすく、美しい資質を備えており、非常に愛着を持ちやすくなっています。欧米の子供が、バットマンやスパイダーマンのようなすごい資質を備えたキャラクターに愛着を感じるように、そのような資質（神やキャラクター）に慣れ親しんでいると、その絵や写真を見たり、それに対して瞑想をするようになったり、自分がすでに愛着を持ち始めている特定の神に親しみを覚えたりするようになります。ブッダとブッダの教えを愛するようになるかもしれません。すべての神はひとつのところに行き着きます。

日々の実践や儀式などを通して、偶像（想像を超えた神を想像した姿）を生活に取り入れ、毎日謙虚な姿勢で神と向き合うことで、「すみません、助けが必要です」「神の知恵を、決断を授けてくださると信じています」というようなことが言えるようになります。自分が選んだ、もしくは選ばれた偶像は、数々の恐怖を取り去ります。小さな自分という人間と、自分が近づこうとしている神という巨大な古代からの概念には、非常に大きな差があるからです。偶像は、自分自身や、自分の意見、自分優先の感覚よりも大きな何かに慣れるための乗り物のようなものです。

私の経験では、これは有効だと思います。ヨガ的なプロセスを進めるものです。実態のない概念というものを頭の中で噛み砕き、それに対して瞑想し、慣れ親しむ方法です。グルジはそのようなものと共に育ったのだと思います。シャンカラチャリアは五つの神を崇拝することを勧めており、グルジはその実践と人生へのアプローチを受け継ぎました。それが、アルタ、カーマ、ダルマ、つまり富や権力、性的生活、伝統を支える法典です。インドの伝統で大事なのは責任だと思います。グルジは正統派のヒンドゥー・ブラマンで、何世代もの間スマータ・ブラマン*に仕えてきたので、自分の責任や、文化的・宗教的な責務をわきまえていました。その伝統を守り、有効であることを伝えるのがグルジの仕事です。

*ブラマン（聖職者階級）の一派。ヴェーダ文学や儀式の習慣の保存に特に熱心で、八世紀の聖人シュリ・シャンカラチャリアが提唱した、アドヴァイタ・ヴェーダーンタ哲学（不二一元論）の教義を中心に据える。

——社会の中でそれを守るのがグルジの責務ということですね。

そうです。

——グルジはいつも「祈りなさい」と言っています。

完全に同意します。私もたいへん助けられました。

——また、グルジはヨガは「九十九%プラクティス、一%セオリー」だと言っていますが、セオリー部分はどのようなものだと理解していますか？

グルジは、これはパタンジャリ・ヨガだと言っています。人間のあらゆる面を考慮しています。また、その教えによって目的意識を持つことができます。私の場合『ヨーガ・スートラ』への興味が、『バガヴァッド・ギーター』やウパニシャッドよりもずっと先に来ました。インドのスピリチュアルな散文と知恵が、私の魂をなだめてくれました。より良い言葉を求めて、学術的な追求よりも自分の魂をなだめるようなものを、より多く研究するようになりました。

慌ただしくて、自分の呼吸や体や思考や、その瞬間の感覚を経験する時間も取れないような時に、練習もいくらかは沈黙の深みに触れさせてくれ、人生の深みを味わわせてくれます。無くなってしまった多くの知恵を読んだり、聞いたりすることへの自然な興味は、練習で得てきた言葉を伴わないとても実存的な経験に、何かしらの言葉を加えます。スピリチュアルな研究への自然な渇望が生まれ、私は瞑想をしたり、神や瞑想やヨガとは何かということについて人と話したくなりました。そして、自分の経験を映す鏡として使ったり、見たりすることのできる文章を通して、ある種の親交の感覚を持ちたくなりました。

――セオリー部分について簡単に言うと、ずばり何だと思いますか？

グルジの「すべてが神である」という言葉だと思います。「壁を見て、壁を見ずに神を見る」と言っています。とにかく神を信じること、身の周りのものに生命が宿っていると思うこと、そしてその生きているものが神です。神は生きています。

――アシュタンガヨガはスピリチュアルな練習だと思いますか？

はい。

――あなたがヨガを始めたのは……

健康のためです。

――ですが、精神衛生的にもいくらか恩恵があると認めています。精神的なものからスピリチュアルへと変化したのでしょうか?

身体的なものからスピリチュアルなものに変化しなければ、健康への効果はないと思います。しかし、保証はありません、何も保証してくれません。考えられうる最高に健康な体になることもできます。神について正しく理解し、自分自身を浄化し、他人にして欲しいと思うような対応を他人にしていれば、人生が優しくしてくれる可能性が大いにあります。それはあなたが人生に優しくしているからで、とてもスピリチュアルなことです。ヨガはこの練習を教え、謙虚さの深さを教えてくれます。

私はヴィパッサナー(瞑想)も、三十カ月間の洞窟生活もしませんでしたが、現代社会では私たちは仕事に行き、自分の人生を生き、自分の物を買います。この練習は現代の生活に入り込み、私たちを謙虚にさせてくれるように思います。謙虚な人は人生で無理矢理何かをしようとしたりしません。あるがままの人生を受け入れ、あるがままの人を受け入れ、あるがままの瞬間を受け入れます。そうすることで特別な資質のある人間になります。

――ヨガの身体的ではない面についてはどう思いますか?

大事なのはムーラ・バンダを締め、ドリシティを見つめ、呼吸の音を聞くことに集中することです。この三つの異なる部分が、異なる要素をひとつの要素、ひとつの状態に導いていると思います。そして、その状態が、あらゆる時間が永遠に止まったように感じる、深い気づきの瞬間に連れていきます。練習を始めた瞬間は、痛みや心配や気をそらすものと共にマットの上に立っている自分の、とてもハッキリとした感覚があります。しかし、十五分、二十分後には汗をかき、しばらくの間夢中になります。その瞬間は、まるで自分の体が練習しているのを観察しているかのような時間です。自分はつながっていないのに、体はまだ動いているような感じです。動きのシークエンスと呼吸をしている体からの距離が、毎回そのようなレベルにあると言っているわけではありません。しかし、見ているという文化、意識、距離、観察している感覚について話すとすれば、過去にそのような経験をしたのはドラッグをやっていた時だけです（笑）。

——グルジの家族のグルであるシャンカラチャリアの哲学は、どれくらい大事だと思いますか？

非常に大事だと思います。とても詩的で心に響くものなので、私は大好きでした。グルジは詩人であり、よく歌っていました。自分が読むべきものを読み、理解するべきものを理解した時、この「すべてが神である」という感覚は、とても具体的にスマータ・ブラマンのアドヴァイタ（不二一元）的な見解から来ていると感じました。結局はあらゆる文献が言うように、すべての哲学はアドヴァイタに帰結しています。
最終的には見ているものと見られているものが分かれていないと言っている、という『ヨーガ・スートラ』の解釈を読みました。だから、シヴァとシャクティはアルダナーリーシュヴァラ（男らしさと女らしさを兼ね備えた男女両性の神。シヴァとその妻パールヴァティが合体した姿だと言われる）でひとつになっているのです。同じ生命体で同じ生き物です。私の理解では、シャンカラチャリアはヨガの練習には反対していませんでしたが、ヨガのポーズは非二元を実感するためのものだと強調していました。私は、鼻の先を見るドリシティ・ナーサグラのことを、見ているところすべてだとシャンカラチャリアが言っていたという文章を読みました。見ているところどこでもが、形のない永遠のブラマンなのです。ヨガは絶え間ない瞑想であり、ヨガとはこの瞬間に生きている神はひとつだけであり、すべての人にとって、すべての瞬間は一度にひとつであるという認識の恒久的な状態です。神はひとつになるのです。とても異なる人生を与えてくれるかもしれません。何度も言いますが、私は学者ではなく、ヨガの道では赤子みたいなものです。

――グルジはこの哲学と自分が教えるシステムをどのように融合していると思いますか？

グルジが皆を導いているところがそうだと思います。グルジは、シャンカラチャリアの教えや、非二元的な教えを理解するために、土壌を肥沃にすることができる練習のシークエンスや、メソッドの処方箋があるとわかっていると思います。乱れた心と体では、意義のある方法でそのような教えに関わることは非常に難しいです。

マイソールに児童養護施設が開所した時、グルジは主賓として呼ばれました。シャンカラチャリアの系譜のスワミの一人で、グルジの家族がとても敬愛していたスワミ・ダーヤナンダ・サラスワティは、グルジのスピーチをカンナダ語から英語に通訳しました。ヨガを使わないヴェーダーンタと、ヴェーダーンタを使わないヨガは、互いに関連しあっていると言っていました。ですから、ヨガの知識は非二元的な意識であり、非二元的な意識のないヨガはありません。

ダーヤナンダは、私たちは自分の人生のために体を切り離し、他の人と切り離しながらヨガを練習していると言いました。健康な人生、愛のある人生、思いやりのある人生、良い人生を生き、この世で良いことをしたいと思っているからです。しかし、すべてがひとつの時にそうすることができます。世界は美しい場所であり、愛し尊重される価値があります。戦争の世界と、人々が愛し尊重し合っている世界は、大きな違いがあります。

私たちは二元性の考え方を理解するためにヨガをやっています。私たちが二元性の価値を理解しなかったら、単一性や調和の価値を決して理解できないからです。この哲学の先生はグルジの視点や考え方に敬意を払っており、グルジはダーヤナンダの考え方に完全に敬意を払い愛しており、その二人が対立せずに完全にひとつになって、光のように輝いて座っていました。素晴らしかったです。私は小さなカメラで動画を録っていて、それを「Myspace（マイスペース。音楽に特化したＳＮＳ）」の私のアカウントページに上げました。

——パタンジャリは、経験を物質的なもの（プラクリティ）とスピリチュアルなもの（プルシャ）に分けて、人間の二元的モデルを提示していると思いますが、グルジの好きな哲学は非二元的なアドヴァイタ・ヴェーダーンタです。この二つの考え方の関係をどのように見ていますか？

この二つは考え方は同じで、表現の仕方が違うだけだと思います。一方に魅力を感じる人もいれば、もう一方に魅力を感じる人もいます。特に矛盾はないと思います。食べ物を味わう時に、食べ物と食べ物の風味を分けるようなものです。食べ物は一つでも、そこには異なる資質があります。熱くて甘かったり、冷たくて苦かったり、その食べ物の中に異なる資質があるのです。

現実を変化するものと見ることもできれば、変化を観察するものとして見ることもできます。それでも、プルシャは赤ちゃんの時から変わりません。時間を超越し、無限で、究極的に形がなく、永遠のものです。私たち全員を見ており、認識されているすべてのものは、存在するという認識をよりどころとしています。認識されるもの（性質）は、認識する者（魂）から独立して存在しません。したがって、アドヴァイタによれば、互いの存在なしに存在できないので、認識されているものと認識しているものはひとつなのです。

——カイヴァリヤ（自由）という点においては、この二つの間にあるつながりは断たれています。プルシャは存在し続けますが、プラクリティはもはやプルシャのために存在しません。つながりに始まりがないというより、終わりがないわけではないと言っています。

グルジが現代のインド社会に合わせることを説いているこのスピリチュアルな哲学は、どのようなものだと思いますか？　生き残り、関連があり続けるものだと思いますか？

グルジにはマイダス・タッチ（触ったもの全てを黄金に変える能力）があります。アシュタンガヨガの成長や普及、管理のされ方、人への伝え方、自主的な成長のさせ方を見れば、それが証明しています。グルジ一人の力ではなく、クリシュナマチャリアから受け継ぎ、グルジからシャラートに受け継がれている練習自体の力なのかもしれません。ヨーロッパやアジア、特に中国や日本では深く根付いて成長しているようです。今ではインドにも先生がいるようです。インドの社会人は、忙しくストレスの多い日常を送っている人が多いので、野心的な西洋人がそうだったように、この練習の経験から間違いなく恩恵を受けるからでしょう。ある意味、インド人はアシュタンガヨガが生まれた文化にとても近いので、別の方法で活かすかもしれません。古代の知恵とつながるために、多くの文化的なフィルタやレイヤーを通り抜ける必要がありません。それを見るのは面白いし、ワクワクすると思います。

――おそらく文化的な変化（インドの西洋化）のせいで、アシュタンガヨガがさらに重要になっているというのを示唆していて面白いですね。

ですよね。

――ヨガは長年の間に衰退しつつある時期がありましたから。

今ではマイソールに来るインド人の生徒もとても増えました。

――マイソールや南インドには、K・パッタビ・ジョイス・アシュタンガヨガ・インスティテュートでヨガを学ぶことを支援するような、特別な何かがありますか？

まず第一に信心深い環境があります。高次のパワーや神、全能の生き物、というものに形式を与えたり認めたりする考え方、創造主というような考え方を持っています。ここには、崇拝され、認められ、愛されるべき神がいます。だからそこらじゅうに寺院があるのです。みんなベジタリアンで、親切で、笑顔で、意地悪な人はいません。歓迎してくれて、優しいです。あなたが（システムの中に）不純物を抱えていたら、あなたの周りの人は、文化的な普通の日常の責務として、そのような愛すべき方法で行動をしてきたという単純な事実によって、あなたを清めてくれます。年長者を敬い、子供を大事にし、老人は賢明な先祖で、動物は神聖で、地球は母なるものとみなします。ヒッピーの変わった考えではなく、そこでは普通の考えです。何千年も社会に普及してきた考え方として機能しているものです。

一方で、この社会の一部は変化してきています。お金や現代的なものに興味を持つ人もいます。しかし、あらゆるものの根底に、細心の注意を払い、創造主を認めるという共通認識があり、いたるところに寺院があります。寺院は良い場所です。ビールを飲むパブよりも良いです。そこにいる人たちは愛に満ちています。宗教なんて、息苦しくて、無意味で、洗脳だと思っているならそれでもいいでしょう。祭りに行き、感じてみてください。戻ってきて、あれはおめでたい人間のものだとは到底言えないでしょう。なぜなら、あの人たちは天才なのです。彼らは人間が存在する目的は、神を愛することだと理解しています。そして、私に教えてくれました。グルジとこの練習が私に教えてくれました。好むと好まざるとに関わらず、スーリヤナマスカーラは体を使った祈りなのです。

——グルジはヨガの究極の目的は何だと言っていますか？

グルジは調和だと言っています。ヨガには様々なレベルの様々な目的があります。私は、神を知るという最高のレベルに行かなければいけないと思います。そこにはすべてのものが含まれているからです。実際、ダーヤナンダが通訳したグルジの講演で、グルジは「私たちは自分が何者か知らない。だからここにいると理解しなければならない。他に選択肢はない。私たちは知らなければならない」と言っていました。

——その答えは手に入ると思いますか？

グルジがカンファレンスで質問を受けた時のことです。

「シックス・シリーズで悟ることはできますか？」

「うん、悟ることはできる」

「グルジ、フィフス・シリーズで悟ることはできますか？」

「うん、悟ることはできる」

「フォース、サード、セカンド、プライマリーで悟ることはできますか？」

「プライマリー・シリーズでもできる」

『ヨーガ・マーラ』の中で、ブラフマーの恩恵によって、神の恩恵によって知識が与えられたと書いてあったと思います。ですから、個人が何かをして、個人的な達成をすることができるかどうかは、大きなヨガ的な議論です。私はそれに答えようとも思いません。私が知っているのは、ヨガは十分に健全な状況をつくり、それが運命であればその知識が来ることができるように自分をオープンにします。しかし、自分でそれをコントロールすることができると思いますか？　私はできないと思います。でも、それでも練習の価値が減ることはありません。


――文化的な条件が、それを獲得するために特に大きな障害を生み出していると思いますか？また、それを達成するためにあきらめなければならないものはあると思いますか？

行動の成果をあきらめてください。（自分だけでなく）すべての人のために行動しているということを理解してください。自分がやった行動だと主張をしなくなればなるほど、行動がより愛情に溢れ、良いものになります。ですが、自分がやった行動と主張したくなる感覚は誰にでもあります。そんなことはしないと思っている時でも、後遺症のように残った感覚でやることがあります。主張しなくなると、人生はさらに平穏になると思います。高次の考えに対する知識や、良い人生を送る方法が、無理してやろうとしていた時より自然に入ってきます。良い人がやるべきことがわかっているからです。また、一瞬にたくさんの知識が含まれるようになるので、その一瞬に合わせれば（アシュタンガヨガの練習も一瞬に合わせることの助けになると思いますが）、そうしなければとか、良い人間にならなければと考えなくとも、さらに苦もなくそれが起こるようになります。起こそうとするのではなく、ただ起こるようになります。

私は、グルジ、シャラート、サラスワティが、このアシュタンガヨガを他の人々や私に広めてくれたことに、言い尽くせないほど感謝しています。アシュタンガヨガがなければ、私の人生はおそらく終わっていたからです。シニア・ティーチャーの人たち、私が練習を教わった人たち（エディ・スターンやヘイミッシュ・ヘンドリーの顔が浮かびます）、練習をどのように続ければいいのかを見せてくれた人、私の心に花を咲かせ続ける、特別な瞬間の貴重な知識を共有してくれた人にも感謝しています。

結局のところ、優しく、親切な、愛すべき人になるということであり、それがこの練習の目的であるはずです。他の人より良い人になるということではありません。忘れたら、このことを思い出してください。でなければ、この練習には意味がありません。周りの人に対して、最大限の感謝と献身と愛と尊敬を持って練習しなければなりません。人間は誰しも弱く、限界があり、失敗をします。しかし、馬から落ちる度に、謙虚と愛を持ってまた馬に乗りましょう。本当にそれを続ければ、そんなに間違ったところには行きません。私はそう思います。

二〇〇八年　ペンアルス

解説に代えて

ケン・ハラクマ

◆私が見たグルジ

本書を通してわかるのは、グルジは生徒それぞれに合わせ、教え方が違うということだと思います。私もマイソールに行ったときに、実際にそれを感じました。ラクシュミプラムの小さいシャラの頃で、十二人しか入れないから、生徒それぞれに対して教え方が違うことは、そばで聞いていてわかりました。私のいた早朝四時半のクラスは、ほとんどが西洋からの生徒で、進んだポーズをやれる人が多かったです。そこにはエディ（スターン）やガイ（ドナヘイ）も練習していてクラスは朝のクラスのみでした。グルジの教え方は、経験・年齢・性別によって違っていました。

私が行って最初に聞かれたのは、どこから来たか、くらいです。他の人たちは、誰から習ったかも尋ねられていたようです。グルジには、日本人の生徒は初めてだと言われました。私には練習で細かいことを言うことはありませんでした。アジャストも十年通って四ポーズぐらいで、それも急に乗っかられたりするくらい。このラフさはインドスタイルだったのかもしれません。

オールド・シャラの時代は、滞在中毎日同じメンバーで十二人の入れ替え制でしたが、全三十人くらいでやっていたので、ほぼ全員顔見知りになりました。なかにはポーズで苦戦する人もいました。ポーズで先に進めないと「はるばる遠いところから来たのに、何日も同じ箇所をやっている」ということがショックなんですね。他の人にできて自分はできないということをシリアスに考えすぎてしまうのです。これは、ポーズに重きを置きすぎて陥る落とし穴です。

では、本当に目指すべき、重きを置くべきことは何なのか。グルジは「ポーズだけじゃないよ」とは言ってくれません。自分の中で見つけ消化していくものだと、私は思っていました。グルジは、ポーズに向き合っている時間はとても厳しかったけれど、それ以外の価値観がいろんな場面で見えていました。たとえば、毎日夕方の集まりでの言葉のなかにもそういうものがあって、アシュタンガヨガとはどういうものかとか、八支則の話などをいつもしていました。アーサナは八支則をやりやすくする土台（ファウンデーション）だとよく言っていました。

お茶や食事にもよく招いてくれました。この本ではみんなを呼んでいたみたいに感じますが、全生徒ではないんですよ。いつも顔を出す人、グルジに話しかける人、グルジが名前を覚えている人に声をかけていました。デヴィッド（スウェンソン）やエディなどは、ほんとに「ファミリー」という感じでしたね。年一回、グルジが故郷のカウシカへ帰るときには、生徒全員を呼んでくれました。お皿代わりの葉っぱをずらーっと並べてその上にご飯を載せて振る舞ってくれました。成功者として村の名士になっているのがわかりました。

◆私のアシュタンガヨガとの出合い

先にアイアンガーヨガをやっていた頃、サンフランシスコに行った先でアシュタンガに出合い、これは！と思いました。それでビデオを買いこんで帰り、二年間自主練しました。毎日バタバタ必死にしがみついていく感じはまるでロッククライミングしているみたいでした。誰にも話しかけられないこともヨガの練習になりました。

なぜかわからないけれど、「とにかくこれをやるんだ」と思ってやっていました。それまで経験したことのない、まったく違う爽快感に惹かれたのです。体も意識（メンタル）もクレンジング効果がものすごく早く、浄化していく感覚がありました。激しいポーズは一歩間違えるとずるずるバランスを崩してしまうので、できたときは達成感もありますが、体に作用するものが大きかったです。二年間かけて徐々に深めていきました。一年前と比べると、すごく違っている。一カ月前と比べても、毎日でも違う。見えない細胞レベルの発見が自分なりにあって、続けることになりました。

楽にできるポーズでも毎日の蓄積で発見がありますが、苦戦するポーズでは、ひじょうに注意深くなり、マットを敷くまでの体調のコンディショニングを気にするようになりました。マットを敷くのを試合とするなら、試合本番前のコンディショニングが大事。食べること、寝る時間、人との付き合い……全部を含めて練習になります。マットを敷く前段階のトレーニングが、マットを敷いた試合の結果に跳ね返ってくるからです。睡眠、いつ何を食べて、いつ排泄したか、いつマットを敷くかなどすべてがセットになっての練習。「マットの上以外がむしろヨガ」になっていきました。自分にとってポーズに重きがあったこの時代は、ポーズをやる一時間半、二時間をどうやって心地よく過ごそうかと考え、ヨガのために一日(の他の時間)を過ごす、そういう過ごし方をしていました。

その達成感・緊張感・受け入れが、毎日自分のなかで感じ取れて、マット以外でのことが全部つながっているとわかると、「ヨガ=つながる」なのだと実感しました。

「続けなきゃ」という義務ではなく、自分の練習をした後クラスで指導して、人と会えば何食べようか……と一日のなかの行動が一つひとつつながっていて、それがまた繰り返される流れ、途切れていない感触がありました。すると、できるだけ余計なこと、必要のない人付き合い、自分にとって価値観の感じられない活動など、選別して排除していくようになりました。この修行のような時期が十年くらいありました。テレビも見なかったので、電車内の週刊誌の中吊り広告だけが情報源。真冬もビーチサンダルにトランクスみたいな格好で、東京のど真ん中にいて、ずいぶん変わった生活をしていました。

余計なものを削ぎ落とすのは、「そうしなくちゃいけない」と必死になってカットしていったのではなく、本当に必要でなくなっていくから自然にそうなりました。自分が何かをほしがらなければ、その何かに引っ張られることがない。自分がほしいと思うものがどこかにあると、そこに引っ張られてしまう。そちらに持っていかれることがなければ、落ち着いて、満足しながら生活が続いていくのです。私にとって邪念を整理してしまった時代です。いまの生活パターンと比べると、ひじょうにクリーン。でも、あのまま続けていたら、いまの自分はいません。当時も指導している時間はあったから、人との接触はあったし、社会的責任はあって果たしていたけれど、世捨て人みたいでした。

この時代にはインドの他に、一年に一カ月、バリ島の人里離れたところで誰にも会わず一人修行しに行くことを四年くらい続けました。朝暗いうちから練習して、一休みしてご飯を食べ、昼寝して、本を読んで、午後はまた同じ練習をして、日が落ちたら寝る。一人修行から戻ってきた時のパワーはすごかったです。行く前とはまるっきり違って、とてもパワフルでした。

　あの経験はいまも自分の人生のベースになっています。ヨガに出合う前のことですが、北極点に行ったり、キリマンジャロに登ったりしたことも、私のベースになっています。いまでもまるで昨日のことのように感じます。キリマンジャロに登ったときは、その後二年間くらいエネルギーが保《も》ちました。毎日エネルギッシュで疲れない、前向きで。北極点に行ったパワーはいまだに続いています。北極点に徒歩で到達したという経験がエネルギーになっている。動いている氷の上を歩いたり、一歩先がまったく見えなかったり、急に何が起こるかわからない所で過ごした経験。

　ヨガの書物や経典を読んでいると、人間の能力・知恵・意識というのはすごいんだなということが出てきますが、自分の北極圏やキリマンジャロでの経験と結びついている、点と点がつながったと感じました。もしあの経験をしていなかったら、書物を読んでもただの話でしかなかったのではないかと思います。書いてあることを自分の経験値で解釈できたので、いいタイミングでヨガに出合ったと思います。なんだ、ここに書いてあることをわかっていたら、あの時あんな大変な思いをしないですんだのに、もっと冷静に対処できたのにとも思いましたが、でも、出合ったタイミングもなるべくしてなったということでしょう。

　ヨガで出合ったものといえば、アイアンガーヨガで最初に教わった女性の先生もすごかったです。クラスには決まってご自分のお子さんを同伴していたのですが、お子さんがいたずら盛りで、練習中に乗っかってこようが、引っ張ろうが、すごく冷静なのです。嫌な顔一つせず受け入れつつ、「こうしてね」とは伝える。ポーズの練習をするより、その様子を見ていたほうがよほど勉強になりました。言葉で説明するのではなく、ただその佇まい、生き方で伝わるものがあったのです。

パッタビ・ジョイス先生も、何も細かく言わなくてもそこにいるだけで全てが詰まっていました。手取り足取りなんて指導してくれないところがよかったのかもしれません。自分が意識に入れた映像から判断し理解していくのは時間がかかるかもしれないけれど、そういう見方で吸収できたのはよかったです。口数が少ない分、中身が濃いのです。ポーズで補助してくれたこともほとんどなくて、ドッグポーズの時に押してくれたのかなと思ったら、ただ歩いていく時に手を踏んづけただけなんてこともありました。それでも、「わあ、よかった」「こんなアジャストしてくれた！」と、生徒同士でよく話したものです。

本書のインタビューは、グルジの教えに対するいろんな人の解釈を覗けるところがいいと思います。「これはこうですよ」と言葉で教えてもらったら、言葉の表面しか見なくなるかもしれない。でも、グルジは言葉数が少なかったから、それぞれの生徒、しかもグルジにじかに接した人たちがどう解釈したか、その思いがここには入っていて、時代も幅があるので、さまざまな視点から深く捉えることができます。

◆グルジからの宝物

印象に残っているのは、最晩年、大きなシャラで普通クラスの後、オールド・シャラで特別なクラス（宣伝もしていない、グルジに来なさいと言われた人だけ六人くらいのクラス）があった頃のことです。私は朝の普通クラスに行っていましたが、香川から参加した親子を紹介しようとパッタビ・ジョイス先生のところへ連れていったら、ちょうどオールド・シャラへ出かけようとしているところで、「じゃあ古いほうへ一緒にいらっしゃい」とその親子を車に同乗させてくれたのです。私はバイクでついていき、それから毎日、私は自分の早朝の練習が終わると、その後すぐにラクシュミプラムのセミプライベートクラスに行って、教える様子を見守っていました。そのときにいろいろポーズやその他の話を聞くことができるという、プライベートな時間を一カ月持つことができ、とても充実していました。グルジは特別なバナナを市場で買っていて、店から仕入れの知らせがあるといつも一緒に行って買って食べました。普通のバナナとまったく違う濃くておいしいバナナで、あの滞在時期はこのバナナで生きていたという気がします。

呼吸法を直接教わったのはグルジの最晩年でした。新しいシャラでは、生徒が大人数来るようになっていた時代ですが、呼吸法は来なさいと言われた人だけ六人ほどで一カ月やりました。口伝のマントラなど直接教えてくれたことは、私の宝物です。プラーナヤーマはなかなか教えてくれない時代でしたから。

呼吸法のテクニックは、高度なアーサナに比べればそれほど難しくないのですが、アーサナができていないと呼吸法ができない理由がわかりました。一時間のクラスで初めに少し話があって、チャンティング、呼吸法をやって、またチャンティングと、呼吸法は実質三十分くらいです。生徒が先に部屋で待機しているところにグルジがやって来て、終わるときもグルジが先に出ていって、生徒が部屋を出るのはその後。グルジが入ってくる音が二階からすると、パドマーサナを組んで待ち、一時間ずっとそのままの姿勢です。パドマが組めないと落ち着いてプラーナヤーマなどできません。「アーサナ＝座法」がプラーナヤーマにつながるのだというのがよくわかりました。

◆これからの日本のアシュタンガヨガ

パッタビ・ジョイス先生がいなくなって若干色が変わってきました。日本だけでなく世界的にも、エクササイズ的な捉え方をする人が増えてきたと思います。いまでは孫のシャラートが引き継ぎ、娘のサラスワティも教えていますが、マイソールにはグルジ一家以外にもアシュタンガヨガの教室はあります。海外にもたくさんあり、いろんな本もＤＶＤもある……これだけたくさん選択肢があると、どこに宝物があるのか見つけにくくなっていると言えるかもしれません。パッタビ・ジョイス先生が伝えてきたもの、エッセンスを持ち、伝えることのできる先生に接する機会がある人はラッキーです。アシュタンガヨガはシステムとしてひじょうによくできているので、さらに広がっていくでしょう。

始めるきっかけは何でもいいのです。健康増進のためでもＯＫ。それで健康以外のところにもよい効果を得られればなおよし。ただ、伝える側の価値観は全員同じわけではありません。自分が頑張って勝ち取ったものはそう簡単には手に入らないよ、という言い方をする指導者もいますが、でも、実はもうみんな手にしていて、それを磨けばいいだけなんだよという方が、ヨガが楽しくなるのにと思います。あなたにはまだ早すぎる、身体が柔らかくてポーズがよくできる人はスゴイけど、そうでない人はアシュタンガヨガが上手く出来ない……という価値観では、本来のヨガの考え方とずれてきてしまいます。そういう意味では、パッタビ・ジョイス先生はどんな人にもまっすぐ接してくれました。最近ときどき、体を痛めてしまっても「先生がそう言ったから」と頑張ってしまう人を見かけると、気の毒だな、本末転倒だなと思います。ポーズに重きを置きすぎてしまうとそういう勘違いが起こってしまいます。年齢が高くても、体が硬くても、ハンディキャップを負っていても、一人ひとりその人に必要なところが、パッタビ・ジョイス先生は見ることができていたんじゃないか。全員にではないかもしれませんが、生徒をそのように見ていました。

本書の各インタビューは、アーサナのことを中心に話す人もいれば、哲学的なことを話す人もいて、さまざまです。言っていることが異なることもありますが、読み手の興味あるところから読んでいけばよいと思います。同じグルジの教えでも解釈は人それぞれで、それも合っているかどうかはわからないもの。そこから自分の考えを深めていければよいのではないでしょうか。

二〇一七年一〇月

訳者あとがき

　これまでも翻訳の仕事はしてきましたが、主にＷＥＢサイトやニュース記事だったので、速報性が重視されていて、後で修正もできる気楽さがありました。今回は本の翻訳、しかも自分が面白いと思った、自分の先生の本でもあったので、慣れ親しんだ仕事とはいえ今までにない緊張感がありました。中でも一番頭を悩ませたのは、単語や人名の「カタカナ表記」です。

　最後まで一番悩んだのは、「パッタビ・ジョイス」にするか「パタビジョイス」にするかでした。検索したり、これまでの出版物の表記を見たりすると、後者の方が多いのですが、英語の表記では「Pattabhi Jois」と区切られています。それに、息子や孫を「マンジュジョイス」や「シャラートジョイス」とひと続きで表記することがないことを考えると、やはり区切らないのはおかしい。こういう場合、多数派に合わせるべきか、正確さを重視するべきか……。グルジの名前という重要な単語なだけに、悩みぬいた末に「パッタビ・ジョイス」にしました。

「ヨガ」と「ヨーガ」も同じように悩みましたが、ここまで日本語として市民権を得た言葉は、たとえ実際の発音は「ヨーガ」の方が近いとわかっていても、すべてをそう表記するのはためらわれます。「アメリカン」を今さら「メリケン」とは書けないようなものです。翻訳中に「ああ、メリケン波止場の時代だったらよかったのに」と何度も思いました（カタカナの外来語が広まる前の、発音が表記とかなり近かった時代ということです）。

それ以外の外国の人名、地名、固有名詞などについては、私の先生であり著者でもあるエディ・スターンに発音してもらい、その発音にできるだけ忠実にカタカナに起こしています。一般的ではないと思われる表記もあるかもしれませんが、それは実際の発音にできるだけ近づけたいという表れです。エディは、グルジの著書『ヨーガ・マーラ』の英語版の翻訳者ですし、グルジが「サンスクリット語の発音がうまい」と認めた数少ない生徒だという話も聞いたことがあります。それに、昔パンクバンドをやっていたミュージシャンなので耳が良さそうという私の推測もあり、エディの発音を全面的に信頼することにしました。単語によっては「こんな表記にするなんてわかってないな」と思われたり、違和感があったりするものがあるかもしれませんが、あまり気に留めず読み進めていただけると幸いです。

さて、翻訳の苦労話と言い訳はこれくらいにして、内容に関しては、翻訳しながら熟読してみて、改めて本当に面白いと思いました。初めて英語版を読んだ時に心に残ったところと、今回久しぶりに読んで心に残るところが違ったりもしました。私が年齢と練習キャリアを重ね、身体的に「できないことができるようになる」ことが多かった時期から、「できていたことができなくなっていく」ことが少しずつ増えていく時期に差し掛かったからかもしれません。

アシュタンガヨガは、システムや練習のシークエンスは同じでも、何年続けていても、自分という人間は毎日違うのだということを思い知らされます。そのように年数を経ても、違うところで新たな発見が得られるところが、アシュタンガヨガとこの本の醍醐味であり、素晴らしさでもあると思います。人によって心に引っかかる場所が違うと思いますので、あえて具体的にどこがいいとは言いません。知っている先生、気になったインタビュー、どこでも好きなところから読んでみてください。できることなら、練習を重ねて、何度も読み返してください。

「待つのは希望だ」という言葉があります。何かを待つのはそれを信じているから、だから希望があるという意味です。

二〇一〇年に初めて英語版の『Guruji』を手にして、読んですぐに「これを日本語に翻訳したい」と思いました。エディに相談したところ、アメリカの出版社の担当者を紹介してくれましたが、その時エディに「実現できたらすごいことだね」と言われました。それはまるで、「オリンピック選手になりたい」とか「プロ野球選手になりたい」と言っている子供に、大人が「なれるといいね」と言っているような、そんな言い方でした。決して馬鹿にしたり見捨てたりしているようなニュアンスではありません。でも、夢見る子供の年齢はとうに過ぎていたので、簡単には叶えられないのだろう、ということはわかりました。

それでも、日本に帰ってすぐに知り合いの編集者に相談したり、友人にヨガ雑誌の編集長を紹介してもらったりして、なんとか日本語版が出せないものかと動き回りましたが、やはりすぐには実現できませんでした。その後、日々の仕事や生活に追われ、この本を翻訳したいと思っていたことも忘れ、何年も経った二〇一六年、サウザンブックス社に出会いました。インターネットを通じてクラウドファンディングで制作費の協力を募り翻訳出版をする、新しい仕組みの会社です。サウザンブックスに企画を持ち込み、プロジェクトになってからは、それまで何も動かなかったのが嘘みたいにトントン拍子に進みました。ありがたいことに、クラウドファンディングでは予想以上のご支援をいただきました。物事って進む時には進むものだなと、他人事のように感心してしまうほどでした。そして翻訳漬けのひと夏を過ごし、修正と編集に追われた秋を乗り越え、二〇一七年の年末にようやく完成しました。

私がこの本が翻訳できるまで待ったというより、この本が私に翻訳できる力がつくまで待ってくれた、そんな気がしました。七年間ニューヨークに通い続け、エディという先生との信頼関係を築き、英語力も翻訳力も少しはマシになり、アシュタンガヨガの経験も理解も以前よりは深まったところで、この本が、いやグルジが、はたまた目には見えない大いなる何かが、私にチャンスをくれたのだろうと思います。

本の出版までは本当に大勢の人に助けていただきました。

クラウドファンディングでは、ケン・ハラクマ先生をはじめ、多くのヨガの先生や練習生のみなさんに助けていただき、そのお陰で七百人以上の方にご支援をいただきました。翻訳作業に入ってからは、発音や内容の確認ではエディ・スターン先生に、制作に関するデータや情報の提供ではガイ・ドナヘイ先生に大変お世話になりました。サンスクリット語やインドの文化については、山口英一先生にお知恵を拝借しました。表紙デザインをはじめ、私の知らないヨガやインドのことを解説してくれ、公私ともに何かと支えてくれた渡辺えり子先生、ロルフ・ナウジョカットのインタビューの翻訳原稿を寄稿してくれた石倉美衣那先生にも心から感謝です。そして、私の拙訳を根気よく読んでもらえる状態にしてくださった、編集者の鹿児島有里さんにはお礼の言葉を尽くしても尽くしきれません。最後に、この本を日本語で出版する機会をくださった、サウザンブックスの古賀一孝さんと安部綾さん、本当にありがとうございました。サウザンブックスのおかげで、日本のみなさんにこの本を届けることができました。

そしてもちろん、アシュタンガヨガを世界中に広めてくれたグルジと、その教えを受け継ぎ伝えているグルジの家族やすべての先生にも、感謝の気持ちでいっぱいです。アシュタンガヨガが日本に伝わっていなかったら、私がこの本に関われることもなかったでしょう。

もう死ぬのかというくらい感謝の気持ちを述べまくっていますが、これからもできる限りアシュタンガヨガを続けて、健康でハッピーに生きていきたいと思います。少しでも多くの人にとって、この本が長く楽しくアシュタンガヨガを続けるきっかけになることを祈って。

的野裕子

二〇一七年十二月

著者紹介

ガイ・ドナヘイ (Guy Donahaye)、エディ・スターン (Eddie Stern)

両者共に 1991 年シュリ・K・パッタビ・ジョイスの生徒となる。世界でも数少ないアシュタンガヨガの Advanced Certified Teacher である。
ガイ・ドナヘイは、1993 年からマイソールスタイルのアシュタンガヨガを教え始め、1996 年にイギリスのブリストルに「Ashtanga Yoga Shala」を設立。1998 年にはニューヨークのマンハッタンに「Ashtanga Yoga Shala」を移し、現在も伝統的なアシュタンガヨガを教えている。
エディ・スターンは、1993 年にニューヨークのマンハッタンに「Ashtanga Yoga New York」を設立し、マイソールスタイルのアシュタンガヨガを教え始める。2001 年からは「Broome Street Ganesha Temple」としても運営。
2015 年には「Ashtanga Yoga New York」を「Brooklyn Yoga Club」と改め、ニューヨークのブルックリンに場所を移す。インド思想に関する雑誌『Namarupa』の発行人及び編集者を務める。シュリ・K・パッタビ・ジョイスの著書『ヨーガ・マーラ（Yoga Mala)』の翻訳者でもある。

訳者紹介

的野裕子（まとのゆうこ）

ライター、翻訳家。「ライフハッカー［日本版］」「greenz.jp」「フォーブス ジャパン」など、オンラインメディアを中心に執筆。2006 年アシュタンガヨガの練習を始める。2008 年に会社員を辞めフリーランスとなってからは、ニューヨークのエディ・スターンの元で練習をするために、ニューヨークと福岡の 2 拠点生活を続けている。

本書はインターネットを通じて制作費の協力を募るクラウドファンディングによって出版することができました。 応援してくださったみなさまに厚く御礼申し上げます。

Special thanks

宇都宮優子、岡西康子 Yasuko Okanishi LOTUS BLOOM YOGA、
アムサレム 希、我妻 康浩、横井孝之、篠　宏明、荻久保 樹栄 (mikie)、
佐藤ゴウ (Go Sato)、アシュタンガヨガ新潟（AYn)、
MIRACLE くるくる YOGA RYUZI 羽山隆次、Saki Yoshida、
斉藤 天伸、本津　浩美、志賀透人 (しがゆきひと)、Izumi Takahashi
（以上、ご支援順）

GURUJI: A Portrait of Sri. K Pattabhi Jois Through the Eyes of His Students by Guy Donahaye and Eddie Stern

Published by arrangement with North Point Press, a division of Farrar, Straus and Giroux, LLC, New York
through Tuttle-Mori Agency, Inc., Tokyo.

グルジ

弟子たちが語るアシュタンガヨガの師、パッタビ・ジョイス

2018年1月22日　第1版第1刷発行
2023年5月10日　第1版第2刷発行

著　者　エディ・スターン、ガイ・ドナヘイ
訳　者　的野裕子
発行者　古賀一孝
発　行　株式会社サウザンブックス社
〒151-0053　東京都渋谷区代々木2丁目30-4
http://thousandsofbooks.jp

装丁アートディレクション　宇田俊彦
装丁デザイン　渡辺えり子
編集・制作　アーティザンカンパニー株式会社
印刷・製本　シナノ印刷株式会社

ISBN978-4-909125-04-0